13,246

FACTVM,

POVR Maistre Antoine Gasquet, Conseiller du Roy, Lieutenant au Siege Royal de la Ville de S. Maximin en Prouence, mary & maistre des biens & droits de Damoiselle Marie Marguerite de Villeneufue, fille vnique & heritiere testamentaire, & par benefice d'inuentaire de feu Cezar de Villeneufue, viuant Seigneur de Carros, Et donnataire vniuerselle de Damoiselle Lucresse de Grasse, Dame de la Malle du Bar, vefue dudit feu sieur de Carros ses pere & mere, appellant, demendeur, intimé & deffendeur.

CONTRE Alexandre de Villeneufue, cy-deuant pretendu tuteur testamentaire de ladite Damoiselle Marie Margueritte de Villeneufue sa niepce, intimé, deffendeur, appellant & demendeur.

ET Louis de Villeneufue Sergent Major de Ville Dantibe, partie interuenante.

POVR connoistre le merite de cette affaire qui est de la derniere importance, soit pour les biens dont il s'agit, soit pour l'estat des personnes, qui est en contestations, par l'effet d'vne preuarication & mauuaise foy la plus signalée & odieuse, qu'vn tuteur ait iamais exercé enuers sa pupille; il faut faire les obseruations qui ensuiuent, & qui sont iustifiées au procez.

La 1. est, que le 6. Decemb. 1605. Iacques de Villeneufue cadet de Tourettes lez Vance, ayant contracté mariage auec Damoiselle Suzanne de Villeneufue de Monts. Il fit donnation de la moitié de tous ses biens tels qu'ils se trouueroint, le iour de son deceds, à vn des enfans masles, qui naistroit dudit mariage, à son election, laquelle donnation fut insinuée au Greffe du Senefchal de Grasse le 25. Feurier 1606.

La 2. est, que de ce mariage, sont issus sept enfans, sçauoir, quatre

Iustifié en la production de Maistre Gasquet du 13. May 1670. sont cottés

masles. Cezar aisné, Federic, Alexandre, Louis. ET trois filles, Constance, Isabeau, & Marguerite de Villeneufue.

La 3. est, que ledit Iacques par son testament du 18. Iuin 1629. auroit entr'autres dispositions fait vn legs à chacun desdits Federic, Alexandre & Louis ses enfans, de la somme de 1200. escus *pour tout droit de legitime, suppléement d'icelle & autres quelconques*, payables quand ils auroient atteint l'aâge de 27. ans, & cependant qu'ils seroient nourris & instruits aux despens de son heritage, Et il auroit nommé lad. Damoiselle Suzanne sa femme pour tutrice de leursdits enfans, à laquelle il auroit aussi fait vn legs de tous les meubles, or & argent qui se trouueroient le iour de son deceds, dans la maison en la Ville de S. Paul, où il habitoit, & sans qu'elle fust tenuë de rendre compte des fruits de son heritage, iusqu'à ce que ledit Cezar eust atteint ledit aage de 27. ans, *ayant au surplus institué son heritier vniuersel en tous ses biens, droits & actions ledit Cezar son fils aisné*, à condition que venant Iceluy Cezar à mourir sans enfans masles, son heritage viendra audit Federic, & apres ledit Federic, audit Alexandre, & ensuite audit Louis gratuellement en cas de pareil deceds sans enfans masles.

Cotte D.

La 4. est, que ledit Iacques estant decedé peu de temps apres auoir fait ledit testament, laissant à luy suruiuant tous sesd. enfans masles & filles (lesdites Constante & Isabeau estant neantmoins mariées, l'vne à Imperial de Grimaldy, & l'autre à François Bourilton sieur d'Appremont, sous vne constitution de dot de 10000. l. chacune, qui n'estoient pas encore payez, & ladite Marguerite estant Religieuse) il seroit arriué que ladite Damoiselle Suzanne de Villeneufue leur mere, en qualité de leur tutrice testamentaire auroit fait proceder à l'inuentaire des biens delaissez par ledit Iacques son mary, le 20. Aoust audit an 1629. *consistans en vn grand nombre de debtes actiues mentionnées en son liure de Raison, duquel elles furent extraites feuillet par feuillet, & incerées audit inuentaire, en 453. articles ou enuiron, montant en tout 23701. escus 29. sols*, n'y ayant aucun bien immeuble en ladite succession, mais seulement quelque bestail, dont fut fait vn inuentaire particulier le 20. Octobre ensuiuant, & ladite tutrice n'y fit point côprendre les meubles de Maison, n'y l'or & argent monnoyé, sous pretexte qu'ils luy estoiêt leguez par ledit testament.

LA 5. est, que ledit testament n'a iamais esté enregistré ny publié en aucune Iurisdiction, a effet la substitution y mentiônée suiuant l'Ordonnance de Moulins, art. 57. qui a faute de ce les declare nuls & de nul effet.

Cotte E.

La 6. est, que le 16. Iuin 1635. Cezar de Villeneufue estant deuenu majeur de 25. ans, auroit presenté Requeste au Seneschal e la Ville de Graſſe, pour eſtre receu à prendre & accepter l'heritage dudit Iacques ſon pere par benefice d'inuenraire, *pour diſtraire d'iceluy la moitié des biens de ſadite ſucceſſion, comme luy eſtant acquis en vertu de la donnation que ledit Iacques en auoit fait par ſondit contract de mariage du 6 Decembre 1605.* inſinué dans le temps de l'Ordonnance, attendu que ſa qualité de fils aiſné maſle, *& ladite inſtitution d'heritier equipolét vne eſlectio, pour recueillir leſd. biens dónez ſans aucune charge de fideicómis*, ſuiuāt la Loy perfecta, c. de donationib. quæ ſub modo, & entant que de beſoin led. Cezar auroit obtenu Lettres pour eſtre reſtitué enuers les actes d'heritier pur & ſimple de ſódit pere, qu'il auoit fait pendāt ſa minorité, ſurquoy il ſeroit interuenu Sentence contradictoire entre luy & ladite Suzanne ſa mere, tant en ſon propre qu'en qualité de Tutrice de ſeſdits autres enfans, & les creanciers dud. heritage, le 20. Fevrier 1636. *par laquelle leſd. letres furent interinées, & ledit Cezar receu à prendre l'heritage dudt Iacques ſon pere par benefice d'inuentaire, auquel il auroit fait proceder le 8. Avril enſuiuant, auec expreſſe proteſtation de diſtraire la moitié des biens de ladite ſucceſſion en vertu de ladite donation.*

Cotte F.

La 7. eſt, que le 14 Mars audit an 1636. lad. Damoiſelle Suzanne de Villeneufue (en conſequence d'vne Tranſaction qu'elle auoit paſſé auec ledit Cezar ſon fils, le 23. Fevrier precedant) luy auroit rendu ſon compte de tutelle, conſiſtant aux meſmes debtes actiues mentionnées audit inuentaire, du 20. Aouſt 1629. en principal ſeulement.

Coete G.

La 8. eſt que le 7. Iuillet 1636. ſeroit interuenu vne Tranſaction, & accord entre ladite Dame Suzanne audit nom, & ledit Cezar de Villeneufue ſon fils, par laquelle ladite Suzanne luy auroit remis l'heritage de Iacques ſon pere, & ſaldé le reliquat de ſondit compte de tutelle; quoy faiſant, ledit Cezar s'eſtant departy de ladite inſtance de benefice d'inuentaire à l'égard ſeulement du payement des ſommes deuës, tant à ladite Suzanne ſa mere, qu'à ſeſdits freres & ſœurs (auec cette clauſe expreſſe.) *Que s'eſtoit ſans ſe prejudicier à ladite donation faite en ſa faueur de ladite moitié des biens dudit Iacques, en ſondit Contract de mariage du 6. Decembre 1605.* Il auroit payé à ladite Suzanne pour ſon rembourſement des Charges hereditaires, vne ſomme de 1908. eſcus, d'vne part, & 3033. eſcus 20. ſ. d'autre, pour reſte de ſa dot & droits; Et à l'égard *des droits de legitimes* deubs auſdits Federic, Alexandre, & Louis de Villeneufue, & encores à ladite Margueritte de Villeneufue (laquelle eſtoit alors ſortie de Religion, & s'eſtoit faite Seculariſer,) ils furent liquidez (ſur le pied de 23834. eſcus 40. ſl (qui furent trouuez compoſer la ſucceſſion dudit Iacques) à la somme de 1702. escus 31. s. pour chacun desdits Federic, Alexandre & Louis: & à 1329. escus pour ladite Margueritte, *payables en biens mediocres dudit heritage*, qui furent alors divisez *en 8. Classes*: Et les cessions faites par ledit Cezar audit Federic pour son payement desdits 1702. escus 31. s. Sçavoir, 1°. *sur debtes, dont les interests estoient au denier seize* 377. escus 35. s. 2°. *sur les debtes au denier vingt* 450. escus. 3°. *sur debtes soluables* 548. escus 32. s. 6. d. 4°. *sur debtes insoluables* 84. escus 36. s. 6. d. 5°. *sur debtes illiquides* 53. escus 25. s. 3. d. 6°. *sur debtes qui sont en collocation* 47. escus 48. s. 7°. *sur debtes qui sont en procez* 84. escus 13. s. Et 8°. *sur debtes qui sont en discution* 56. escus 17. s. 8. d. Le tout faisant ladite somme de 1702. escus 31. s. lesdites sommes ainsi ceddées *sur soixante differens debiteurs* de lad. succession: Ce que fut aussi executé à l'égard des 1329. escus deubs à lad. Marguerite de Villeneufue, à laquelle ledit Cezar fit diverses cessions pour pareille somme sur grand nombre d'autres debiteurs dudit heritage, *en la mesme nature de biens mediocres contenus ausdites huit classes*; moyennant quoy ledit Federic se seroit départy dudit legs de 1200. escus à luy fait par ledit Iacques son pere en sondit testament, & lad.te Marguerite fit aussi son desistemēt de tous ses droits paternels; Et à l'égard d'Alexandre & Louis, il fut accordé qu'ils seroient payez desd. 1702. escus 31. so. que montoit leurdite legitime, *en mesme nature de biens mediocres dudit heritage*, lors qu'ils auroient atteint l'âge de 27. ans, & cependant que ledit Cezar leur en payera l'interest, ou vne pension alimentaire; *ayant en outre ledit Cezar, protesté de la perte qui pourroit arriuer desdites debtes, tant par insoluabilité des debiteurs, que autrement, & des despens qu'il feroit pour raison de ce.*

Cotte H.

La 9. est que led. Cezar auroit acquité *tant* à lad. Damoiselle Constance de Villeneufue femme dudit sieur de Gattieres les 10000. liures de sa dot, *que* pareille somme de 10000. liures à ladite Damoiselle Isabeau femme dud. sieur d'Aspremont aussi pour sa dot, à elles promises par ledit Iacques leur pere en leurs contracts de mariage, par quittance du 22. Nouembre 1636. ET ENCORES il auroit baillé à ladite Marguerite la somme de 1266. liures pour le suplément de ses droits paternels le 13. Ianuier 1639. dont il luy auroit payé alors 666. l. & promis payer 600. l. dans deux ans, faisant en tout restant auec lesd. 1329. escus la somme de 5253. l. Et ensuite lad. Marguerite ayant esté mariée à Iean Baptiste de Noble, il seroit interuenu vne transaction sur differentes affaires entre luy & ledit Cezar de Villeneufue le 3 Feurier 1646, par laquelle (entr'autres choses) ayant compté desdites 600. l. il se seroit trouué que ledit Cezar en devoit encore *pour reste & entier* payement 448. liures 8. sols, auec les interests depuis le 22. Avril 1645.

LA 10. Que ledit Cezar de Villeneufue voulant se liberer & payer ausd. Alexandre & Louis de Villeneufue ses freres lesd. 1702 escus 31. s. du total de leurd. legitime *en biens mediocres dud. heritage*, iceux Alexandre & Louis aimerent mieux accepter le susd. legs de 1200. escus, que leur auoit esté fait à chacun d'eux, par led. Iacques leur pere, en sond. testamēt, *pour tous droits de legitime, & supplement d'icelle*, comme leur estans plus aduantageux & commode à cause qu'il devoit estre fait par ledit Cezar en un seul payement, ou cedé sur de bons debiteurs soluables, auec promesse de garentie, & qu'au contraire les 1702. escus 31. s. du total de leur legitime, n'estoient payables, qu'en biens mediocres minutissimis, solutionibus, *sans aucune garentie, sur grand nombre de debiteurs, dont partie estoient insoluables, en procez, & en discution, & l'autre le pouuoit deuenir*; en sorte que le 20. Feurier 1640. ledit Cezar auroit cedé ausdits Alexandre & Louis pour le payement de leursd. legs de 1200. escus chacun, la somme de 2400. escus, sur les consuls & Communauté du lieu de Broc, *auec promesse de toute garentie*, à condition que lesdits Alexandre & Louis ne pouroient aliener le fond, que iusqu'à ce qu'ils auroient atteint l'aage de 27. ans, & auroient ratifié ledit acte, & non autrement, *& en cas ils ne voulussent, alors, accepter ladite cession, auroit esté accordé, qu'ils seroient tenus de retroceder ladite somme de 2400. escus audit Cezar, qui leur remplaceroit ladite somme, sur les autres debtes dudit heritage, ou leur payeroit leurdite legitime*, conformement il la payé audit Federic leur frere, en biens mediocres, & par le mesme contract lesdits Alexandre & Louis font aussi quittance generale audit Cezar, tant de leurdit legs, que de *leur nourriture & entretien d'habits, iusqu'audit iour 20. Feurier 1640. & par vne autre declaration sous seing priué du 10. Avril audit an, lesdits Alexandre & Louis reconnoissent auoir esté satisfaits de leurdit entretien de viure & d'habits, dudit Cezar, iusques audit iour.*

Cotte H.

LA 11. Que led. Cezar de Villeneufue auoit contracté vn premier mariage, auec Damoiselle *Françoise de Grasse de Mouans*, le 3. May 1632. lequel mariage neantmoins ne fut point consommé, *per copulam*, à cause de la maladie dont ladite Damoiselle estoit alors atteinte, & dont elle mourut le 11. Septembre ensuiuant, audit lieu de Mouans, n'estant iamais entrée dans la Maison dudit Cezar de Villeneufue. Et mesme par son testament du 15. Aoust audit an 1632. elle n'a fait aucune mention de luy, s'estant qualifiée seulement *fille de feu Messire Henry de Grasse son pere.*

Cotte N.

LA 12. Que ledit Cezar de Villeneufue auroit contracté vn 2.

Cotte L.

B

mariage auec Damoiselle *Olimpe de Giraud* qui estoit de la R. P. R. fille de Messire Iacques de Giraud Seigneur de Carros, & de Damoiselle Valentine de Genas le 24. Decembre 1633. celebré à l'Eglise de ceux de ladite R.P.R. le 30. Avril 1634. en consequence d'vne despence de Monsieur le Vicelegat d'Auignon, fulminée le 29. dudit mois & an ; lequel mariage a duré iusqu'au 11. Avril 1642. que ladite Damoiselle de Giraud seroit decedée sans enfans, ayant neantmoins par son testament du 10. dudit mois & an, *institué son heretier vniuersel ledit Cezar de Villeneufue son mary*, lequel pendant leurdit mariage, auroit acquis de Louis Barcillon, Honoré Rabuis, & autres, partie de la Seigneurie & diuers Domaines audit Carros

Cotte L,

LA 13. Que ledit Cezar de Villeneufue auroit contracté vn troisiéme mariage auec *Damoiselle Lucresse de Grasse*, fille de deffunt Messire Annibal de Grasse Comte du Bar, & de Dame Clere Dellagonia, pardeuant vn Notaire Royal dudit lieu du Bar, le 15. Mars 1644 par l'advis & consentement de leurs parens & amis communs, par lequel ladite Damoiselle se seroit constituée en dot tous ses biens & droits, en déduction desquels ledit Cezar de Villeneufue auroit receu 1000. liures au prix de ses coffres & habits, & Messire Pierre de Grasse Cheualier de l'Ordre S. Iean de Ierusalem, & Antoine de Grasse sieur de la Malle freres de ladite Damoiselle, luy auroient fait don de la somme de 2000. liu. ET en outre ledit Cezar de Villeneufue, auroit fait donnation à ladite Damoiselle sa future espouse (en cas de suruie) de 3000. liures, & ladite Damoiselle audit Cezar son futur espoux, de 1500. liures. ET finalement ledit Cezar de Villeneufue auroit fait donnation de la moitié de tous ses biens à vn des enfans masles qui naistroit dudit mariage a son eslection; Lequel contract de mariage & donations y contenuës, furent ensuite *insinuées* au Greffe de Seneschal de la Ville de Grasse le 5 Iuillet audit an 1644. *Et les espousailles furent faites* (apres les publications des bans à la maniere accoustumée,) publiquement en la Paroisse de la ville de S. Paul, domicile dudit Cezar, *le 22. dudit mois de Mars audit an 1644. par deuant Messire Federic Michaëlis Prestre dudit S. Paul*, du consentement de Messi Clement Amiel Vicaire perpetuel de ladite Paroisse, Et les nopces & rejouïssances en furent faites pendant plus de huit iours, en la maison de ladite Damoiselle *Suzanne de Villeneufue mere dudit Cezar*, où assisterent particulierement lesdits *Federic, , Louis, & Isabeau de Villeneufue ses freres & sœurs*, & les autres parens & amis dudit Cezar : ET encores Messires Charles de Grasse Comte du Bar, & lesdits Pierre & Antoine de Graſſe freres de ladite Damoiſelle & autres ſes parens, alliez & amis.

LA 14. Que bien qu'il n'y euſt aucun empeſchement canonique audit mariage, *neantmoins* parce que ledit Cezar de Villeueufue auoit contracté le ſuſdit premier mariage du 3. May 1632. auec lad. deffunte Françoiſe de Graſſe, qui eſtoit couſine de ladite Damoiſelle Lucreſſe; *Et nonobſtant* que ledit Cezar euſt affirmé à lad. DamoiſelleLucreſſe, qu'il n'auoit point conſommé ſondit premier mariage, auec ladite Françoiſe, & par conſequent qu'il n'y euſt aucune affinité entr'eux, ny aucun empeſchement à leurdit mariage, ET quoy qu'il ne parut aucun acte de celebration dudit premier mariage dudit Cezar auec ladite Françoiſe ſur le Regiſtre de la Paroiſſe de Moüans, ny ailleurs; *toutesfois* ladite Damoiſelle Lucreſſe de Graſſe (qui auoit celebré ſondit mariage dans la bonne foy) auroit obligé ledit Cezar (en tant que de beſoin, & pour s'oſter tout ſcrupule de conſcience) d'obtenir de Monſieur le Vicelegat d'Auignon *la diſpence & confirmation* de leurdit mariage, par eux ſolemniſé *par paroles de preſent, ledit iour* 22. Mars 1644. *ſuper impedimentum publicæ honeſtatis iuſtitia*, à cauſe dudit premier mariage celebré *& non conſommé* entre ledit Cezar de Villeneufue & ladite Françoiſe de Graſſe, ſuiuant la Bulle qui leur en fut octroyée à cet effet le 20. Iuin audit an 1644. laquelle fut fulminée le 21. Nouembre enſuiuant par Meſſire Honoré Roſignol Preuoſt de l'Egliſe Cathedrale de Nice, Vicaire, Forain de l'Eueſché de Vance, Dioceẑain deſdites parties, en qualité de Commiſſaire, à ce, expreſſement Deputé par le Chapitre de l'Egliſe dudit Vance, le Siege Epiſcopal vaccant, *attendu* la ſuſpicion de Meſſire Iacques Barcillon, alors Vicaire general reſidant audit Vance, qui eſtoit ennemy capital dudit Cezar de Villeneufue, ainſi que ledit Gaſquet a iuſtifié ſous la cotte M, par le moyen de grand nombre de procez Ciuils & Criminels, leſquelles Bulles de diſpence & Sentence de fulmination d'icelles, confirmatiues dudit mariage, ayant eſté long-temps adhirez, & enſuite remiſes à ladite Damoiſelle Lucreſſe de Graſſe, & par elle preſentées à *Monſieur Antoine Godeau Eueſque dudit Vance*, il les auroit examinées, & ayant trouué qu'elles eſtoient bonnes, valables & canoniques, *il en auroit ordonné l'enregiſtrement au Greffe eſpirituel de ſondit Eueſché le* 14. *Septembre* 1665.

LA 15. Qu'apres ledit mariage, ladite Damoiſelle Lucreſſe de Graſſe (*par la faueur de Monſieur le Prince Maurice Cardinal de Sauoye auec lequel* elle auoit tenu en Bapteſme vn fils de Mr le Comte de Bueil ſon beaufrére,) *auroit obtenu* vne Compagnie dans le Regi-

Sous ladite cotte L.

ment des Galleres (duquel Messire Honoré de Grasse sieur de Canaux son frere estoit Lieutenant Colonel,) *pour ledit Alexandre de Villeneufue son beau frere & frere dudit Cezar son mary*, qui n'estoit qu'vn simple Soldat, commençant de porter les Armes.

Cotte LA 16. Que de ce mariage dudit Cezar de Villeneufue & Damoiselle Lucresse de Grasse *seroit née vne fille* nommée Marie Marguerite de Villeneufue le 22. Ianuier 1645. laquelle fut tenuë en Baptesme le 1. Iuin audit an, par led. Messire Pierre de Grasse frere de ladite Lucresse, & par Dame Marguerite de Lascaris alors femme de Messire Alexandre de Villeneufue sieur de Gault, *oncle maternel* dudit Cezar de Villeneufue.

Cotte LA 17. Que pendant ledit mariage, ledit Cezar de Villeneufue (en qualité de mary & maistre des biens & droits de lad. Damoiselle Lucresse de Grasse sa femme) a joüy & fait diuerses quittances de sa dot & droits. ayant tousiours vescu comme mary & femme, au veu & sceu generalement de tous leurs parens alliez & amis communs, iusqu'au 19. Iuillet 1646. par ledit Cezar, fut malheureusement assassiné de nuit sur la porte de son Chasteau de Carros par le nommé *Louis Barcillon* oncle dudit Iacques Barcillon, Vicaire general de l'Euesché de Vance, & autres accusez & complices,

Cotte R. LA 18. Qu'apres le deceds dudit Cezar de Villeneufue, ladite Damoiselle Lucresse de Grasse sa veufue en qualité de mere & administratrice de la personne & biens de ladite Marie Marguerite de Villeneufue leur fille vnique & heritiere dudit Cezar, *auroit porté sa plainte* au Lieutenant Criminel du Seneschal de la Ville de Grasse, & *fait informer* dudit assassinat commis en la personne dudit Cezar son mary, & obtenu decret de prise de corps contre ledit *Louis Barcillon* & autres accusez & complices, ET iceux fait crier à trois briefs iours, *& obtenu ses deffauts*; ET enfin mis le procez en estat de juger par deffaut & contumace.

Cotte R. LA 19. Que lad. Damoiselle Lucresse de Grasse veufue dudit Cezar en sadite qualité de mere & administratrice de leurdite fille *auroit baillé Requeste* au Lieutenant du Seneschal dudit Grasse le 31. dudit mois de Iuillet 1646. *pour faire recenoir* ladite Damoiselle Marie Marguerite de Villeneufue *heritiere par benefice d'inuentaire* dudit Cezar sieur de Carros son pere, & en consequence fait assigner tous les creanciers certains & incertains, legataires & fideicommissaires & autres pretendans droits audit heritage, & obtenu ses deffauts, & mis l'instance en estat de juger.

Cotte R. LA 20. Qu'apres le deceds dudit Cezar de Villeneufue, lad. Damoiselle Suzane de Villeneufue sa mere, *ayant fait son testament le*

premier Aouſt audit an 1646. (entr'autre choſes,) elle auroit fait vn legs, à tiltre d'inſtitution particuliere d'heritiere à ladite Damoiſelle Marie-Marguerite de Villeneufue ſa petite fille, & fille dudit feu Cezar de Villeneufue, ſieur de Carros ſon fils aiſné, de la ſomme de 1000 l. pour ſon droit de legitime & ſupplément d'icelle. Et a inſtitué ſon heritier vniuerſel ledit Alexandre de Villeneufue ſon autre fils, partie principalle de cette inſtance: EN SORTE que ladite Marie Marguerite de Villeneufue a toûjours eſté reconnuë, tant par lad. Suzanne ſon ayeulle paternelle, que par led. Alexandre ſon oncle, & par tous ſes autres parens paternels & maternels iuſques à preſent, comme fille vnique, legitime & heritiere dudit Cezar ſon pere; Et encore ladite Damoiſelle Lucreſſe de Graſſe, en ſa qualité de veufue d'iceluy, comme il ſera encore dauantage iuſtifié cy-aprés.

LA II Que ladite Damoiſelle Lucreſſe de Graſſe veufue, en ſa dite qualité auroit preſenté Requeſte audit Seneſchal de Graſſe le 10. du mois de Septembre audit an 1646. afin qu'il fut procedé à l'ouverture du Teſtament ſolemnel dudit Cezar de Villeneufue ſieur de Carros ſon mary, du 10. Aouſt 1644. Et à cét effet, elle auroit fait aſſigner, tant ladite Dame Suzanne de Villeneufue ſa belle mere, & Annibal de Villeneufue oncle paternel dudit feu Cezar ſon mary, que Meſſire Iean-Henry de Grimaldy, Marquis de Corbons ſon beau-frere, & autres leurs parens: Et en conſequence ledit Teſtament ayant eſté decacheté, leu & publié le 28. Nouembre audit an 1646. il s'y ſeroit trouué que ledit Cezar teſtateur, auroit fait vn legs de 13 l. ſeulement à ladite Damoiſelle Lucreſſe de Graſſe ſa femme: Et pareil legs de 13. l. à lad. Damoiſelle Suzanne de Villeneufue ſa mere. Et au ſurplus de ſes biens, il auroit inſtitué ſon heritier vniuerſel L'ENFANT dont ladite Damoiſelle Lucreſſe de Graſſe ſa fême, eſtoit alors enceinte, ſoit fils, ou fille: Et ſi c'eſtoit vne fille, il auroit inſtitué ſon heritier le premier enfât mâle qu'elle fera: Et aux autres tant fils, que filles, il leur auroit laiſſé ce qui leur pourroit venir de legitime: Voulant & entendant qu'ils viuent tous pour l'education & entretenement de leurs perſonnes, ſous l'adminiſtration de ſadite femme: Et pour les biens, ſous l'adminiſtration de ſon frere Federic, lequel il prie de faire faire l'inuentaire de tous ſes biens, pour en rendre compte à ſes enfans, lorſqu'ils auront atteint l'âge, à condition toutesfois que tous les ans, ſondit frere rendra compte à ſadite femme, aſſiſtée de Mr de Canaux ſon beau-frere, de ſon adminiſtration, pour l'aſſurance des biens de ſes enfans: Et venant ledit Federic à mourir, il luy auroit ſubſtitué à la dite charge de tuteur, ſon frere Alexandre: Et à iceluy ſon frere Louys, aux for-

Cotte R.

mes *susdits*. Et de plus, il conjura *sadite femme* & *sondit frere Federic* de vouloir viure d'intelligence *en l'administration de ses enfans*, desquels voulant *sadite femme* se separer, soit par mariage, ou autrement, *veut qu'elle soit payee de ses conuentions matrimoniales*: Et des 3000 l. qu'il luy a donné en leur contract de mariage, *à condition* qu'elle ne pourra alliener ladite somme de 3000 l. la priant d'auoir agreable, qu'elles soient acquises aprés sa mort à sondit heritier, Ayant nommé *pour Executeur* dudit Testament Messire Iean-Henry de Grimaldy Marquis de Corbons, Lieutenant pour le Roy en la Ville & Principauté de Monaco, *son beau-frere*, mary de Dame Anne de Grasse du Bar, sœur de ladite Lucresse sa femme.

cotte P.   La 22. Que ledit Cezar de Villeneufue *par vn Codicil* par luy fait le premier Decembre 1644. *auroit renoqué* la nomination *de tuteur* de sesdits enfans *faite par sondit Testament* du 10. Aoust precedant; Et *de nouueau* auroit nommé ledit Federic son frere, auec ledit Messire Iean Henry de Grimaldi, Marquis de Corbins *son beau-frere*: Et pour *Executeurs* dudit Testament, lesdits Messires *Pierre de Grasse* Cheualier, & *Antoine de Grasse* sieur de la Malle du Bar *ses beaux-freres*: & au surplus auroit confirmé ledit Testament.

cotte S.   La 23. Qu'attendu le predeceds dudit Federic de Villeneufue, arriué le 4. Auril 1646. ledit Alexandre de Villeneufue son frere, qui luy auoit esté substitué à la tutelle de ladite Damoiselle Marie-Marguerite de Villeneufue leur Niece pupille, fille & heritiere dudit Cezar leur frere aisné, par sond. Testament du 10. Aoust 1644. *ayant caché* fraudulensement *ledit codicil* du premier Decembre ensuiuant, *qui renoquoit* sadite nomination & substitution à ladite charge de tuteur; Et bien que ledit Alexandre fut alors *mineur* de 25. ans, n'estant âgé que de 23. ans, & qu'il eust de *tres-grandes pretentions contre ladite pupille*, qui tendoient à luy oster tout le bien de la succession dudit Cezar son pere: Et que par consequent il ne peut estre son tuteur, Et qu'il en fut exclus expressément, tant par ledit Codicil, que par les dispositions *du Droit Escrit*, sous lequel la Prouence est regie en la Loy. *Idem fiet. §. cum autem. ff. de Testamentaria tutela*. La Loy 20. *ff. de excusationibus*. Et la nouuelle Constitution 72. de l'Empereur Iustinien, & en ses *Institutes* titre 20. *de suspectis tutoribus*. Neanmoins ledit Alexandre de Villeneufue, sans s'estre fait confirmer en ladite charge de tuteur, par *l'aduis des parens de ladite pupille*, ny par le *Magistrat* à la maniere accoustumée *toutes les tutelles estant datiues en France*; Et ayant *teu sesdites pre-*

rentions, il se seroit intrus de son authorité priuée en ladite tutelle: Et en qualité de tuteur testamentaire de ladite Damoiselle Marie-Marguerite de Villeneufue sa Niece, *il se seroit saisy de tous les biens, effets, papiers, titres & enseignemens de la succession dudit Cezar son frere, dans le dessein qu'il forma alors de se les approprier, & en priuer entierement ladite pupille sa Niece*, comme il a fait frauduleusement dans la suitte. EN SORTE qu'ayant repris (en lad. qualité de son tuteur) lesd. Instances *ciuiles & criminelles*, commencées & mises en estat de juger par ladite Damoiselle Lucresse de Grasse sa belle sœur, veufue dudit Cezar audit nom, Il auroit fait rendre Sentence audit Seneschal de Grasse le 5. Avril 1647. *par laquelle ladite Damoiselle Marie-Marguerite de Villeneufue fut receuë heritiere par benefice d'inuentaire dudit Cezar son pere*. Mais comme l'inclination dud. Alexandre a tousiours esté de suiure l'vtile, plutost que l'honneste, il a fait ceder sa valeur à son auarice, ayant aussi-tost quitté sondit employ de Guerre, pour suiure celuy de la chicane, où il s'est exercé depuis ladite année 1646. iusques à present, contre sadite pupille, & on peut dire de luy, n'estant alors aagé que de 23. ans, *que malicia suplet etatem*, aussi bien pour les fonctions de l'esprit, que pour celles du corps: En sorte que mesme sans se soucier de vanger la mort dudit Cezar son frere, il auroit abandonné *ladite instance criminelle*, qu'il auoit repris au lieu ladite Damoiselle Lucresse de Grasse sa veufue; Et ainsi il a laissé impuny (auec honte pour luy) vn assassinat des plus qualifiés, Et il se seroit seulement attaché à trouuer des moyens & pretextes pour vsurper tous les effets de son heritage, à sa fille pupille: Et pour y paruenir par quelque formalité, il auroit le 7. dud. mois d'Avril 1647. baillé sa Requeste audit Seneschal de Grasse, en ladite supposée qualité de tuteur testamentaire de ladite Damoiselle Marie-Marguerite de Villeneufue sa Niece, fille & heritiere par inuentaire dudit Cezar son pere, *afin d'estre procedé audit inuentaire* de ses biens au lieu de Carros: Et le mesme iour il auroit passé *vne procuration generale* au nommé Honoré Rainaud, pour assister audit inuentaire, se charger des effets d'iceluy, & passer tous contracts d'arrentement: Et le lendemain 8. Auril, Maistre Louys de Lombard, sieur de Gordon, Lieutenant general ciuil & criminel audit Siege de Grasse, & Commissaire des Inuentaires de la Viguerie dudit Grasse, & de Saint Paul, auroit commencé de proceder, audit Carros, à vn inuentaire de partie des biens dudit Cezar. MAIS *ladite Damoiselle Lucresse de Grasse sa veufue* y ayant comparu, elle auroit declaré qu'elle n'empeschoit point la facture dudit inuentaire sous les protestations par elle faites *des sepmez & fruits* qui estoient pendans aux biens dudit heritage, *dont elle auoit fourny les semences, & fait faire les cultures & impences necessaires* Offrant de declarer *les meubles* de maison dudit heritage qui estoient en son pouuoir, *& dit*, pour ce qui est des immeubles qu'elle ne pouuoit les declarer particulierement, pour ne sçauoir en quoy ils consistent, n'ayant demeuré guieres de temps mariée auec ledit sieur de Carros. Protestant en *outre de n'approuuer, ny reconnoistre ledit Alexandre de Villeneufue pour tuteur, qui n'ayt esté confirmé en Iustice, & baillé caution suiuant l'Ordonnance.* Dequoy ledit Lieutenant luy auroit concedé acte, *Et ayant* procedé audit inuentaire, on y auroit inceré vn denombrement de ladite Terre de Carros, auec lesdits meubles de maison, Et fut trouué dans vne layette *le liure de raison ou iournal* dudit Cezar de Villeneufue, relié & escrit de sa main, Et vn *autre liure* contenant *les censes* qui luy estoient deuës audit Carros: Et encore *sept liasses de papiers* lesquels ne furent point alors inuentoriez, ny paraphez par premier & dernier: Et fut dit seulement, que *la premiere* desdites sept liasses de papiers contenoit 51. piece: *La deuxiéme* 42. pieces, *La troisiéme* 69. pieces: *La quatriéme* 61. pieces: *La cinquiéme* 9. pieces: *La sixiéme* 23. pieces: *& La septiéme & derniere* 28. pieces. Lesquels *papiers, & liures furent alors remis dans* lad. *layette, & deposez entre les mains* d'Antoine Bellissime Greffier, *pour les conseruer, ayant esté ordonné par ledit Lieutenant, qu'il seroit procedé à la description particuliere, tant dud. liure de raison, qu'autres papiers au Siege, pour éuiter frais aux parties.* Et en suite ayant voulu faire proceder à la vente desdits meubles à l'enchere, & ne s'estant trouué aucun encherisseur à cause que c'estoit dans vn Village, où il n'y a que quelques Païsans (Ladite Damoiselle Lucresse de Grasse se seroit chargée *de ceux qu'elle auoit fait porter au lieu de Broc* aprés la mort dudit Cezar son mary) de Carros, où elle n'auroit voulu continuer son sejour, ainsi qu'elle auoit declaré lors dudit inuentaire *dans lequel elle les fit inserer*: Et du surplus desdits meubles, bestiaux, & autres effets de ladite succession, ledit Alexandre de Villeneufue, en demeurera chargé.

cotte T.

La 24. est, Que vne grande partie des autres effets de l'heritage dudit Cezar de Villeneufue, consistoit, *en plus de soixante mil liures de debtes actiues* qu'il auoit tant *de son chef, que restant de la succession* dudit Iacques son pere, *Et en plusieurs autres biens immeubles*, sur lesquels il s'estoit fait colloquer aux villes & lieux de S. Paul, Vance, Tourrettes, Caigne, Villeneufue, saint Ieannet & la Gaude: Et que lesdits effets estoient mentionnez

tant

tant ausdits Liures de raison & des censes, que ausd. sept liasses de papier dépofez entre les mains dudit Bellissime Greffier : MAIS ledit Alexandre de Villeneufue voulut se les approprier entierement, au preiudice de ladite pupille ; Et pour y paruenir, il n'en auroit point fait faire d'inuentaire & description particuliere pardeuant ledit sieur de Gordon Lieutenant general & Commissaire des inuentaires, comme il estoit obligé en execution de ladite Ordonnance, ny pardeuant aucun autre Magistrat ; ET parce que ledit Bellissime s'en trouuoit chargé, il n'auroit pas voulu les luy remettre, (quoy qu'il fut son amy affidé) sans que ledit Villeneufue l'en déchargeat en quelque façon, l'expedient qu'ils prirent fut de faire vn projet & formule d'inuentaire desdites sept liasses de papiers, & liure de raison & des censes, au mois de May audit an 1647. sous le nom toutefois dudit Maistre Louis de Lombard sieur de Gordon Lieutenant & Commissaire des inuentaires, à la requisition de Louis Fragier Procureur dudit Alexandre de Villeneufue en ladite fausse qualité de tuteur de ladite Damoiselle Marie Marguerite de Villeneufue sa niepce pupille, & neantmoins il se trouue que ledit projet d'inuentaire n'est point signé dudit Lieutenant, ny dudit Greffier, ny dudit Procureur, ny d'aucuns témoins, & que les dattes des iours que l'on suppose y auoir esté procedé, sont en blanc, ce qui en fait voir la nullité & la fraude, n'estant signé sur la fin d'iceluy que par led. Alexandre de Villeneufue, qui y a écrit & signé de sa main la décharge qu'il en a fait aud. Bellissime Greffier le 21. Mars 1648. qui est vnze mois apres la pretenduë datte du mois de May 1647. EN SORTE qu'apres que ledit Alexandre eust soustrait desdites sept liasses de papiers tous les titres de ladite terre de Carros, auec la quittance generale de son entretien & de Louis son frere du 10. Avril 1640. Et le certificat de mariage de sd. Cezar de Villeneufue & Damoiselle Lucresse de Graffe du 22. Mars 1634. signé dudit Federic Michael Prestre ; Et encores la commission donnée par ledit Chapitre de Vance, le Siege Episcopal vaccant audit Honoré Rosignol Vicaire Forain, pour executer la susdite Bulle de dispence & confirmation dudit mariage du 20. Iuin audit an ; ensemble vne autre Bulle de dispence, que ledit Cezar auoit obtenuë du Vicelegat d'Auignon en 1634. pour son second mariage auec ladite Damoisele Olimpe de Giraud, & la Sentence de fulmination d'icelle, par equiuoque, parce qu'il n'entend pas la langue Latine, croyant que c'estoient celles, concernant led. dernier mariage desd. Cezar & Lucresse de Graffe de 1644. & encores le Codicil dud. Cezar de Villeneufue du 1. Decembre audit an 1644. qui reuoquoit sadite nomination de tuteur portée

D

par sondit testament du 10. Aoust precedent, & autres pieces telles que bon luy a semblé, en ayant supposé d'autres en leur place. DV SVRPLVS, il en auroit fait telle description, qu'il a voulu par vn dol & fraude éuident *t* CAR il se voit par ledit projet d'inuentaire que ledit Alexandre de Villeneufue a recellé tous ces effets plus considerables de la succession dudit Cezar son frere, puis qu'outre le grand nombre de contracts, obligations, billets, promesses & procez literatiues (ou procez verbaux d'execution faits pour le payement des sommes y contenuës, suiuant l'vsage de Prouence) qui y sont énoncez, sans les auoir neantmoins specifiez, ny declaré les sommes deuës, *tant* du chef dudit Cezar, *que* de Iacques son pere & autrement; Il y a encores plusieurs cayers contenant vn tres-grand nombre de debtes actiues, que ledit Alexandre faux tuteur, n'a point aussi specifié, *ny* par le nom des debiteurs, *ny* par les sommes deuës, *mais voicy* de quelle maniere, il les a incerez dans ledit projet d'inuentaire, dont la grosse collationnée à l'Original est produite par ledit MaistreGasquet sous la cotte T. de sa production du 13. May 1670. sçauoir dans *la seconde liasse* desdits papiers fol. 20. & suiuans.

Sçauoir piece

7. *Vn petit cayer seruant de memoire audit feu sieur de Villeneufue*, contenant douze fueillets, dans lesquels il y a cent six posies.

8. *Autre petit cayer escrit à chaque costé seruant aussi de memoire audit feu sieur,* y ayant entre lesdits deux fueillet, septante quatre posites; *& neuf feuillets escrits.*

9. *Autre memoire contenant douze feuillets contenant* plusieurs posites

10. *Autre memoire contenant quatre feuillets escrits. ausquels il y aussi* plusieurs posites.

13. *Autre cayer seruant aussi de memorial, auquel il y a neuf feuillets escrits, contenant* plusieurs posites.

14. *Autre cayer contenant les debtes de l'heritage de feu Iacques de Villeneufue, Escuyer de Tourettes pere dudit feu sieur de Carros, contenant dix feuillets escrits.*

16. *Autre cayer portant memorial des debtes dudit sieur, contenant cinq feuillets & vn deschiré escris.*

17. *Autre cayer portant memoir de ceux qui doiuent tasques audit feu sieur de Villeneufue, contenant dix-huit feuillets.*

22. *Autre cayer des debtes dudit feu sieur de Villeneufue, contenant* cent cinquante deux posites, *escrites en vnze feuillets.*

29. *Memoire des debtes que ledit sieur auoit à prendre, à* S. PAVL VANCE, VILLENEVFVE, CAIGNE, S. IEANNET COVRSEGOVLES, CHASTEAVNEVF, *&* LE BRO.

31. *Memoire de reliquat de compte de la Dame de Villeneufue sa mere.*

37.	*Memoire du deschargé du compte donné par ladite Dame de Villeneufue audits sieur de Carros son fils, contenant sept feüillets escrits.*
38.	*Memoire des debtes & pensions dudit feu sieur Iacques de Villeneufue.*

Sçauoir piece

ET sur la *troisiéme* desdites sept liasses de papiers, il y a escrit audit projet d'inuentaire, fol. 47. & suiuant.

62.	*Memoire des debtes que ledit sieur auoit à prendre des particuliers y denommez.*
63.	*Autre memoire de ce que doit la communauté du Broc audit feu sieur de Villeneufue, pour arrerages de pension.*
66.	*Memoire de ceux qui doiuent cenfes, audit Carros, audit feu sieur.*
67	*Autre memoire des pretentions que ledit sieur auoit à prendre sur Louis Barcillon, Conseigneur dudit Carros.*

Sçauoir piece

ET sur la *cinquiéme* desdites sept liasses de papiers, il y a escrit audit projet d'inuentaire, fol. 58. & suiuans.

14.	*Memoire des collocations que ledit sieur auoit faites, à S. PAVL, VANCE, TOVRRETTES, CAIGNE, VILLENEVFVE, S. IEANNET, & la GAVDE.*
39.	*Memoire dudit feu sieur, contenant plusieurs Particuliers.*
4·.	*Autre memoire de ceux qui doiuent audit sieur de Villeneufue.*
46.	*Memoire de ce que ledit sieur auoit laissé à S. Paul.*

ET en la *sixiéme* desdites sept liasses de papiers, fol. 75. il y a encore escrit.

Sçauoir piece 17.

Rolle de quelques Particuliers qui doiuent audit sieur de Carros, (aussi sans les nommer, ny declarer les sommes deuës.)

ENFIN, par tous lesdits articles cy dessus transcrits & tirez de *mot à mot* dudit projet d'inuentaire: Il se void clairement qu'il estoit deub vne tres-grande quantité de sommes audit feu Cezar de Villeneufue, contenus *tant* ausdits cayers & memoires, *que* en plusieurs contracts, obligations, billets, promesses, & procez litteratoires: Et que ledit Alexandre de Villeneufue son frere, & faux tuteur de sadite fille pupille, n'en a point fait faire d'inuentaire iudiciaire à la maniere accoustumée, & il les a inserez en confusion audit projet d'inuentaire, sans les auoir especifiez, ny declaré les noms & qualitez des Debiteurs, ny les sommes deuës, afin d'en oster la connoissance à l'aduenir à sad. Niece, heritiere dudit Cezar son pere, à qui il appartenoient, *tant de son chef, que* de Iacques, duquel il estoit donataire & heritier par inuentaire; Estant à obseruer ce qu'a esté dit & iustifié cy-dessus, que l'heritage dudit Iacques n'estoit composé *que de debtes actiues* en 453. articles ou enuiron, suiuant l'inuentaire du 20. Aonst 1629. Et le compte de

tuelle que Suzanne sa veufue en a rendu le 14. Mars 1636.
audit Cezar son fils, lequel les a tous laissez où la plus grande
partie d'iceux en sa succession, & transmis iceux à la dite Damoiselle sa fille pupille & heritiere ; outre ceux que ledit Cezar
auoit acquis en son propre en très-grand nombre, auec la terre
de Carros, & autres biens immeubles en diuers lieux; Ledit
Me Gasquet a esté obligé de faire ces obseruations pour mon-
trer dans la suite de ce Factum (comme il a fait au procez) *le*
dol personnel dudit Alexandre de Villeneufue, *Et la depreda-*
tion generale qu'il a fait de tous lesdites debtes actiues & biens
immeubles mentionnez audit projet d'inuentaire, *attendu* qu'il
a eu si peu d'honneur & de conscience, que dans le compte
de tutelle qu'il a rendu (sans ouir partie) le 6. Feurier 1660, Il
ne s'est chargé *de pas vn sol*, d'aucune desdites debres actiues
& biens immeubles mentionnez audit projet d'inuentaire, qui
montoient *à plus de soixante mil liures*; Et il a allegué faussement, que Cezar son frere *auoit dissipé* generalement tous les
effets de la succession de Iacques leur pere, & les siens propres:
Et en vn mot, qu'il n'auoit rien laissé en sa succession, *que*
ladite terre de Carros. Voilà le commencement de la mauuaise foy dudit Alexandre de Villeneufue ; qui s'y est encore
signalé dans le progrez & dans la fin, de toute sa procedure, qui
est entierement nulle, abusiue & frauduleuse, comme la suite de ces Obseruations le fera voir; Estant encore à remarquer en cet endroit, que ledit Alexandre faux tuteur, n'a fait
faire aucun inuentaire de quantité d'autres papiers, & effets qui
estoient en la Ville de Grasse, & en celles de S. Paul, & ailleurs, & qu'il les a aussi vsurpez à ladite pupille.

La 25. Obseruation qu'il faut faire (pour suiure l'ordre des
temps,) Est que ladite Damoiselle Lucresse de Grasse, Dame
de la Melle de Bar, veufue dudit Cezar de Villeneufue, ayant
donné sa demande en ladite instance de benefice d'inuentaire,
pour estre payée de 1348 l. faisant partie de sa dot, & de 3000 l.
de sa donation de suruie, & 600 l. de pension annuelle, suiuant
sondit contract de mariage auec ledit Cezar de Villeneufue du
15. Mars 1644. insinué le premier Iuillet ensuiuant, sur les biens
libres de son heritage, & *subsidiairement* sur les fideicommissaires pretendus par ledit Alexandre ; *par sentence du 2. Aoust*
*1647, ladite pension de 600 l. luy auroit esté adjugée: Et pour le
surplus, ledit Alexandre par ses defenses du 24. Avril 1648.
auroit consenty qu'elle en fut payée, à la charge de rapporter
à ladite succession *les susdits meubles* dont elle fut chargée au
mois

mois d'Auril 1647. sur lesquels differents ledit Alexandre tuteur & ladite Damoiselle Lucresse de Grasse veufve *ayant passé vn compromis le dix-neuf Iuin audit an 1648. à M. Iean de Villeneufve sieur de Saint Cesary parent dudit Alexandre, Iean le Brun de Castellanne sieur de Caille, M. Iean Iourdany Aduocat, & Iean Maurel aussi Aduocat, pour sur iceux differents iuger de droit, seulement* lesdits Arbitres auroient rendu leur Sentence le vingt-deux dudit mois Iuin 1648. PAR LAQVELLE ils auroient condamné ledit Alexandre de Villeneufve, en qualité de tuteur testamentaire de ladite Damoiselle Marie Marguerite de Villeneufve sa niepce, payer à ladite Damoiselle Lucresse de Grasse veufve ladite somme de 1348. livres pour la restitution de partie de sa dot receuë par ledit sieur de Carros son mary tant par leur contrat de mariage du quinze May 1644. que par Acte de cession du quatre Avril 1646. auec interest au denier seize, puis l'an de deüil expiré, ensemble la somme de 3000. liures à elle donnez en cas de survie par sondit mary par leurdit contract de mariage auec l'interest depuis l'exploit d'adjournement en l'instance de benefice d'inuentaire: ET en ce qui concerne la pension annuelle de 600. livres tant qu'elle demeurera en viduité, ils l'auroient retranchée, eu esgard à la valeur & faculté dudit heritage, à 100. liures par an qui luy seroit payée par ledit tuteur, depuis le deceds dudit feu sieur de Carros son mary, tant qu'elle demeurera veufve, & qu'elle poursuivra son payement sur les biens & heritages de sondit mary, *& en deffaut d'iceux* sur les biens fideicommissaires & substituez en faueur dudit Alexandre par le deceds dudit Cezar sans enfans masles par le Testament de Iacques leur pere, comme tenus & obligez lesdits biens fideicommissaires subsidiairement au payement & restitution de lad. dot, donation, pensions & promesses faites en faueur de nopces, ayant compensé le prix desdits meubles, dont ladite de Grasse veufve estoit chargée, auec son an vidual, & les frais & fournitures par elle faites ausdites affaires & biens dudit heritage, depuis le 19. Iuillet 1644. iour du deceds dudit Cezar son mary, iusques au 28. Nouembre ensuiuant que ledit Alexandre s'est immiscé en ladite tutelle, dépens compensez, à la publication de laquelle Sentence *ledit Alexandre de Villeneufve auroit acquiescé & signé son acquiescement*, comme luy estant auantageuse, attendu que lesdits Arbitres pour le fauoriser auroient reduit ladite pension de 600. livres à 100. livres, bien qu'il n'en fust pas question, & que par ledit compromis ils n'eussent pouuoir que de iuger les questions de Droict *tant seulement*, & non pas celles de Faict.

E

comme feroit celle de l'éualuation dudit heritage, pour sçauoir s'il peut suporter, ou non, ladite pension de 600 liu. car ladite éualuation ne fut pas mesme faite, demandée, ny contestée: & en effet il y auoit déja eu Sentence contradictoire au Seneschal de Grasse le 2. Aoust 1647. qui auoit adjugé ladite pension de 600. livres à ladite Damoiselle Lucresse de Grasse veufve.

La 26. Observation qu'il faut faire en cette instance, est, Que ledit Alexandre de Villeneufve auroit pretendu que le fideicommis apposé audit Testament de Iacques son pere du 18. Iuin 1619 estoit ouuert en sa personne par le deceds dudit Cezar son frere aisné sans enfans masles, & le predeceds dudit Federic: ET ENCORE qu'il luy estoit deub vn suplement de legitime sur les biens escheus audit Cezar de la succession dudit Iacques leur pere: ce qui devoit le faire excuser de la tutelle de ladite Damoiselle Marie Marguerite de Villeneufve, s'en demettre, & luy faire pouruoir d'vn autre tuteur, & luy rendre compte, & restituer tous les biens, papiers, titres & enseignemens de ladite succession à la maniere accoustumée, suiuant la disposition du Droit escrit, sous lequel la Prouince est regie, Nous auons trois titres entiers *de suspectis tutoribus*, l'vn aux Institutes, liure 1. ch. 26. l'autre au Digeste, & l'autre au Code; outre diuerses dispositions particulieres qui sont formelles à la Question en la loy 27. *idem fiet §. cum autem ff. de testamentaria tutela*, dont voicy les termes, *Cùm autem ipse patruus quem tutorem legitimum sibi dicebat pupillus esse subiectum filium criminaretur, & ad se legitimam hæreditatem pertinere contenderet, alium tutorem prebendum Iulianus respondit*. Et la loy 20. *si pupillum ff. de excusationibus* porte que *si pupillum patruus contendat exheredatum esse, & se hæredem scriptum, æquum est tutorem pupillo dari, recepta patrui excusatione, vel si nollit excusationem petere, remoto eo a tutela, ita litem de hæreditate expedire*. Et en la nouuelle Constitution 72. chap. 1. l'Empereur Iustinien exclud entierement de la tutelle & curatelle celuy qui est creancier du pupile ou mineur, ou qui luy est obligé: & il en donne la raison en la mesme nouuelle 72. chapitre 3. *ne ex hoc ipso*, dit il, *hostem & non curatorem adolescentulo præbeamus*. Et au chapitre 4. il veut que le tuteur ou curateur qui aura contreuenu à cette loy, & qui aura teu ses pretentions pour estre admis à la tutelle ou curatelle, perde sa debte, & soit décheu de toutes les pretentions qu'il pouuoit auoir contre son pupile ou mineur, *si verò tacuerit in initio hoc, & factus fuerit curator, sciat, omni actione aduersus minorem, si vera fuerit, se casurum, propter hoc, quod ex studio aduersus hanc nostram legem firmetur, sed si quis apertè obligatus existens, tacuerit, sciat etiam iste, quia substinebit pœnam, quod non possit redditionem aut aliis solutionibus debiti se miscere tempore curationis forsan arte compositis*: & les loix 2 & 7. *C. arbitrium tutelæ*, veulent que tel tuteur soit tenu de tous les dépens, dommages & interests du pupile, parce que les tuteurs sont donnez aux pupiles pour estre leurs deffenseurs, & non leurs persecuteurs. *Itaque appellantur tutores quasi tuitores atque deffensores*, dit la loy 1. §. 1. ff. *de titulis*, où Seruius définit la tutelle, *vis ac potestas in capite libero, ad tuendum eum, qui propter ætatem suam sponte se defendere nequit iure ciuili data, ac permissa* : Neantmoins ledit Alexandre de Villeneufue, pour faciliter son mauuais dessein, au mepris de ces loix, s'estant ingeré & maintenu dans ladite tutelle, au lieu de s'en abstenir, il auroit fait deux demandes contre ladite pupille en ladite instance de benefice d'inuentaire ; l'vne pour estre payé dudit pretendu supplement de legitime, auec les interests depuis l'année 1629. que ledit Iacques est decedé, bien qu'il ne luy en fust rien deub, suiuant ledit testament dudit Iacques, & le susdit contract du 20. Février 1640. comme il a esté iustifié au procez, & l'autre afin d'ouuerture dudit fideicommis en sa personne, auec restitution des fruits ; & il auroit supposé que le nommé Antoine Lambert auoit esté pourueu curateur *ad lites* à ladite pupille, pour contester lesdites demandes, *bien qu'il ne se trouue point que ledit Lambert ait esté nommé à cette charge de curateur par aucune assemblée de parens de ladite pupille, ny aucune Ordonnance du Magistrat, ny qu'il en ait presté le serment* ; & quand tout cela seroit veritable, ce que non, ce curateur n'auroit pas esté suffisant pour contester ausdites demandes dudit faux tuteur : car s'agissant *de tota hæreditate*, il falloit que ce fust vn tuteur qui y deffendist, suiuant la loy 20. ff. *de excusationibus tut. vel cur*. 7. cy-dessus rapportée, & la loy 21. du mesme titre au Digeste, dont voicy les termes, *Propter litem quam quis cum pupillo habet excusare se à tutela non potest nisi fortè de omnibus bonis vel plurima parte eorum controuersia sit* ; car les curateurs ne sont iamais donnez aux pupiles que lors que la demande du tuteur est de peu de consideration, & encore faut-il que ce tuteur remette au curateur tous les papiers, titres & enseignemens qui seruent à la deffense du pupile : ET AV CONTRAIRE, en cette affaire il se trouue que ledit Alexandre pretendoit que tout le bien de ladite pupille luy appartenoit : & en effet il le luy a vsurpé entierement en consequence desdites demandes; & d'ailleurs il est toûjours demeuré saisi (comme il est encore aujourd'huy) de tous lesdits papiers de la succession dudit Cezar son frere, *sine quibus lis instrui & peragi non poterat*, comme dit M. Faber en sa definition 2. C. *vt causa post pubert. adsit tutor*. EN SORTE, que ledit Alexandre de Villeneufve par la collusion & intelligence qu'il a eu auec ledit Lambert pretendu curateur, qui a consenty à toutes ses demandes, a fait rendre Sentence sur ladite instance de benefice d'inuentaire le 17 Mars 1651. PAR LAQVELLE il auroit fait ordonner en premier lieu, qu'il seroit payé des frais & despens de ladite instance. ET EN DEVXIEME LIEV, de sondit pretendu suplément de legitime, auec interests & dépens. ET qu'au mesme degré ledit Louis de Villeneufve son frere, *duquel il s'est rendu cessionnaire*, seroit aussi payé d'vn pareil supplément de legitime, auec interests & dépens: ET ENCORE que Iean-Baptiste de Noble mary de ladite Damoiselle Marguerite de Villeneufue sa sœur, *de laquelle il a aussi rapporté cession*, seroit payée de 448. livres 8. sols, auec interests & dépens. ET au troisiéme degré, *du consentement dudit Lambert pretendu curateur*, ledit fideicommis apposé au testament dudit Iacques son pere du 18. Iuin 1629. a esté ouuert en la personne dudit Alexandre: & en ce faisant luy a esté adjugé *la moitié* des biens de l'hoirie d'iceluy, & ordonné que les detractions & imputations telles que de droict prealablement faites, *il sera procedé au partage d'iceux par Experts*, & que ledit de Villeneufve rendra compte *des fruits de l'autre moitié desdits biens, depuis le deceds dudit Cezar*, sauf son recours contre qui de droict, en cas de non iouïssance, laquelle moitié des biens & fruits, auec les acquests faits par ledit Cezar, feront fonds en son heritage.

La 27. est, que par Sentence du Seneschal de Grasse du 28. Mars 1653. ledit Alexandre de Villeneufve fut condamné payer à ladite Damoiselle Lucresse de Grasse, veufve, cent cinquante liures tous les ans, pour la nourriture & entretien de ladite Damoiselle Marie Marguerite de Villeneufve sa fille, pour six années passées & pour cinq aduenir, auec despens, en consequence de laquelle Sentence ladite Damoiselle de Grasse ayant fait proceder par voye de saisie sur les fruits de la terre de Carros, il seroit interuenu vne Transaction le cinquiéme Aoust 1655. par laquelle ledit Alexandre s'oblige payer à ladite Damoiselle de Grasse lesdits cent cinquante liures, sans prejudice à elle de

l'execution

l'execution de la susdite Sentence arbitralle du vingt-deuxiéme Iuin 1648.

La 28. est, que ledit Alexandre de Villeneuve se preualant toûjours de sa fausse qualité de tuteur testamentaire de ladite Damoiselle Marie Marguerite de Villeneufve, il se seroit adressé à Maistre Iacques Vitalis Lieutenant Particulier audit Siege de Seneschal de Grasse, son amy affidé, pour en consequence de ladite Sentence proceder aux liquidations, tant dudit suplément de legitime que dudit fideicommis, vente & adjudication de ladite terre & seigneurie de Carros, *bien que ledit Vitalis n'ait iamais esté commis pour l'execution de ladite Sentence*; Et aussi il se voit par son procez verbal, qu'il y a procedé dans sa maison d'habitation, & *inter priuatos parietes*, clandestinement *& sans oüir partie, & sans en auoir iamais referé audit Siége, & qu'il a mesme toûjours retenu pardeuant luy ledit procez verbal, iusques au mois de Decembre 1668. que ledit Maistre Gasquet*, au nom qu'il procede, *qui en est appellant, l'obligea de la remettre au Greffe*, & pour en faire voir sommairement la nullité & les griefs d'appel en la forme & au fonds, il faut remarquer.

Que le 16. Nouembre 1655. (qui est quatre ans & demy apres ladite Sentence) ledit Villeneufve *en ladite qualité de tuteur* testamentaire de lad. Damoiselle Marie Marguerite de Villeneufve sa niepce, fille & heritiere par benefice d'inuentaire dud. Cezar son pere, assisté de Loüis Fragier son Procureur, auroit requis ledit Vitalis de proceder à la liquidation de sondit suplément de legitime sur le roole des biens qu'il auoit donné, & cependant qu'il fust commis des Experts pour estimer lad. terre de Carros pour estre venduë, & des deniers en prouenans les creanciers estre payez, sur quoy ledit Vitalis auroit ordonné que lesdits creanciers contrediroient ledit roole des biens dans trois iours & conuiendroient d'Experts aux fins requises.

Le 26. dudit mois de Nouembre ladite ordonnance ayant esté signifiée audit Lambert pretendu curateur *ad lites* de ladite pupille. Il auroit remonstré *que par vn prealable ledit Alexandre de Villeneufve deuoit rendre compte de sa gestion des biens & fruits dudit heritage*, & au surplus il auroit cotté quelques detractions à faire sur lesdits biens, à l'effet de la liquidation dudit suplément de legitime.

Le 27. Ianuier 1656. ledit Vitalis auroit ordonné *que ledit Villeneufve rendroit compte au mois pour tout delay des fruits de ladite hoirie*, & fairoit proceder dans ledit temps *à l'estime des biens immeubles*,

F

par Pierre Mere, Iean de la Tour & Sauueur Pugnaire, qu'il auroit commis à cet effet.

Il faut remarquer en cet endroit que le 22. Ianuier 1657. ladite Damoiselle Marie Marguerite de Villeneufve estant aagée de douze ans, elle seroit sortie de la tutelle, *Institut lib.* 1. Tit. 22. *quibus modis tutela finitur*; & par consequent la pretenduë Charge de tuteur dudit Alexandre, aussi bien que celle de curateur dudit Lambert se trouuoit finie, (quand par supposition elles auroient esté legitimes, ce que non) de sorte qu'il luy falloit pouruoir d'vn autre curateur *ad lites* à son choix, pour l'assister en l'administration de ses affaires à la maniere acoustumée, & suiuant la disposition du droit. *L. prima & vltima c. quando tutor. vel curat. esse desinant.* dont voicy les termes. *Si Curatores Tutoribus adiuncti sunt pubertate pupilli, tam tutorum quam curatorum adiunctorum officium finiri, ideoque alios propter ætatis infirmitatem curatores esse dandos manifestissimum est.* Et encores il faut remarquer qu'il n'auoit point esté ordonné par aucun Iugement dudit Siege de Grasse, que lesdits biens immeubles seroient estimez ny vendus, mais que seulement par ladite Sentence du 17. Mars 1651. il fut dit, que les biens de la succession de Iacques (desquels le fideicōmis estoit ouuert en la personne dud. Alexandre) seroient partagez par Experts, dont la moitié fut iugée fideicommissaire en faueur dudit Alexandre, *& l'autre moitié libre audit Cesar*; Et bien que la terre & seigneurie de Carros ne fust point sujette audit fideicommis, estant vn bien libre & vn acquet dudit Cezar, & par luy transmis sans aucune charge à lad. Damoiselle sa fille pupille, neantmoins ledit Alexandre de Villeneufve de son autorité priuée, auroit vendu & alienè ladite terre de Carros le 15. Mars 1657. à Claude de Blaccas pour le prix de dix-neuf mil liures, dont il receut mil liures en deniers comptans, & pour les dix-huit mil liures de surplus, il fut dit qu'elles seroient mises sur vn fonds pour seureté de l'achepteur.

La nullité de cette vente est sans contredit, puis qu'elle est faite d'vn bien d'vne pupille, sans necessité ny autorité de Iustice, contre l'expresse prohibition des Loix au tiltre *de Prediis & aliis rebus minorum non alienandis*, des Ordonnances & des Arrests des Cours Souueraines, ce qui est de notorieté publicque, & ledit Villeneufve faux vendeur, doit estre puny comme vn stellionataire qui a vendu le bien d'autruy, dautant mieux que sa pretenduë charge de tuteur estoit finie deux mois auparauant ladite vente; *Finalement* il faut remarquer que le 22. Septembre 1658 ledit Alexandre de Villeneufve *auroit fait un transport simulé au sieur Iean Baptiste de Villeneufve, sieur de Tourene son parent sur ledit Claude de Blaccas son gendre desdits dix huit mil liures restans du prix de ladite terre de Carros*, à dessein d'en frustrer ladite Damoiselle Marie Marguerite de Villeneufve mineure, à laquelle ledit bien appartient, ce qui fait voir encore la mauuaise foy, le dol & fraude dudit Alexandre, qui l'a encore continuée dans la suite de cette procedure.

Le 26. dudit mois de Septembre 1658. lesd. Pierre Mere, Iean de la Tour & Saueur Pugnaire font leur raport de l'estime de ladite terre & Seigneurie de Carros à quatorze mil deux cens liures seulement. *Estant à obseruer que la datte du iour & du mois de l'acte de prestation de leur serment mentionné audit procez verbal de Vitalis, est en blanc*, & qu'il n'y a que l'année 1658. ce qui fait voir la nullité & la collusion qui estoit entre lesdits Vitalis & Experts auec ledit Villeneufve, qui auoit déja vendu ce mesme bien dix-neuf mil liures le 15. Mars 1657. comme il a esté dit cy-dessus & cedé le prix.

Ledit iour 26. Septembre 1658. ledit Vitalis rend vne Ordonnance qu'il sera signifié aux Procureurs des creanciers *de contredire ledit rapport* dans trois iours, & declarer s'ils en veulent recourir.

Le 30. dudit mois de Septembre 1658. ledit Vitalis rend vne autre Ordonnance à mesmes fins.

Le mesme iour 30. Septembre 1658. ledit Vitalis rend vne derniere Ordonnance *qui reçoit ledit rapport*, declare les creanciers descheus d'en recourir; Et ordonne que lesdits biens seront vendus à l'enchere pardeuant luy au lieu de Carros, & qu'il y sera procedé *au lendemain*, 1. Octobre 8. heures du matin pour la premiere enchere, au 4. pour la seconde, & au 7. pour la troisiéme & derniere enchere.

Le mesme iour 30. Septembre 1658. à midy ledit Vitalis part de la ville de Grasse pour aller au lieu de Carros, *distant* de six grandes lieuës de Prouence & tout mauuais chemin, & va coucher au lieu de S. Ieannet en compagnie dudit Fragier Procureur dudit Villeneufve.

Le 1. Octobre 1658. au matin, ledit Vitalis arriue au lieu de Carros, & ledit Fragier luy suppose faussement qu'il auoit fait publier lesdites encheres le iour precedent, *tant en ladite ville de Grasse, qu'à Vance, Antibe, S. Ieannet, S. Laurens, le Broc, Canes, Mongins, Valauris, & Valbonne*, bien qu'il ne fut pas possible de les auoir faites en tant de differends lieux esloignez les vns des autres, dans vn si bref temps, qui n'est que depuis le 30. Septembre *à midy*, jusques *au soir du mesme iour*, pour estre le *lendemain* à 8. heures du matin audit lieu de Carros, & il n'est pas mesme dit que lesdites criées *ayent esté faites en la ville de S. Paul, qui est la principale Ville & le chef de la Viguerie, dont depend* lad. *terre de Carros*, ce qui en fait voir la supposition, aussi bien que l'extreme precipitation & la nullité tant desdites criées, que des encheres qui ont accoustumé d'estre faites auec les delais *au moins de huitaine en huitaine franche, & il deuoit y auoir eu des affiches mises aux portes des Eglises, places publicques & aux auditoires de la Iustice, & cela n'a pas aussi esté fait*, quoy que ce fust vne formalité essentielle, & on void cy-dessus que ledit Vitalis a rendu trois Ordonnances à Grasse le mesme iour 30. Septembre pour vne mesme cause, & que le lendemain il a neantmoins procedé à la premiere enchere de ladite terre de Carros sur le pied desdits quatorze mil deux cens liu. seulement, ledit iour 1. Octobre 8. heures du matin audit lieu de Carros, & à 2. heures apres midy au lieu de Broc, & à la *seconde enchere* le 4. dudit mois, & à la *troisiéme & derniere enchere* le 7. en sorte qu'on n'a jamais veu d'encheres plus nulles & insoustenables, aussi est-ce en cela seul que ledit Villeneufve peut se vanter d'auoir agy caualierement, & non pas au reste de sa procedure, comme il a dit dans le procez, mais cette grande precipitation fait connoistre qu'il ne souhaitoit pas qu'il y eust d'encherisseurs, ce qu'il ne deuoit pas craindre, puis que lesdits lieux de Carros & de Broc, ne sont habitez que de quelques pauures paysans; estant à remarquer, que quand lesdites encheres auroient deub estre faites (ce que non) elles ne pouuoient estre faites qu'en la ville de Grasse, où le Siege de Seneschal est sceant, ou du moins en la ville Saint Paul, qui est le chef de la Viguerie, dont depend ledit lieu de Carros, à la maniere accoustumée, le tout ayant esté fait sans oüyr ny appeller ladite Damoiselle Marie Marguerite de Villeneufve mineure principale partie, ny autre pour elle.

Apres cette procedure ledit Alexandre de Villeneufve auroit demeuré vne année dans le silence, afin de recommencer auec plus de violence.

Car le 17. Octobre 1659. ledit Alexandre de Villeneufve auroit fait proceder par ledit Vitalis à la liquidation de sondit pretendu droit de legitime sur l'heritage de Iacques son pere, sur le pied de 74429. liures neuf sols, à la somme de 5374. liures de laquelle ayant deduit les 3600. liures, que ledit Cesar luy auoit payé pour sondit legs le 20. Fevrier 1640. il s'est fait adjuger

ger pour le ſuplément de ladite legitime 1774. liures, auec les intereſts depuis le 2. Iuillet 1629. que ſondit pere eſt decedé, leſquels intereſts il a depuis fait liquider à 2944. liu. montant leſdites deux ſommes à celle de 4718. liures.

Le 26 dudit mois d'Octobre 1659. ledit Louys de Villeneufve a fait proceder par ledit Vitalis à vne pareille liquidation de droit de legitime & ſuplement d'icelle, auec ſemblable intereſt, montant à ladite ſomme de 478. liures, en laquelle liquidation & adjudication ledit Alexandre ſon frere a eſté deffendeur comme tuteur de ladite Damoiſelle Marie Marguerite de Villeneufve leur niepce, & en cette qualité il a conſenty à la demande dudit Louys ſon frere.

En quoy il y a quatre choſes à obſeruer. La premiere, que ledit Vitalis y a évalué ſans connoiſſance de cauſe ny rapport prealable d'experts le beſtail qui a eſté trouvé en la ſucceſſion de Iacques à 2512. liur. La deuxiéme, qu'Alexandre auoit rapporté ceſſion dudit Louis ſon frere dudit ſupplément de legitime, intereſts & dépens depuis le 2. Aouſt 1655. Et par conſequent il eſtoit luy-meſme le veritable demandeur, & non ledit Louis, du nom duquel il s'eſt ſeruy : & neantmoins il n'a laiſſé d'y faire la fonction de demandeur & de deffendeur en ſa propre cauſe, il a eſté *agent & patient*, abuſant de ſa fauſſe qualité de tuteur qui ſe trouuoit meſme finie depuis le 22. Ianuier 1657. La troiſiéme, que ledit Alexandre s'eſtant fait adjuger vn pareil ſupplément de legitime, intereſts & dépens, contre ſadite niéce, il n'a eu garde de le conteſter audit Louis ſon frere. La quatriéme eſt, que ledit ſupplément de legitime, ny les intereſts, ny les dépens, n'eſtoient deubs ny audit Alexandre ny audit Louis de Villeneufve, attendu que Iacques leur pere par ſondit teſtament, n'ayant legué à chacun d'eux que 3600. liures *pour tous droits de legitime & ſupplément d'icelle, & ayant leſdits Alexandre & Louis accepté leurdit legs, & fait quitance d'iceluy le vingt Fevrier 1640.* comme il a eſté obſervé cy-deſſus, ils n'ont pû demander ledit ſupplément de legitime ; *Ou bien*, ſuiuant leſdits termes exprés dudit contract, ils devoient *auoir préalablement retrocedé* audit Cezar, ou à ladite Damoiſelle Marie Marguerite ſa fille & heritiere, leſdites 3600. liur. à chacun d'eux cedez en vn ſeul payement ſur les Conſuls & Communauté du lieu de Broc, & en ce cas, demander le payement du total de leurdite legitime *ſur les biens médiocres dudit heritage, comme elle auoit eſté payée audit Federic leur autre frere, conformément à la ſuſdite tranſaction du 7. Iuillet 1636.* & ledit contract du 10 Février 1640. à faute de quoy lesdits Alexandre & Louis n'ont pû pretendre ledit supplément de legitime, *& moins encore* les interests d'iceluy, puis que par ledit contract du 20. Fevrier 1640. & par leur declaration sous seing privé du 10. Avril ensuivant, *ils ont fait quitance generale audit Cezar leur frere aisné de leur entretien de vivres & d'habits iusques audit iour*, lequel entretien leur tenoit lieu d'interest du total de leurdite legitime, suivant ledit testament de Iacques leur pere. *En sorte* que lesdits Alexandre & Louis ne s'estant pas mesme *fait restituer* par des Lettres du Prince envers lesdits contrats dans le temps porté par les Ordonnances de 1510. & 1539. ils ne sont pas recevables à demander leurdit pretendu supplément de legitime & interests d'iceluy : & c'est mal à propos & frauduleusement qu'ils se le sont fait adjuger par ledit Vitalis, sans mesme ouïr, ny appeller ladite Damoiselle leur niéce, fille & heritiere dudit Cezar : & si cette fraude avoit lieu, il se trouveroit qu'ils auroient esté payez du total de leur legitime des plus clairs deniers dudit heritage, & non des biens médiocres d'iceluy.

Le 25. dudit mois d'Octobre 1659. ledit Alexandre de Villeneufve a fait encores proceder par led. Vitalis à la liquidation de son pretendu fideicommis ouvert en sa personne par ladite Sentence du 17. Mars 1651. & ayant évalué l'heritage de Iacques son pere testateur à 84912. livres 9 sols 6. den. il en auroit distrait 50350. & du surplus qui est 34608. liur. 9. s. 6. den. il s'en seroit fait adjuger *la moitié* qui est 17304. liur. 4. s 3. den. comme fideicommissaire, avec les interests depuis le deceds dudit Cezar arrivé au mois de Iuillet 1646. & dépens.

Ledit M. Gasquet, au nom qu'il procede, a déja fait voir & iustifié au procez l'injustice de cette adjudication & liquidation ; car il appert par le susdit inventaire des biens de Iacques de Villeneufve de 1629. que son heritage n'estoit composé que de 23701. escus 29. s. qui reviennent à 71104. liur. 9. s. en 453. articles de debtes actives qui furent tirées de son Livre de raison, & en quelque bestail : & quand mesme ledit partage seroit composé, comme ledit Alexandre a pretendu par son contredit signifié le 10. Iuillet 1670 (compris le prix dudit bestail) à 24634. escus 42. sols qui fait 73904. livres 2. s. il se trouveroit toûjours que ledit Alexandre auroit augmenté l'heritage de Iacques pour grossir son fideicommis, de 11008. livres 7. sols 6. den. plus que sa iuste évaluation : En sorte que de ladite somme de 24634. escus 42. sols, il en falloit distraire prealablement *la moitié*, qui est 12317. escus 21. sols *pour la donation* faite audit Cezar par ledit Iacques son pere en sondit contract de mariage du 6. Decembre 1605. ET sur *l'autre moitié* qui est de pareille somme de 12317. escus 21. sols, il en falloit encore en vertu de ladite donation 900. liur. pour la moitié des 1800 liur. du prix des meubles & argent monnoyé trouué apres le deceds dudit Iacques, & par luy leguez à ladite Suzane sa femme, ET sur le surplus, il falloit auoir distrait les 10000. livres payez à ladite Constance, & pareille somme de 10000. livres aussi payez par ledit Cezar à Isabeau de Villeneufve ses sœurs pour leurs dots, *& encores* les 1751. escus qui font 5253. liures payez à ladite Marguerite : *& encores* les 1702 escus 29 s. payez audit Federic pour sa legitime, & les 2400. escus, qui est 7200. liures payez ausdits Alexandre & Louis pour leurdit legs, montant à 12820. escus 9. sols, outre les autres charges hereditaires, *& la quarte trebellianique en faueur dudit Cezar*, heritier greüé : ET par consequent ledit pretendu fideicommis se trouue aneanty & illusoire ; ESTANT ENCORE à remarquer, que quand il seroit resté quelque chose pour ledit fideicommis, ce que non, la restitution n'en pouuoit estre pretenduë *que sur la mesme nature des biens de la succession dudit Iacques qui estoient en estat, & les fruits ou interests d'iceux depuis la demande qui en a esté faite en Iustice en la maniere accoustumée*, ET non depuis le deceds dudit Cezar heritier greué, ny sur les biens libres.

Le vingt sept dudit mois d'Octobre 1659. ledit Alexandre de Villeneufve, *comme cessionnaire de ladite Marguerite de Villeneufve sa sœur*, s'est fait adjuger par ledit Vitalis 448. liures 8. sols, auec les interests depuis le deux Iuillet 1629. que ledit Iacques pere a fait liquider, à 680. liures 1. sol, *bien qu'ils ne fussent deubs que depuis le 22. Auril 1645.* suiuant vne transaction & compte final passé le 3. Feurier 1646. produit sous la cotte S. Ce qui fait voir le dol & preuarication dudit Alexandre, & l'abus qu'il a fait de ladite fausse qualité de tuteur de ladite Damoiselle Marie Marguerite de Villeneufve sa niéce.

Enfin le 7. Nouembre audit an 1659. ledit Alexandre de Villeneufve *se seroit fait adiuger par ledit Vitalis ladite terre & Seigneurie de Carros & ses dépendances* pour ladite somme de 14200. liur. en payement des 11262. livr. 7. sols, qu'il a fait monter lesdits supplement de legitime, interests & dépens, tant en son nom que comme cessionnaire desdits Loüis & Marguerite ses frere & sœur ; ET les 3317. livres restantes pour le parfait defdites 14200. liur. *il eſt dit*, qu'elles luy ſont auſſi adjugées en déduction des 1739. liur. de ſondit pretendu fideicommis, & intereſts d'iceluy ; *Et neantmoins* il eſt ordonné que ledit Alexandre *rendra compte dans vn mois des fruits deſdits biens.* ET ledit Vitalis s'*eſt taxé pour ſes vaccations deſdites liquidations de legitimes & fideicommis, intereſts & dépens à* 415. liu. bien qu'il ne luy fuſt pas deub plus de 15. livr. ET ainſi 400. livr. plus ; Ce qui eſt vne pure concuſſion. ESTANT encore à remarquer, le dol perſonnel dudit Alexandre de Villeneufve qui s'eſt fait adjuger pour 14200. liures ladite terre de Carros le 7. Nouembre 1659. *Et neantmoins* il auoit vendu luy-meſme & de ſon authorité priuée le 15. Mars 1657. à Claude de Baccas *la meſme terre de Carros & ſes dépendances* 19000 *liu. & ainſi* 6800. liur. *moins* qu'il ne l'auoit venduë : CE qui fait voir clairement la nullité de ladite procedure, & la preuarication dudit Alexandre, auſſi bien que la colluſion dudit Vitalis qui luy a preſté frauduleuſement ſon miniſtere pour oprimer vne pupile, ſans l'oüir ny appeller, ny aucun legitime deffendeur pour elle.

Cotte SSS   La 29. Obſeruation qu'il faut faire pour connoiſtre le merite de ce procez, eſt, que ledit Alexandre de Villeneufve faux tuteur continuant toûjours dans le deſſein de s'approprier tout le bien de la ſucceſſion dudit Cezar ſon frere, au prejudice de ſadite fille pendant ſon bas âge, *il auroit rendu compte de ſa tutellé le* 6. *Fevrier* 1660. ſans l'oüir n'y appeller, pardeuant ledit Vitalis. Cette piece eſt trop vilaine pour voir le iour, elle eſt demeurée cachée dans l'obſcurité pendant plus de *dix ans*, & iuſques au 30. Avril 1670. que ledit de Ville-neufve a eſté obligé d'en bailler copie audit M. Gaſquet au nom qu'il procede, appellant, dans le temps qu'il finiſſoit ſa derniere production du 13. May enſuiuant. ET il a veu dans cedit compte que ledit Alexandre ne s'eſt chargé *que des fruits de ladite terre de Carros*, depuis l'année 1648. à raiſon de 400. liures l'année ; Et d'vne d'vne ſomme de 1000. livres deuë par Barthelemy Mercier, Et de 1500. livres qu'il auoit receu du ſieur de Boyer Conſeiller au Parlement d'Aix, en conſequence d'vn tranſport à luy fait par Honoré Dorcier en 1652 auec les intereſts ordinaires, *au lieu des pupillaires, qui ſont intereſts d'intereſts à la maniere accouſtumée*, & par le calcul dudit pretendu compte de tutelle, *ledit Alexandre auroit eſté declaré debiteur ſeulement de* 9306 *liur.* 10. *ſ.* laquelle ſomme il ſe ſeroit fait adjuger par ledit Vitalis

talis, en *déduction* desdites 17339. liur. de sondit pretendu fideicommis, & interest d'icelles.

Cette piece est le chef-d'œuvre d'iniqvité d'Alexandre de Villeneufve; car 1°. il ne s'est chargé des fruits de la terre de Carros que depuis 1648. à raison de 400. livres l'année, *bien qu'il les deust depuis l'année 1646. que ledit Cezar est decedé, & que ladite terre soit de reuenu de plus de 800. liu. chaque année.* 2°. que de mil livres deuës par Mercier, *quoy qu'il deust douze cens livres de principal, & huit cens soixante-quatre livres d'arrerages de rente, suiuant le compte aresté entre luy & ledit Cezar de Villeneufve le 29. Nouembre 1642. comme il paroist par son Livre de raison, fol. 179. outre les courants de ladite rente écheus iusques en 1646. que ledit Cesar est decedé.* Et outre cela il ne s'est chargé que des interests ordinaires tant desdites mil livres que des 1500. livres qu'il a receuës du sieur de Boyer, *bien qu'il doiue compter des interests desdits interests comme deniers pupillaires*, à la maniere accoustumée. *Mais* il a encores fait pis que tout cela, *car il n'a pas eu honte de ne faire aucun chargement de ce grand nombre de sommes de deniers qui sont contenuës ausdits contrats, obligations, promesses, procez litteratoires, cahiers & memoires des postes des debtes* mentionnées audit projet d'inventaire du mois de May 1647. & au Livre de raison dudit Cezar, bien que ledit Alexandre s'en soit chargé le 21 Mars 1648. *En sorte que de toutes lesd. sommes montans à plus de soixante mil livres de principal*, prouenant tant des acquests dudit Cezar, que de la succession de Iacques son pere : Ledit Alexandre abusant de la fausse qualité de tuteur, *en a fait vne depredation generale* ainsi que de quantité d'autres effets de la succession dudit Cezar, ayant allegué effrontément & contre la verité que ledit Cezar son frere auoit dissipé tout son bien & celuy dudit Iacques son pere : ce qui justifie le dol personnel, la prévarication & la mauuaise foy dudit Alexandre, & qu'il n'a eu autre but dans sadite administration tutelaire, que de se rendre le maistre de tous lesdits biens, pour se les aproprier *per fas, vel nefas*, & en dépoüiller, comme il a fait, injustement ladite Damoiselle Marie Marguerite de Villeneufvé sa niéce pendant son bas âge.

La 30. est, que ledit Alexandre de Villeneufve, pour ne laisser rien dans la succession dudit Cezar son frere, se seroit encore fait adjuger par ledit Vitalis, sans oüir ny appeller ladite Damoiselle sa niéce, vne somme de quatre cens livres deuë par Antoine Bellissime, & vne autre somme de onze

Cotté FF.

eēns livres, dont ledit Barthelemy Mercier eſtoit debiteur audit Cezar, comme ceſſionnaire dudit Belliſſime, depuis le 4. Nouembre 1637 par Sentence du 21. Octobre 1661. qui declarer toutes leſdites ſommes ſujettes à ſond. pretendu fideicommis, *bien qu'elles fuſſent des acqueſts dudit Cezar.*

La 31. eſt, Que ladite Damoiſelle *Lucreſſe de Graſſe veufue dudit Ceſar de Villeneufue*, pour auoir payement des ſommes à elle adjugées *par ladite Sentence arbitrale du 22. Iuin 1648. homologuée par Arreſt du Parlement d'Aix du 23. Feurier 1652.* auroit fait proceder par voye de ſaiſie, *ſur ladite terre & Seigneurie de Carros* le 19. Avril audit an, *meſme à l'eſtime* de ladite terre le 13. Iuin enſuiuant à 17800. liures, ſans y comprendre les beſtiaux, *& à ſon immiſſion de poſſeſſion ſur leſdits biens* le 27. du meſme mois, pour paruenir *à la collocation* ſuiuant l'vſage de Prouence, *Mais ledit Louys de* Villeneufue *en qualité de Procureur general dudit Alexandre ſon frere, tuteur*, ayant recuſé les Experts commis pour faire ladite collocation le 28. dud. mois de Iuin 1652. cet incident l'auroit retardé; *Et* ledit Alexandre *ayant enſuitte vendu à Claude de Blaccas* ladite terre de Carros le 15. Mars 1657. pour 19000 liu. ladite Damoiſelle de Graſſe auroit, en tant que de beſoin, *fait ſaiſir leſdits deniers entre ſes mains* le 27 May 1659 & pourſuiuy ſes executions contre ledit Blaccas, & le tout *denoncé* audit Alexandre de Villeneufue; *Et* l'Inſtance en fuſt portée au Parlement d'Aix.

Iuſtifié en la productiō du 13. May 1670.
Cotte G G.

La 32. eſt, Que ſur tous ces differends ſeroit interuenu vn compromis le 23 Mars 1663. en la ville de Graſſe, *Entre* ledit Alexandre de Villeneufue *Et* ladite Damoiſelle Lucreſſe de Graſſe veufue, *Tant* en ſon nom, *que* pour ladite Damoiſelle Marie Marguerite de Villeneufue heritiere dudit Ceſar leur fille ; *Mais* ledit Alexandre voyant qu'il ne pouuoit deffendre aux juſtes demandes deſdites Damoiſelles mere & fille, il auroit éludé ledit compromis.

Cotte S S.

La 33. Que le 11 Ianuier 1665. ledit Alexandre de Villeneufue *continuant* de ſe ſeruir de ſa fauſſe qualité de tuteur de ladite Damoiſelle Marie Marguerite de Villeneufue ſa niepce, pour s'en preualoir à attraper ſon bien , *& quoy qu'elle fut paruenue à ſa puberté & ſortie de tutelle depuis huit années)* neantmoins il auroit en ladite qualité de tuteur paſſé vne tranſaction, *auec* Honnoré Dorcier en la ville de Grenoble ledit iour 11. Ianuier 1665 par laquelle il auroit quitté ledit Dorcier, mary de Damoiſelle Marguerite de Génas, icelle heritiere de Valentine de Genas ſa tante, veufue de Iacques de Giraud ſieur de Carros, de toutes les sommes qui estoient deuës à ladite Damoiselle Marie Marguerite de Villeneufue sa niepce, comme fille & heritiere dudit Cezar son pere, sur l'heritage dudit Iacques de Giraud, moyennant 4200. liures, que ledit Dorcier luy auroit ceddé sur Claude de Blaccas, *à condition toutefois que ledit Alexandre de Villeneufue ne pourroit exiger lesdits 4200. liures, Que prealablement il n'eust rendu son compte de tutelle à ladite Damoiselle Marie Marguerite de Villeneufue sa niepce, & que par la closture dudit compte, il soit declarer creancier de pareille somme; ET ledit Alexandre se rend mesme caution de sadite niepce enuers ledit Dorcier, pour l'execution de ladite transaction.*

La 34. est, Que le nommé *Barthelemy Suche Bourgeois de la ville de Vance*, ayant trouué parmy ses papiers domestiques, *la susdite Bulle obtenuë de Monsieur le Vice-Legat d'Auignon le 20. Iuin 1644.* par lesdits Cezar de Villeneufue & Damoiselle Lucresse de Grasse, portant la dispense & confirmation de leurdit mariage, qui auoit esté celebré par paroles de present le 22. Mars precedent, *auec la Sentence de fulmination* de ladite Bulle du 21. Nouembre audit an, que ledit Cezar luy auoit laissé en partant de Prouence pour venir à Paris au mois de Decembre ensuiuant, pour les faire enregistrer au Greffe spirituel dudit Euesché de Vance, Diocesain desdites parties, ce qu'il n'auroit neantmoins depuis fait pour l'empeschement qui luy fut donné par Iacques Barcillon, alors Vicaire general & Official dudit Euesché, *ennemy dudit Cezar de Villeneufue*, qui fut tué à son retour de Paris, iceluy Suche ayant donc remis lesdites Bulle & Sentence à ladite Damoiselle Lucresse de Grasse, veufve dudit Cezar, au mois de Septembre 1665. *Elle* les auroit aussi tost presentées *à Monsieur Anthoine Godeau, à present Evesque dudit Vance*, pour luy en permettre, en tant que de besoin, l'insinuation au Greffe de sondit Euesché, *ce qu'il luy auroit accordé* le 14. dudit mois de Septembre 1665. *Apres auoir examiné lesdites Bulle & Sentence de fulmination d'icelle, & trouué qu'elles estoient bonnes, valables & Canoniques.* Cotte L.

La 35. est, Que ledit Alexandre de Villeneufue *a continué* de faire la fonction de faux tuteur de ladite Damoiselle Marie Marguerite de Villeneufue sa niepce, comme fille & heritiere dudit Cezar, *iusques au 12. Nouembre 1666.* qu'il fut rendu deux Sentences audit Siege de Grasse, *entre* luy audit nom d'vne part; *Et* Messire Honnoré de Grasse sieur de Canaux frere de ladite Damoiselle Lucresse de Grasse, veufue dudit Cezar de Villeneufve *d'autre*, qui est neuf années & dix mois apres Cotte aaaa.

ladite tutelle finie, & 14. *mois* apres l'enregistrement desdites Bulle de dispense dudit mariage & Sentence de fulmination d'icelle audit Evesché de Vance.

Iustifié en la productiō du 29. Novemb. 1669. sur les cottes I. & L.

La 36. est, que ledit Alexandre de Villeneufve, pour vexer ladite Damoiselle Lucresse de Grasse veufve dudit Cezar, auroit presenté vne Requeste au Seneschal de Grasse le 9. Fevrier 1665. *Afin* qu'elle fut tenuë de representer les susdits meubles mentionnez au susdit inuentaire du mois d'Avril 1647. *Mais* parce que ladite Sentence arbitrale du 22. Iuin 1648. luy faisoit obstacle, *à cause qu'elle l'auoit debouté de cette demande*, Il en auroit appellé *incidemment* au Parlement de Prouence le 27. Iuin audit an 1665. auec *clause de restitution enuers les acquiescemens & autres actes approbatifs* qu'il auoit faits de ladite Sentence, tant pour ce chef, qu'en ce que par icelle, *les Arbitres ont ordonné que les sommes adjugées à ladite Damoiselle de Grasse, tant pour la restitution de la dot, que donation de suruie & pension viduale, luy seroient payées sur les biens fideicommissaires, en defaut des biens libres dud. Cezar son mary. Mais* comme ladite Requeste & ledit appel estoient insoustenables, il se seroit aduisé (pour l'eterniser & oster le moyen à ladite Damoiselle d'en poursuiure le deboutement) *de luy faire signifier vne cedulle euocatoire dudit procez, fondée sur les parentez & alliances que ladite Damoiselle auoit audit Parlement d'Aix* le 24. Octobre aud. an 1665. Et en consequence ledit Villeneufve *en a fait euocquer l'Instance, & icelle renuoyer au Parlement de Dijon le 6. Mars 1666.* où elle est demeurée sans poursuitte.

La 37. est, que lad. Damoiselle Marie Marguerite de Villeneufve voyant que ledit Alexandre son oncle luy auoit vsurpé tout son bien, sous pretexte de ladite Sentence du 17. Mars 1651. du susdit procez verbal dud. Vitalis fait en consequence & du compte de tutelle du 6. Fevrier 1661. *elle en auroit appellé au Parlement d'Aix*, & de tout ce qui s'en estoit ensuiuy, le 12. Decembre 1665. Et le 13. Avril 1666. elle auroit baillé sa Requeste audit Parlement d'Aix, à ce que ledit Alexandre fust condamné luy rendre & restituer tous les papiers, tiltres & enseignemens, ensemble tous les biens de la succession dudit Cezar son pere, auec les interests & interests des interests, comme deniers pupillaires.

La 38. est, Que sur tous lesdits procez & differends, ledit Alexandre de Villeneufve, *auec lesdites Damoiselles Lucresse de Grasse veufue, & Marie Marguerite de Villeneufue mere & fille, ayant accordé d'en passer par le iugement arbitral de Monsieur le Marquis de Regusse, President audit Parlement d'Aix, & de Messire Iean de Villeneufue, Conseiller du Roy audit Parlement, oncle dudit Alexandre*

Alexandre, & à cet effet lesd. parties leur auroient *remis leur blanc seing, escrit, produit & contredit*, pardeuers lesdits Arbitres au mois d'Avril 1666. *Neantmoins* ledit Alexandre voyant que sa cause estoit deplorable & entierement perduë, *il auroit encore éludé l'effet dudit compromis*, ayant dechiré sondit blanc seing, qu'il treuva sur la table de la chambre dudit sieur President de Regusse le 28. dudit mois d'Avril 1666. *& le mesme iour* il fit signifier *vne autre cedulle euocatoire à ladite Damoiselle Marie Marguerite de Villeneufue sa niepce dudit procez*, fondée sur les parentez & alliances qu'elle pouuoit auoir audit Parlement d'Aix, *qui luy estoient communes auec ledit Alexandre*; lequel sous ce pretexte ayant fait faire son enqueste, *Et ladite Damoiselle sa niepce sa contr'enqueste*, l'affaire fut portée au Conseil Priué du Roy, où elle est demourée indecise, à cause que ladite Damoiselle (*qui ne iouyssoit d'aucun bien*) n'a pas eu de quoy, pour la faire juger, & renuoyer audit Parlement d'Aix.

La 39. est, que pendant lesdites contestations depuis ladite année 1665. iusques en 1668. led. Parlement d'Aix a rendu plusieurs Arrests contradictoires entre lesdites parties, *par lesquels* il a adjugé 300. liures de prouision à ladite Damoiselle Lucresse de Grasse veufue, & 900. liu. à ladite Damoiselle Marie Marguerite de Villeneufue sa fille & heritiere dudit Cæsar, *contre ledit Alexandre, qui a toûiours reconnu lesdites Damoiselles mere & fille en leursdites qualitez*, ainsi qu'il est justifié au procez.

La 40. est, Que le 26. May 1668. *ladite Damoiselle Marie Marguerite de Villeneufue*, du consentement de tous ses parens paternels & maternels, ayant contracté mariage *auec ledit Maistre Anthoine Gasquet Conseiller du Roy, Lieutenant au Siège Royal de la ville de Saint Maximin*, elle se seroit constitué en dot, tous ses biens & droits, & ladite Damoiselle Lucresse de Grasse sa mere, luy auroit fait donation de tous ses biens.

La 41 est, Que ledit Alexandre de Villeneufue auroit encore particulierement *approuué ledit Mariage* par la lettre de felicitation qu'il en a escrit audit Maistre Gasquet le 2. Iuin audit an 1668. *en ces termes.*

MONSIEVR, i'ay appris auec bien de la ioye la nouuelle de l'alliance qu'auez fait de Mademoiselle de Villeneufue, Ie vous en souhaitte de tout mon cœur toutes les satisfactions possibles dans lesquelles ie prendray toûiours part, & pour ce que me marquez de ses pretentions, ie vous dis que ie suis rauy d'aise, que vous en preniez connoissance, & pour moy ie feray la moitié du chemin pour ce suiet, si bien que si vous me faites sçauoir vos intentions, i'y respondray, afin que nous puisque sortir d'embarras sans plaider, ie vous souhaite toutes sortes de benedictions, & suis, MONSIEVR, Vostre tres-humble & affectionné seruiteur. Signé, *Villeneufue*, & au dos, A Monsieur Monsieur *Gasquet*, à Saint Maximin.

La 42. est, Que ledit Alexandre de Villeneufve ayant encore escrit quatre autres Lettres sur ce sujet à Maistre Pierre Gasquet, Conseiller du Roy, Viguier & Capitaine pour sa Majesté en la ville de Lorgues, *frere dudit Maistre Antoine Gasquet*, les 4. Aoust.1.8. & 16. Septembre audit an 1668. ensuite desquelles, tant ledit Maistre Antoine Gasquet que ledit Villeneufue, assisté de Maistre Donat du Port, Aduocat en Parlement, Lieutenant de Iuge de la ville de S. Paul, son conseil, se seroient trouuez en la dite ville de Lorgues (*qui est à moitié chemin de S. Maximin, à Grasse*.) le 25. dudit mois de Septembre, pour conferer ensemble des moyens de terminer les susdits procez, mais ledit Alexandre de de Villeneufve n'ayant apporté que ledit inuentaire du 8. Avril 1647. la Sentence du 17. Mars 1651. & le procez verbal de Vitalis fait en consequence de 1655. & *ayant obmis son compte de tutelle & les autres papiers necessaires à vn accommodement que ledit Maistre Gasquet demandoit luy estre remis*, il fut arresté que ledit Gasquet iroit en la ville de Grasse, où ledit de Villeneufue luy remettroit prealablement le Livre de raison dudit feu Cezar de Villeneufue, auec tous les papiers, tiltres & enseignemens de sa succession, *pour voir en quoy consistoient les biens & droits de ladite Damoiselle Marie Marguerite de Villeneufue sa fille & heritiere*, à present femme dudit Gasquet, auquel il remettroit aussi son compte de tutelle, auec les pieces iustificatiues pour l'examiner. ESTANT à obseruer, que pendant le sejour que lesdites parties firent audit Lorgues, qui fut de trois jours, *ils logerent & vescurent ordinairement ensemble en la maison dudit M. Pierre Gasquet Viguier, auec vne parfaite amitié, comme parens & alliez.*

La 43. est, Qu'en execution dudit accord, ledit M. Antoine Gasquet, en compagnie dudit M. Pierre Gasquet son frere, se seroit transporté *en ladite ville de Grasse*, le dix-neuf Nouembre 1668. où ils logerent en l'hostellerie du Sauuage, où logeoit aussi ledit Alexandre de Villeneufue, auec lequel ils vécurent iournellement ensemble, & ledit Maistre Gasquet y receut en sa presence les visites & felicitations de sondit mariage de tous les parens paternels & maternels de ladite Damoiselle Marie Marguerite de Villeneufue sa femme, & particulierement dudit Louis de Villeneufue, son oncle, Sergent Maior d'Antibe, lequel auoit déja esté exprés en la ville de S. Maximin, & logé dans la maison dudit Maistre Gasquet, *pour luy témoigner & à ses parens la satisfaction qu'il auoit de leur alliance*, comme il auoit auparauant fait par ses lettres missiues, aussi bien que ladite Damoiselle Isabeau de Villeneufue sa sœur veufue dudit sieur d'Aspremont. Et leurs lettres sont produites au procez sous les cottes AAA & BBB.

La 44. est, que ledit M. Gasquet ayant demandé audit Alexandre de Villeneufue de luy remettre ledit Livre de raison de Cesar son frere, auec tous les autres titres, papiers & enseignemens de sa succession, *ainsi qu'ils auoient arresté à leur derniere conference de Lorgues*, iceluy de Villeneufue en demeura d'accord, *& dit* audit M. Gasquet, que tous lesdits papiers estoient en sa maison de la ville de S. Paul, où il falloit aller à cet effet: *en sorte* qu'ils convindrent de s'y rendre le Dimanche ensuiuant 23 dudit mois de Nouembre 1668. *Et cependant* ledit M. Gasquet & son frere furent rendre visite à Messire Iean Henry de Grimaldy, Marquis de Corbons, & à Dame Anne de Grasse du Bar sa femme, sœur de ladite Dame Lucresse de Grasse sa belle mere, *au lieu de Caigne*, qui n'est distant dudit S. Paul que d'une petite lieuë : *En sorte* que ledit iour 23. Nouembre *à medy*, ledit M. Gasquet & son frere *se transporterent dudit lieu de Caigne à S. Paul*, où estant arriuez il luy fut dit par ledit M. Donat du Port Aduocat & conseil dudit Villeneufue, que ledit Villeneufue y estoit arriué *le iour precedent au soir*, & en estoit party *ledit iour Dimanche au matin* pour retourner à Grasse : Mais qu'il luy auoit laissé *un sac remply de papiers pour remettre audit M. Gasquet*, qu'il disoit estre ceux desdites sept liasses de papiers mentionnez audit inuentaire du 8. Avril 1647. Et à l'égard dudit Liure de raison, il dit, que ledit Villeneufue l'auoit porté à Grasse, où il le remettroit audit M. Gasquet, en luy faisant une décharge generale desdits papiers & Liure.

La 45. est, que ledit M. Gasquet ayant souhaité de voir *l'inuentaire, qui deuoit auoir esté fait, desdits papiers pour les verifier*, & n'en ayant point trouvé de grosse ny de copie dans ledit sac, il eut recours au Greffe, où il trouua le susdit projet d'inuentaire desdites sept liasses de papiers, datté du May 1647, le iour estant en blanc, sans estre signé du sieur de Lombard Lieutenant du Seneschal de Grasse & Commissaire des Inuentaires, ny du Greffier qui l'a escrit, ny du Procureur qui l'a requis, ny d'aucun tesmoin ; mais seulement qu'en la fin d'iceluy ledit Alexandre de Villeneufue, en qualité de tuteur des hoirs de Cezar son frere, y a escrit de sa main ; qu'il reconnoissoit que M. Bellissime Greffier des Inuentaires de Saint Paul luy auoit remis *tous lesdits papiers, memoires & livres y mentionnez*, le 21 Mars 1648. *Signé*, VILLENEVFVE *tuteur.* ET ledit Gasquet auroit reconnu qu'*outre* la nullité évidente dudit projet d'inuentaire, il y manquoit quantité des pieces y mentionnées, & qu'on en auoit supposé d'autres pour faire le nombre, les ayant verifiées auec celles que ledit Villeneufve auoit laissé audit M. Donat du Port pour remettre audit M. Gasquet, qui ne voulut point les accepter ny en donner aucune décharge audit de Ville-neufve.

La 46. est, que ledit M. Gasquet estant retourné de S. Paul à Grasse, & fait sçauoir audit Villeneufve la cause du refus qu'il auoit fait desdits papiers, *iceluy Villeneufve luy dit*, qu'il retourneroit à Saint Paul, & chercheroit tous les papiers pour remplir ledit inventaire, *afin de les remettre audit M. Gasquet, auec ledit Livre de raison & les autres papiers, titres & enseignemens de la succession dudit Cesar,* ce qu'il auroit neantmoins differé d'executer de iour en iour: *Et enfin* le 15. Decembre ensuiuant audit an 1648. lesdits Villeneufve & Gasquet seroient demeurez d'accord *de passer leur acte de compromis à deux Aduocats de la ville de Grasse, sur tous lesdits procez & differents meus & à mouuoir, circonstances & dépendances, tant pour raison de sondit compte de tutelle, que pour tous les autres droits paternels & maternels de ladite Damoiselle Marie Marguerite de Villeneufve,* & qu'en signant ledit compromis *ledit Villeneufve remettroit audit M. Gasquet audit nom, ledit Livre de raison dudit Cezar de Villeneufve, & quelques autres papiers qu'il auoit alors audit Grasse, & le surplus il les luy remettroit ou ausdits Arbitres, dans trois iours:* EN execution dequoy ils *passerent leurdit compromis le mesme iour* 15. Decembre 1668. & ledit Villeneufve remit en mesme temps audit M. Gasquet audit nom *ledit Livre de raison dudit Cezar de Villeneufve,* auec copie collationnée *du susdit contract de mariage d'entre Iacques & Suzane de Villeneufve du 6. Decembre 1605. l'Extrait du Testament dudit Federic de Villeneufve du neuf Septembre 1632. & copie du susdit contract de mariage d'entre lesdits Cezar de Villeneufve & Damoiselle Lucresse de Grasse du 15. Mars 1644. auec l'acte d'insinuation au bas d'iceluy du premier Iuillet audit an,* desqvelles pieces ledit M. Gasquet auroit fait quittance audit Villeneufve, *sans preiudice du surplus des papiers, titres & enseignemens de ladite succession dudit Cezar de Villeneufve,* par quittance signée double sous leur seing priué en presence du mesme Notaire qui a receu ledit acte de compromis, & du procureur dud. Villeneufve.

La

La 47. est que ledit Alexandre de Villeneufve voyant que sadite procedure tutelaire estoit nulle & insoustenable, & qu'il falloit qu'il restituast audit M. Gasquet audit nom, tous les biens & effets de la succession dudit Cezar sieur du Carros, *il auroit encore éludé l'effet dudit compromis*, n'ayant plus voulu rendre audit M. Gasquet le surplus desdits papiers, ny les remettre ausdits Arbitres, auec sondit compte de tutelle ; *en sorte que ledit M. Gasquet apres luy auoir fait diuerses requisitions, tant verbales, que par escrit, & auoir attendu iusqu'au dix-neuf Ianuier ensuiuant 1669. il fut obligé de faire donner assignation audit Alexandre de Villeneufve au grand Conseil*, où il a l'honneur d'auoir toutes ses causes & de sa famille & domestiques meuës & à mouuoir, evoquées, à cause de l'Office d'Aduocat general du Roy au Semestre du Parlement de Prouence, dont M. Honoré Gasquet son pere estoit pourueu, suiuant ses Lettres Patentes, d'évocation generale, confirmées par plusieurs Arrests des Conseils d'Estat & Priué de sa Maiesté, *pour y proceder sur lesdites instances d'appel*, tant *du chef de ladite Damoiselle Lucresse de Grace veufue sa belle-mere, de laquelle sadite femme est donataire*, dont l'instance estoit pendante au Parlement de Dijon, *que de celuy de ladite Damoiselle Marie Marguerite de Villeneufve*, dont l'Instance estoit au Parlement d'Aix, *& duquel ledit Villeneufve pretendoit la faire évoquer & renvoyer à celuy de Dijon, en consequence de sadite cedule évocatoire du vingt-huit Avril 1666*.

Cotte PP

La 48. est, que le mesme iour dix-neuf Ianuier 1669. ledit M. Gasquet ayant fait sçauoir audit *Louis de Villeneufve* Sergent major de la ville d'Antibe, que ledit Alexandre son frere n'auoit point voulu remettre lesdits papiers pour sortir d'affaires à l'amiable, ce qui l'auoit obligé de luy faire donner ladite assignation au grand Conseil à Paris, où ledit M. Gasquet faisoit dessein de venir bien-tost, il luy auroit escrit en réponse la la lettre dont la teneur s'ensuit le mesme iour.

Cotte AAA

MONSIEUR MON NEVEU, *Ie ne suis pas esté surpris de celle qu'il vous a pleu m'escrire, voyant que M. de Villeneufve n'a pas voulu sortir d'affaires: Ie vous diray pourtant que ie serois bien aise de vous pouuoir auoir témoigné de vous seruir dans ce rencontre, mais i'en suis esté priué pat la mauuaise humeur de Monsieur de Villeneufve, que lors que l'on luy demande son bien on est son ennemy, Ie vous diray pourtant que si vous me iugez capable de vous rendre quelque seruice, vous n'auez qu'à me le faire connoistre ; & vous verrez que ie n'ay*

K

point d'autre paſſion plus forte, que d'eſtre toute ma vie, MON-
SIEUR MON NEVEU, *Voſtre tres-humble & tres-obeïſſant
ſerviteur & Oncle.* Signé, VILLENEUFVE. Et par vne apo-
ſtille eſt eſcrit; *Si vous partez pour Paris, faites le moy ſçauoir
par homme exprés, pour cauſe.* Et au dos, *A Monſieur Monſieur Gaſquet, à Graſſe.*

Ledit M. Gaſquet a produit encore quatre autres lettres à
luy eſcrites par ledit Louis de Villeneufve ſon Oncle, *tant en Prouence qu'à Paris, leſquelles ont eſté par luy reconnuës* à la maniere accouſtumée, de l'authorité du grand Conſeil, *ſur les
lieux.*

Cotté QQ. La 49. eſt, Que le vingt-neuf dudit mois de Ianuier 1669.
ledit M. Gaſquet, au nom qu'il procede, auroit obtenu Commiſſion en la Chancellerie du Parlement d'Aix, *pour faire aſſigner au grand Conſeil Claude de Blaccas,* poſſeſſeur de ladite
terre de Carros, *pour aſſiſter audit procez, & ſe voir condamner
à delaiſſer audit Gaſquet ladite terre, auec reſtitution de fruits
depuis ſa iouïſſance, nonobſtant* le ſuſdit contrat de vente frau-
duleuſe qui luy en auoit eſté paſſé par ledit Alexandre de Villeneufve le quinze Mars 1657. auec clauſe de reſtitution, en tant
que de beſoin, contre ledit contract : ET en conſequence ledit Blaccas fut aſſigné audit grand Conſeil le vingt Février audit an 1669. & y a comparu *par le meſme Procureur que ledit
Alexandre de Villeneufve, qui eſt M. Pierre Ruette : & la
cauſe fut retenuë entre toutes leſdites parties audit grand Conſeil* par Arreſt du vingt-vn Iuin enſuiuant.

Cotté RR. La 50. eſt, Que le premier Iuillet audit an 1669, ledit M. Gaſquet audit nom auroit preſenté ſa Requeſte audit Conſeil, *à ce que
ledit Alexandre de Villeneufve fuſt tenu de luy bailler copie
de ſondit compte de tutelle du ſix Fevrier 1660. auec communication des pieces iuſtificatiues pour donner ſes debats & cau-
ſes d'appel, dans le temps de la nouuelle Ordonnance du Roy,
& cependant,* que conformément à l'article vij. du titre xxix.
de la redition des comptes de ladite Ordonnance, *executoire
fut deliuré audit Gaſquet de la ſomme de neuf mil trois cens ſix
livres dix ſols, de laquelle ledit Alexandre de Villeneufve auoit
eſté declaré debiteur par le calcul & cloſture dudit compte,* ſans
prejudice *audit Gaſquet du ſurplus de ſes pretentions, droicts
& actions contre ledit de Villeneufve, auquel* il fit ſignifier &
bailler coppie le vingt-trois dudit mois de Iuillet 1669 *tant dudit inuentaire des biens dudit Cezar de Villeneufve fait à ſa requeſte en ladite fauce qualité de tuteur, le huit Avril 1647,*

produit sous cotte S. *que* dudit projet d'inuentaire frauduleux desdites sept liasses de papiers & Liures de raison & des censes du mois de May audit an, produit sous cotte T. dont ledit M. Gasquet s'estoit fait déliurer vne grosse par le Greffier moderne de S. Paul, *successeur dudit Bellissime.*

La 51. est, que le dix-huit dudit mois de Iuillet 1669. seroit interuenu Arrest à l'Audiance du grand Conseil *sur l'appel dudit Villeneufue de ladite Sentence Arbitralle du vingt-deux Iuin 1648.* par lequel lesdites parties auroient esté reglées à escrire & produire sur iceluy.

La 52 est, que ledit Alexandre de Villeneufue voyant que ledit Maistre Gasquer luy auoit fait signifier le 23 dudit mois de Iuillet 1669. tant ledit Inuentaire des biens du 8 Auril 1647, que le projet de celuy desdites sept liasses de papier du mois de May ensuiuant, & qu'il estoit conuaincu par iceux de la depredation generale qu'il auoit faite de plus de soixante mille liures de debtes actiues de la succession dudit Cezar de Villeneufue, & qu'il seroit contraint de les restituer à sadite fille son heritiere, auec tous les autres biens de ladite succession, ensemble les interests, & interests des interests comme deniers pupillaires, & qu'il ne pouuoit éuiter que ledit Executoire de 9306 liures 10 sols du reliquat de son compte de tutelle, ne fust deliuré, par prouision, audit Maistre Gasquet, conformément à ladite Nouuelle Ordonnance du Roy : Et voyant encore qu'il estoit non-receuable & mal fondé, tant en sadite Requeste du 9. Feurier 1665, qu'en son appel incident de ladite Sentence arbitrale du 22 Iuin 1648, dans le desespoir de sa mauuaise cause, il se seroit porté à cette extremité que d'interjetter incidemment appel comme d'abus de la susdite Bulle de dispense & confirmation dudit mariage d'entre ledit Cezar de Villeneufue, & Damoiselle Lucresse de Grasse, obtenuë de Monsieur le Vice-Legat d'Auignon le 20. Iuin 1644, & de la Sentence de fulmination d'icelle du 21 Nouemb. ensuiuant, ensemble de l'Acte de celebration dudit mariage, suiuant la Requeste qu'il a presentée audit grand Conseil le 26 dudit mois de Iuillet 1669, toute remplie de calomnies atrocès, par luy faussement inuentées, & moyens supposez, friuoles & injurieux, afin d'exclure, par ce moyen, ladite Damoiselle Marie Marguerite de Villeneufue, de la succession dudit Cezar son pere, & ladite Damoiselle Lucresse de Grasse de sesdites conuentions matrimoniales; Et parce que ledit de Villeneufue a preueu qu'il estoit non-receuable en sondit fol appel comme d'abus, apres auoir pris

Cotte SS.

la qualité de tuteur de ladite Damoiselle Marie Marguerite de Villeneufue, & fait les fonctions depuis l'année 1646, & l'auoir reconnuë pendant vingt quatre ans en qualité de fille vnique, legitime & heritiere dudit Cezar son frere, & ladite Damoiselle Lucresse de Grasse comme veufue d'iceluy, il seroit aduisé de surprendre en Chancellerie des Lettres de Restitution enuers lesdits Actes d'acceptation de tutelle, & tout ce qui s'en est ensuiuy le 3. Aoust audit an 1669. *en sorte* que lesdites parties ont esté reglées à écrire & produire *tant* sur l'appel principal de ladite Damoiselle Marie Marguerite de Villeneufue de ladite Sentence du 17 May 1651, Procés verbal de Vitalis, compte de tutelle, & tout ce qui s'en est ensuiuy, & sa Requeste du 13 Auril 1666, & la demande dudit Maistre Gasquet en assistance de cause contre Claude de Blaccas du 29 Ianuier 1669. & sadite Requeste afin d'executoire de 9306. liu. 10. sols du 1. Iuillet 1669. *que* sur ladite Requeste incidente d'appel comme d'abus dudit Alexandre de Villeneufue du 26. dudit mois de Iuillet 1669. & pretenduës Lettres de Restitution du 3. Aoust ensuiuant, par Arrests dudit grand Conseil, des 13 & 19. Aoust, & 7. Nouembre audit an 1669. *sans prejudice toutefois des fins de non-receuoir dudit Maistre Gasquet* (contre ledit Villeneufve) *sur lesquelles il seroit prealablement fait droit*, & joint audit Reglement du 18. Iuillet audit an.

La 53. est, que ledit Maistre Gasquet audit nom, voulant faire reparer le tord que ladite Damoiselle Lucresse de Grasse a receu en ladite Sentence arbitrale du 22. Iuin 1648. en ce que les Arbitres ont reduit ladite pension vedualle de 600. liures à 100. liures, eu égard aux facultez dudit heritage de Cezar son mary, attendu que lesdits Arbitres n'auoient pouuoir par ledit Compromis du 19. dudit mois de Iuin, que de juger les questions de droict, *tant seulement*, & non celles de faict, comme seroit celle dudit retranchement de ladite pension, suiuant la valeur dudit heritage; d'autant mieux qu'il n'y auoit aucune demande faite par ledit Villeneufve pour raison de ce, ny deffences baillées par ladite Damoiselle Lucresse de Grasse vefve, laquelle auoit déja obtenu Sentence contradictoire au Siége du Seneschal de Grasse le 2. Aoust 1647. qui luy auoit adjugé ladite pension de 600. liures, dont les parties n'estoient point appellantes, & lesdits Arbitres en cela ont voulu fauoriser ledit Villeneufve. C'est pourquoy ledit Gasquet en auroit appellé le 5. Aoust 1669. & obtenu en tant que de besoin Lettres de Restitution enuers tous ses acquiescemens & Actes approbatifs de ladite

ladite Sentence, en ce qui concerne la reduction de ladite pension, le 7. dudit mois & an, furquoy lefdites parties ont efté reglées à écrire & produire, & joint par Arreft du 13. dudit mois d'Aouft 1669.

La 54 eft, que ledit Alexandre de Villeneufve, voyant fa caufe perduë en tous fes chefs, ce feroit advifé de faire des ceffions fimulées & frauduleufes à ladite Damoifelle Marguerite de Villeneufve fa fœur, *tant* des 1200. liures deuës par ledit Barthelemy Mercier, que autres fommes deuës à la fucceffion dudit Cezar fon frere, afin d'en priuer ladite Damoifelle Marie Marguerite de Villeneufve fon heritiere, par vne telle alienation, ce qui auroit obligé ledit Maiftre Gafquet de faire des fommations aufdits debiteurs, de ne rien payer, iufques à ce que par ledit Confeil ait efté fait droit fur lefdites Inftances, & le 26 Octobre audit an 1669. il auroit prefenté fa Requefte, *afin* que deffences fuffent faites aufdits debiteurs de vuider leurs mains qu'en celles dudit Gafquet, *nonobftant* lefdites ceffions dudit Villeneufve faites & à faire, & le 15. Nouembre enfuiuant ledit Villeneufve auroit auffi baillé fa Requefte, afin de main-leuée defdites faifies, & fur ce lefdites parties furent reglées à écrire & produire, & joint par Arreft du 28. du mois de Nouembre 1669. *Cotte TT.*

La 55. eft, que ledit Louis de Villeneufve, Sergent Major d'Antibe, à la fufcitation dudit Alexandre fon frere, auroit prefenté fa Requefte le 18. Decembre 1669. remplie des mefmes moyens, calomnies & impoftures, que celle dudit Alexandre du 26. Iuillet precedant, & par vn mefme Procureur, afin d'eftre receu partie interuenante en ladite Inftance, & en tant que de befoin, appellant comme d'abus de ladite celebration dudit mariage de Cezar de Villeneufve fon frere, & ladite Damoifelle Lucreffe de Graffe du 22. Mars 1644. de ladite Bulle de difpenfe du vingt Iuin audit an, & de la Sentence de fulmination d'icelle du 21. Nouembre enfuiuant, confirmatiues dudit mariage, & y faifant droict que deffenfes foient faites à ladite Damoifelle Marie Marguerite de Villeneufve de plus prendre à l'aduenir le nom de Villeneufve, fur laquelle Requefte lefdites parties auroient efté reglées & ioint par Arreft du fept Ianuier 1670. *Cotte VV.*

La 56. eft, que ledit Alexandre de Villeneufve, comme garent formel dudit Claude de Blaccas, auroit pris fon fait & caufe, ou de fes heritiers, fuiuant les Requeftes des vingt-troi Ianuier & vingt-deux Fevrier 1670. qui furent reglées & ioin *Cotte XX.*

L

ces par Arreſt du ſix May enſuiuant : mais parce que ledit de Blaccas eſtoit decedé depuis le trente Nouembre 1669. ledit M. Gaſquet auroit obtenu Commiſſion du Conſeil en repriſe de ladite inſtance le quatre dudit mois de Ianuier 1670. employée le vingt-ſept dudit mois & an; & n'ayant leſdits heritiers de Blaccas comparu, iceluy M. Gaſquet auroit obtenu ſon defaut, & pour accellerer le iugement dudit procez principal & le mettre en eſtat de iuger, auroit conſenty à la disjonction de ſadite demande contre ledit de Blaccas & ſes heritiers, ſauf de la pourſuiure ainſi qu'il appartient, ce qui auroit eſté ainſi ordonné par Arreſt du ſeize May enſuiuant, par lequel la nouuelle Requeſte dudit de Villeneufue du ſeize Auril precedent afin de main-leuée des ſaiſies faites par ledit Gaſquet fut iointe à l'inſtance.

Cotte SSS. La 57. eſt, que le trente Auril 1670. ledit Alexandre de Villeneufue auroit enfin eſté obligé de bailler copie audit M. Gaſquet de ſondit compte de tutelle du ſix Fevrier 1660. par lequel il paroiſt qu'il ne s'y eſt point chargé d'aucune des ſuſdites ſommes & biens immeubles de la ſucceſſion dudit Cezar mentionnées auſdits cahiers & memoires des poſites des debtes, obligations, contracts, promeſſes, procés literatoires & autres effets contenus auſdites ſept liaſſes de papiers, & auſdits Livres de raiſon, des cenſes dudit Cezar, ſuiuant ledit projet d'inuentaire frauduleux du mois de May 1647. de tous leſquels effets ainſi recellez ledit Alexandre faux tuteur, en a fait vne depredation generale au prejudice de lad. Damoiſelle pupille.

Cotte ZZZ. La 58. eſt, que le ſeize Iuin audit an 1670. M. Gaſquet auroit baillé ſa Requeſte audit Conſeil, afin que conformement audit Arreſt du dix-neuf Aouſt 1669. ledit Alexandre de Villeneufue fuſt tenu de remettre dans le iour au Greffe dudit Conſeil ſa production ſur laquelle eſt interuenuë ladite Sentence du dix-ſept Mars 1651. dont eſt appel : enſemble tous & chacuns leſdits papiers, titres, memoires & enſeignemens, & le Livre des cenſes dudit Cezar de Villeneufue, mentionnez audit projet d'inuentaire d'iceux, du mois de May 1647. dont ledit Alexandre s'eſt chargé le vingt-vn Mars 1648. pour eſtre ioints & ſeruir au iugement dudit procez d'entre leſdites parties, & iuſtifier dauantage par ledit Gaſquet de ſon bon droict, laquelle Requeſte fut iointe au procez par Arreſt du dix-neuf dudit mois de Iuin 1670.

Cotte EEEE La 59. eſt, que ledit M. Gaſquet audit nom, pour coupper chemin à toutes les chicanes dudit Alexandre de Villeneufue,

& *conformément* à la Nouuelle Constitution 72. de l'Empereur Iustinien, & aux loix 7 & 15. *ff, de administ. & periculo tut.* & autres dispositions de Droict escrit, sous lequel la Prouence est regie, auroit presenté sa Requeste audit grand Conseil le seize Iuillet audit an 1670. à ce qu'attendu que ledit Alexandre de Villeneufve s'est intrus dans ladite tutelle de son autorité priuée, au lieu de s'en excuser & declarer sesdites pretentions enuers ladite pupille, & pour avoir rapporté contre elle lesdites cessions desdits Louis & Marguerite ses frere & sœur, & pour n'auoir fait vn inuentaire iudiciaire & fidelle desdites sept liasses de papiers & autres effets, titres & enseignemens de la succession dudit Cezar son frere, ne s'estant pas mesme chargé d'aucunes des sommes de deniers y mentionnées, dont il a fait vne depredation generale (sans neantmoins approument par ledit Gasquet lesdites pretentions & cessions) iceluy Alexandre de Villeneufve fust declaré démis & decheu de toutes les actions, droicts & pretentions qu'il pouvoit auoir contre ladite Damoiselle Marie Marguerite de Villeneufve pupille, comme heritiere dudit Cezar son pere, & autrement, pour quelque cause que ce soit, tant en son propre & priué nom, que comme cessionnaire desdits Louis & Marguerite ses frere & sœur; & en outre à ce que le serment *in litem* soit donné audit M. Gasquet & Damoiselle Marie Marguerite de Villeneufve sa femme heritiere dudit Cezar sur la valeur des sommes & effets qui ont esté recellez par ledit Alexandre son faux tuteur, & dont il n'a point fait inuentaire iudiciaire & fidelle, & qu'ils en seront creûs, ioint la commune renommée, iusques *à la somme de soixante mil liures de principal*, de laquelle ledit Alexandre se chargera en son compte de tutelle, auec les interests depuis le dix-neuf Iuillet 1646. que ledit Cezar est decedé, & des interests desdits interests, comme deniers pupillaires, à la maniere accoustumée, sans prejudice audit Gasquet des autres biens mentionnez en l'inuentaire du huit Avril 1647. & autres effets de ladite succession, dont il a connoissance; & au surplus faisant droit sur sondit appel de ladite Sentence du 17 Mars 1651. & de tout ce qui s'en est ensuiuy, mettre le tout au neant, & en émendant & corrigeant, condamner diffinitiuement ledit Alexandre de Villeneufve rendre compte audit Gasquet audit nom de tous les biens meubles & immeubles de la succession dudit Cesar, mentionnez audit inuentaire du huit Avril 1647. & ausdits Livres de raison & des censes, *ensemble* de ladite somme de soixante mil liures &

des autres sommes de deniers mentionnées audit compte de tutelle du six Fevrier 1660. sans prejudice des obmissions & autres debats dudit compte, auec fruits & interests & interest des interests depuis le deceds dudit Cezar, aux offres que ledit Gasquet a fait de luy passer en décharge les meubles de maison, & dix-huit rups d'huille y mentionnez, & dont ladite Damoiselle Lucresse de Grasse veufve demeura chargée par le procez verbal d'enchere du dix dudit mois d'Avril 1647. Et cependant qu'executoire fust délivré audit Gasquet de la susdite somme de neuf mil trois cens six livres dix sols, de laquelle ledit Alexandre a esté delaré debiteur par le calcul de sondit compte de tutelle du six Fevrier 1660. conformément au titre XXIX. article VII. des nouuelles Ordonnances du Roy du mois d'Avril 1667. suiuant le second chef de ladite Requeste dudit Gasquet du premier Iuillet 1669 & luy adjuger les autres fins & conclusions prises en l'instance : Et par Arrest du vingt-quatre dudit mois de Iuillet 1670. ladite Requeste fut reglée & jointe audit procez d'entre lesdites parties.

Cotte GGGG. La 60. & derniere Observation est, Que ledit Alexandre de Villeneufve voyant que sondit appel comme d'abus estoit insoustenable, il auroit fait signifier le dix Iuillet 1670 vn dire contre les demandes principales dudit Gasquet, dans lequel il fait (à sa mode) l'évaluation de l'heritage de Iacques son pere & les detractions qui en deuoient estre faites pour liquider son pretendu fideicommis ; & en suite il fait l'évaluation de l'heritage dudit Cezar son frere, qu'il reduit aux 14200. liur. du prix de la seule terre de Carros & aux 1000. liu. deuës par Barthelemy Mercier, & par ce moyen il obmet non seulement les autres sommes dont il s'estoit chargé dans sondit compte de tutelle du six Fevrier 1660. mais encores tous les autres susdits effets, valant plus de soixante mil livres mentionnez audit projet d'inuentaire frauduleux du mois de May 1647. & autres biens de la succession dudit Cezar son frere, dont il a fait & veut encores faire vne dépredation generale, par vne continuation de sa mauuaise foy & preuarication qui merite vn chastiment exemplaire, ainsi que ledit Gasquet a fait voir par sa Requeste de contredit du premier Aoust audit an 1670. & qu'il n'y a aucun bien fideicommissaire.

Voila l'estat du procez sur lequel il s'agit de faire droict, & par la déduction du faict, le Conseil voit que lesdits differents se réduisent à trois parties principales.

La

La premiere concerne les biens & droits *paternels* de ladite Damoiselle Marie Marguerite de Villeneufve.

La seconde ses biens & droits *maternels* en qualité de donataire de ladite Damoiselle Lucresse de Grasse veufve, sa mere.

La troisiéme regarde l'appel *comme d'abus* incidemment interjetté par ledit Alexandre de Villeneufve le vingt-six Iuillet 1669. & ses Lettres de restitution du trois Aoust ensuiuant, & la Requeste de Louis de Villeneufve son frere partie interuenante du dix-huit Decembre audit an 1669.

PREMIERE PARTIE.

Concernant les biens & droicts paternels.

CEtte premiere partie regarde l'appel releué le 12. Decembre 1665. par ladite Damoiselle Marie Marguerite de Villeneufve, (& repris par ledit M. Gasquet à present son mary) de ladite Sentence du Seneschal de Grasse du 17. Mars 1651. & de tout ce qui s'en est ensuiuy, & particulierement dudit procez verbal fait par Iacques Vitalis Lieutenant Particulier audit Siege le 16 Nouemb. 1655. & continué iusqu'au 7. Nouemb. 1659. dudit compte de tutelle du 6. Fevrier 1660. & de la Sentence du 21 Octobre 1661. auec les Requestes des 13. Avril 1666. premier Iuillet & 26. Octobre 1669, 16. Iuin & 16. Iuillet 1670.

Et à l'égard de la demande dudit Gasquet contenuë en sa Commission du 19. Ianuier 1669. en assistance de cause contre feu Claude de Blaccas, & celle en reprise contre ses heritiers du 4. Ianuier 1670. & les Requestes de garentie dudit Alexandre de Villeneufve, prenant leur faict & cause des 22 Ianuier & 23. Février audit an 1670. attendu qu'elles ont esté disjointes par l'Arrest du 16. May ensuiuant, il n'en sera pas parlé, quant à present.

Ledit M. Gasquet a fait voir & iustifié au procez que toute la procedure dudit Alexandre de Villeneufve, est nulle, frauduleuse, vicieuse & insoustenable en la forme & au fonds: Dans la forme il y a plusieurs nullitez essentielles.

La premiere est fondée sur l'incapacité personnelle dudit Alexandre de Villeneufve, lequel s'est ingeré de son authorité privée, sans l'aduis des parens, & sans se faire confirmer par le Magistrat, en ladite charge de tuteur testamentaire de ladite Damoiselle Marie Marguerite de Villeneufve sa niéce pupille, bien qu'en France, *toutes les tutelles soient datiues* : & outre cela, c'est, qu'il estoit mineur de 25. ans en 1646. n'estant alors âgé que de vingt-trois ans, & partant il auoit luy-mesme besoin d'vn curateur en ses propres affaires, & que d'ailleurs la pretenduë nomination de tuteur faite de sa personne par ledit Cezar de Villeneufve, pere de ladite pupille, en son Testament du 10. Aoust 1644. se trouuoit reuocquée expressement par son codicile du 1. Decembre ensuiuant, par lequel Federic de Villeneufve son frere, & Messire Iean Henry de Grimaldy, Marquis de Corbons son beau-frere, & de ladite Damoiselle Lucresse de Grasse sa femme, sont nommez tuteurs, & c'est par dol & fraude, que ledit Alexandre, faux tuteur, a tenu ledit codicil caché, jusques à present que ledit Maistre Gasquet l'a trouué par le moyen d'Antoine Nicolas, fils de Iacques Nicolas Notaire du Broc, pardeuant lequel il auoit esté passé.

La 2. nullité est, que ledit Alexandre de Villeneufve ne pouuoit pas estre tuteur de ladite Damoiselle Marie Marguerite de Villeneufve sa niepce pupille, quand mesme il auroit esté capable de l'estre, & qu'il auroit esté confirmé en Iustice (ce que non) car il deuoit s'en excuser & s'en demettre, *à cause des grandes pretentions qu'il auoit contre elle*, qui l'excluoient entierement de ladite tutelle & le rendoient suspect, s'agissant *de tota hæreditate aut plurima parte bonorum*, puis qu'il estoit question de l'ouuerture & liquidation d'vn fideicommis, & d'vn supplément de legitime ; nous auons, sur ce sujet trois tiltres entiers, vn dans les Institutes, l'autre dans le Digeste, & l'autre dans le Code, & il y a encore vne infinité de dispositions formelles dans le reste du droict escrit, sous lequel la Prouence est regie, la Loy 27. *Idem fiet*. §. *cum autem ff. de Testamentaria tutela*, porte que *cum autem ipse patruus quem tutorem legitimum sibi dicebat pupillus esse subiectum filium criminaretur, & ad se legitimam hæreditatem pertinere contenderet, alium tutorem præbendum Iulianus respondit* & la Loy 20. *Si pupillum. ff. de excusationibus*, dit que, *si pupillum patruus contendat exhæredatum esse, & se hæredem scriptum, æquum est, tutorem pupillo dari, recepta patrui excusatione, vel si nolit excusationem petere remoto eo, a tutela. Ita litem de hæreditate expedire*. Et la nouuelle Constitution 72. de l'Empereur Iustinien chapitre 1. *Qui tutores vel curatores pupillo vel adolescenti esse non possunt*, Veut aussi, que non seulement celui qui a des pretentions sur le pupile soit exclus de sa tutelle, mais encore que celuy qui est obligé au pupille ou mineur s'en abstienne, en ces termes. *Hoc itaque lege tutissima colligitur, vt nullus corum qui obligatas perhibent res deffun-*

ei, ipsum minorem & eius res, aut etiam, qui apertè obligatus existit, ad curationem eius accedat, neque habeat licentiam tale aliquid agere, Et cet Empereur en donne la raison en ladite Nouuelle 72. chap. 3. *nec ex hoc ipso* (dit-il) *Hostem non curatorem adolescentulo præbeamus,* ce qui l'a obligé au ch. 4. d'ordōner que si le tuteur ou curateur, qui se pretend creancier du pupile, ou mineur, ne declare, auparauant qu'il administre, les pretentions qu'il a, contre ledit pupile ou mineur, il en soit apres entierement descheu, & qu'il perde sa debte, *Si vero, tacuerit in initio, hoc, & factus fuerit curator, sciat, omni actione aduersus minorem esse casurum, propter hoc quod ex studio aduersus hanc nostram legem firmetur: sed si quis apertè obligatus existens tacuerit, sciat etiam iste quia substinebit pœnam quod non possit reditionibus, aut aliis solutionibus debiti se miscere tempore curationis forsan arte compositis.* En sorte qu'vn silence declaré frauduleux par les Loix ne peut prejudicier au pupile, & ledit Villeneufue faux tuteur, ne doit pas seulement estre debouté de toutes ses pretentions, mais il doit estre tenu de tous les despens, dommages & interests, que ladite Damoiselle sa niepce pupille, aura souffert pendant son administration, suiuant les Loix 2. & 7. *c. Arbitrium tutelæ.*

Ne seruant audit Alexandre de Villeneufue, de dire que le nommé Lambert Procureur audit Siege de Grasse, a contesté à ses demandes en qualité de curateur, car il ne se trouuera pas que ledit Lambert ayt esté nommé à cette charge de curateur, par aucune assemblée de parens de ladite pupille, & mesme il n'appert point que ledit Lābert, ayt esté pourueu de cette charge de curateur par aucune Ordonnance du Magistrat, ny qu'il en ayt presté le serment. mais quand par supposition tout cela auroit estéfait (ce que non) ledit Maistre Gasquet soûtient qu'vn simple curateur, n'estoit pas suffisant pour deffendre ausdites pretēsions & demandes dudit de Villeneufue, s'agissant de tout le bien de ladite pupille, & qu'il falloit luy pouruoir, necessairement d'un autre tuteur, qui eust plaine faculté & liberté, d'agir en tous ses biens & affaires, & fust saisi de tous les papiers, tiltres & enseignemens de ladite succession suiuant les Loix cydessus rapportées estant encores à considerer que led. Lambert pretendu curateur, ny aucun tuteur, ne pouuoit pas donner les deffences necessaires contre les demandes dudit Villeneufue, concernant l'adjudication & liquidation dudit fideicommis, & suplement de legitime, sans estre prealablement muny de tous les papiers, titres & enseignemens de la succession dudit Cezar de Villeneufue. *Sine quibus lis instrui & peragi non potest.*

comme dit M. le President Faber, en la definition *l. C. in causa post pubert. ad sit tutor.* Car ledit Alexandre de Villeneufue a toujours esté & est encore saisi frauduleusement de tous lesdits papiers titres & enseignemens qui peuuent seruir à la deffence de ladite pupille, & il est encore constant que ledit Lambert estoit une personne affidée audit Villeneufue, & que par collusion il a consenty à tout ce qu'il a voulu, & a presté son ministere à la depredation qu'il a fait de tout le bien de ladite pupille, comme il est iustifié au procez, & par consequent tout ce que ledit Villeneufue a fait auec ledit Lambert, est nul essentiellement, & vne pure contreuention aux susdites Loix, *quia tutoris præcipuum est officium, ne indefensum pupillum relinquat. l. 30. ff. de administ. & pericul. tut. vel. curat.* & au contraire tout le soin d'Alexandre de Villeneufue pendant son administration tutelaire, n'a esté, qu'à plaider contre ladite pupille, & trouuer des pretextes pour usurper tout son bien, comme il a fait.

Au fond cette Sentence du 17. Mars 1651. est encore insoustenable, car premierement elle adjuge audit Alexandre & Loüis de Villeneufue, un supplement de la legitime sur les biens de la succession de Iacques leur pere, auec interests & despens, bien qu'il ne leur en fut deub aucun, attendu que par le testament dudit Iacques, du 18. Iuin 1629. Il ne leur auoit legué que 1200 écus à chacun, pour tous droits de legitime, & suplément d'icelle & autres quelconques, car si bien par la transaction du 7. Iuillet 1636. il est dit, que les legitimes, tant desdits Alexandre & Loüis, que de Federic, étoient liquidez à 1702 écus 31 sols. Cette mesme transaction porte qu'ils seroient payées par ledit Cezar *en biens mediocres* dudit heritage, comme il a esté dit en la huitiéme obseruation cy-dessus, *minutissimis solutionibus*, & sans garantie. Il est neantmoins arriué que lesdits Alexandre & Loüis aymerent mieux accepter leurs legs de 1200 écus chacun, en un seul & bon payement, auec promesse de garantie comme leur estant plus auantageux & commode, que les 1702 écus, 31 sol du total de leurdite legitime, en biens mediocres, sur grand nombre de debiteurs dont partie estoient insoluables, & l'autre le pouuoir deuenir, de sorte que le 20. Feurier 1640. ledit Cezar leur frere ayné leur fit transport de 2400 écus sur la communauté du lieu de Broc, auec promesse de toute garentie, pour les payements leurdit legs, à condition que lesdits Alexandre & Loüis, n'en pourroient aliener le fonds, iusques à ce qu'ils auroient atteint l'aage de 27. ans, & auroient ratifié ledit contract, & non autrement, *Et en cas* ils ne voulussent, alors

accepter

accepter ladite cession, auroit esté accordé qu'ils seroient tenus de *retroceder ladite somme de 2400. écus audit Cesar*, lequel la leur remplaceroit sur d'autres debiteurs dudit heritage, ou leur payeroit leurdite legitime, ainsi qu'il l'auoit payée audit Federic, *qui est, en biens mediocres. Et* par le mesme contract ledit Alexandre & Louys font quitance generale audit Cezar, de leur entretien de viures & d'habits jusques audit jour. *En sorte* que lesdits Alexandre & Loüis s'estans contentez de leurdit legs de 1200 écus chacun, & n'ayant point retrocedé ladite somme de 2400 écus à eux cedez en payement de leurdit legs, dans le temps stipulé par ledit contract, pour estre payez des 1702 écus 31 sols, du total de leurs legitimes, *en biens mediocres*, & n'ayant pas obtenu des Lettres de restitution enuers ledit contract, dans le temps porté par les Ordonnances Royaux de 1510. & 1539. *Ils sont non receuables à demander leur supplement de legitime*, autrement il se trouueroit qu'au lieu d'estre payez *en biens mediocres*, suiuant ladite transaction du 7. Iuillet 1636. Ils seroient payez du total de leur legitime, *des plus clairs deniers de l'heritage*, au grand prejudice dudit Cezar heritier principal. *Estant* a obseruer que dans la forme cette adjudication dudit supplement de legitime portée par ladite Sentence, est encore nulle & collusoire, car il se voit que Louys de Villeneufue en a formé sa demande *contre* Alexandre son frere en qualité de tuteur de leurdite niepce, pupille, lequel n'a pas manqué d'y consentir, parce que cela luy seruoit pour se faire adjuger en son nom la demande qu'il a fait de pareil supplement de legitime, comme ayant l'un & l'autre semblable pretention ; & ainsi il a esté *Agens & patiens* en vne mesme cause, par vn dol & collusion éuidente & punissable. Sur tout si on considere que ledit Allexandre a mesme rapporté cession dudit Loüis, dudit pretendu supplement de legitime, interests & despens contre ladite pupille.

Ladite Sentence est encore insoustenable, en ce que par icelle ledit Alexandre de Villeneufue s'est fait adjuger le susdit pretendu fideicommis apposé au testament de Iacques son pere du 18. Iuin 1629. bien qu'il n'eust iamais esté publié ny enregistré en aucun Siege, suiuant l'art. 57. de l'Ordonnance de Moulins de 1566. qui veut que toutes les substitutions soient publiées & enregistrées és Sieges des lieux où les biens sont situez dans les six mois apres le decez du Testateur, autrement les declare nulles & de nul effet.

Et quand il y auroit eu lieu à l'ouuerture dudit fideicommis (ce que non) ladite Sentence seroit encores insoustenable, en ce, qu'en adjugeant audit Alexandre (pretendu substitué) la moitié de l'hoirie dudit Iacques son pere par le deceds sans enfans masles de Cezar, elle ordonne que les detractions & imputations telles que de droict prealablement faites, il sera fait partage des biens de ladite hoirie, *Car* il falloit ordonner que detraction faite de la dot de Suzanne de Villeneufve, veufve dudit Iacques, il seroit fait partage & diuision du surplus de tous les biens meubles & immeubles delaissez par ledit Iacques, tels qu'ils ont esté trouuez le iour de son decez *la moitié desquels* deuoit estre declarée appartenir librement aud. Cezar de Villeneufue son fils aisné donataire & heritier par benefice d'inuentaire, icelle adjuger à ladite Damoiselle Marie Marguerite de Villeneufue sa fille vnique & heritiere, *en consequence de la donation de ladite moitié desdits biens faite par ledit Iacques en faueur d'vn de ses enfans masles, tel qu'il esliroit par sondit contract de Mariage du 6. Decembre 1605. insinuée le 25. Feurier 1606.* Et sur l'autre moitié desdits biens qui pouuoit estre sujette audit pretendu fideicommis, faire les autres detractions & imputations de la quarte trebellianique & des legitimes, legs, dots des filles, & autres charges hereditaires; Led. Seneschal l'auroit ainsi ordonné s'il eust veu ledit Contract de mariage contenant ladite donnation du 6. Decemb. 1605. mais ledit Alexandre s'en estant saisi les a cachez auec tous les autres titres & papiers, qui seruent à la deffense de ladite pupille contre ses demandes, & par consequent son dol personnel qui resulte de ce recelement des papiers, ne peust prejudicier à ladite pupille.

Car ledit Alexandre de Villeneufue ne peust pas disconuenir que ledit Cezar son frere aisné, n'ait esté celuy des enfans dudit Iacques qui seul a recueilly l'effet de ladite donation, puis qu'il auoit deux qualitez qui équipolent à son eslection, la premiere est celle *de fils aisné* dudit Iacques donateur, & la 2. que ce mesme donnateur la institué *son heritier* vniuersel en tous ses biens & droits, ce qui fait voir, qu'il a eu plus de predilection pour ledit Cezar son fils aisné, que pour aucuns de ses autres enfans, estant constant *en droict*, que l'institution d'heritier equipolle à vne eslection, & il a esté ainsi jugé par toutes les Cours Souueraines du Royaume, Maistre Claude des Henris *liure 5. quest. 5.* en rapporte les Arrests, ainsi que les autres Aristographes, & ledit Villeneufue n'a pas pû contester cette verité; Or est il que ladite donnation contractuelle estant parfaite, bonne & valable, elle doit auoir son effet & execution entiere en faueur d'vn seul des enfans qui naistroient dudit mariage de Iacques de Villeneufue, sans aucune nouuelle charge, ayant icelle esté insinuée au Greffe dudit Seneschal de Grasse, dans le teps de s

Ordonnances du Roy le 25. Feurier 1606. d'autant que led. Iacques donateur ne s'est point reserué le pouuoir de substituer en faueur de ses autres enfans ny autrement ladite moitié de ses biens qu'il a donné à vn seul d'eux, tel qu'il estiroit, *ensorte* que cette donnation estant parfaite, elle ne peut plus receuoir de charge ny de condition, suiuant la Loy 4 *Perfecta C. de donationibus qu sub modo*, qui porte que, *perfecta donatio conditiones postea non recipit*, parce que les biens donnez n'estant plus au nombre des biens du donnateur, il n'est plus à son pouuoir d'en disposer, & ils ne peuuent plus estre chargez d'aucun fideicommis, comme il est decidé en la Loy 62 *a filia. ff. ad Senatus consult trebel*. En telle sorte que comme on doit deduire d'vne succession les debtes passiues d'icelle, on doit aussi pareillement distraire au profit du donnataire les biens qui luy ont esté donnez, d'autant que ledit Iacques donnateur, n'a pû faire dans son Testament, que ce qu'il s'estoit reserué de pouuoir faire par le contract qui contient ladite donnation. Or est il, qu'il ne s'estoit reserué que d'eslire *vn seul* de ses enfans qui naistroit de sondit Mariage, donc, il n'a peu faire que ladite eslection, & non pas charger ladite moitié de ses biens, d'aucun fideicommis, estant à considerer que ledit Iacques donnateur en faisant ladite eslection ne donne rien de nouueau, & il n'a fait que declarer celuy de ses fils, pour lequel il a eu plus de predilection, pour le faire jouïr de l'effet de ladite donnation, comme il est dit en la Loy 21 *Haeredes palam ff. de testamentis, nihil enim nunc dat, sed datum significat*. Si bien que ladite moitié des biens dudit Iacques ayant esté acquise audit Cezar, en vertu de ladite donnation qui est irreuocable, pure & simple, il est constant qu'il la posledée librement, & à l'esgard de l'autre moitié desdits biens dudit Iacques, elle est obuenue audit Cezar en vertu de son testament, & elle seule, peut estre sujette au fideicommis apposé en icelluy, la Loy 68. *sequens ff. de legt. & fideicommiss. secundo*, y est formelle *sequens quaestio est an etiam quae viuus per donationem contulit in fideicommiss. petitionem veniant respondit ea extra causam bonorum deffuncti computari debere, & propterea fideicommisso non contineri, quia ea habitura est, etiam alio haerede existente*. Ce qui doit auoir lieu en plus forts termes en l'espece presente, en laquelle ledit Iacques de Villeneufue Testateur n'a point substitué expressément ladite moitié de ses biens qu'il auoit donnez par sondit contract de mariage, & il n'en fait aucune mention, dans sondit Testament, dans lequel il dit seulement, qu'en cas que ledit Cezar vienne à deceder sans enfans masles, son heritage viendra à Federic son autre fils, & venant ledit Federic à deceder sans enfans masles luy substitué Alexandre, & audit Alexandre, Louys, en sorte qu'il ne parle point desdits biens donnez ny expressement, ny tacitement, & par consequent ledit Iacques Testateur n'a point entendu substituer ausdits biens donnez, mais seulement aux biens de son heritage, qui ne consistoient qu'en l'autre moitié de ses biens, qu'il n'auoit point donnez, & qu'il s'estoit reserué par sondit contract de mariage, car pour pouuoir pretendre que lesdits biens donnez fussent compris aud. fideicommis, il estoit necessaire que led. Iacques s'en fut reserué le pouuoir faisant la donnation, & eust expressement declaré par son Testament qu'il vouloit que la moitié des biens qu'il auoit donné à vn de ses enfans par son Contract de Mariage, fussent substituez, auec l'autre moitié, qui composoit son heritage en faueur de ses autres enfans; & il falloit outre cela que l'institution d'heritier eust autant apporté de benefice audit Cezar, que ladite donation ; & que ledit Cezar fut decedé sans enfans masles ou femelles, suiuant le sentiment de Maistre Claude des Henris, Tome 2. Liure 5. Quest. 52. & 53. Monsieur Maynard en ses Questions Liure 5. Question 34. & Monsieur Dolliue Liure 5. Chap. 15. qui raportent plusieurs Arrests qui ont jugé cette question en faueur du donnataire, & ils remarquent deux circonstances importantes; La premiere quand la donnation n'est pas nommément comprise & soubmise au fideicommis, & la deuxiéme, quand le donnataire a laissé des enfans, soit masles ou femelles, parce que en ce cas la substitution expresse des biens donnez, ayant esté receuë contre les maximes du droit, par interpretation, a besoin d'vne expression speciale, *indiget speciali nota*, & le fideicommis ne peust pas estre tacitement presumé, contre vne contraire presumption establie par le droit Romain en la Loy 30. *cum acutissimi c. de fideicommiss.* d'autant que si les Loix ont fait cesser vn fideicommis exprés, lors que celuy qui en estoit chargé, laissoit des enfans suruiuans, ces mesmes Loix ne peuuent pas admettre vn fideicommis tacite sur les biens donnez au prejudice des enfans du donnataire; & par ainsi la moitié des biens de Iacques de Villeneufve donnée en son contract de Mariage, ayant esté acquise audit Cezar son fils aisné & heritier par benefice d'inuentaire, il la transmise à ladite Damoiselle Marie Margueritte sa fille, franche, libre, & exempte de tous fideicommis, d'autant mieux que ledit Cezar n'a accepté l'heritage dudit Iacques son pere, que sous le benefice d'inuentaire & qu'il y a esté receu par la susdite Sentence du Seneschal de Grasse du 20. Feurier 1636. affin de distraire dudit heritage ladite moitié

des

des biens dudit Iacques à luy acquis en vertu de laditedonnation, car en Prouence, païs de droit Escrit, les qualitez d'heritier, & de donataire, ne sont pas incompatibles, comme en païs coustumier.

Et il ne sert audit Alexandre de Villeneufve de dire que celuy qui a pouuoir d'eslire *inter plures*, peut charger celuy qu'il a esleu d'vn fideicommis au profit des autres qui pouuoient estre esleus, puis que les vns & les autres *erant de numero eligendorum*, car quoy que tous les enfans masles de Iacques fussent du nombre de ceux qui pouuoient estre esleus, neantmoins ils ne pouuoient pas estre tous esleus, puis qu'il n'y auoit qu'vn seul qui pûst estre esleu, ne suffisant pas qu'ils fussent *de numero eligendorum, cum non essent de numero electorum*, c'est à dire puis que actuellement ils ne pouuoient pas estre tous esleus, quoy que chacun d'eux sut susceptible de cette election & capable d'estre éleu en particulier, mais ce qui oste toute difficulté, c'est que ledit Iacques en instituant son heritier Cezar son fils aisné, il ne la point chargé d'aucun fideicommis pour raison desdits biens donnez, & n'en a fait aucune mention en sondit Testament; Car c'est le sentiment de tous les Docteurs alleguez par led. Villeneufve, qu'il faut necessairement qu'il soit fait expresse mention des biens donnez dans le fideicommis, à faute de quoy on ne presume iamais que les biens donnez, y puissent estre compris, & encore faut-il, que le donataire esleu profite, d'ailleurs, de la mesme valeur des biens donnez, & qu'il decede sans enfans, soit masles, ou femelles, car la seule existance d'vne fille fait cesser le fideicommis exprés & litteral sur les biens donnez, c'est pourquoy ledit Iacques n'ayant point fait mention desdits biens donnez en faisant ledit fideicommis, on ne peut pas dire qu'ils y soient, ny puissent estre suiets, sur tout apres que ledit Cezar n'a accepté son heritage que sous le benefice d'inuentaire, & qu'il a laissé vne fille.

Et ainsi on voit le grief considerable que ladite Damoiselle Marie Marguerite de Villeneufve a receu par ladite Sentence du 17. Mars 1651. en ce qu'elle a ordonné que les detractions & imputations telles que de droict prealablement faites, il seroit procedé audit partage des biens de l'hoirie de Iacques de Villeneufue; d'autant que lesdites detractions & imputations ne pouuoient estre faites que sur la moitié desdits biens, qui pouuoient, seuls, estre sujets audit fideicommis, & non sur l'autre moitié desdits biens donnez, car si lesdites detractions & imputations estoient faites auparauant le partage desdits biens, elles seroient faites tant sur la moitié donnée & acquise par vertu du

O

dit Contract de Mariage audit Cezar ; *que* sur l'autre moitié sujette audit pretendu fideicommis à luy aduenuë par ledit Testament, ce qui ne seroit raisonnable.

Mais outre cela cette Sentence est encore insoustenable en ce qu'elle ordonne que ledit Alexandre de Villeneufue ne rendra compte que de la moitié des fruits de l'heritage dud. Cezar, depuis son decez, & ainsi elle adjuge audit Alexandre les fruits de l'autre moitié pretenduë fideicommissaire, depuis ledit decez dudit Cezar, bien que lesdits fruits des biens fideicommissaires ne peussent estre deus que depuis la demande en ouuerture de fideicommis, supposé qu'il y eust lieu de l'adjuger audit Alexandre, & qu'il y eust des biens (ce que non) apres ledit partage & les distractions faites, & par consequent lad. Sentence ne peust subsister, estant nulle & insoustenable dans la forme & au fonds, & tout ce qui s'en est ensuiuy.

Et à l'égard du procez verbal fait en consequence de ladite Sentence par ledit Vitalis le 16. Nouembre 1655. continué iusques au 7. Nouembre 1659. il ne faut que le lire pour en voir les nullitez & l'injustice, car outre qu'il est fait sur le fondement de ladite Sentence, qui ne peust subsister, il est constant que ledit procez verbal dans sa forme & dans sa substance, est vn tissu d'iniquité, tant de la part du Iuge, que de la partie, & pour le faire voir sommairement, il ne faut que remarquer.

1. Qe ledit Vitalis n'a jamais esté commis par aucune Ordonnance dudit Siege de Grasse, pour l'execution de ladite Sentence, & par consequent tout ce qu'il a fait est nul, suspect & incompetant, & de plus, c'est, qu'il a fait toutes ses Ordonnances sur la vente des biens immeubles de ladite Damoiselle Marie Marguerite de Villeneufue pupille, les adjudications & liquidations desdits suplémens de legitimes & fideicommis, de son autorité priuée, *inter priuatos parietes* sans en auoir referé audit Siege, & encore sans oüir ny appeller ladite Damoiselle, bien qu'elle fut paruenuë à sa puberté depuis le 22. Ianuier 1657. & que par consequent, tant la charge de faux tuteur dudit Alexandre de Villeneufue, que celle de pretendu curateur dudit Lambert fussent finies, & qu'il falust pouruoir ladite Domoiselle minéure d'vn autre curateur pour l'assister en ses affaires, suiuant la Loy 1. *Si curatores. c. quando tutores vel curatores esse desinant.* dont voicy les termes. *Si curatores tutoribus adiuncti sunt, pubertate pupilli tam tutorum, quam curatorum officium finiri, ideò alios propter ætatis infirmitatem curatores esse dandos.* En sorte que toutes les procedures faites depuis ledit iour 22. Ianuier 1657. entre ledit faux

tuteur & ledit pretendu curateur font essentiellement null es & ne peuuent subsister, comme faites collusoirement entr'eux, sans ouïr ny appeller ladite Damoiselle mineure.

 Ledit Maistre Gasquet ne repetera pas ce qu'il a dit en la 28. obseruation du fait cy-dessus, il suplie seulement le Conseil d'en prendre la lecture, & il verra que bien que ledit Alexandre de Villeneufve n'eust point rendu son compte de tutelle, & que par contract du 15. Mars 1657. il eust vendu de son autorité priuée ladite terre de Carros, appartenant à ladite Damoiselle sa niepce mineure, moyennant le prix de 19000. liures à Claude Blaccas (dont il fit vne cession simulée de 18000. liu. au sieur Iean Baptiste de Villeneufve, Sieur de Tourenc son parent, qui luy prestoit son nom, pour mettre ladite somme à couuert, par vn acte frauduleux du 22. Septembre 1658. neantmoins le 26. dudit mois & an, il fit estimer cette mesme terre de Carros & à 14200. liures seulement, & la fit mettre aux encheres precipitament, pour la vendre au lieu de Carros les 1. 4. & 7. Octobre ensuiuant, sans Affiches prealables, ny auoir obserué les delais & autres formalitez ordinaires, & enfin il se l'est faite adjuger par ledit Vitalis pour ladite somme de 14200. liures en payement tant, de son. pretendu suplément de legitime, que, de celuy de Louis de Villeneufve son frere, duquel il auoit rapporté cession le 2. Aoust 1655. auec les interest depuis le decez dudit Iacques arriué le 2. Iuillet 1629. qu'il a fait monter à 10748. liures bien qu'il ne fust rien deub, ny à l'vn, ny à l'autre dudit suplément de legitime, ainsi que ledit Gasquet a fait voir cy-dessus, & que quand il leur auroit esté deub quelque chose (ce que non) ils n'en pouuoient pretendre les interests que depuis le 10. Avril 1640. qu'ils ont fait quittance generale audit Cezar leur frere, de leur entretien de viures & d'habits, qui leur tenoit lieu d'interest.

 Mais le dol & fraude dudit Alexandre de Villeneufve est encore visible, en ce qu'ayant rapporté cession des 448. liu. 8. s. adjugées par ladite Sentence du 17. Mars 1651. à Damoiselle Marguerite de Villeneufve sa sœur, auec interest & despens. il s'est fait liquider lesdits interests par ledit Vitalis le 27. Octobre 1659. à 680. liures, depuis le 2. Iuillet 1629. bien qu'ils ne fussent deûs que depuis le 22. Avril 1645. suiuant vne transaction & compte final passé le 3 Fevrier 1645. entre ledit feu Cezar de Villeneufve & Iean Baptiste de Noble, mary de ladite Damoiselle Marguerite de Villeneufve, de quoy ledit Alexandre a esté obligé de demeurer d'accod.

La liquidation que ledit Alexandre de Villeneufve a fait faire par ledit Vitalis le 25. Octobre audit an 1659. de sondit pretendu fideicommis, n'est pas moins injuste & remplie de mauuaise foy, car il a éualué l'heritage de Iacques son pere à 84912. 9. sols, de laquelle ayant distraict 50350. liures, du surplus qui est 34608. liures 2. sols, il s'en est fait adjuger la moitié, qui est 17304. liures 4. sols 6. d. comme fideicommissaire, auec les interests depuis le mois de Iuillet 1646. que ledit Cezar est decedé.

Ledit Maistre Gasquet a fait voir & justifié au procez, que l'heritage dudit Iacques de Villeneufve n'estoit composé que de 23701. escus 29. sols, qui valent 71104. liures 9. sols, suiuant l'inuentaire de ses biens du 20. Aoust 1629. & le compte de tutelle de Damoiselle Suzanne de Villeneufve sa veufve du 14. Mars 1635. & la transaction du 7. Iuillet ensuiuant, & ainsi ledit Alexandre l'a augmenté de 13808. liures, afin de grossir sondit pretendu fideicommis, & en effet, il a esté obligé de demeurer d'accord au procez que ledit heritage (compris la valeur des bestiaux) n'estoit composé que de 24634. escus 42. sols, mais à le compter sur ce pied, supposé qu'il y eust lieu de liquider ledit pretendu fideicommis (ce que non) il se trouueroit toûjours que led. Alexandre auroit augmenté le total dud. heritage de 11008. liures 7. sols, & que de ladite somme de 24634. escus. 42. sols, il en faudroit faire vn partage, en sorte que la moitié d'icelle, qui est 12317. escus 21. sols, appartiendroit audit Cezar de Villeneufve pour la moitié des biens de la succession dudit Iacques, en vertu de ladite donnation du 6. Decembre 1605. & sur l'autre moitié dudit heritage, montant à pareille somme de 12317. escus 21. sols, qui valent 36952. liures 1. sol, il faudroit distraire 10000. liures pour la dot de Damoiselle Constance de Villeneufve, autres 10000. liures pour pareil dot payé à Damoiselle Isabeau de Villeneufue. Plus 5253. liures pour les droits paternels de Damoiselle Marguerite de Villeneufve. Plus les 5107. liures 11. sols payez à Federic de Villeneufve pour son droit de legitime. Plus les 7200. liures payez ausdits Alexandre & Louys pour leurdit legs. Plus les 1200. liures du prix des meubles, & 600. liures de l'argent monnoyé trouué dans la maison dudit Iacques lors de son decez, & par luy leguez à ladite Suzanne sa femme. Plus 100. liures pour reste de l'augment de dot de ladite Suzanne, & autres charges hereditaires, que ledit Alexandre est demeuré d'accord monter à 50350. liures bien qu'elles montent à beaucoup dauantage, outre la quarte

trebellianique

Trebellianique en faueur dudit Cezar heritier greué, auec les debtes perduës & les frais tres-considerables qu'il a fait pour la conseruation d'icelles; en sorte que le Conseil voit que lesdites detractions emporteroiēt beaucoup plus que lesdits 12317. écus 21. sols restans dudit heritage, & par consequent, que ledit pretendu fideicommis est illusoire & ananty, & mal à propos & sans raison, ledit Vitalis a adjugé audit Villeneufve lesd. 17304. liur. comme sujettes audit fideicommis, auec les interests, qu'il a fait liquider depuis 1646. que ledit Cezar est decedé; mais lesdits interests sont encores injustes, puisque ledit Alexandre a joüy du total dudit heritage fideicommissaire, depuis le decez dudit Cezar en 1646. & il n'a esté condamné par ladite Sentence du 17. Mars 1651. de rendre compte, que de la moitié des fruits dudit heritage l'autre moitié luy estant adjugée.

Estant à obseruer que ledit Vitalis s'est taxé 415. liures pour ses vaccations des liquidations desdits suplements de legitime & fideicommis, bien qu'il ne luy fut pas deü iustement plus de 15. liures, & ainsi il a pris 400. liures plus, ce qui est vne pure concussion, & la recompense des bons seruices qu'il auoit rendu audit Alexandre de Villeneufve, pour luy auoir presté son ministere en l'vsurpation qu'il a fait de tout le bien de lad. Damoiselle, pendant son bas aage.

Le compte de tutelle que ledit Alexandre de Villeneufue a rendu deuant ledit Vitalis le 6. Fevrier 1660. est encore nul, pour n'y auoir ladite Damoiselle Marie Marguerite de Villeneufve esté oüye ny apellée, & qu'il a deu estre rendu pardeuant les Auditeurs ordinaires (& non pardeuant led. Vitalis) suiuant les Ordonn. & Reglemens à la maniere accoustumée: *Et au fonds*, c'est plûtost vn conte pour rire, qu'vn compte de tutelle. Car ledit de Villeneufve ne s'y est chargé que des fruits de la terre de Carros depuis 1648. à raison de 400. liur. l'année seulement, bien qu'il vaille de reuenu plus de 800. liures, & qu'il ait deub s'en charger depuis 1646. que Cezar son frere est decedé. Plus il ne s'est chargé que de 1000. liures deuës par Barthelemy Mercier, & neantmoins il se trouue qu'il doit 1200. liures de principal & 864. liures d'arrerages d'interest, jusques au 29. Nouembre 1642. & ce qui a couru depuis, & finalement il se charge de 1500. liures qu'il a receu du sieur de Boyer Conseiller au Parlement d'Aix en vertu d'vne cession qui luy en auoit esté faite par le sieur Dorcier en 1652.

Et encores il ne s'est chargé que ces interests ordinaires, bien qu'il ayt deub compter *les interests des interests*, comme deniers pupillaires.

Mais sa mauuaise foy & son dol a paru plus manifestement en ce qu'il ne s'est point chargé d'aucune des sommes deües audit Cezar de Villeneufue, mentionnées tant ausdites obligations, contracts, promesses, billets & procez litteratoires, que au cayers & memoires desdits posites des debtes contenuës audit projet d'Inuentaire du mois de May 1647. dont il s'est chargé le 21. Mars 1648. ny de celles mentionnées *ausdits liures de raison, & de censes* dudit Cesar de Villeneufue, ny des biens immeubles qu'il possedoit és lieux de *S. Paul, Vance, Tourrettes, Caigne, Ville-neufue, S. Ieannet & la Gaude*, de toutes lesquelles debtes actiues, biens & effets, meubles & immeubles *ledit Alexandre de Ville-neufue a fait une depredation generalle*, au prejudice de ladite Damoiselle Marie Marguerite de Villeneufue, pupille, fille & heritiere dudit Cezar, par vne preuacation & mauuaise foy la plus signalée & odieuse qui ayt iamais paru en Iustice, & qui merite vn chastiment exemplaire, comme un vol domestique.

Et parce que son auidité est insatiable, il s'est fait adjuger par ledit Vitalis, la somme de 9306 liures 10 sols, de laquelle il auoit esté declaré debiteur, par le calcul de sondit compte de tutelle en desduction de sondit pretendu fideicommis.

Et pour ne laisser rien dans l'heritage dudit Cezar son frere, il s'est encore fait adjuger par ledit Vitalis lesdites 1100 liures deuës par ledit Mercier, & 400 liures aussi deuës par Antoine Belissime audit feu Cezar de Villeneufue, tousiours en desduction dudit fideicommis, par Sentence du 21. Octobre 1661. sans oüir ny appeller ladite Damoiselle Marie Marguerite de Villeneufue qui est appellante du tout.

Enfin tout le bien de la succession dudit Cezar de Villeneufue n'estoit pas suffisant pour assouuir l'auidité de ce faux tuteur. Il a tasché encore d'attraper les 4200 liu. dont il a composé auec Honnoré Dorcier pour les droits que ladite Damoiselle Marie Marguerite de Villeneufue sa niepce, & heritiere dudit Cezar son pere, auoit sur l'heritage de Iacques de Giraud, suiuant la transaction qu'il a passé le 11. Ianuier 1665. qui est huit années apres que sa fausse qualité de tuteur a esté finie, en sorte qu'on ne voit en toute sa procedure que preuarication, dol, fraude, depredation & mauuaise foy, qui meritent l'animaduersion de tous les gens de bien.

Estant encores a obseruer que la restitution dudit fideicommis ne pouuoit estre pretenduë par Alexandre que sur la mesme nature des biens qui auoient esté délaissez par Iacques son pere, & qui estoient ceux qui ont esté trouuez apres le deceds dudit Cezar dans lesdits cayers & memoires de posites, des dettes & autres papiers contenus audit projet d'inuentaire du mois de May 1647. dont ledit Alexandre s'est chargé le 21. Mars 1648. & toutefois il a eu si peu d'honneur & de conscience, que de receler tous lesdits effets, qui peuuent seuls estre sujets audit pretendu fideicommis, ayant supposé faussement que Cesar heritier les auoit tous dissipez, & greué, il se seroit fait adjuger ladite Terre de Carros, & tous les autres acquests & biens libres dudit Cesar sous faux pretexte de remplacement desdits biens fideicommissaires, au prejudice de sadite fille & heritiere, ce qui fait voir clairement sa preuarication & son peu de fidelité, laquelle a paru encore évidemment en ce qu'il s'est fait adiuger ladite Terre de Carros pour 14200 l. bien qu'il l'eust desia venduë luy-mesme 19000. liures, & qui soit deffendu expressément par la Loy 34. *si in emptione* §. 7. *tutor. ff de contrahenda emptione* aux tuteurs & curateurs d'acquerir les biens de leurs pupilles & mineurs. En voicy les termes, *tutor rem pupilli emere non potest, idemque prorogendum est ad similia, id est, ad curatores, procuratores & qui negotia gerunt.*

Ledit M. Gaiquet est aussi bien fondé en sesdites Requestes, qu'en sondit appel, car la Requeste du 13. Avril 1666. afin que ledit Allexandre de Ville-neufue soit condamné à luy restituer tous ces papiers titres & enseignemens, ensemble les biens de la succession dudit Cezar de Villeneufue, auec fruits & interest, & interest des interests, comme deniers pupillaires, ne souffre aucune difficulté.

La Requeste du premier Iuillet 1669. afin qu'executoire soit délivré audit Gaiquet de 9306. liu. 10 sols dont ledit Villeneufue a esté declaré debiteur par le calcul & closture de son compte de tutele du 6. Fevrier 1660. est conforme à l'article 9. du titre 29 des nouuelles Ordonnances du Roy du mois d'Avril 1667. ce qui est d'autant plus juste que lesdits 9306 liu. 10 sols, prouiennent des seuls acquests & biens libres dudit Cezar de Ville-neufue, qui par consequent ne sont point sujets audit pretendu fideicommis.

La Requeste du 26. Octobre 1669. afin que deffences soient faites aux debiteurs dudit Cezar de Villeneufue, de payer aucune somme audit Alexandre, ny à Damoiselle Margueritte de Villeneufue sa sœur & autres ses cessionnaires, est dans toute sorte de Iustice aussi bien que celle de 16. Iuin 1670. afin que ledit Villeneufue soit tenu de remettre les papiers & liures mentionnées audit projet d'inuentaire du mois de May 1647. dont il s'est chargé le 21. Mars 1648.

Et à l'égard de la Requeste du 16. Iuillet audit an 1670. elle ne puft auffi receuoir de difficulté, puisqu'elle eft fondée fur les maximes eftablies par le Droict Romain, *fous lequel la Prouence eft regie*, & que ledit Allexandre de Ville-neufue faux tuteur, eft conuaincu par fes propres pieces, d'auoir recellé la plus grande partie des effets de la fucceffion dudit Cezar de Villeneufue, dont il n'a point fait d'inuentaire fidelle & iudiciaire, à la maniere accouftumée, car le fufdit project d'inuentaire frauduleux qu'il a fait luy-mefme, comme il a voulu, fert pour juftifier cette verité. En forte que le ferment *in litem*, doit eftre donné aufdits Maiftre Gafquet & fa femme, contre ledit Allexandre faux tuteur, fuiuant la Loy 7. *tutor, qui repertorium. ff. de adminiftratione & periculo tutor.* en voicy les termes, *tutor, qui repertorium non fecit, quod vulgo inuentarium appellatur, dolo feciffe videtur, nifi forte aliqua neceffaria & iuftiffima caufa allegari poffit, cum id factum non fit, fi quis ergo dolo inuentarium non fecerit, in ea conditione eft, ut teneatur in id, quod pupilli intereft, quod ex jurejurando in litem, aftimatur.* Et parce qu'il eft conftant que les effets & debtes actiues que ledit Villeneufue a recellé par le moyen dudit project d'inuentaire frauduleux, montent à plus de foixante mil liures, ainfi qu'il eft iuftifié au procez, ledit M. Gafquet & fa femme, doiuent eftre creüs, ioint la commune renommée, iufques à ladite fomme de 60000 l. dont ledit Villeneufue, fera tenu de fe charger dans fon compte de tutelle, auec interefts pupillaires, qui font intereft des interefts, depuis le deceds dudit Cezar, eftant certain que ledit Villeneufue eft refponfable tant du principal, que des interefts, fuiuant la Loy 15. *fi tutor. ff. de adminift. & peric. tutor.* dont voicy les termes, *fi tutor conftitutus quos inuenerit debitores, non conuenerit, ac per hoc minùs idonei efficiantur, vel intra fex primos menfes, pupillares pecunias non collocauerit, ipfe in debitam pecuniam, & in ufuras eius pecunia, quam non fenerauit, conuenitur.*

Et de plus ledit de Villeneuue faux tuteur doit eftre declaré defcheu & debouté de toutes les pretentions qu'il pouuoit auoir, pour quelque caufe que ce foit, contre ladite Damoifelle fa niepce, pupille, pour s'eftre ingeré de fa tutelle, de fon authorité priuée, fans auis de parens, ny Ordonnance du Magiftrat, & ayant teü fefdites pretentions, fuiuant la Nouuelle 72. de l'Empereur Iuftinien. Chap. 4. *fi verò tacuerit initio hoc & factus fuerit curator, fciat, omni actione aduerfus minorem, fi vera fuerit fe cafurum propter hoc, quod ex ftudio aduerfus hanc noftram legem firmetur.*

Le furplus de ladite Requefte eft auffi fondé fur ladite Nouuelle 72. chap. 5. *ut curatores nullo modo ceffiones fufcipiant, aduerfus minores,*

minores; car ledit Ville-neufue faux tuteur, ayant rapporté les susdites cessions de Louys & Marguerite de Villeneufue ses freres & sœurs, contre ladite pupille, au prejudice de l'expresse prohibition de ladite Loy, Il est constant qu'elles sont en pure perte tant à l'égard du cedant, que du cessionnaire, & reuiennent au profit de ladite Damoiselle pupille, suiuant la deposition de ladite Nouuelle 72. §. 1. où l'Empereur veut, *Id lucrum fieri adolescentis, licet hæc cessio pro veris causis, facta sit.* à plus forte raison ledit Villeneufue en doit il estre debouté, puisque la cession qu'il a rapporté dudit Louys son frere, est, pour chose non deuë, & que celle de ladite Marguerite est aussi frauduleuse, comme il a esté cy-deuant obserué; & cela ostera tout pretexte audit Alexandre de plus chicaner & vexer en procez ladite Damoiselle sa niepce; le tout sans approbation desdites cessions & sommes cedées, & sans preiudice aussi audit M. Gasquet audit nom, des autres biens & effets de la succession dudit Cesar de Villeneufue mentionnez audit Inuentaire & procez verbal fait par ledit sieur de Lombard Lieutenant General, le 8. Auril 1647. & autres dont il pourra auoir connoissance.

SECONDE PARTIE.

Concernant les biens & droits maternels.

IL faut diuiser cette seconde partie en trois Chefs. Le 1. en la Requeste dud. Villeneufue du 9. Feurier 1665. Le 2. en son appel incident de la Sentence arbitrale du 22. Iuin 1648. Et le 3. en l'appel dudit Maistre Gasquet de cette mesme Sentence.

Quand au 1. Chef, il faut obseruer que ladite Requeste dudit Villeneufue du 9. Feurier 1665. tend à faire condamner ladite Damoiselle Lucresse de Grasse, veufue dudit Cezar de Villeneufue, de representer & restituer tous les meubles & bestiaux de la succession dudit Cezar son mary.

La deffense dudit Maistre Gasquet, au nom qu'il procede, est prompte; car il soustient, que ledit Alexandre est non receuable en sadite Requeste, parce qu'il n'a aucune qualité, ny droit, pour en demander l'enterinement, puisque cette action ne residoit le 9. Feurier 1665. (qu'elle a esté intentée) qu'en la personne de ladite Damoiselle Marie Marguerite de Villeneufue, fille & heritiere dudit Cesar son pere, dans la succession duquel lesdits meubles ont esté trouuez, & à present en la personne dudit Maistre Gasquet son mary, & par consequent ledit Alexandre n'a pas deub l'intenter (comme il a fait) en son propre & priué nom, d'autant mieux que sa fausse qualité de tuteur de lad. Damoiselle sa niepce, se trouuoit finie depuis le 22. Ianuier 1657. qu'elle est paruenuë à la puberté, & qu'il n'a pas mesme esté son curateur en aucune cause dans sa minorité.

2. Que ladite Damoiselle Lucresse de Grasse veufue auroit encore acquis prescription contre l'heritiere dudit Cezar son mary, depuis le 10. Avril 1647. jusques au 9. Mars 1665. qui est dix-huit années d'interualle ; car il ne faut que trois années de possession paisible des meubles, pour en acquerir la prescription contre le proprietaire, & à plus forte raison contre ledit Alexandre, qui est vn tiers & qui n'a aucun titres ny droit quelconque sur lesdits meubles, & qui par consequent est absolument non receuable à les demander.

Et au fonds il est constant que cette demande n'est qu'vne suitte de la vexation & chicanne que ledit Villeneufue exerce depuis vingt-quatre ans contre ladite Damoiselle Lucresse de Grasse ; car il est justifié au procez que lesdits meubles furent delaissez à ladite Damoiselle Lucresse de Grasse, veufue, en compensation des frais qu'elle auoit fait pour les affaires de la succession dudit Cezar son mary, depuis le 19. Iuillet 1646. jusques au 28. Nouembre aud. an, que led. Alexandre s'est rendu tuteur testamentaire de leurdite fille, car elle auoit fait informer pardeuant le Lieutenant Criminel dudit Siege de Grasse, de l'assassinat commis en la personne dudit Cezar son mary, & mis le procez en estat de juger ; Plus elle auoit formé ladite instance du benefice d'inuentaire, & icelle mise en estat contre les creanciers ; & encore elle auoit fourny des frais de cultures & semences necessaires aux biens dudit heritage : Et de plus il luy estoit deub son an vidual, outre les frais funeraires dudit Cezar son mary, en sorte que cela excedoit quatre fois la valeur desdits meubles, dont elle se contenta croyant que cela reuiendroit au profit de sadite fille pupile, ainsi qu'il fut jugé par la Sentence arbitrale du vingt-deux Iuin 1648. qui n'eust point d'esgard à la demande que ledit Alexandre en auoit faite le 24. Avril 1647.

Et à l'esgard des bestiaux de ladite succession, il ne se trouuera pas que ladite Damoiselle de Grasse les ait iamais eu en sa possession, ny qu'elle en ait esté chargée, mais bien ledit Villeneufue seul, ainsi qu'il est justifié par ledit inuentaire & procez verbal du mois d'Avril 1647.

Quand au second chef concernant l'appel interjetté incidemment par ledit Villeneufve le 27 Iuin 1665 de ladite Sentence arbitrale du 22 Iuin 1648. ledit Maiſtre Gaſquet ſouſtient *qu'l eſt auſſi non-r ceuable*: puis qu'il a acquieſcé expreſſement à ladite Sentence & ſigné ſon acquieſcement, lors qu'elle luy fut publiée, ledit iour vingt-deux Iuin 1648. & qu'il a fait depuis vne infinité d'actes approbatifs d'icelle, iuſques audit 27. Iuin 1665 qui eſt pendant *dix-huit années*, ne luy pouuant ſeruir, la clauſe de reſtitution qu'il a fait incerer dans ſon relief d'appel, puis qu'il n'eſt pas venu dans le temps porté par les Ordonnances de 1510. & 1539. eſtant aagé de 42. ans en 1665. qui ſont ſept années au delà du temps, car il deuoit s'eſtre pourueu dans les 35 années de ſon aage, & dix années apres ſa majorité ou de la datte de ladite Sentence & acte d'acquieſcement à icelle.

Et au fonds, ladite Sentence eſt dans les regles, puis qu'elle ordonne que ladite Damoiſelle Lucreſſe de Graſſe veufve, ſera payée de 1348. liv. de partie de ſa dot, receuës par ledit Cezar ſon mary, & 3000 liu. de ſa donation de ſurvie, & de ſa penſion viduale ſur les biens de l'heritage de ſondit mary, & en deffaut diceux ſubſidiairement ſur les biens fideicommiſſaires & ſubſtituez audit Alexandre, & qu'en execution de ladite Sentence elle a pourſuiuy ſon payement ſur la terre de Carros, qui eſt vn bien libre dudit Cezar ſon mary, l'ayant acquis long temps apres le deceds de Iacques ſon pere : & par conſequent ledit Alexandre, pretendu ſubſtitué aux biens dudit Iacques, n'a pû ſe plaindre deſdites executions, puis que ledit Iacques n'a iamais poſſedé ladite terre de Carros : Et d'ailleurs quand meſme elle auroit eſté ſujette audit pretendu fideicommis, ce que non, ledit Alexandre ne pouuoit empeſcher les executions de ladite Damoiſelle ſur ledit bien, puis que les dots & conuentions matrimoniales ont priuilege ſur les biens fideicommiſſaires, en deffaut de biens libres, ſuiuant les maximes eſtablies par le Droict Romain, en la Nouuelle 39. chap. 1. D'où a eſté tirée l'authentique *Res quæ. C. communia de leg. & fideicommiſſ.* & les Arreſts des Cours Souueraines du Royaume, & particulierement ceux rapportez par M. Boniface en ſon Recueil d'Arreſts notables dudit Parlement de Prouence, liur. 6. titr. 8. chap. 5. par M. Doliue du Meſnil en ſes queſtions notables, liu. 3. chap. 22. par M. Loüet & Brodeau, lettre D. nombre 21. & par Peregrinus, en l'arr. 22. nombr. 42. où il ſe voit encores que ladite autentique *Res quæ.* a lieu, *tam in reſtitutione, quam in Conſtitutione dotis:* Car ils veulent que les veufves ſoient payées, & les filles ſoient dotées ſur les biens fideicommiſſaires, quand meſmes elles emporteroient tout le fideicommis ; *En ſorte* qu'il eſt treuial que les femmes repetent leurs dots & conuentions matrimoniales ſur les biens de leurs deffunts maris, *& en deffaut d'iceux ſubſidiairement ſur les biens fideicommiſſaires qu'ils ont poſſedé*: ce qui eſt d'autant plus fauorable à ladite Damoiſelle Lucreſſe de Graſſe veufve, que ledit Cezar ſon mary eſtoit le premier heritier grevé, & que d'ailleurs ladite pretenduë ſubſtitution n'a iamais eſté enregiſtrée ny publiée, ſuiuant l'art. 57. de l'Ordonnance de Moulins, & que par conſequent elle eſt nulle & de nul effet.

Quant au troiſiéme chef concernant l'appel interjetté par ledit Gaſquet audit nom de ladite Sentence Arbitralle, *en ce que par icelle les Arbitres ont retranché la penſion viduale de 600. ladite Damoiſelle Lucreſſe de Graſſe livres à elle promiſe par ledit Cezar de Villeneufve ſon mary en leurdit contract de mariage du 15 Mars 1644 à 100. liures, eu eſgard aux facultez de ſon heritage*, ledit M. Gaſquet y eſt bien fondé, puis que ladite Sentence eſt nulle dans la forme à cét eſgard, & inſouſtenable au fonds: C A R il eſt conſtant que par le compromis du 19 Iuin 1648. ſur laquelle elle eſt interuenuë, *les Arbitres n'auoient pouuoir que de iuger les queſtions de Droict* T A N T S E U L E M E N T (cette clauſe & reſtriction y eſt expreſſe) & & par conſequent leſdits Arbitres ont excedé leur pouuoir, ayant iugé vne queſtion de Faict, qui ſeroit de ſçauoir, ſi l'heritage de Cezar pouuoit ſupporter vne penſion de 600. liures, ou non, & à quelle ſomme elle devoit eſtre réduite : *Mais de plus*, c'eſt qu'il n'eſtoit pas queſtion dans ledit compromis & par les demandes & deffenſes deſdites parties, ſi ladite penſion de 600. livres deuoit eſtre retranchée, ou non : *Car* Alexandre de Villeneufve n'en a iamais formé aucune demande, & au contraire il ſe trouue que par Sentence contradictoire du Seneſchal de Graſſe du 2. Aouſt 1647. *ladite penſion de 600. liures auoit eſté adiugée à ladite Damoiſelle Lucreſſe de Graſſe veufve contre ledit Alexande de Villeneufve és noms qu'il procede*, lequel n'en eſtoit point appellant, & il ne s'en eſt iamais plaint, & il eſt conſtant que leſdits Arbitres n'ont point évalué ledit heritage de Cezar de Villeneufve ; & en effet il ſe trouue que ledit heritage valoit plus de 4000. liures de rente.

Et ledit Maiſtre Gaſquet eſt d'autant mieux fondé en ſondit appel & Lettres, que ladite Sentence eſtant nulle dans ſa forme & inſouſtenable au fonds, ſon action dure trente ans pour a faire reparer.

TROISIESME PARTIE.

Concernant l'appel comme d'abus, & les Lettres de restitution.

Aprés ce qui vient d'estre observé dans le fait, & aux deux premieres parties de ce procés; il est facile de juger que la veritable & seule cause de l'appel comme d'abus, que ledit Alexandre de Ville-neufve à interjetté le vingt-sixiesme Iuillet 1669, du mariage desdits Cezar de Ville-neufve son frere, & de Damoiselle Lucresse de Grasse, n'est qu'une suite de sa mauuaise foy & preuarication, voyant que toute sadite procedure tutelaire estoit nulle & insoustenable en la forme & au fonds, Et qu'il sera obligé de restituer audit Maistre Gasquet, au nom qu'il procede, tous les biens qu'il a vsurpé injustement à ladite Damoiselle Marie Marguerite de Ville-neufve sa femme, fille & heritiere dudit Cezar : Et en effet il ne s'est porté à cette extremité, qu'apres que ledit Maistre Gasquet luy eust fait signifier le vingt-troisiéme dudit mois de Iuillet 1669. la grosse qu'il a recouuré du susdit projet d'inuentaire frauduleux du mois de May 1647. qui justifie la depredation generale que ledit Alexandre a fait de plus de soixante mille liures d'effects de la succession dudit Cezar de Ville-neufve.

Et pour faire voir sommairement, que tant ledit Alexandre de Ville-neufve, que Loüis son frere, pour lequel il a fait bailler Requeste d'interuention le dix-huitiesme Decembre audit an 1669. sont non receuables, & subordinément mal fondez en leur dit fol appel comme d'abus & Lettres, il ne faut qu'obseruer.

1°. Que la fin de non receuoir que ledit Maistre Gasquet leur oppose ne peut estre mieux establie : Puis qu'elle a pour fondement, tant le droit Canon, & Ciuil, que les Arrests de toutes les Cours Souueraines. Le Pape Celestin III. *In Capite referente. ext. qui filii sint legitimi* ; Dit que si les mariez auoient celebré le mariage à l'Eglise, & vescu en repos, On ne peut pas aprés leur mort, sous pretexte de nullité de

A

mariage, faire declarer les enfans illegitimes, & les priuer de leur succession. *Post illorum decessum quidam adserente eam de non legitimo matrimonio fuisse susceptam à paterna hæreditate, tanquam illegitimam amouere conantur, mandamus itaque, quatenus si est ita, dictam legitimam nuncietis.* Ce qui est suiuy par les autres dispositions canoniques au Chapitre, *ex tenore* & au Chapitre *peruenit. ext. qui filii sint legitimi.*

Dans le droit Ciuil nous auons deux titres exprés, vn dans le digeste, & l'autre dans le Code, *ne de statu deffunctorum post quinquennium quæratur.* Voicy le terme de la Loy 1. *de statu deffunctorum quærere non licet, neque priuatim, neque fisci nomine.* Or est-il, que Cezar de Ville-neufve est decedé depuis le dix-neufiesme Iuillet 1646. donc, on ne peut plus rechercher vingt-quatre ans apres sa mort, l'estat de son mariage, qui regarde sa famille, car on ne peut pas contester l'estat de ladite Damoiselle Marie Marguerite de Ville-neufve sa fille, qu'en mesme temps on ne conteste celuy dudit deffunt Cezar son pere, en voulant faire declarer son mariage nul; & c'est en vain que lesdits Ville-nefuve appellants ont voulu limiter ladite prohibition des Loix au seul estat de la liberté, car il est certain qu'il y a trois sortes d'estat. *Status spectatur in tribus, in ciuitate, libertate & familia. l. fin. ff. de cap. minut.* En sorte que les loix ayant parlé de l'estat en general, leurs dispositions doiuent estre entendües de toute sorte d'estat: Et comme il y a vne relation inseparable entre le pere & la fille, on ne peut contester l'estat legitime de Marie Marguerite de Villeneufve, qu'on ne nie en mesme temps que Cézar son pere fust dans un estat legitime de mariage, qui est le lien des familles qui donne lieu aux successions: Que si la prohibition des loix est expresse a l'égard du pere, qui est decedé depuis vintquatre-ans, elle doit avoir lieu a l'égard de la fille vivante qui le represente; puis qu'ils ne faut que cinq-ans pour en préscrire l'action.

La 2.ᵉ fin de non recevoir (qui a plusieurs chefs particulierement déduits en la production dudit Maistre Gasquet du 13. May 1670.) est prise d'une infinité d'actes approbatifs tant dudit mariage contracté le 15. Mars 1644. & celebré en face d'Eglise le 22. desdits mois & an entre lesdits Cézar de Villeneufve & Damoiselle Lucresse de Grasse, que de l'estat legitime de ladite Damoiselle Marie Marguerite de Villeneufve leur fille, faits tant par lefdits Alexandre & Loüis appellans, que par Dame Suzane de Villeneufve leur mere, Federic, Conftance, Izabeau, & Marguerite de Villeneufve leurs frere & fœurs, & generalement par toutes leurs familles, parens & amis: Et en effet ladit Suzane de Villeneufve auroit par son teftament du 1. Aouft 1646. (qui eft 12. iours apres le decéds dudit Cézar) inftitué ladit Damoifelle Marie Marguerite de Villeneufve fa petite fille, & fille dudit feu Cézar son fils, fon heritiere particuliere, pour la fomme de 1000. livres qu'elle luy légua pour fon droit de legitime & fupplément d'icelle, ayant auffi ladit Suzanne par ledit teftament, inftitué ledit Alexandre, fon heritier principal, lequel a accepté & executé ledit teftament, d'où s'enfuit qu'il n'eft pas receuable à l'accufer d'erreur fuiuant la maxime de droit, *qui femel judicium deffuncti approbauit, non licet illud improbare*; Auffi ladite Suzane n'auroit elle pas fait ledit légs à titre d'inftitution, fi elle n'euft fçeu que fadite petite fille eftoit iffue d'un mariage bon, valable & canonique; Car autrement elle auroit demandé fes droits fucceffifs, fuivant l'Edict des Meres du mois de May 1566.

Comme auffi lefdits Alexandre & Louis, auec lefdites Conftance, Ifabeau & Marguerite fes freres & fœurs fe feroient alors portez conjointement heritiers dudit Cezar leur frere, s'il fuft decedé fans enfans legitimes; Et fi fondit mariage euft efté nul, ils n'auroient pas manqué de contefter l'eftat de ladite Damoifelle Marie Marguerite de Villeneufve fa fille & heritiere, qui les a tous exclus de fa fucceffion. Et led. Alexandre n'auroit pas eu tant de peine à inventer de faux moyens (comme il a fait) pour luy ufurper fon bien; s'il euft crû avoir quelque droict à l'heritage dudit Cezar fon frere; ce qui leur auroit efté alors fort facile, parce qu'ils n'auroient eu pour partie qu'une fille pupille, aagée d'un an & demy, & fans deffence; Mais bien loin de contefter fon eftat legitime, ils l'ont tous reconnuë pour fille unique, legitime & heritiere teftamentaire dudit Cezar fon pere : Et qui plus eft, ledit Alexandre appellant s'eft rendu fon tuteur en confequence du teftament dudit Cezar, du 10. Aouft 1644. bien qu'il en fut exclus par fon codicille du premier Decembre enfuivant, & mefme, contre l'expreffe prohibition des Loix, il a voulu s'ingerer en fa tutelle, & il en a fait les fonctions depuis le 28. Novembre 1646. iufques au 12. Novembre 1666. qui eft pendant vingt années : Bien que le temps de sa tutelle fust finie le 22. Ianvier 1657. & qu'il eust rendu un pretendu compte tutelaire le 6. Fevrier 1660. Estant à observer qu'il a luy mesme fait recevoir ladite pupille heritiere par benefice d'inventaire dudit Cezar son pere, par Sentence du 5. Avril 1647. de laquelle il n'est point appellant. Et il a fait une infinité d'autres actes en cette qualité de tuteur produits au procés, & qui le rendent absolument non recevable en sondit appel comme d'abus. Aussi est-il inoüy & sans exemple qu'un tuteur, ny un curateur, ait iamais entrepris de contester l'estat legitime de son pupille, ou mineur : Aussi c'est inutilement que ledit Alexandre a surpris ses Lettres de restitution du 3. Aoust 1669. envers lesdits actes approbatifs, puis qu'il n'est plus dans le temps prescrit par les Ordonnances Royaux de 1510. & 1539. qui veulent qu'on les obtiene dans les dix ans & iour de leur datte entre majeurs, & dans les dix ans apres la majorité entre mineurs, qui est dans la 35. année de l'aage, & il se trouve que le 3. Aoust 1669. que ledit Alexandre a obtenu lesdites Lettres, il estoit aagé de quarante-sept ans, estant nay le 23. Decembre 1623. & consequemment il est plus de douze ans, au delà du temps de restitution ; Et partant il y est à present non recevable, sur lesquelles fins de non recevoir il faut prealablement faire droict suivant le susdit Arrest de Reglement intervenu sur icelles le 7. Novembre 1669. Et ne luy peut servir l'intervention qu'il a mandié dudit Louis de Villeneufve son frere le 18. Decembre audit an 1669. puis qu'il est aussi non recevable en sa Requeste & appel comme d'abus, par les mesmes raisons, que l'est led. Alexandre; Ayant, comme luy, tousiours reconnu tant la validité dudit mariage, que l'estat legitime de ladite Damoiselle Marie Marguerite de Villeneufve sa niéce, qui en est issuë ; Car il avoit assisté aux Nopces desdits mariez, & frequenté journellement avec eux, ayant mesme apres le deceds dudit Cezar son frere, formé demande contre ladite Damoiselle Marie Marguerite de Villeneufve, comme fille & heritiere dudit Cezar son pere, pour avoir payement du susdit supplément de legitime, qu'il s'est fait ensuite adjuger par ladite Sentence du 17. Mars 1651. & qu'il a fait liquider par ledit Vitalis le 20. Octobre 1659. apres en avoir fait transport audit Alexandre son frere le 2. Aoust 1655. Et quant au pretexte d'interest qu'il a pris, pour intervenir en cette Instance, à cause (dit-il) qu'il est appellé à la susd. substitution des biens de Iacques leur pere , si ledit Alexandre meurt sans enfans masles, c'est une illusion: Car ledit Alexandre a presentement un fils aagé d'environ vingt ans, qui exclud entierement ledit Louis de ladite pretenduë substitution: Aussi n'a-t'il pas ozé obtenir des Lettres de restitution contre lesdits actes approbatifs, sçachant bien qu'il y seroit aussi non recevable & mal fondé.

Mais de plus, lesdits Alexandre & Louys, & toute leur famille generalement, ont tousiours recognu ladite Damoiselle Lucresse de Grasse en la qualité de veuve dudit Cezar leur frere, & passé divers actes avec elle produits au procés, où ledit Maistre Gasquet a aussi fait voir que l'alliance que ledit Cezar de Villeneufve a faite par son mariage auec ladite Damoiselle Lucresse de Grasse, luy a esté & à tous ses parens fort honorable & tres-aduantageuse, ne pouuant pas disconuenir que la famille de Grasse (dont Annibal du Grasse Comte du Bar, pere de ladite Damoiselle, estoit l'aisné) ne soit vne des plus Illustres & anciennes du Royaume, dont s'il estoit besoin de rapporter les tiltres, on verroit que ce sont eux, qui ont fondé entierement l'Abbaye de S. Honoré de Lerins, qui est la plus ancienne du Royaume, & est encores presentement de 30000 liu. de reuenu: On verroit qu'ils ont suiuy le Roy S. Louys en la Conqueste de la Terre Sainte: Et on verroit encore que le 30. Iuillet 1292. Charles II. Roy de Hierusalem & de Sicile Comte de Prouence, a, par ses Lettres patentes, confirmé en faueur de ceux de la Maison de Grasse, ses parens, *la souueraineté de leurs Terres*, que ses predecesseurs leur auoient accordée, sous la seule reserue de l'*hommage lige*: lesquels priuileges leur ont esté confirmez par les Comtes de Prouence ses successeurs, & par les Roys de France iusques à Henry IV. Enfin on feroit voir, que l'Ayeulle paternelle de lad. Lucresse de Grasse, estoit Dame Marthe de Foix, de l'ancienne Maison des Comtes de Foix, proche parente dud. Roy Henry IV. Estant certain d'ailleurs que quelque Illustre & ancienne que soit la famille des Villeneufve, les appellans ne peuvent disconvenir que ledit Iacques leur pere & dudit Cezar, ne fust un Cadet de la maison de Tourrettes, descendant d'un Cadet de celle de Vance; Et partant que ce n'a pas esté un sujet d'elevation à la fortune de ladite Lucresse de Grasse, que d'avoir espouzé led. Cezar, lequel estoit d'ailleurs un homme veuf, & beaucoup plus aagé qu'elle, qui ne pouvoit pas moins pretendre, que les Dames Marie, Anne, & Marthe de Grasse ses sœurs, lesquelles ont esté mariées aux aisnez des plus Illustres & Anciennes Familles de Provence, SÇAVOIR *Marie*, à Meffire Iean de Sabran Baron d'Anfoüis & de Beaudifnar, plus ancien Syndic de la Nobleffe de Provence le 25. Octobre 1620. *Anne*, à Meffire Iean Henry de Grimaldy d'Antibe, Marquis de Corbons, & Baron de Caigne, aifné de la famille, dont defcend Monfieur le Prince de Morgues, le 30. Ianvier 1625. Et *Marthe*, à Meffire André de Grimaldy Comte Souverain de Büeil, le 4. Iuillet 1630.

Enfin ledit Maiftre Gafquet a iuftifié au procés que depuis fon mariage auec ladite Damoifelle Marie Marguerite de Villeneufue du 26. May 1668. tant luy que ladite Damoifelle ont efté recognus par lefdits Alexandre & Louys, & tous leurs parens, fuiuant leurs lettres miffiues, & autres pieces produites.

Et fi par les Loix & les Couftumes, il eft jufte que la proprieté de nos biens nous foit affeurée par vn certain temps, nos meubles par trois ans, & nos immeubles par dix ans entre prefens, & par vingt ans entre abfens, *nè rerum dominia in incerto effent*: A plus forte raifon l'eftat de ladite Marie Marguerite de Ville-neufve, doit-il eftre affeuré apres vingt-quatre ans de paifible poffeffion, le confentement general de tout le monde, & le particulier des Appellans, & veu & fceu de tous les autres intereffez, ayant pour titre la bonnefoy de fes pere & mere, un Contract de mariage paffé pardevant un Notaire Royal, infinué dans le Greffe d'un Senefchal, & une celebration folemnelle dans la Parroiffe des parties, en prefence des parens, confirmée expreffement par les bulles de difpence, & par une Sentence de fulmination, executée fans oppofition, & apres qu'elle a efté tenuë fur les Fonds de Baptefme, par des parens tant paternels que maternels, & enfuite élevée dans la famille de Ville-neufve, & mariée avec ledit Maiftre Gafquet, comme fille unique, legitime & heritiere dudit Cezar fon pere, & eü des enfans.

Ledit Maiftre Gafquet auroit peu rapporter une infinité d'Arrefts de toutes les Cours Souveraines du Royaume, qui qui ont declaré les Appellans comme d'abus non recevables, auffi-toft que les legitimes ont peu juftifier qu'ils ont efté reconnus legitimes dans leur famille, par le moindre acte approbatif de leur eftat, qui eft tousjours favorable, autant que telles appellations font odieufes, & les Iuges ne fe font pas arreftez aux nullitez pretenduës des mariages dont eftoit appel.

Il s'eſt contenté de rapporter, celuy qui a eſté rendu le deuxieſme Decembre 1669. au Parlement de Provence en la cauſe de Claude Terrin, en faveur du nommé Antoine Rey, & il a meſme produit, ſous la cotte I. I. I. les pieces juſtificatives du fait, dont l'hyppotheſe eſt infiniment moins favorable, que celle dont eſt à preſent queſtion, il a auſſi produit l'Arreſt de Parlement de Paris, en faveur de la veuve & des enfans du Sieur de Beaumont du huitieſme Février 1663. ſous cotte L. L. L. & il a remarqué les Arreſts de ce meſme Parlement, rapportez au Iournal de ſes Audiances dés vingt-huitiéme Mars & douziéme May 1665. dix-huitiéme Mars & ſixiéme Iuillet 1666. Ledit Maiſtre Gaſquet pourroit encore alleguer en ſa faveur l'Arreſt celebre, qui vient d'eſtre rendu audit Parlement de Paris, en la cauſe de Iean Maillard & des Sieurs de Beaurains & de Rantilly, parties intervenantes, le quatriéme Aouſt 1670. par lequel le Sieur de la Boëſſiere qui avoit eſté reconnu legitime & eſlevé comme tel dans la famille deſdits Beaurains, *per ſubſequens matrimonium*, contracté dans la bonne foy, a eſté maintenu en la poſſeſſion de ſon eſtat legitime, & des biens de la ſucceſſion du Sieur de la Boëſſiere ſon pere, Et leſdits de Beaurains & Rantilly deboutez de leur intervention avec deſpens, nonobſtant les nullitez de ſon mariage avec Marie de la Tour, mariée en premieres nopces, avec ledit Iean Maillard qui eſt encore vivant & partie au procés.

Enfin tous les livres ſont remplis de pareils prejugez en faveur des enfans, dont l'eſtat a eſté conteſté par des parens, apres les avoir reconnu legitimes, l'Arreſt de Parlement de Tholoſe du treiziéſme Mars 1605. rapporté par Peleus queſtion 99. eſt remarquable, car il a jugé que quand les mariez ont demeuré long-temps enſemble, & qu'il y a eu des enfans, le mariage ne pouvoit eſtre diſſous, par la pretenduë conſanguinité des conjoints. En ſorte que le Conſeil voit qu'il n'y a jamais eu de fin de non recevoir, mieux eſtablies, qu'en la queſtion preſente, & qu'il eſt inoüy, & ſans exemple, qu'un tuteur, ou un curateur, ait jamais entrepris de conteſter l'eſtat legitime de ſon pupille ou mineur, auſſi eſt-il eſt conſtant que cét appel comme d'abus, n'eſt qu'un effet, de la mauvaiſe foy dudit Alexandre de Ville-neufve, croyant s'exempter de reſtituer tous les biens qu'il a uſurpé à ſadite niéce Pupille.

La 3ᵉ fin de non recevoir eſt fondée ſur la bonne foy de ladite Damoiſelle Lucreſſe de Graſſe, laquelle fut mariée par ſes freres, apres le decéds de ses pere & mere, & laquelle n'a peû apporter plus de precaution qu'elle a fait, pour la validité de son dit mariage, puis qu'encor qu'elle l'eust celebré en face d'Eglise, en la maniere accoustumée, & qu'il n'y eust aucune affinité entre elle & ledit Cezar de Villeneufve, Veu que le premier mariage contracté le 3. May 1632. entre le dit Cezar & Françoise de Grasse, cousine germaine de ladite Lucresse, n'auoit point esté consommé, *per copulam* : a cause de la maladie dont elle estoit atteinte, & dont elle mourut le 11. Septembre ensuiuant, elle ne laissa pas, quoy que sans necessité, d'obliger ledit Cezar d'obtenir, en tant que de besoin, une bulle de dispense du Vice-legat d'Auignon le 20. Iuin 1644. *Super impedimentum publicæ honestatis justitiæ* : Laquelle fut fulminée par Sentence du 21. Nouembre ensuiuant, confirmatiue de la celebration dudit mariage du 22. Mars precedant; N'ayant rien obmis de ce qui pouuoit assurer le repos de sa conscience & la conseruation de son honneur, ayans tousjours vescu comme mary & femme & esté reconnus comme tels, respectiuement, dans leurs familles & parmi celles de leur alliez, qui sont des plus nombreuses, plus anciennes & plus illustres de la Prouence.

Et c'est une maxime certaine que la bonne foy d'un seul des conjoints sauve l'estat des enfans, tout le droit est remply de textes qui confirment cette verité, *si per errorem contractæ essent nuptiæ, erroris causa probata, justi fiebant liberi, & civitate donabantur, & in parentum potestatem veniebant*, c'est cette bonne foy qui a fait la disposition de la Loy 22. *si cum dotem.* §. 13. *si mulier. ff. soluto matrimonio.* Dans l'espece de laquelle une femme qui s'estoit trompée dans la condition de son mary, & qui avoit espousé un esclave, dans la pensée qu'il estoit libre, ne perdoit les advantages qui luy estoient acquis par son Contract de mariage. C'est cette bonne foy qui a fait confirmer le mariage incestueux d'un oncle avec une niepce, en la Loy, *qui in Provincia. ff. de ritu nuptiarum. movemur* (disent les Empereurs) *& temporis diuturnitate, quo ignara juris, matrimonio avunculi tui fuisti, & quod ab avia tua collocata es, & numero liberorum vestrorum, idcirco, cum hæc omnia tui unum concurrunt, confirmamus statum liberorum vestrorum in eo matrimonio quæsitorum, perindè atque si legitimè concepti fuissent.* La Loy 4. c. *de incestis nuptiis*, met en bonne foy les contractans mariages prohibez, & declare les conventions bonnes & valables.

lables. *Quando aut errore acerrimo, non affectato, insimulato-vè, neque ex vili causa, decepti sunt.* Et conformément à ces Loix sont intervenus les Canons, au Chapitre *ex tenore*, au Chapitre *pervenit* & autres, *ext. qui filii sint legitimi*. La glose du Chapitre premier, *de eo qui duxit in matrimonium, quam polluit per adulterium.* observe que celle qui ignoroit son mary estre marié à un autre, Bien que tel mariage fust nul, les enfans qu'elle avoit eu de luy, ne laissoient pas d'estre legitimes, *Propter matris bonam fidem.* C'est le sentiment de Bartole *in l. fin. de conditione sine causa.* où il dit, *hujus modi errorem ad hunc effectum excusare, ut filij habeantur legitimi, ex parte ignorantis; juxta legem qui in Provincia 57. §. vivus ff. de ritu nuptiarum.* La Loy finale de susdit titre, sert aussi au mesme sujet, ce qui a donné occasion à Mornac sur ladite Loy. *Qui in Provincia.* D'observer comme le Parlement de Paris par deux Arrests qu'il cotte, avoit iugé, que *tu etiam in incæstu, bona fides alterius conjugum, servaverat statum liberorum.* L'un de ces Arrests estoit celuy donné au sujet du different pour la legitimité des enfans de Iean de Ferrieres, qui s'estoit marié *ayant teu à sa femme, sa qualité de Prestre.* Le Concile de Trente section 24. Chapitre cinquiéme, *de reformat. matrim.* resout en termes exprés. *Eam qui intra gradus prohibitos ignoranter contrahere præsumpserit, solemnitatibus adhibitis, si postea impedimentum subesse cognoscatur, facilius cum eo, & gratiùs dispensari poterit.* En sorte qu'il est vray de dire, que la bonne foy de celuy qui a ignoré l'empeschement, suffit pour faire declarer les enfans legitimes. Et à plus forte raison, quand on s'est mis en deuoir de s'en faire dispenser, & qu'on a effectiuement obtenu la Bulle, & icelle fait fulminer (comme au cas dont est question) car il est certain que lors que les pere & mere, de leur viuant se sont mis en devoir d'obtenir la dispense, quand bien, elle se trouueroit expediée apres leur mort, cela rend le mariage valable, & asseure l'estat des enfans, & la dispence (en ce cas) a vn effect retroactif. *Remoto per rescriptum impedimento.* C'est aussi le sentiment de Antonius Barbosa *in cap. per venerab. qui filij sint legitimi.* Ce qui est si vray, qu'Ancheranus en son Conseil 408. dit aussi que telles dispences obtenuës par des tierces personnes, mesme apres la mort d'vn des conjoints, ont vn effect retroactif, *Quia Papa etiam post mortem potest tollere canonicum impedimentum, ut ex tunc, pro ut ex nunc, & quasi ab initio, matrimonium validum fuisse, censea-*

tur. & peregrinus de fideicommißis. Article 24. nombre 83. le confirme en ces termes, *dispensationem impetratam soluto matrimonio unius, vel amborum morte, valere & retrotrahi in præjudicium etiam Agnatorum.* Ce qui sert pour faire voir que la dispence qui a esté obtenuë le vingtiesme Iuin 1644. par lesdits Cesar de Ville-neufve, & Lucresse de Grasse du mariage qui avoit esté par eux celebré par paroles de present le vingt-deuxiesme Mars precedant, à peu avoir un effet retroactif pour le valider, s'il y eust eu quelque deffaut (ce que non) sans qu'il ait esté de besoin de le celebrer de nouveau, conformement à la Sentence de fulmination de ladite Bulle du vingt-uniesme Novembre en suivant, confirmative dudit mariage, comme fait par paroles de present avec permission d'y vivre; dans la bonne foy duquel mariage lesdits mariez ont tousjours esté, & particulierement ladite Damoiselle Lucresse & Grasse, à laquelle ledit Cezar son mary avoit affirmé qu'il n'avoit point consommé son premier mariage avec deffuncte Françoise de Grasse sa cousine, & il l'a ainsi exposé dans la confession qu'il a fait à l'Eglise dans la suplique de ladite Bulle, pour la descharge de sa conscience. Et par consequent il ny avoit aucune affinité entre eux, par ce que suivant les Canonistes, *Affinitas, est propinquitas personarum, ex carnali copula proveniens, omni carens parentelta. Et affinitas non intelligitur nisi intervenerit carnalis commixo, qua cessante, cessat etiam affinitas l. Cap. fratern. quæst.* 35. en sorte qu'il ne pouvoit rester qu'un simple empeschement, *publicæ honestatis justitiæ,* qui ne passe pas le premier degré, suivant le Concile de Trente, session 24. Chapitre troisiesme, *de refformat. matrim.* Dont voicy les termes, *Iustitiæ publicæ honestatis impedimentum, ubi sponsalia, quacumque ratione valida non erunt, sancta synodus prorsus tollit; ubi autem valida fuerint, primum gradum non excedant, quoniam in ulterioribus gradibus jam non potest hujusmodi prohibitio absque dispendio observari.*

Ledit Maistre Gasquet a remarqué dans sadite production du treiziesme May 1670. divers Arrests du Parlement de Paris, rapportez audit Iournal de ses Audiances, qui ont maintenu les enfans dans leur estat legitime, par la seule bonne foy de leur mere, non seulement quand aux effets civils; mais aussi *quoad fœcus* des troisiesme Avril 1653. treiziesme Iuin 1656. onziesme Iuillet 1658. & vingt-uniesme May 1659. en des hypotheses beaucoup moins favorables que celle dont il s'agit, sur tout en faveur de ladite Damoiselle Lucresse & Grasse, laquelle a tousjours vescu jusques à present dans cette bonne foy, & a esté reconnuë non seulement desdits Alexandre & Loüis de Ville-neufve appellants, mais de toute la famille, en la qualité de veufve dudit Cezar son mary ; Et en effet c'est elle seule qui a porté sa plainte au Lieutenant Criminel de Grasse de l'assassinat commis en la personne dudit Cezar son mary le dix-neufiesme Iuillet 1646. & à mis l'Instance criminelle en estat de juger contre Loüis Barcilon & autres accusez & complices ; c'est elle qui a aussi formé l'Instance Civile le 31. dudit mois & an, pour faire recevoir ladite Damoiselle Marie Marguerite de Ville-neufve leur fille unique, heritiere par benefice d'inventaire dudit Cezar son pere; Et qui enfin c'est a fait proceder à l'ouverture du Testament solemnel dudit Cezar de Ville-neufve le vingt-huitiesme Novembre 1646. apres avoir fait appeller tant ladite Suzanne de Ville-neufve mere dudit Cezar, Annibal de Ville-neufve son oncle paternel, que les autres parens ; Et n'est-il pas vray ? que si ladite Lucresse de Grasse n'eust pas esté la femme legitime dudit feu Cezar, que ladite Suzanne sa mere, & lesdits Alexandre, Loüis, Constance, Isabeau & Marguerite de Ville-neufve ses freres & sœurs (qui eussent eu droit dans son heritage) auroient formé eux-mesmes la plainte de sondit assassinat, & poursuivy ladite Instance criminelle, & qu'ils se seroient portez ses heritiers, & fait faire l'ouverture de sond. Testament, & eussent en mesme temps empesché ladite Damoiselle Lucresse de Grasse de s'y immiscer en ladite qualité de veufve dudit Cezar, & de mere administratrice de la personne & biens de ladite Marie Marguerite de Ville-neufve leur fille ; & enfin que ledit Alexandre ne se feroit pas, rendu volontairement son tuteur, ny administré ses biens sous cette fausse qualité pendant vingt années, ny passé des compromis, & fait rendre des Sentences arbitrales pour le payement de la dot, & conventions matrimoniales de ladite Lucresse de Grasse veufve, ny transigé avec elle, (comme il a fait,) car ledit Alexandre n'a peu ignorer la validité dudit Mariage, ny l'estat legitime de sadite Pupille, puis qu'il s'estoit saisi, tant du livre de raison dudit Cezar, qui fait expresse mention de ses trois mariages, que de tous les autres papiers, titres & enseignemens de sa succession.

Ledit Maiftre Gafquet ne dit point que ledit mariage eft bon & Canonique, parce que lefdits Villeneufue appellans & leurs parens l'ont approuué: mais il fouftient qu'ils l'ont tous approuué, parce qu'il eft bon & Canonique, & que l'ayant approuué, comme tel, ils ne font pas receuables à en appeller comme d'abus, & dire qu'il n'eft plus bon ny Canonique.

L'excufe que ledit Alexandre a alleguée, de ce qu'il n'a pas pluftoft interjetté ledit appel comme d'abus, à caufe (dit-il) que lefdites Bulle & Sentence de fulmination n'ont efté enregiftrées au Greffe Spirituel de l'Euefché de Vance que le 14. Septembre 1665. eft vne illufion: Car ledit Maiftre Gafquet a produit deux Sentences du Siege de Graffe du 12. Nouembre 1666. qui eft 14. mois apres ledit enregiftrement, par lefquelles il fe void que ledit Alexandre a fait encores perfonelement les fonctions de tuteur de ladite Damoifelle Marie Marguerite de Villeneufue fa niece comme feule heritiere dudit Cezar fon pere, quoy que fa tutelle fuft finie depuis le 22. Ianuier 1657. outre vne infinité d'autres actes approbatifs de fon eftat legitime, que lefdits Alexandre & Louys fon frere ont fait auant & apres l'enregiftrement defdites Bulle & Sentence, & iufques au 26. Iuillet 1669. & ce pretendu deffaut d'enregiftrement les auroit bien pluftoft portez à interjetter leurdit appel comme d'abus s'ils euffent crû que ledit mariage eftoit nul à faute d'en auoir obtenu la difpenfe, puis qu'elle ne paroiffoit point encore auant le 14. Septembre 1665.

Enfin ledit Alexandre s'excufe encores fur ce qu'il n'entend pas les affaires, & qu'il a paffé toute fa vie dans les Armées: en quoy il eft ridicule, puifqu'il n'a iamais fait plus de deux campagnes, & qu'en l'année 1646. n'eftant aagé que de 23. ans, il a quitté ce noble exercice, pour s'appliquer entierement à la chicane, afin de trouuer des pretextes pour vfurper (comme il a fait) injuftement tout le bien de ladite Damoifelle Marie Marguerite de Villeneufue fa niéce pupille, s'eftant dés lors intrus dans fa tutelle de fon autorité priuée, comme il a efté iuftifié au procés, & depuis il n'a point fait autre meftier que de plaider, foit contre fadite niece pupille, Et contre Nicolas de Beaulieu pere de ladite Damoifelle Ieanne de Beaulieu, qui l'accufa de crime de rapt en 1652. & le fit condamner à mort, où d'efpoufer ladite Damoifelle, ce qu'il fit, comme il eft iuftifié fous la cotte C. C. C. Enfin ce n'eft pas le premier appel comme d'abus de mariage qu'il a interjetté, il y eft couftumier, car il est iustifié sous la cotte D. D. D. que ledit Villeneufue ayant voulu vsurper la terre de Monts, sur Honoré de Villeneufue, pour s'y maintenir, il n'a pas épargné les assassinats, & qu'il fut debouté de sa pretention par Arrest contradictoire du Parlement d'Aix du 4. Auril 1653. contre lequel il se pourueut le 29. Nouembre 1656. par Requeste Ciuile, *auec clause d'appel comme d'abus du mariage de Louys de Villeneufue & Delphine Porre pere & mere dudit Honoré, afin de le faire declarer bastard & incapable de succeder aux biens dudit Louys son pere:* Mais il en fust aussi debouté par Arrest à l'Audiance du 23 Decembre 1660. Et il a encores presentement au Parlement de Paris, vn grand procés contre le Sieur Amant de Villeneufue sieur de Vauclause, pour raison des Terres d'Andon & de Tourenc, qu'il luy demande: Enfin tout son employ depuis l'année 1646. n'a esté qu'à la chicane, pour vsurper le bien d'autruy: & il faut qu'il s'aduouë infiniment plus grand chicaneur, que soldat, estant ridicule de dire qu'il n'entend plus les affaires, quand il faut qu'il rende le bien qu'il a vsurpé auec tant de finesse & de mauuaise foy.

Sans prejudice desquelles fins de non recevoir, & sur lesquelles ledit Maistre Gasquet à requis estre prealablement fait droit, conformement aux nouuelles Ordonnances du Roy, & à l'Arrest du Conseil du septiesme Novembre 1669. il a fait voir & justifié au procés, que tous les moyens d'appel comme d'abus desdits Alexandre & Loüis de Ville-neufve ne sont que des calomnies & suppositions, & que leurs Requestes dés vingt-sixiesme Iuillet, & dix-huitiesme Decembre 1669. ne sont qu'un libelle diffamatoire inuenté par les appellans, & ledit Gasquet à justifié qu'ils sont convaincus d'imposture, & qu'il est honteux, particulierement audit Alexandre d'avoir accusé la memoire de feu Cezar son frere, de ce, dont luy seul est coupable; car son histoire auec lad. Damoiselle Ieanne de Beaulieu d'Absac qu'il a espousée apres y avoir esté condamné, est fameuse en Provence, mais pleine de turpitude pour luy, car par sa mauuaise conduite il a mis le desordre & la confusion dans sa propre famille, depuis vingt ans qu'il a abandonné sadite femme & son fils.

Moyens d'appel comme d'abus.

Les moyens d'appel comme d'abus que lesdits Ville-neufve ont allegué dans leursdites Requestes, sont fondez sur ce

Moyens d'appel comme d'abus.

que ledit Cezar de Ville-neufve leur frere, ayant contracté un premier mariage le troisiefme May 1632. avec ladite deffuncte Françoise de Graffe de Moüans; il n'a peu passer à un second mariage avec ladite Lucresse de Graffe, à cause qu'elle estoit cousine germaine de ladite Françoise, & que la dispence qu'ils ont obtenu du Vice-legat d'Avignon le vingtiesme Iuin 1644. est abusive, attendu (disent ils) que ledit Vice-legat n'a pas pouvoir, par ses facultez, de dispencer au deuxième degré d'affinité, & que celuy qui a fulminé ladite Bulle le vingt-uniéme Novembre ensuivant, n'estoit le Vicaire Forain de l'Evesché de Vance, que pour les Parroisses qui sont dans le Comté de Nice (& lequel n'a point de Iurisdiction en France,) & qu'il n'a point informé du contenu en ladite Bulle, sur ce que Cezar y a exposé qu'il n'avoit point consommé sondit mariage avec ladite Françoise, & enfin qu'il ne paroissoit point qu'en consequence desdites Bulle & Sentence, il y ait eu d'acte de celebration dudit mariage, escrit sur le Registre de la Parroisse, & ensuite lesdits appellans se voyans convaincus de supposition, ont adjousté par leurs escritures, & contre-dits pour nouveaux moyens, que Federic Michaëlis Prestre qui avoit procedé à la celebration dudit mariage le vingt-deuxiesme Mars 1644. n'estoit point le propre Curé des parties, & qu'on ne rapportoit pas les Publications des Bans.

Responfe ausdits moyens d'appel comme d'abus.

A Tous ces pretendus moyens d'abus, ledit Maistre Gasquet a respondu amplement tant en sa production du 13. May 1670. qu'en ses contredits du 28. Iuillet audit an, & autres escritures du procés, où il a produit les pieces iustificatives: Et pour le faire voir icy sommairement, il faut observer:

Responce au premier moyē d'appel comme d'abus.

Primò. Que pour iustifier que le premier mariage d'entre lesdits Cezar de Villeneufve & Françoise de Graffe n'a iamais esté consommé entre-eux, *per copulam*, il a rapporté trois actes de declaration authentique faits, moyennant serment, par les Damoiselles Claire & Isabeau de Graffe, *sœurs germaines* de ladite deffuncte Françoise, & de Magdelaine Giraud sa fille de Chambre, contenant que lors du contract dudit mariage du 3. May 1632. ladite Françoise estoit atteinte de la maladie dont elle mourut le 11. Septembre ensuivant, & qu'elle n'est iamais sortie de la Maison de Moüans, pour aller en celle dudit Cezar, (dequoy lesdits appellans sont demeurés d'accord) outre qu'il y pouvoit avoir d'autres empeschemens secrets entre-eux: Et en effect, lad. Françoise par son testament du 15. Aoust aud. an 1632. prend seulement la qualité de fille d'Henry de Grasse; *Et ne se dit point femme de Cezar de Villeneufve, & n'y fait aucune mention de luy,* comme il est iustifié soubs cotte N. Que si bien ledit Cezar de Villeneufve a esté payé par Messire Annibal de Grasse Baron de Moüans, frere & heritier de ladite Françoise des 1500. l. de la donation qu'elle luy avoit faite par leurdit contract de mariage ; cela ne iustifie pas que ledit mariage ait esté consommé, car ce droit a esté acquis audit Cezar en vertu dudit contract de mariage civil, qui a eu sa perfection, au moment que la celebration en a esté faite à l'Eglise, parce que, *consensus non concubitus matrimonium facit*, Et il n'y avoit que Cezar de Villeneufve seul (apres le deceds de ladite Françoise de Grasse) qui peust témoigner s'ils avoient consommé ledit mariage, ou non : Et il se trouve qu'il a déposé dans ladite Bulle, du 20. Iuin 1644. *qu'il ne l'a point consommé.* C'est donc une preuve certaine qu'il est ainsi, & qu'il n'a pas voulu charger sa conscience, ny dire les choses autrement qu'elles estoient : Et en un mot, il a dit la verité quand il a dit qu'il ne l'avoit point consommé, car il n'y avoit aucune necessité de nier qu'il eust consommé ledit mariage avec ladite Françoise, pour obtenir la dispense de celuy de ladite Lucresse, au deuxième degré d'affinité, puis que le Vice-Legat d'Avignon par ses facultez a pouvoir de dispenser en l'un & en l'autre cas, & il auroit eu autant de facilité de l'obtenir d'une façon, que de l'autre : Estant à observer que l'acte de celebration dudit mariage d'entre ledit Cezar & Françoise de Grasse n'est point escrit sur le Registre de la Paroisse de Moüans, où lesdits appellans pretendent qu'il a esté fait, & que, pour le iustifier, lesdits appellans ne se servent que de l'adveu que ledit Cezar en a fait dans ladite Bulle ; C'est pourquoy cette mesme Bulle doit aussi servir audit Maistre Gasquet, pour iustifier de sa part, que le mesme mariage n'a pas esté consommé ; puis qu'elle le porte en termes exprés, *aliàs matrimonium ratum, non tamen consummatum, cum quadam Francisca de Grasse celebravit*, la foy de cette piece estant indivisible, *Idem titulus onerat, & revincit* : Car le Livre de Raison dudit Cezar de Villeneufve, dont les appellans se servent aussi pour prouver ledit mariage, ne parle que du contract civil de 3. May 1612. & non de la celebration d'iceluy à l'Eglise.

Responce au second moyen d'appel comme d'abus.

Secundò, Ledit Maistre Gasquet, pour iustifier du pouvoir de M. Federic Sforcia Vice-Legat d'Avignon (qui a accordé ladite Bulle de dispense & confirmation dudit mariage le 20. Iuin 1644. dont est appel) a produit la Commission de Vice-Legat à luy donnée, par Monsieur le Cardinal Antoine Barberin Légat d'Avignon le 1. May 1637. confirmée par le Bref du Pape Urbain VIII. du 23. dudit mois & an, *enregistrée au Parlement de Provence*, le 9. Iuin ensuivant, *pour en iouyr avec les mesmes pouvoirs & facultez, qui avoient esté accordez audit Sieur Cardinal Antoine Barberin, & aux autres precedens Legats & Vice-Legats.* Il a encore rapporté les Bulles de ladite Legation d'Avignon, accordées audit Sieur Cardinal Antoine Barberin, par le Pape Urbain VIII. le 8. des Kalendes de Mars 1632. avec les Lettres Patentes du Roy pour l'execution d'icelles du mois de Septembre 1633. *le tout verifié & enregistré audit Parlement de Provence*, le 19. Octobre audit an 1633. par lesquelles Bulles le Pape donne audit Cardinal Antoine Barberin, les mesmes facultez qu'avoit eu le Cardinal François son frere, & tous les autres precedens Legats, *& particulierement le Cardinal Iulien du Titre S. Pierre aux Liens*, & autres Cardinaux y dénommez. Plus ledit Maistre Gasquet a rapporté les Bulles accordées par le Pape Sixte IV. *audit Cardinal Iulien, Legat d'Avignon*, le 10. des Kalendes de Mars 1475. verifiées & enregistrées audit Parlement de Provence le 27. Fevrier 1542. *portant faculté de dispenser sur le 2. degré de consanguinité & d'affinité, les Comtes & enfans des Comtes & autres personnes Nobles, & tant eux, que tous autres Nobles ou Roturiers indifferemment sur le 3. & 4. degré de consanguinité & d'affinité, & sur l'empeschement d'honnesteté publique, &c.* Et finalement il a rapporté un acte de notorieté des Officiers & Expeditionaires de ladite Legation d'Avignon, portant que lesdits Legats & leurs Vice-Legats, *& particulierement led. Sieur Federic Sforcia*, usans de leurs facultez, ont donné des dispenses au deuxiesme degré de consanguinité & d'affinité, pour des Comtes & enfans des Comtes, Et Marquis & enfans des Marquis, Et tant à eux, qu'à toutes autres personnes indifferemment sur le 3. & 4. degré, & sur l'empeschement d'honnesteté publique : *Et en effet*, ledit Maistre Gasquet a produit encore une Bulle de dispense accordée *par ledit Sforcia Vice-Legat*, au Sieur Louis de Grolée Marquis de Bressieux, & Damoiselle Marguerite de Morgés, au 1. & 2. degré de consanguinité, le 2. Iuin 1639, Et par consequent

lesdits

lesdits Alexandre & Louis de Villeneufve appellans sont convaincus de supposition, quand ils ont nié le pouvoir dudit Sforcia Vice-Legat d'Avignon, & l'enregistrement desdites facultez au Parlement de Provence ; & leur principal moyen d'abus se trouve entierement destruit, puis qu'il est iustifié par lesdites piéces, que ledit Vice-Legat avoit faculté de dispenser au 2. degré de consanguinité & d'affinité lesdits Cezar de Villeneufve, & Lucresse de Grasse (qui estoient de la qualité requise) s'il y eust eu entre-eux affinité au 2. degré, en cas, que le premier mariage de 1632. avec Françoise de Grasse, eust esté consommé; Ce qui fait voir, que si ledit premier mariage eust esté consommé par ledit Cezar, il n'auroit pas fait difficulté de l'exposer dans sadite supplique, puis que ledit Vice-Legat luy auroit aussi bien accordé la dispense au 2. degré d'affinité, comme sur l'empeschement d'honnesteté publique par ladite Bulle du 20. Iuin 1644.

Tertiò, Pour faire voir par ledit Gasquet la validité de la Sentence de fulmination qui a esté faite de ladite Bulle de dispense le 21. Nouembre audit an mil six cens quarante-quatre, par Honoré Rosignol Preuost de l'Eglise Cathedrale de Nice, Vicaire Forain de l'Euesché de Vance, le Siege Episcopal vacant, il a produit sous la cotte M. les pieces iustificatiues de grand nombre de procés ciuils & criminels, qui estoient entre ledit Cezar de Villeneufue, ses freres & sœurs, Et les proches parens de Iacques Barcilon Vicaire General Resident audit Vance, lequel par consequent estoit suspect en toutes les causes dudit Cezar de Villeneufue, qui fut obligé d'obtenir Commission du Chapitre dudit Vance, le Siege vacant, addressante audit Rosignol Vicaire Forain dudit Euesché, pour executer ladite Bulle, lequel ayant en consequence procedé aux informations sur le contenu en icelles, *ad sumptionem informationum super contentis in illis processimus* dit-il, & obserué toutes les formalitez en tels cas requises, il auroit rendu sa Sentence au lieu de Gattieres (qui est vne Parroisse du Diocese dudit Euesché de Vance dependante de son Vicariat) ledit iour 21. Nouembre 1644. en qualité de Commissaire expressement deputé par ledit Chapitre de Vance, *& in hac parte ad infra scriptarum litterarum Apostolicarum executionem à per Illustribus & Magistris R.R.D.D. Canonicis Ecclesiæ Cathedralis (Sede vacante) Venciensis specialiter deputatus.* Et par icelle il auroit confirmé ledit mariage (qui auroit esté celebré par

Response au troisiéme moyen d'appel comme d'abus.

paroles de prefent entre lefdits Cezar de Villeneufue & Lucreffe de Graffe le 22. Mars precedent, & il l'auroit declaré legitime, bon & valable, & permis y demeurer : *& matrimonium per verba de præſenti, inter ipſos jam contractum legitimum declaramus, facultatem & licentiam eiſdem concedendo, vt in contracto matrimonio permanere, vel de nouo contrahere, &c. prout melius expedire videbitur.* Et par confequent c'eſt ſans ſujet que leſdits appellans ont fondé leur 2. moyens d'abus ſur le deffaut du pouuoir dudit Roſignol Vicaire Forain, puis qu'il en auoit vne Commiſſion expreſſe, comme il eſt énoncé dans ladite Sentence, laquelle a eſté enregiſtrée auec ladite Bulle au Greffe Spirituel dudit Eueſché de Vance le 14. Septembre 1665. par Ordonnance de Meſſire Antoine Godeau à preſent Eueſque dudit Vance, apres les auoir examinées & trouué qu'elles eſtoient bonnes, valables & Canoniques, comme il eſt iuſtifié ſous la cotte L. Que ſi ladite Commiſſion originalle dudit Chapitre n'eſt pas à preſent rapportée par ledit Gaſquet, c'eſt parce que ledit Alexandre de Villeneufue l'a ſupprimée auec le Certificat dudit mariage du 22. Mars 1644. ſigné dudit Frederic Michaëlis Preſtre qui l'a celebré, & autres pieces qu'il a voulu lors qu'il s'eſt ſaiſi, en ſadite fauſſe qualité de tuteur, de tous les autres papiers, tiltres & enſeignemens de la ſucceſſion dudit Cezar ſon frere, depuis l'année 1647. comme il a eſté iuſtifié au procés, où ledit Maiſtre Gaſquet a auſſi fait voir que les habitans du Comté de Nice ſont ſubjets du Roy de France, & Regnicoles, & n'ont pas beſoin de Lettres de Naturalité, quoy qu'ils obeiſſent au Duc de Sauoye, qui ne la poſſede que par engagement des Comtes de Prouence, Et par conſequent il n'eſt pas vray que ledit Roſignol Vicaire Forain dudit Eueſché de Vance pour les Parroiſſes de Gatieres, Bayons, & deux-Freres, qui ſont dans ledit Comté de Nice, ſoit vn Eſtranger, ny qu'il n'ait pas Iuriſdiction en France, comme leſdits appellans ont ſuppoſé fauſſement, eſtant a obſeruer qu'il a rendu ladite Sentence au lieu de Gatieres, qui eſt dudit Dioceſe de Vance, & de ſon Vicariat. Et pour faire voir encores dauantage les inimitiez que ledit Iacques Barcillon Vicaire General & Official dudit Vance & ſes parens auoient contre ledit Cezar de Villeneufue, il ne faut que remarquer ce qui a eſté dit cy-deuant, ſçauoir que Louys Barcillon ſon oncle, eſt celuy qui a eſté accuſé & conuaincu de l'aſſaſſinat commis en la perſonne dudit Cezar, fait de nuit au lieu de Carros, le 19. Iuillet 1646. iustifié sous cotte M.

Quarto, Que lesdits Villeneufue appellans ne peuuent pas se preualoir de ce que lesdits Cezar de Villeneufue & Lucresse de Grasse n'ont pas celebré de nouueau leur mariage, apres lesdites Bulle & Sentence de fulmination : puis que par icelles la celebration qu'ils en auoient faite par paroles de present le 22. Mars precedent audit an 1644. en la Parroisse de la ville de S. Paul, estoit confirmée & declarée legitime & valable, auec expresse permission de continuer d'y viure & demeurer, ou de le celebrer de nouueau, à leur choix, en ces termes : *In Domino misericorditer dispensamus, & matrimonium, per verba de præsenti, inter ipsos iam contractum, legitimum declaramus, facultatem & licentiam eisdem concedendo, vt in contracto matrimonio permanere, vel de nouo contrahere, & solemnisare possint, & liberè valeant, prolemque exinde suscipiendam legitimam decernentes. Mandamus propterea M. R. D. priori Parochialis Ecclesiæ du Broc, seu cuilibet alteri, pro eo, curam dictæ Parrochialis regenti, quatenus requisitus pro parte præfatorum D. D. Cæsaris & Lucretiæ, eosdem in facie Sanctæ Matris Ecclesiæ laudet, dispenset, & dictum matrimonium inter ipsos solemniset, seu in iam laudato & dispensato, permanere permittat, prout melius expedire videbitur.* Et par consequent il ne faut pas s'estonner si lesdits Cezar & Lucresse, sçachant que led. mariage entre eux celebré par paroles de present le 22. Mars 1644. auoit esté fait dans toutes les solemnitez requises par les Conciles & les Ordonnances du Roy, & qu'il estoit declaré tel par ladite Bulle & Sentence, ils ne l'ont pas solemnisé de nouueau, puis qu'ils n'estoient pas obligez de le reïterer si bon ne leur sembloit : Et ils ont crû, sur la bonne foy de ladite Bulle & Sentence, qu'ils pouuoient continuer de viure & demeurer dans leur premiere celebration.

Response au quatriesme moyen d'appel comme d'abus.

Quinto, Que c'est une mauuaise raison ausdits Alexandre & Louis de Villeneufve appellans, (se voyans mal fondez en leursdits pretendus moyens d'appel comme d'abus,) d'auoir soustenu au procés que ledit mariage est nul, sous pretexte que l'acte de la celebration d'iceluy fait le 22. Mars 1644. ne se trouve pas à present escrit sur le Registre de la Parroisse de S. Paul, où il a esté fait ; Car ledit Maistre Gasquet a fait voir que ledit mariage a esté solemnisé publiquement en presence des parens & amis communs des parties, en ladite Parroisse de S. Paul ; Et que lesdits Alexandre & Louis de Villeneufve appellans, estans

Response au cinquiesme moyen d'appel comme d'abus.

originaires & habitans de ladite ville de S. Paul, ils y ont toutes leurs habitudes, parens & amis, & qu'ils l'ont pû facilement faire suprimer : ou bien s'il n'y a pas esté escrit, c'est que ledit Federic Michaelis Prestre qui l'a celebré, l'a obmis, soit par negligence, soit par l'apprehension qu'il eust que Iacques Barcilon, Vicaire general & Official de l'Evesché de Vance son Diocesain, ennemy capital dudit Cezar de Villeneufve, pour s'en venger, ne l'inquietat, parce qu'on luy donna advis qu'il falloit avoit prealablement obtenu la susdite dispense, *super impedimentum publicæ honestatis iustitiæ*, à cause dudit premier mariage dudit Cezar avec Françoise de Grasse ; Mais il est constant que ledit Michaelis delivra un certificat dudit mariage audit Cezar de Villeneufve, lequel certificat ledit Alexandre son frere a malicieusement intercepté & supprimé depuis son deceds. Car il est iustifié au procés que ledit Alexandre en sa fausse qualité de tuteur de ladite Damoiselle Marie Marguerite de Villeneufve, issuë dudit mariage, s'est saisi de tous les papiers, tiltres & enseignemens de la succession dudit Cezar son frere ; desquels il a supprimé, tant ledit certificat de mariage, que ladite Commission du Chapitre de Vance, addressante audit Honoré Rosignol, Vicaire Forain, pour executer ladite Bulle de dispense & confirmation dudit mariage, ensemble une autre Bulle que ledit Cezar de Villeneufve avoit obtenu dudit Vice-Legat d'Avignon en l'année 1634. avec la Sentence de fulmination d'icelle du 29. Avril audit an, portant dispense de celebrer son second mariage avec ladite Damoiselle Olimpe de Giraud, (qui estoit de la Religion P. R.) dans le Temple de ceux de ladite Réligion P. R. croyant que c'estoient la susd. Bulle de dispense du 20. Iuin 1644. & ladite Sentence de fulmination d'icelle, du 21. Novembre audit an, confirmatives du dernier mariage dudit Cezar avec ladite Damoiselle Lucresse de Grasse, ayant fait l'equivocque, à cause qu'il n'a pas l'intelligence de la langue Latine : car il est iustifié par le Livre de Raison dudit Cezar de Villeneufve, fol. 2. que ladite premiere Bulle & Sentence de 1634. estoient avec le certificat de la celebration dudit mariage faite le 30. dudit mois d'Avril 1634. entre ledit Cezar & Olimpe de Giraud, dans les sept liasses de papiers mentionnées audit projet d'inventaire du mois d'Avril 1647. Et neantmoins ledit Alexandre n'y a laissé *que le seul certificat dudit mariage*, dont il a fait mention en la 3. liasse desdits papiers, piece 45. dudit projet d'inventaire, ayant encore supprimé beaucoup d'autres pieces telles que bon luy a semblé, & le surplus, il les incera confusément audit projet d'inventaire, comme il a esté iustifié au procés ; & ce n'est qu'une suite du dol & fraude dudit Alexandre de Villeneufve, que la negative qu'il fait à present dudit acte de mariage, fait entre ledit Cezar & Lucresse de Grasse le 22. Mars 1644. apres que tant luy, que led. Louis, & tous leurs parens sont demeurez d'accord de la verité d'iceluy iusques à present, *habemus confitentem reum* : Et lesdits appellans ne se sont portez à cette extremité de le dénier, que par un coup de desespoir, lors qu'ils ont veu qu'il n'y avoit aucune nullité audit mariage, & qu'ils estoient non recevables & mal-fondez en leurdit appel comme d'abus : car ce seroit bien inutilement qu'ils auroient appellé tant de la celebration dudit mariage, que de ladite Bulle & Sentence de fulmination confirmative d'icelle, parce qu'on n'appelle point de ce qui n'a pas esté, *non entis, nullæ qualitates* ; Et par consequent leurdit appel sert encore pour les convaincre de mauvaise foy, & prouve la verité dudit acte de mariage.

Mais supposé que ledit acte de mariage n'ait point esté escrit dans ledit Registre de la Parroisse de S. Paul, (bien qu'il y ait esté fait) cette obmission ne pourroit pas estre imputée ny reprochée ausdits Cezar de Villeneufve & Lucresse de Grasse, mais seulement aud. Federic Michaelis Prestre, qui a procedé à ladite celebration, comme estant cela de son fait, & cette obmission ne pourroit iamais rendre ledit mariage nul, *derimere contractum matrimonium*, ny estre tirée à consequence pour nier la verité d'iceluy. Car il s'ensuivroit que les Registres des mariages estant une fois adhirez, perdus ou brûlez, tous les mariages qui y sont escrits seroient dissouls & annullez, ou, que faute par le Curé d'avoir escrit dans son Livre l'acte de celebration d'un ou plusieurs mariages, il n'y auroit point eu de Sacrement de mariage, ce qui seroit ridicule, car ce pretendu deffaut ne peust iamais donner atteinte au Sacrement de mariage : Et si bien le Concile de Trente en la Session 24. chap. 1. *de Reformat. Matrim.* exhorte les Curez de tenir des Livres pour y escrire les noms & qualitez de ceux qui se marient en leur Parroisse, neantmoins il ne prononce point de decret irritant contre les mariages, dont les actes de celebration n'auroient pas esté escrits ausdits Livres, En voicy les termes : *Habeat Parrochus Librum in quo conjugum & testium nomina, diem & locum contracti matrimony describat, quem diligenter apud se cu-*

stodiat. Et l'Ordonnance de Blois art. 40 qui enjoint aux Curez de tenir Registre des mariages, ne dit pas à peine de nullité d'iceux, mais elle est relative aux Conciles, outre que tant ledit Concile de Trente que les Ordonnances du Roy, n'ont eu pour motif, que d'éviter les mariages clandestins des mineurs, & enfans de familles, & les rapts; ce qui ne pouvoit pas se rencontrer esdits Cezar de Villeneufve & Lucresse de Grasse, parce qu'ils estoient tous deux majeurs, *& sui juris*, & qu'il n'y a eu aucun rapt violent ny volontaire, & que ledit mariage a esté fait publiquement. Il est donc constant que c'est au seul Prestre, devant lequel on procede à la celebration du mariage, de l'escrire dans le Registre de la Parroisse, & il n'est pas mesme necessaire que les parties, ny les tesmoins le signent sur ledit Registre, le Sacrement de mariage n'estant pas moins bon & valable, quand bien il ne seroit jamais escrit sur ledit Registre, qui n'est fait que pour en avoir plus facilement la preuve litteralle, en cas de besoin, sans avoir recours à d'autres preuves plus difficiles, qui en son deffaut, sont tousiours receuës, tant par tiltres, que tesmoins, suivant mesme la nouvelle Ordonnance du Roy du mois d'Avril 1667. tilt. 20. art. 14. qui porte expressement, que les Mariages, Baptesmes, & Sepultures, peuvent estre iustifiez tant par tiltres, que par tesmoins.

La raison en est, que le mariage n'est pas de ces obligations, *quæ contrahuntur litteris*, mais bien de celles, *quæ solo consensu contrahuntur*. Comme dit la Loy 4. *sufficit. ff. de sponsalibus. sufficit nudus consensus ad contrahenda sponsalia*. Et la Loy 11. de mesme Titre, dit, que *sponsalia sicut nuptiæ consensu contrahentium fiunt*. Pour la validité desquelles il n'est pas besoin d'aucun escrit, n'y d'aucune preuve literalle, c'est pourquoy on en reçoit la preuve par tesmoins, quand le cas le requiert, à faute d'autres preuves literalles & equipolantes, c'est ce que dit la Loy 4. *in re. ff. de fide instrumentorum & amiss. eorum*, où il est dit, parlant des obligations & actes de cette qualité. *Fiunt enim de his scripturæ, ut quod actum est, per eas facilius probari possit, & sine eis, valet, quod actum est, si habeat probationem, sicut & nuptiæ sunt, licet testatio sine scriptis habita est*. Estant certain que pour la perfection du Sacrement de Mariage, il n'est requis, que le seul consentement des parties qui veulent se marier, pourveu qu'elles le declarent devant le Curé ou autre Prestre servant à la Parroisse de l'une des parties, apres les publications des bans pour la formalité, Estant encores vray que les paroles de Prestre, *Ego vos conjungo in nomine Patris, & Filij & Spiritus sancti.* N'y sont pas essentiellement necessaires, car quand mesme le Curé ne voudroit pas proceder à la celebration du mariage, pourveu que les parties le requierent, & à son reffus, declarent en sa presence qu'ils se prennent respectivement pour mary & femme, ce mariage est aussi bon, que si le Curé y avoit procedé volontairement, & fait la benediction Nuptiale avec toutes les ceremonies accoustumées, & quoy que ce mariage qui seroit ainsi fait contre la volonté du Curé, ne fust pas par luy escrit sur le Registre, (comme il arrive en pareil cas,) il n'est pas moins bon & valable par cette raison que *solus consensus partium, matrimonium facit.* Ce qui est une maxime certaine & incontestable, Et en effet le Concile de Trente section 24. Chapitre premier l'explique assez, car il n'a dit que *coram Parrocho,* & non pas *per Parrochum,* en sorte que le Curé ne sert que de principal tesmoins au mariage. Et si l'escrit du Curé sur son Registre estoit absolument necessaire pour la perfection du Sacrement de Mariage, Il s'ensuivroit qu'il seroit au pouvoir du Curé de faire & de deffaire un mariage, car apres l'avoir fait, il pourroit ne le pas escrire sur son livre, ou le supprimer, & par ce deffaut mettre le desordre dans les familles, & causer une infinité de procès sur le sujet desdits mariages; & ainsi l'estat & la fortune des familles entieres dependroit de la bonne & mauvaise foy du Curé & de sa seule volonté, ce qui seroit renverser tout l'ordre de la Police & des Reglemens, & causeroit tous les jours une infinité d'inconveniens.

Mais pour faire voir qu'il n'est pas extraordinaire que l'acte de la celebration dudit mariage entre Cezar de Villeneufue & Damoiselle Lucresse de Grasse du 22. Mars 1644. ne soit pas escrit sur le Registre de la Parroisse de S. Paul où il a esté fait, c'est que l'acte de celebration du premier mariage dudit Cezar auec deffuncte Françoise de Grasse, que les appellans pretendent auoir esté fait en la Parroisse du lieu de Moüans le 3. May 1632. n'est point aussi escrit sur le Registre des Mariages de ladite Parroisse de Moüans, ny ailleurs, ce qui fait voir que les Curez & les autres Prestres seruans aux Parroisses, ne sont pas fort exacts à escrire tous les mariages qui se font en leurs Eglises, Et lesdits appellans n'en rapportent aucune autre preuue, sinon de dire que led. Cezar de Villeneufue a escrit dans fond. Liure de Raison fol. 1. ces mots : *Le 3. May 1632. ie me suis mariè auec Mademoiselle Françoise de Grasse, fille de feu Monsieur de Canaux & de Moüans, Dieu nous vueille benir.* Dont les appellans ont produit vne copie collationnée : Lesdits appellans se seruent encores pour prouuer ledit mariage, de l'énoncé que ledit Cezar en a fait dans sa Supplique de ladite Bulle de Dispense du 20. Mars 1644. où il dit ces mots : *Ex eo quod dictus Cesar alias matrimonium ratum, non tamen consummatum, cum quadam Francisca de Grasse, prædictæ Lucrétiæ secundo consanguitatis gradu conjuncta, celebrauit.* Voila toutes les preuues qu'ils en rapportent, & qu'ils veulent faire passer pour constantes & sans contredit, quoy que ledit Cezar n'ait entendu parler dans sondit Liure de Raison, que du contrat ciuil de son mariage auec ladite Françoise de Grasse, qui fut passé ledit iour 3. May 1632. Et par consequent lesdits appellans n'ont pas sujet d'objecter audit Maistre Gasquet intimé, que le mariage dudit Cezar auec ladite Lucresse de Grasse du 22. Mars 1644. n'est pas aussi écrit sur le Liure de ladite Paroisse de S. Paul, où il a esté fait, d'autant mieux que ce mesme Liure de Raison, & cette mesme Bulle prouuent en bien plus forts termes, tant ladite derniere celebration, que le contract ciuil, separément & en diuers temps, en ces termes, fol. 3. dudit Liure de Raison. *Du 15. Mars 1644. pardeuant Maistre Pons Notaire du Bar, l'ay passé Contract de Mariage auec Damoiselle Lucresse de Grasse, fille de feu Messire Annibal de Grasse viuant Seigneur Comte du Bar, & de feuë Dame Clere Dallagonia, de la Maison de Mairarges Mariez.*

Le vingt-deuxiesme Mars & an susdit, pardeuant Messire Michaelis Prestre de la Ville de Saint Paul administrant les Sacremens à Saint Laurens, nous auons consommé nostre mariage auec madite Damoiselle, Dieu nous vueille benir de ses graces.

Le Sieur Rosignol, Vicaire Forain a executé la teneur de la commission que Monsieur le Vice-Legat d'Avignon à mandé pour la validité de nostre mariage, l'an que dessus.

L'an 1645. & le vingt-deuxiesme Ianvier nostre fille Marie Marguerite est née au Broc, Dieu la veuille benir de ses graces, son parrain est Monsieur le Chevalier du Bar, & sa marraine Madame de Gaud, elle a esté baptisée au Bar le premier Iuin 1645.

Voicy

Voicy de quelle maniere Cezar de Ville-neufve, & Lucreſſe de Graſſe parlent de leurdit mariage dans ladite ſuplique, contenuë en ladite Bulle de diſpence d'iceluy du vingtiéme Iuin 1644. *Exponi ſiquidem nobis fecerunt dilecti nobis in Chriſto Cezar de Ville-neufve Ventienſis diœceſis & Lucretia de Graſſe oriunda Graſſenſis diœceſis, habitatrix dictæ Ventienſis diœceſis, quod ipſi nuper matrimonium inter ſe per verba de præſenti contraxerunt, &c.*

Et par conſequent puis que le meſme Livre de Raiſon, & cette meſme Bulle contiennent expreſſement que ledit Mariage entre Cezar de Ville-neufve, & Lucreſſe de Graſſe a eſté contracté le quinzieſme Mars 1644. *Et celebré par paroles de preſent*, devant ledit Michaëlis Preſtre, le vingt-deuxiéme dudit mois & an, qui eſt l'intervalle du temps qu'il faloit pour faire publier les bans, Ces meſmes pieces font elles une pleine & entiere iuſtification de la verité de la celebration dudit mariage, Mais bien plus expreſſement que de celuy dudit Cezar, avec ladite Françoiſe de Graſſe. *Idem titulus onerat & revincit.*

Et ledit Maiſtre Gaſquet prouve encores literalement la verité dudit Mariage, non ſeulement par ledit Contract civil du quinzieſme Mars 1644. qui fuſt inſinué au Greffe du Seneſchal de Graſſe, du premier Iuillet enſuivant, par ledit livre de raiſon, & par ladite Bulle; mais encores par ladite Sentence de fulmination d'icelle, du vingt-unieſme Novembre audit an 1644. laquelle le confirme expreſſement en ces termes. *In Domino miſericorditer diſpenſamus & matrimonium per verba de præſenti, inter ipſos, jam contractum legitimum declaramus*, &c. Le Teſtament dudit Cezar de Ville-neufve, du dixieſme Aouſt audit an 1644. & ſon codicile du premier Decembre enſuivant, fait auſſi entiere foy de la verité dudit mariage, car il parle en divers endroits de ladite Damoiſelle Lucreſſe de Graſſe qu'il qualifie *ſa femme*, qui eſt un nom de dignité & d'honneur, & il inſtituë ſon heritier l'enfant dont ladite Damoiſelle Lucreſſe de Graſſe ſa femme eſtoit enceinte, & luy en donne l'éducation, & nomme auſſi pour tuteur de leurs enfans Frederic de Ville-neufve ſon frere, & luy ſubſtituë leſdits Alexandre & Loüis en ladite tutelle, à la charge de rendre compte tous les ans à ſadite femme de leur adminiſtration, & par ledit codicille, il reforme ladite nomination de tuteur deſeſdits enfans.

Plus les deux Quittances faites par ledit Cezar de Ville-neufve, les quinziefme Decembre 1644. & quatriefme Avril 1646. & un acte de transport à luy fait pour raison des droits de ladite Damoifelle Lucreffe de Graffe fa femme, le mefme jour, prouvent la verité dudit mariage.

Plus le Teftament de ladite Suzanne de Ville-neufve mere dudit Cezar & defdits Federic, Alexandre & Louis du premier Aouft 1646. (douze iours apres le deceds dudit Cezar,) fait foy de la verité & validité dudit mariage, puis qu'elle inftituë fon heritiere particuliere ladite Marie Marguerite de Ville-neufve fa petite fille, comme fille dudit feu Cezar fon fils pour la fomme de 1000 livres qu'elle luy legue pour fon droit de legitime & fupplement d'icelle, produit fous la cotte Q. Eftant à obferver que ladite Suzanne de Ville-neufve avoit efté prefente à l'Acte de celebration dudit Mariage, & que les nopces en furent faites en fa maifon dans la Ville de Saint Paul; Et ledit Alexandre appellant a efté obligé de demeurer d'accord dans fes refponces categoriques, fur le troifiefme Article des faits dudit Maiftre Gafquet produits fous la cotte Z. Z. Que lefdites nopces & réjoüyffances durerent pendant huit jours; Et que ledit Federic fon frere, & Damoifelle Ifabeau fa fœur y affifterent auffi. Enfin ledit Maiftre Gafquet peut dire que ce grand nombre d'Actes & procedures que ledit Alexandre a fait en qualité de faux tuteur de ladite Damoifelle Marie Marguerite de Ville-neufve, font autant de tefmoins irreprochables contre luy, qui preuvent fenfiblement la verité & validité dudit mariage defdits Cezar & Lucreffe de Graffe fes pere & mere, & fervent à convaincre ledit Alexandre de la mauvaife foy la plus fignalée & odieufe qui ait jamais paru devant la Iuftice; Et ce qui ofte encore toute difficulté, c'eft que par ladite nouvelle Ordonnance du Roy du mois d'Avril 1667. titre 20. des faits qui gifent en preuve vocale ou literalle Article quatorziéme. Il eft dit expreffement, que fi les Regiftres font perdus, ou qu'il n'y en ait jamais eu, la preuve en fera receuë, tant par titres que tefmoins, & en l'un & en l'autre cas, Les Baptefmes, Mariages, & fepultures pourront eftre juftifiez, *tant par les titres ou papiers domeftiques des peres & meres decedez, que par tefmoins*, fauf à la partie de verifier le contraire. Et par confequent cette Ordonnance fuppofe qu'il y a des Parroiffes où il n'y a jamais eu des Regiftres, & que les mariages, qui s'y font faits, font bons & valables;

quoy qu'ils ne soyent pas escrits dans aucuns Livres par le Curé; Ce qui justifie encores que l'écriture de l'Acte de celebration de Mariage audit Livre de la Parroisse, n'est pas de l'essence du mariage, mais seulement une preuve d'iceluy, laquelle peut estre suppléée par équipolance, suivant ladite nouvelle Ordonnance, tant par titres que par témoins, Et particulierement par les titres & papiers domestiques, Et par consequent le Livre de Raison dudit Cezar de Ville-neufve, qui est decedé depuis l'année 1646. (que ledit Maistre Gasquet a eu de la main dudit Alexandre appellant le quinziéme Decembre 1668.) Et tous les autres titres authentiques cy-dessus alleguez & produits, font une pleine & entiere foy pour la justification dudit mariage celebré solemnellement entre lesdits Cezar de Ville-neufve & Lucresse de Grasse pere & mere de ladite Marie Marguerite de Ville-neufve. Ce qui est d'autant plus favorable, que lesdits appellans ne justifient (comme il a esté dit,) la celebration du mariage dudit Cezar avec Françoise de Grasse, que de la mesme manière & par l'énoncé dudit Livre de Raison & de ladite Bulle, qui preuvent encores plus sensiblement celuy dudit Cezar avec ladite Lucresse de Grasse, outre les autres susdits titres autentiques produits au procés.

Sexto, Les appellans se voyans convaincus d'imposture & de supposition, se sont advisez de dire pour nouveaux moyens d'abus, que Federic Michaelis Prestre qui a procedé à l'acte de celebration dudit mariage le 22. Mars 1644. suivant l'énoncé au Liure de Raison dudit Cezar, n'estoit point le propre Curé des parties, & par consequent que ledit mariage estoit nul. *Responce au sixiéme moyē d'appel comme d'abus.*

Ledit Maistre Gasquet a fait voir & iustifié au procés par un certificat de Monsieur de Godeau Evesque de Vance, produit soubs cotte L. que ce Federic Michaelis estoit Prestre & originaire de la Ville de Saint Paul, & qu'il faisoit les Baptesmes, Mariages, Sepultures, Confessions, Prosnes, & autres fonctions Curiales en ladite année 1644. alternativement, tant en ladite Parroisse de Saint Paul, qu'en celle de S. Laurens, qui en est voisine, en qualité de secondaire ou Sous-Vicaire, faisant neantmoins sa residence ordinaire audit Saint Paul, où il a continué d'administrer les Sacremens, & fait toutes les autres fonctions Curiales sous Maistre Clement Amiel, Vicaire perpetuel de ladite Parroisse de Saint Paul, iusques en l'année 1652.

qu'il est decedé, ainsi qu'il est iustifié au procés ; Et par conseequent il est constât que led. Frederic Michaelis Prestre a procedé à la celebration dud. mariage du consentement dud. Amiel Vicaire perpetuel; ce qui est conforme au Concile de Trente, qui veut que ce soit, *præsente Parrocho, vel alio Sacerdote de ipsius Parrochi seu ordinarij licentia* : Car si ledit Michaelis eust fait les solemnitez dudit mariage sans l'adveu dudit Amiel, il est certain que ledit Amiel s'en seroit plaint à l'Official de Vance, & qu'il n'auroit pas souffert que ledit Michaelis eust continué de faire les fonctions Curiales en ladite Parroisse de Saint Paul depuis ladite année 1644. iusques en 1652. Et si bien Cezar de Villeneufve a escrit dans son Livre de Raison, que ledit Michaelis administroit les Sacremens à Saint Laurens, ç'a esté, parce qu'il ne sçavoit pas son nom propre *de Federic*, qu'il a laissé *en blanc*, & afin de le distinguer d'un autre Mathieu Michaelis Prestre, qui estoit aussi secondaire en ladite Parroisse de Saint Paul en ladite année 1644. & qui y mourut le 2. Septembre aud. an. ESTANT à observer que led. Federic Michaelis a esté le premier des tesmoins que ladite Suzanne de Villeneufve a voulu estre presens à sondit Testament du 1. Aoust 1646. ce qu'elle n'auroit pas fait, si ledit Michaelis avoit, deux années auparavant, marié ledit Cezar son fils aisné contre son consentement, & les formes prescriptes par les Conciles & les Ordonnances du Roy ; mais au contraire cela iustifie qu'elle l'a tousiours reconnu pour homme de bien & d'honneur, & Regulier en son Ministere.

Responce au septiesme moyen d'appel comme d'abus.

Septim. ò. Lesdits appellans, (qui se servent de tout bois pour faire flèche,) se sont encore advisez en dernier lieu d'alleguer, que ledit Gasquet ne rapporte point les publications des bancs dudit mariage de Cezar de Villeneufve & Lucresse de Grasse ; Et par consequent (disent-ils,) il est nul.

Ledit M. Gasquet a produit au procés deux certificats, l'un par M. de Bernage Evesque de Grasse, & l'autre par M. Godeau Evesque de Vance, Diocesains desdites parties ; lesquels attestent que dans leurs Dioceses on n'a iamais tenu aucun Registre des publications des bancs des mariages, parce que lorsqu'un mariage est celebré, on presume que les bancs ont esté publiez, ou dispensez, & le Curé en fait mention dans l'acte de celebration du mariage, en sorte que si l'acte de celebration de mariage dud. Cezar & Lucresse de Grasse, où le certificat d'iceluy fait par led. Michaelis, n'avoit pas esté supprimé par ledit

Alexandre un des apellans, on verroit par icelui que lesd. bancs ont esté publiez à la maniere accoustumée : Et en effect, l'intervalle du temps qui s'est passé depuis le 15. Mars 1644. que le contract civil dudit mariage fut fait, iusques au 22. dud. mois & an, qu'il a esté celebré, montre sensiblement qu'on a pris ces huict iours, pour faire faire lesdites publications des bans : Et il faut observer que ces pretendus deffauts de publications de bancs ne sont iamais opposez qu'aux mariages entre mineurs & enfans de familles, & non entre majeurs, comme au cas present : Et puis que ledit mariage a esté fait publiquement en la Parroisse des parties, en presence de leurs parens communs, sans qu'aucun s'en soit plaint, depuis un si long temps, il est à presumer que toutes les formalitez necessaires y ont esté observées, *In antiquis omnia præsumuntur solemniter acta.* outre que ledit Alexandre de Villeneufve, faux Tuteur, peust avoir supprimé lesdites publications des bancs, aussi bien qu'il a fait le certificat dudit mariage, & les autres pieces susdites, lors qu'il s'est saisi de tous les papiers de la succession dudit Cezar son frere.

Octavò, Enfin lesd. appellans, ne sçachans plus où trouuer à redire dans led. mariage, se sont auisez de faire vn équiuoque grossier, pour éluder l'effect de ladite Bulle de dispense dudit mariage, Parce que (disent-ils) Cezar de Villeneufue a escrit dans son Liure de Raison, que le 22. Mars 1644. il a consommé son mariage auec ladite Damoiselle Lucresse de Grasse ; & neantmoins il n'a pas exposé dans sa Supplique qu'ils eussent consommé ledit mariage, mais seulement contracté par paroles de present ; d'où ils inferent que la Bulle est obreptice & subreptice, & la grace nulle : Mais la responce à cela est facile, car il ne faut que lire l'article dudit Liure de Raison, pour cognoistre que ledit Cezar a entendu parler de la celebration dudit mariage, & non de la consommation d'iceluy, & qu'il s'est seruy du mot de Consommé, improprement, au lieu du mot de Celebré : car il dit, *Le 22. Mars & an susdit, pardeuant Messire Michaëlis Prestre de la ville de S. Paul, nous auons consommé nostre mariage auec madite Damoiselle.* Et par ainsi il se void qu'il s'est seruy de ce mot, *Consommé*, pour celuy de *Celebré* : Car il seroit ridicule de s'imaginer qu'il ait voulu dire qu'il auoit consommé publiquement & pardeuant ledit Prestre sondit mariage : mais pour monstrer que telle est la

Responce au huictiesme moyen d'appel comme d'abus.

maniere de parler en Prouence, & que ledit Cezar s'en seruoit ordinairement, il ne faut que lire au 2. feuillet dudit Liure de Raison, où il dit au sujet de son mariage auec Olimpe de Giraud, Le 30. Auril 1634. *I'ay Consommé* mon mariage à l'Eglise de Messieurs de la Religion. Et en effet dans la sommation faite par ledit Louys de Villeneusue, vn des appellans, à Maistre Iean Anthoine Bellissime, à present Vicaire Perpetuel audit S. Paul, le 2. Auril 1670. produite par lesdits appellans par Requeste du 23. Iuin audit an, ledit Louys de Villeneusue le somme de declarer s'il n'a pas vn Registre où on escrit les Mariages *qui sont consommez* en ladite Parroisse : & par ainsi on void que le mot de Consommé est pris par vsage, improprement, en Prouence, au lieu du mot de Celebré, & par lesdits appellans mesmes ; & par consequent toutes leurs allegations & pretendus moyens d'abus sont friuoles & supposez, & ne sont d'aucune consideration en la forme, ny au fonds, Et ledit mariage est constamment bon, valable & Canonique en toutes ses circonstances, aussi bien que ladite Bulle de dispense & Sentence de fulmination d'icelle.

Estant encores à considerer, que si ledit Villeneusue estoit receuable en sondit appel comme d'abus, il n'y a aucun pupile, dont l'estat fut asseuré, parce qu'il seroit au pouuoir de son tuteur de supprimer tous les tiltres qui pourroient seruir à iustifier son ingenuité, & apres, en interjettant de pareilles appellations comme d'abus, ou autrement, contester l'estat legitime de son pupille, ce qui seroit d'vne tres-pernicieuse consequence : ---- *Quid non mortalia pectora cogis Auri sacra fames, & amor sceleratus habendi !*

Mais comme toutes les Ordonnances de nos Roys, & les Coustumes de France, aussi bien que les Loix Romaines, sont tousiours armées pour la protection des pupilles, qui dans leurs plus bas aage, *sunt in majori ætate*, (selon le dire des Iurisconsultes) à cause que la Iustice, qui vient à leur secours pour suppléer à leur foiblesse, est plus portée à deffendre les personnes & biens desdits pupilles, contre leurs tuteurs & tous autres ; Ledit Maistre Gasquet a sujet d'esperer d'autant mieux de la Iustice du Conseil, qu'il protegera le bon droict de ladite Damoiselle Marie Marguerite de Villeneusue pupille, contre la violence, l'usurpation & l'imposture dudit Allexandre son oncle & faux tuteur, qui n'a eu d'autre objet que la ruyne totale de ſadite niéce pupille par vn meſpris affecté deſdites Ordonnances, loix & Couſtumes, & des Arreſts & Reglemens des Cours Souveraines.

Et partant ledit Maiſtre Gaſquet audit nom, perſiſte & requiert que les concluſions par luy priſes au procés, luy ſoient adjugées definitiuement, & leſdits Villeneufue condamnés à faire reparation d'honneur, & à l'amande, auec tous deſpens, dommages & intereſts.

GASQVET.

Monſieur SEVIN DE MIRAMION, Rapporteur.

REQVESTE D'INTERVENTION DES parens de Damoiselle Marie Marguerite de Villeneufue en l'Instance d'entre Maistre Antoine Gasquet son mary, Intimé: CONTRE Alexandre & Louis de Villeneufue freres, Appellans comme d'abus.

A Nosseigneurs du grand Conseil du Roy.

SVPPLIENT humblement Pierre de Grasse du Bar, Chevalier de l'Ordre de Saint Iean de Hierusalem, *frere* de Damoiselle Lucresse de Grasse Dame de la Malle du Bar, veufue de feu Cezar de Villeneufue, vivant Seigneur de Carros, & *executeur* Testamentaire dudit feu Sieur de Carros son beau-frere, & *parrain* de Damoiselle Marie Marguerite de Villeneufue sa niepce leur fille, femme de Maistre Antoine Gasquet Conseiller du Roy, Lieutenant au Siege Royal de la Ville de S. Maximin.

Dame Marthe de Grasse du Bar, veufue de feu Messire André de Grimaldi, Comte de Bueil, *sœur* de lad. D^lle Lucresse de Grasse.

Annibal de Grasse Comte du Bar, & Claude de Grasse Sieur de Vallettes freres, enfans de feu Messire Charles de Grasse Comte dudit Bar, & en ceste qualité *neveux* de ladite Damoiselle Lucresse de Grasse sœur dudit Charles.

Iean de Sabran Baron de Baudisnar & d'Ausouis, Seigneur d'Ayguines, plus ancien Syndic de la Noblesse de Prouence, mary de feuë Dame Marie de Grasse du Bar, *sœur* de ladite Damoiselle Lucresse de Grasse.

Iean Henry de Grimaldi Dantibe Marquis de Corbons, Baron de Caigne, mary de Dame Anne de Grasse du Bar, *sœur* de ladite Damoiselle Lucresse de Grasse, & nommé *Tuteur* de Damoiselle Marie Marguerite de Villeneufve, par ledit Cezar de Villeneufve son pere en son codicille du 1. Decembre 1644.

Et Louis le Brun de Castellane Sieur de Rogon, Cheualier de l'Ordre de S. Iean de Ierusalem, *neveu* de ladite Damoiselle de Grasse.

A

Disants, Qu'en l'année 1644. Cezar de Villeneufve Seigneur de Carros, ayant recherché en mariage ladite Damoiselle Lucresse de Grasse avec tout l'honneur & ciuilité, qu'on pratique en pareilles demandes, les Suppliants & autres parents & amis communs desdites parties y auroient consenty, en sorte que le Contract ciuil de leur mariage fut passé le 15. Mars audit an 1644. pardeuant vn Notaire Royal du lieu du Bar, par lequel Pierre de Grasse vn des Suppliants; *& feu* Antoine de Grasse Sieur de la Malle son frere, auroient, mesme, fait donation de deux mil liures à ladite Damoiselle leur sœur, laquelle de son chef se seroit constitué en dot tous ses biens & droits, auec des donations reciproques entre lesdits mariez qui furent insinuées dans le temps de l'Ordonnance; Et les épousailles en furét ensuite faites (aprés les publications des bans, à la maniere accoustumée) en la Paroisse de la Ville de S. Paul, où ledit Cezar de Villeneufve estoit domicilié, le 22. dudit mois de Mars, pardeuant Mr Federic Michaëlis Prestre de ladite Ville de S. Paul, du consentement de Maistre Clemens Amiel Vicaire perpetuel de ladite Paroisse. Et les nopces faites en la maison de Damoiselle Suzanne de Villeneufve mere dudit Cezar, où estoient ses freres & sœurs, & autres leurs parens & amis. Duquel mariage seroit issuë vne fille nommée Marie Marguerite de Villeneufve, laquelle fut tenuë sur les Fonds de Baptesme par ledit Pierre de Grasse vn des Suppliants le 1. Iuin 1645. Et estant arrivé le decez dudit Cezar de Villeneufve au mois de Iuillet 1646. ladite Damoiselle Lucresse de Grasse sa veufve, auroit fait proceder le 28. Nouembre ensuiuant à l'ouverture du Testament solemnel de sondit mary du 10. Aoust 1644. & par iceluy ladite Damoiselle Marie Marguerite de Villeneufve sa fille auroit esté instituée son heritiere, & son education baillée à ladite Damoiselle Lucresse de Grasse sa femme, & la tutelle des biens à Federic son frere, & à son deffaut à Alexandre de Villeneufve son puisné; Et bien que par vn codicile posterieur du 1. Decembre audit an 1644. ledit Cezar de Villeneufve eust reuoqué la nomination de Tuteur, qu'il avoit fait par sondit Testament; & nommé en sa place ledit Messire Iean Henry de Grimaldi *son beau-frere*, vn des Suppliants; & qu'il eust encores fait son executeur Testamentaire, ledit Messire Pierre de Grasse, avec ledit feu Antoine de Grasse Sieur de la Malle *ses beau-freres*, neantmoins ledit Alexandre de Villeneufve auroit caché ledit codicille. Et sous pretexte de ce que ledit Federic de Villeneufve son frere estoit decedé, & qu'il estoit appellé à son deffaut à ladite Tutelle par ledit Testament, il se seroit ingeré en l'administration des biens de la succession dudit Cezar de Villeneufve son frere, en qualité *de Tuteur* de ladite Damoiselle Marie Marguerite de Villeneufve sa niepce, sans s'estre fait confirmer en Iustice; ET BIEN qu'il eust de grandes pretentions contr'elle, ausquelles il s'agissoit de tous ses biens; EN SORTE qu'il se seroit rendu le maistre de tous les effets de ladite succession, desquels il auroit disposé, se les estant fait adjuger par de mauuais moyens, & comme bon luy a semblé, à l'insceu des Supplians & autres parens de ladite pupille.

Et dautant que ladite Damoiselle Marie Margueritte de Villeneufve a esté mariée le 26. May 1668. avec ledit Maistre Antoine Gasquet, Conseiller du Roy, Lieutenant au Siege Royal de la Ville de S. Maximin, du consentement tant des Supplians, que de tous les autres parens paternels & maternels de ladite Damoiselle; Il seroit arrivé que ledit Maistre Gasquet ayant repris les Instances qui auoient esté commencées, *tant* par ladite Damoiselle sa femme, contre ledit Alexandre de Villeneufve son oncle, mesmes pour luy faire rendre compte de sa gestion de Tutelle, *que* encores par ladite Damoiselle Lucresse de Grasse veufve sa belle-mere, pour la restitution de partie de sa dot & conventions matrimoniales, en execution d'vne Sentence arbitrale du 22. Iuin 1648. il les auroit toutes fait renvoyer au Conseil, où ledit Villeneufve voyant ne pouvoir éviter d'estre condamné à restituer audit Maistre Gasquet audit nom, la terre de Carros, & tous les autres biens de la succession dudit Cezar de Villeneufve son frere, avec interests comme deniers pupillaires, qui montent à des sommes tres considerables, IL s'est imaginé qu'il pourroit s'en exempter en interjettant appel comme d'abus dudit mariage d'entre ledit Cezar son frere, & ladite Damoiselle Lucresse de Grasse, suiuant la Requeste qu'il a presenté au Conseil le 26. Iuillet 1669. qui n'est remplie que de calomnies, & moyens friuoles & supposez; MAIS voyant qu'il y estoit non recevable & mal fondé, il a suscité Louys de Villeneufve son frere, Sergent Major de la Ville d'Antibe, pour intervenir en ladite Instance, & interjetter vn pareil appel comme d'abus dudit mariage, suiuant sa Requeste du dix-huit Decembre ensuivant; ce qu'estant venu à la connoissance des Supplians, Ils auroient passé leurs procurations pour demander au Conseil d'estre receûs parties intervenantes en ladite Instance, pour conjointement, avec ledit Maistre Gasquet, faire debouter lesdits de Villeneufve, de leur fol appel comme d'abus, avec reparation d'honneur, amande & despens.

A quoy les Suppliants sont obligez tant pour l'interest de leur honneur particulier, que celuy de toutes leurs Familles, qui sont des plus Anciennes & Illustres du Royaume, que lesdits Villeneufve (par vn vil interest, & pour se maintenir injustement dans vn bien qui ne leur appartient pas) voudroient des-honorer en faisant declarer ledit mariage nul, & par consequent faire passer ladite Damoiselle Lucresse de Grasse pour concubine, & ladite Damoiselle Marie Marguerite de Villeneufve sa fille pour bastarde; lesdits Appellants ayans mesme eu la temerité de dire dans leursdites Requestes, qu'avant ledit mariage lesdits Cezar & Lucresse de Grasse avoient eu commerce d'amour illicite & scandaleux, Ce qui est faux & contre toute verité, & vne pure calomnie meschamment inventée par lesdits Villeneufve, pour faire injure tant aux Supplians, qu'à ladite Damoiselle, laquelle a toûjours vescu avec toute sorte d'honneur & de vertu, suivant sa qualité; en sorte que ç'a esté le plus grand honneur que lesdits Villeneufve pouuoient avoir, que de s'allier aux Supplians par le mariage dudit Cezar leur frere, avec ladite Damoiselle Lucresse de Grasse, sur tout si l'on considere que feu Iacques de Villeneufve leur pere n'estoit qu'vn cadet de la Maison de Tourrettes ; Et que les Suppliants sont les aisnez de leurs Maisons & Familles, qui n'ont iamais cedé (en quoy que ce soit) à celle de Villeneufve. Outre lequel interest de l'honneur, les Supplians ont encores celuy du devoir, par le sang & alliance, qui est commun aux Supplians, & à toutes leurs Familles, mais encores particulierement audit Pierre de Grasse pour sa qualité d'*executeur* Testamentaire dudit Cezar de Villeneufve, & de *parrain* de sadite fille ; & audit Iean Henry de Grimaldi pour la nomination que ledit Cezar de Villeneufve avoit fait de sa personne pour estre *Tuteur* de sadite fille, qui les oblige de prendre part en la conservation du bien qui appartient par toute sorte de droict divin & humain à lad. Damoiselle Marie Marguerite de Villeneufve leur niepce, & qui luy a esté vsurpé pendant sa pupillarité, par ledit Alexandre de Villeneufve son pretendu Tuteur, qui a fait toute son administration tutelaire, sans prendre l'aduis des Supplians, bien qu'il y fust obligé par les Loix, les

Coustumes,

Couſtumes, les Ordonnances Royaux, & les Arreſts & Reglemens qu'il a violé par vn motif ſordide d'auarice, dans le deſſein qu'il a toûjours eu, de s'approprier tous les biens de ladite ſucceſſion, ayant recherché pour y parvenir pluſieurs moyens indirects & illicites, qu'il ne peut pas ſouſtenir deuant la Iuſtice du Conſeil; ET c'eſt ce qui l'a meu, dans le deſeſpoir de ſa mauuaiſe Cauſe, d'appeller comme d'abus de la celebration dudit mariage d'entre leſdits Cezar de Villeneufve ſon frere, & Damoiſelle Lucreſſe de Graſſe du 22. Mars 1644. & de la Bulle de diſpenſe & confirmation dudit mariage par eux obtenuë de Mr le Vice-legat d'Avignon, le 20. Iuin audit an; Et de la Sentence de fulmination d'icelle du 21. Nouembre enſuivant, quoy que le tout ſoit dans les formes Canoniques, & que d'ailleurs leſdits Appellants ſoient non recevables en leurſdites appellations, comme d'abus; puis qu'ils ne peuvent pas diſconvenir qu'ils n'ayent fait l'vn & l'autre vne infinité d'Actes approbatifs de l'eſtat legitime de ladite Damoiſelle Marguerite de Villeneufve leur niepce; & qu'elle n'ait eſté reconnuë & eſlevée dans leur Famille comme fille legitime & heritiere Teſtamentaire dudit Cezar de Villeneufve ſon pere, iuſques à preſent, auſſi bien que ladite Damoiſelle Lucreſſe de Graſſe en ſa qualité de veufve dudit Cezar ſon frere. Et outre ce ledit Me Gaſquet à preſent mary de ladite Dlle de Villeneufve, n'aura pas manqué de ſouſtenir en l'Inſtance leſdites fins de non recevoir, & ſubordinément, que leſdits Appellants ſont mal fondez en leurdit appel comme d'abus, que tous leurs moyens ſont friuoles, faux & injurieux, & que ledit mariage a eſté fait dans les formes preſcrites par les Conciles, & les Ordonnances du Roy, & qu'il n'y a, aucun abus en l'obtention de ladite Bulle de diſpenſe, le Vice-legat ayant faculté de l'accorder, & qu'il n'y a aucune obreption en icelle, & que Honoré Roſignol Prevoſt de l'Egliſe de Nice, & Vicaire Forain commis pour ſon execution, l'a fulminée dans toutes les formalitez requiſes, & meſme que ladite diſpence n'a eſté obtenuë que par ſur-abondance de droict, ſans neceſſité, n'y ayant aucune affinité entre leſdits Cezar de Villeneufve, & Damoiſelle Lucreſſe de Graſſe, attendu que le premier mariage contracté par ledit Cezar auec deffunte Damoiſelle Françoiſe de Graſſe de Movans, n'avoit pas eſté conſommé, que ladite Damoiſelle Lucreſſe de Graſſe eſtant dans la bonne foy, auſſi bien que les Supplians, rien ne luy peuſt eſtre reproché; Et que ſi bien l'acte de

B

celebration dudit dernier mariage dudit Cezar de Villeneufve avec ladite Damoiselle Lucresse de Grasse du 22. Mars 1644. ne se trouve pas à present écrit sur le Registre de ladite Parroisse de S. Paul, où il a esté solemnisé, c'est par le dol & fraude desdits Villeneufve Appellans, qui ont eu assez de credit & de malice pour le faire suprimer, ainsi que ledit Alexandre a fait du Certificat, que Federic Michaëlis Prestre, qui y avoit procedé du consentement de Me Clemens Amiel Vicaire perpetuel, en avoit delivré audit Cezar de Villeneufve, ce qui leur est neantmoins inutile, puis qu'il y a des preuves équipolantes de la celebration dudit mariage qui a esté fait publiquement en presence & du consentement de tous les parents desdits mariez, ainsi qu'il resulte tant par le livre de Raison dudit Cezar de Villeneufve, & lesdites Bulle de dispence, & Sentence de fulmination d'icelle qui les confirment, que par le Contract ciuil dudit dernier mariage du 15. dudit mois de Mars 1644. insinué au Greffe du Seneschal de Grasse le 1. Iuillet ensuivant, qu'encores par les Testament & codicile dudit Cezar de Villeneufve, & vne infinité d'autres Actes solemnels qui y sont relatifs, n'y ayant pas mesme dequoy s'estonner si ledit Acte de celebration dudit mariage n'est pas écrit sur ledit Registre de la Parroisse de S. Paul, puis que celuy d'entre lesdits Cezar & deffunte Damoiselle Françoise de Grasse de Movans, que lesdits Appellans pretendent avoir esté celebré en la Parroisse dudit lieu de Movans, le troisiéme May 1632. ne se trouve non plus écrit sur ledit Registre, lesdits Appellans n'en ayans sceu rapporter autre preuve, que ce qui en est écrit dans le dit livre de Raison de Cezar de Villeneufve, & énoncé dans ladite Bulle de dispense; Ce qui par consequent authorise ce mesme livre de Raison, & ceste mesme Bulle pour faire aussi foy de la verité de la celebration dudit dernier mariage du 22. Mars 1644. dont est question, puis qu'il en fait mention en de bien plus forts termes, outre qu'il se trouve confirmé par vne infinité d'Actes solemnels, & l'approbation generale de plusieurs Illustres Familles tres-nombreuses qui l'ont reconnû & reconnoissent encores pour bon, valable, & Canonique, n'y ayant que lesdits Appellants qui ayent eu la temerité de l'accuser de nullité, après vingt six ans, par le seul motif de trouver quelque chicane pour vsurper le bien d'vne pupille; ce qui est vn procedé indigne d'vn Gentil-homme, & odieux à tous les gens de bien, & sur tout à des personnes d'honneur, & de la qualité des Supplians.

CE CONSIDERE', NOSSEIGNEVRS, Il vous plaise de vos graces recevoir les Supplians, parties intervenantes, en ladite Instance d'entre ledit Maistre Gasquet au nom qu'il procede, & lesdits Alexandre & Louis de Villeneufve, faisant droict sur leur intervention, debouter lesdits Alexandre & Louis de Villeneufve de leur appel comme d'abus de la celebration dudit mariage d'entre lesdits Cezar de Villeneufve leur frere, & Damoiselle Lucresse de Grasse, & de la Bulle du Vice-Legat d'Avignon du 20. Iuin 1644. & Sentence de fulmination d'icelle du 21. Novembre ensuivant, confirmatives dudit Mariage; ET ordonner que lesdites Requestes des 26. Iuillet & 18. Decembre 1669. seront & demeureront supprimées, les mots injurieux contenus en icelles, & és autres pieces du procez rayez & biffez, & les condamner en telle reparation d'honneur qu'il plaira au Conseil, avec amande & despens solidairement; ce faisant maintenir & garder tant ladite Damoiselle Lucresse de Grasse en sa qualité de veufue dudit Cezar de Villeneufve, que ladite Damoiselle Marie Marguerite de Villeneufve leur fille en son estat de fille & legitime heritiere Testamentaire dudit Cezar de Villeneufve son pere; & en tous les biens de sa succession, desquels ledit Alexandre de Villeneufve rendra compte audit Maistre Gasquet au nom qu'il procede, à la maniere accoustumée; Et au surplus adjuger audit Maistre Gasquet les fins & conclusions par luy prises en l'Instance, avec despens: ET à cét effet donner Acte aux Supplians de ce que pour tous moyens d'intervention, escritures & productions, ils employent le contenu en la presente Requeste, & tout ce qui a esté écrit, produit & contredit par ledit Maistre Gasquet en ladite Instance contre lesdits Villeneufve respectivement: Et ferez justice,

Signé DEGAMACHES.

Le quinze Iuillet 1670. signifié & baillé copie à Maistre Pierre Ruette Procureur au Grand Conseil, & des parties adverses, par moy Signé DV HAVLTMANOIR.

EXTRAIT DV LIVRE DE RAISON DE NOBLE CEZAR de Villeneufue, commancé le 22. Iuin 1629. fol. 2. & 3.
Produit sous cotte P. P. P.

L'An 1629. & le 19 Iuin, feu mon pere deceda, & fut enterré dans l'Eglise Parrochialle de S. Paul.

Le 3. May 1632. Ie me suis marié auec *Mademoiselle Françoise de Grasse*, fille de feu Monsieur de Canaux & de Moüans, Dieu nous veille benir.

Le 9. Iuillet 1632. je fis insinuer mon mariage au Greffe de Grasse.

Le 11. Septembre 1632. *ma femme deceda, & fut enterrée dans l'Eglise de Moüans*, Dieu vueille auoir son ame.

Le 24. Decembre 1633. i'ay accordé mariage auec *Mademoiselle Olimpe de Giraud fille de Monsieur de Carros*, & auons fait le contract pris par Maistre Rancurel Notaire de Vance.

I'ay fait insinuer mon mariage, au Greffe de Grasse deux ou trois mois apres le iour du contract.

Le 29. Avril 1634. Monsieur Barcillon Vicaire general de Monsieur l'Euesque de Vance ma permis *la consommation de mon mariage*, suiuant la dispence que i'ay obtenuë de Mr. le Vice-Legat d'Auignon, laquelle dispence i'ay riere moy, auec la Sentence que ledit sieur Barcillon a donnée.

Le 30. Avril 1634. i'ay consommé mon mariage à l'Eglise de Messieurs de la Religion, lequel est riere le memorial que les anciens de ladite Religion tiennent, *dont i'en ay vn extraict*, Dieu nous vueille benir de ses graces.

L'an 1639. & le 15. du mois de May, iour du Samedy enuiron l'heure de 3 ou 4 apres midy, Monsieur de Carros mon beau pere, est decedé, Dieu vueille auoir son ame, il a esté enterré dans la piece de la ferraye.

Du 25. Mars 1642. nostre fils Alexandre est nay, & mort le mesme iour; il a esté enterré dans l'Eglise de S. Paul, & en la sepulture de ceux de la Maison de Villeneufve, Dieu nous veille benir de ses graces.

Madame de Monts ma grandmere estoit sa marraine, & Monsieur du Gault mon oncle le parrain.

Du 11. Avril 1642. ma femme est decedée sur le leuer du Soleil, dix sept iours apres son accouchement, l'ay fait enterrer son corps dans ma piece de la Bastide au terroir de Carros, Dieu vueille auoir receu son ame au Ciel.

Durs, Mars 1644, pardeuant Maistre Rons Notaire de Bar, I'ay passé *contract de mariage auec Mademoiselle Lucresse de Grasse*, fille à feu Messire Annibal de Grasse, viuant Seigneur Comte du Bar, & de feuë Dame Claire d'Allagonia de la Maison de Mayrargues, mariez.

Le 22. Mars & an susdit, pardeuant *Messire Michaëlis Prestre de la ville de S. Paul*, administrant les saints Sacremens à saint Laurens, *Nous auons consommé nostre mariage auec madite Damoiselle*, Dieu nous vueille benir de ses graces.

Le sieur Rossignol, Vicaire Forain a executé la teneur de la Commission que Monsieur le Vice-Legat d'Auignon a mandé *pour la validité de nostre mariage*, l'an que dessus.

L'an 1645. & le 22. Ianuier *nostre fille Marie Margueritte* est née au Broc, Dieu la veille benir de ses graces.

Son Parrain est Monsieur le Cheualier de Bar, & sa Marraine Madame du Gault, elle a esté baptisée au Bar, le 1. iuin 1645.

Certificat de Monsieur l'Euesque de Vance, que Federic Michaelis Prestre de S. Paul, y faisoit les fonctions Curiales en 1644. Produit sous cotte L.

Ayant aussi produit sous la cotte E. E. E. vn cayer contenant plusieurs actes de celebrations de mariages par luy faits en ladite Paroisse de S. Paul, depuis ladite année 1644. iusqu'en 1652. qu'il est mort.

6. Decembre 1669.

NOVS ANTHOINE GODEAV, par la grace de Dieu & du S. Siege Apostolique, Euesque & Seigneur de cette Ville de Vance, Conseiller du Roy en ses Conseils d'Estat & Priué, Certifiōs & attestōs à tous qu'il apartiendra, *comme feu Messire Federic Michaelis estoit Prestre, & originaire de la Ville de S. Paul, & qu'en l'année 1644. il a seruy de secondaire, tant dans ladite Paroisse de S. Paul qu'en la Paroisse du lieu de S. Laurens*, lieux de nostre Diocese, y faisant le Prosne, & administroit les Sacremens, comme de *Baptesmes, Mariages, Confessions, & autres fonctions Curiales*, sçauoir partie de ladite année, audit lieu de S. Laurens, & l'autre audit S. Paul, estant ladite ville de S. Paul distante dudit lieu de S. Laurens, d'vne lieuë & demie, ou deux lieuës au plus, Et en foy de cette verité auons fait le present certificat qu'auons signé, & fait contre-signer par nostre Greffier, auquel auons fait aposer nostre scel Episcopal. A Vance le

6. Decembre 1669. Signé, ANTHOINE, Euesque de Vence, & plus bas, Par Commandement de mondit Seigneur DE GVIGVES, Greffier & scellé.

Certificat que dans le Registre de la Paroisse de Moüans de l'année 1632. il n'y a écrit qu'vn seul mariage entre Henry Peilhon & Benoiste Raimonde. Produit sous cotte N.

26. Iuillet 1669.

NOVS Greffier de l'Euesché & Diocese de Grasse, Attestons & faisons foy à tous qu'il appartiendra, auoir fait deuë recherche dans les Registres des Baptesmes, Mariages & mortuaires de la Paroisse de Moüans, & treuué dans lesdits Registres qu'en l'année 1632. fut seulement celebré vn mariage entre Henry Peilson fils de Gueilhen, & Benoise Raimonde, n'ayant trouué aucun autre mariage, & pour estre la verité telle, Auons fait la presente au requis de maistre Gasquet Lieutenant de Iuge de saint Maximin, & desliuré à monsieur de Rogon: A Grasse le vingt-six Iuillet mil six cens soixan-neuf Signé GIRAVD, Greffier, attesté & scellé.

Certificat que l'acte de celebration du mariage d'entre Cezar de Villeneufue, & Damoiselle Françoise de Grasse de Moüans du 3. May 1632. n'est pas écrit dans le Registre de la Paroisse, produit sous cotte N.

21. Aoust 1669.

NOVS Honoré Giraud Notaire Apostolique, & Greffier de l'Euesché & Diocese de Grasse, Certifions & faisons foy à tous qu'il appartiendra, Auoir fait deuë recherche dans le Greffe dudit Euesché de Grasse & dans les Registres des Baptesmes, Mariages, & Mortuaires de la Paroisse du lieu de Moüans dés l'année 1630. iusqu'en 1634 dans lesquels n'auons point trouué la celebration du mariage de Damoiselle Françoise de Grasse de la Maison de Moüans; & pour estre la verité telle auons fait la presente certification de l'ordre, & par l'expres commandement de Monseigneur l'Illustrissime & Reuerendissime Euesque dudit Grasse, pour seruir & valoir ainsi, & pardeuant qu'il appartiendra. Fait à Grasse dans le Palais Episcopal où i'exerce ledit Greffe, le 21. Aoust 1669. Signé, GIRAVD, Greffier, & scellé du seel Episcopal, & attesté & scellé du seel Royal.

& Procedures, nous signé, ANTHOINE, Father de Paul, &
presée, Par Commandement de mondit Seigneur DE GVIERES
Greffier soussigné.

. . . .
. . . . a fait mariage entre Henry Pellisier & . . .
. . . . . de . . . .

. 6. Juillet 1689.

JE . . . .
qu'à nous soy avous qu'il appartiendra, avoir fait des recher-
ches és Registres des Baptesmes, Mariages & mortuaires de la
paroisse de Mouans, & trouvé dans iceluy l'Extrait suivant:

De mot à mot la vérité telle, Avons mis la présente soubz nos
soubz-signé Lieutenant de Juge de Saint Vallier, & debtu & à
. . . . a traicté de vingt six mille cinq cents . . .
. . . Sgr . . . . . D. Greffier . . . . &c.

Extrait acte de célébration du mariage d'entre . . . de V. . . . . .
. . . . Greffe de . . . . Mére . .
. . . .

NOVS Honoré Giraud Notaire Apostolique, & Greffier de
. . . . . Diocese de Grasse, Certifions & Faisons foy à tous
. . . . faict une recherche dans le Greffe de . . .
. . . .

. . . .
. . . .
. . . .
. . . .

. . . .
. . . . en Aoust 1689. Sr. d' O. . . . . .
. . . .

TESTAMENT de Damoiselle Françoise de Grasse de Moüans, dans lequel elle ne fait aucune mention de Cezar de Villeneufue.

15. Aoust 1632.

AV Nom de Dieu, soit-il : L'an mil six cens trente-deux & le quinziéme iour du mois d'Aoust apres midy : A tous presens & aduenir soit notoire ; qu'en ce monde n'ayant rien plus certain que la mort, ny chose plus incertaine que l'heure d'icelle, à occasion dequoy tout fidele Chrestien se doit preparer & disposer de son ame & biens, à celle fin quand plaira à Dieu nous appeller, noise, question ou debat ne suruienne en apres entre les hoirs & successeurs ; ce que considerant *Damoiselle Françoise de Grasse, fille à feu Messire Henry, viuant sieur de Canaux & de Moüans*, malade corporellement, tenant pour raison de ce le lict ; & toutefois estant en son bon sens. ferme propos, discrette & raisonnable parolle par la grace de Dieu, se doutant estre surprise, voulant plutost preuenir que d'estre preuenuë, a fait son dernier testament nuncupatif, extreme & finale disposition côme cy apres. Et premieremet comme fidelle Chrestienne, a recommandé & recommande son ame & son corps à Dieu le Createur, & aux prieres de la glorieuse & Sacrée Vierge Marie, le priant tres humblement que par le merite de la mort & passion de son Fils bien aimé, luy fasse pardon & misericorde de ses pechez & offences, lors que l'ame sera separée de son corps, élisant la sepulture de sondit corps dans l'Eglise Parrochialle du lieu de Moüans, & dans le vase & sepulture de ses feus pere & mere, leguant à lad. Eglise pour son gage spirituel treize deniers petits, payables par son heritier à nommer vne fois seulement ; veut que ses funerailles soient faites Catholiquement à la discretion de sondit heritier. Item ladite Damoiselle testatrice de sondit gré & en l'honneur de Dieu & remission de ses pechez & offences, a legué & legue apres sa fin aux luminaires de *Corpus Domini*, celles de Nostre Dame, S. Sebastien, S. Eloy, Freres Penitens & à l'Hospital dudit lieu, & à chacun desdits luminaires & Hospital dix liures, payables par sondit heritier pour vne fois seulement. Item ladite Damoiselle testatrice a legué & legue apres sa fin à *Charles, Pierre, Alexandre, Claire, Ieanne, Lucresse, Isabeau & Marthe de Grasse ses freres & sœurs*, ce la somme de vingt-cinq liures, payables par sondit heritier, & pour tous droits de succession à vn chacun d'eux competant sur ses biens & heritages les instituant quand à ce, ses heritiers particuliers, & veut que de ce soient comptans, sans pouuoir demander autre chose.

Et en tous & chacuns ses autres biens, meubles, debtes presens & aduenir, elle a fait, institué, appellé, & nommé de sa propre bouche son heritier vniuersel & en tout: Sçauoir, *Annibal de Grasse, Sieur Baron de Moüans son frere & es siens*; Cagier testamentaire, a fait & institué Maistre Sebastien Laugier Procureur au Siege de la ville de Grasse, auquel a donné & donne tout pouuoir & authorité en tel cas requis, *Cecy st son dernier & noncupatif testament extreme & finalle disposition*, laquelle à voulu & veut qu'il vaille par force d'iceluy, & si n'estoit valiable par force d'iceluy, veut que vaille par force de codicile, donnation à cause de mort, & par toute autre derniere volonté que pourra mieux valoir de droit & de Coustume. Casse ladite Damoiselle testatrice par vertu du sien present testament, tous autres testamens, codiciles, donnations à cause de mort qu'elle pouroit auoir fait par le passé & iusqu'au present iour, & pourroit faire par si apres, sans que les mots suiuans y soient inserez, *Iesus miserere mei*, & soit écrit & redigé par le mesme Notaire qui a écrit le present, & veut que le present ait robeur, vertu & efficace, requerant acte, & aux témoins par elle cognus & nommez, d'en porter bon & loyal témoignage de verité, si requis en fait sont & publié audit Moüans & dans la chambre au derriere la salle, present à ce M Bertrand Arnoux Curé, Estienne Rousson, Anthoine Peilhon, Honoré Roux, Raphaël Ibert, Iean Simousse, Peiron, Louis Negris, témoins requis & sous-signez auec ladite Damoiselle, signez à l'Original, Françoise de Grasse, Arnoux Curé, E. Rousson, Simousse, A. Peilhon, R. Ibert, S. Roux, I. Muret, P. Negris & moy, Iean Peilhon Notaire Royal audit Moüans, Peilhon Notaire.

Extraict des écritures & protocoles dudit Maistre Peilhon, & collationné à l'Original. Ce fait rendu par moy Henry Tardiuy Notaire Royal de la ville de Grasse sous signé, où me rapporte ce 12. Septembre 1669. Signé, TARDIVI Notaire, attesté & scellé.

TROIS DECLARATIONS de la maladie & deceds de Damoiselle Françoise de Grasse de Moüans.
17. Aoust 1669.

L'An mil six cens soixante-neuf, & le dix septiéme du mois d'Aoust auant midy, constitué pardeuant moy Notaire Royal en cette ville de Grasse, sous-signé & témoins sous-nommez, *Dame Clere de Grasse de la Maison de Moüans, vefue de feu Messire An-*

thoine le Brun de Castellanne, Escuyer Seigneur de Rogon, âgée de septante-cinq ans, demeurant en cette ville de Grasse, laquelle de son gré, pour la décharge de sa conscience, moyennant son serment, a dit & declaré sçauoir & la verité estre telle; Que lors que feu Cezar de Villeneufue, Escuyer de la maison de Tourrettes, contracta son mariage au mois de May 1632. auec feuë Damoiselle Françoise de Grasse de la mesme Maison de Moüans, sœur germaine de ladite Dame de Rogon constituante, ladite Damoiselle Françoise sa sœur estoit alors atteinte de la maladie d'Etisic & autres infirmitez dont elle mourut au mois de Septembre ensuiuant dans le Chasteau du lieu de Moüans, sans que pendant ce temps là, il ait esté au pouuoir dudit sieur de Villeneufue de la mener en sa maison de S. Paul où il demeuroit ordinairement, ny ailleurs à cause de ladite maladie; de laquelle declaration nous auons concedé acte pour seruir & valoir ainsi & pardeuant qu'il appartiendra. Fait & publié aud. Grasse dans la maison d'habitation de ladite Dame de Rogon, present Henry Courrin fils d'Anthoine & Honoré Gazan à feu Iean du lieu de Moüans, témoins requis & sous-signez, Clerc de Grasse, H. Courrin, Honoré Gazan & de moy Henry Tardiui Notaire Royal audit Grasse, qui ay receu & expedié la presente originellement, sous signé, TARDIVY Notaire, attesté & seellé.

17. Aoust 1669.

L'An mil six cens soixante-neuf & le dix-septiéme iour d'Aoust apres midy, constituée en sa personne pardeuant moy Notaire & témoins, Damoiselle Isabeau de Grasse de la Maison de Moüans, vefue à feu Messire Baltazar de Peron Escuyer sieur de Mezeau, viuant Capitaine au Regiment de Valence, âgée d'enuiron cinquante huit ans, demeurant en ce lieu du Bar, laquelle de son gré pour la décharge de sa conscience moyennant son serment, a dit & declaré sçauoir & la verité estre telle, que lors que feu Cezar de Villeneufue, Escuyer de la Maison de Tourrettes, Contracta mariage au mois de May 1632. auec feu Damoiselle Françoise de Grasse de ladite Maison de Moüans, sœur germaine de ladite Dame de Mezeau, ladite Damoiselle Françoise sa sœur estoit alors atteinte de la maladie de Etique & infirmitez dont elle mourut au mois de Septembre ensuiuant dans le Chasteau de Moüans, l'ayant assistée dans le Chasteau dudit Moüans tout le long de sa maladie, sans que pendant ce temps, il ait esté au pouuoir du sieur de Villeneufue de la mener en sa Maison de S. Paul où il demeuroit ordinairement ny ailleurs à cause de ladite maladie, de laquelle declaration i'en ay concedé acte pour seruir & vouloir ainsi & pardeuant qu'il appartiendra. Fait & publié audit Bar dans la maison de ladite Dame de Mezeau preſent Iean Marmony praticien, & Michel Floris Lieutenant de Iuge, tous dudit Bar témoins requis & ſignez, Iſabeau de Graſſe, Marmony, M. Floris, & de moy Iean Solliers Notaire Royal au Bar, originellement ſous-ſigné, SOLLIERS, Notaire, atteſtée & ſcellée.

17. Aouſt 1669.

L'An mil ſix cens ſoixante-neuf, le dix ſept Aouſt apres midy, conſtituée en perſonne pardeuant moy Notaire Royal de cette ville de Graſſe & témoins ſous nommez *Magdelaine Giraud*, femme de Louis Ferrau de ladite ville, âgée d'enuiron cinquante-ſept ans, demeurant en cette Ville de Graſſe, laquelle de ſon gré *pour la décharge de ſa conſcience, moyennant ſon ſerment*, a dit & declaré ſçauoir, & la verité eſtre telle, que lors que feu Cezar de Villeneufue Eſcuyer de la Maiſon de Tourrettes contracta ſon mariage en l'année 1632. auec feuë Damoiſelle Françoiſe de Graſſe de la Maiſon de Moüans, *elle demeuroit pour fille de Chambre auec ladite Damoiſelle, laquelle eſtoit alors atteinte de maladie d'Etique & autres infirmitez, pendant laquelle icelle Giraud, enſemble la Dame de Vauplane & ſa fille de Chambre, s'en allerent à Chaſteauneuf pour parler audit ſieur de Villeneufue, & luy faire ſçauoir comme ladite Damoiſelle de Graſſe eſtoit fort malade, le perſuadant de l'aller voir à Moüans, que peut eſtre ſa preſence la ſoulageroit; mais ledit ſieur de Villeneufue n'y voulut point aller, & le lendemain ſur les deux heures apres midy, ladite Damoiſelle Françoiſe mourut dans le mois de Septembre & dans le Chaſteau de Moüans, & à cauſe de ladite maladie, ledit ſieur de Villeneufue ne peut la mener en ſa maiſon de S. Paul où il demeuroit ordinairement ny ailleurs*, de laquelle declaration nous auons concedé acte pour ſeruir & valoir ainſi & pardeuant qu'il appartiendra. Fait & publié audit Graſſe dans noſtre Maiſon d'habitation preſens à ce Gaſpard Mus fils de Guilhen & Louis Mories dudit Graſſe qui ont ſigné fors ladite Giraude qui a fait ſa marque, pour ne ſçauoir écrire, ☩ marque de ladite Giraude, Mus & L. Moriez, & de moy Henry Tardiuy Notaire Royal audit Graſſe qui ay receu, & expedié la preſente originellement ſous ſigné, TARDIVY Notaire, atteſtée & ſcellée.

CESSION faite par Cezar de Villeneufue à Alexandre & Louis de Villeneufue ses freres, de 3600. liures chacun, en payement du legs à eux fait par Iacques leur pere, pour tous droits de legitime, & supplement d'icelle.

20. Fevrier 1640.

L'AN mil six cens quarante & le vingtiéme iour du mois de Fevrier apres midy ; sçachent tous que feu sieur Iacques de Villeneufue Escuyer de la Maison de Tourrettes, par son dernier & valable testament pris & receu par feu Maistre Sebastien de Guigues Notaire, quand viuoit de cette Ville de S. Paul le 18. Iuin 1629. entr'autres choses en iceluy contenuës, *ait legué par droit d'institution particuliere & pour tous droits paternels à Alexandre & Louis de Villeneufue ses fils, la somme de douze cens escus pour chacun*, & par ledit testament fait son heritier Cezar de Villeneufue son fils aîné, sieur de Carros; Et d'autant que ledit sieur de Carros desire satisfaire lesdits sieurs ses freres desd. legats. A CETTE CAVSE, constitué en sa personne ledit sieur Cezar de Villeneufue sieur de Carros, lequel de son gré pour luy & les siens en payement desdits douze-cens escus de legat qu'il doit pour chacun desdits Alexandre & Louis de Villeneufue ses freres, suiuant le testament de leur feu pere, *A ceddé & remis ausdits Alexandre & Louis de Villeneufue ses freres presens & stipulans & acceptans ; sçauoir est semblable somme de mil deux cens escus pour chacun d'eux*, à les prendre, leuer, exiger & receuoir des Consuls & Communauté du lieu du Broc; sçauoir *deux mil cent escus* que ladite Communauté est obligée audit feu sieur de Villeneufue en capital de pension, par acte de constitution de pension receu par moy dit Notaire (comme ont dit) aux an & iour y contenus, *& les trois cens escus restans à compte des courans de pension de ladite somme échèuë*, pour raison de laquelle somme de douze cens escus par chacun, ledit sieur de Carros cedde à sesdits freres les mesmes droits, actions, obligations & hypoteques qu'il a par vertu desdits actes, contre ladite Communauté du Broc, les mettant & subrogeant en son propre droit, lieu & place, auec promesse de leur estre tenu de toute euiction, & garantie debte deub & non payé, & de tout deffaut de biens en deuë forme : A LA CHARGE & pache expres que lesdits Alexandre & Louis de Villeneufue ne pourront exiger ladite somme principale, bien que ladite Communauté voulust payer en argent, fors que en fonds de Domaines, & suiuant les Arrests de sa Majesté, lesquels fonds ne pourront aliener, que iusqu'à ce qu'ils auront atteint l'âge de 27. ans, neantmoins jouïront des fruits & courans de pension, ainsi qu'est porté par lesdits contracts, où à ce que seront reduits lesdits interests ou fruits, & ne sera permis ausdits sieurs ses freres de pouuoir engager lesdits interests ou fruits que de trois en trois mois: Permettant neantmoins ledit sieur de Carros audit Alexandre son frere, d'engager les fruits de sa pension pour six mois, & pour cette fois tant seulement, comptable de ce jourd'huy, declarant lesdits Alexandre & Louis freres, auoir receu dudit sieur de Carros leur frere, leur entretient du passé, tant en viures, qu'habits, iusqu'à present, dequoy en tiennent quitte leurdit frere, & promettent que plus ne luy en sera fait demande, & moyennant la susdite remission & cession cy-dessus, lesdits Alexandre & Louis de Villeneufue quittent entierement leurdit frere de sesdits legats & promettent aussi, que n'en feront plus demande, & de pache aussi que lesdits de Villeneufue freres ne pourront aliener les fonds que iusques qu'auront ledit âge de vingt-sept ans, & auront ratifié le present acte, & non autrement, & ayent atteint ledit âge; & en cas que ne vueillent accepter la presente cession, ont accordé qu'ils seront tenus retroceder ladite somme audit sieur de Carros leur frere, qui leur remplacera ladite somme sur autres debtes de l'heritage; Ce que ledit sieur de Carros auroit fait presentement si n'estoit la crainte que lesdites debtes pourroient perir, à faute de les pouuoir exiger, lesquels ledit sieur de Carros pourra exiger pour les conseruer, ou payer leur droit de legitime, conformement la payée au sieur Federic de Villeneufue leur autre frere, & en cas de ce, ledit sieur de Carros, repetera sur eux la valeur de la cotte de l'imposition faite par sa Majesté sur les debtes des creanciers de cette Prouince pour leur part concernant; A esté encores de pache que iusqu'à ce que ladite Communauté de Broc ait acquitté la somme cy-dessus en fonds ausdits de Villeneufue, ledit sieur de Carros ceddant sera tenu payer à chacun de sesdits freres quinze escus de trois en trois mois pour leur entretient, si mieux n'aiment le continuer dans sa maison, sauf cy-apres audit sieur de Carros auoir son remboursement de ladite Communauté, par la promesse que lesdites parties ont fait d'auoir à gré ce que dessus, & n'y contreuenir, à peine de tous despens, obligeant tous leurs biens presens & à venir à toutes Cours, & l'ont juré & requis acte. Fait & publié audit S. Paul chez moy Notaire, en presence de André d'Ahondis sieur d'Allons, & de Maistre Pierre Chaudol Procureur du Roy dudit S. Paul sous-signés, *Villeneufue, A. Villeneufue, Louis de Villeneufue, Chaudol, Haondis*, & moy Guillaume Isnard Notaire Royal audit S. Paul, sous-signé, *Isnard Notaire*, ainsi signez à l'original. Extrait d'autruy, main des Prothocoles dudit feu Maistre Isnard, rière ses hoirs, par moy Notaire Royal sous-signé, LAYET Notaire.

BVLLA LEGATIONIS AVENIONESIS,
pro Eminentißimo & Reuerendißimo Cardinali Antonio Barberino.

Produite sous les cottes A.A.A.A. & H.H.H.H.

9. Des Kalendes de Mars 1633.

RBANVS Episcopus seruus seruorum Dei, dilecto Filio nostro *Antonio* sanctæ Agathæ Diacono Cardinali *Barberino* nuncupato in ciuitate Auenionensi & Comitatu nostris Venaissino in spiritualibus & temporalibus Vicario generali, ac in illis, nec non viennensi, Ebredunensi, Arelatensi, Aquensi, & Narbonensi Prouinciis, ac illis adjacentibus ciuitatibus, terris, & locis, nostro & Apostolicæ sedis *de latere legato*, salutem & Apostolicam benedictionem. Licèt Apostolicæ potestatis plenitudo & vniuersi gregis Dominici cura desuper nobis commissa sit; humanæ tamen facultatis fines excedere non valentes, quodque circa singula Apostolicæ seruitutis Officia per nosmetipsos præstare non possumus, considerantes nonnunquam aliquos & præcipuè sanctæ Romanæ Ecclesiæ Cardinales in sollicitudinis nostræ partem assumimus, vt ipsis vices nostras supplentibus commissum nobis ministerium faciliùs exequamur: ad ciuitatem itaque Auenionensem & comitatum nostros venaissinum regni Franciæ finitimos in quibus dilectus filius noster Franciscus sancti Laurentij in Damaso Diaconus Cardinalis Barberinus nuncupatus noster secundum carnem ex fratre Germano nepos, legationis ac Vicariatus muneribus pro nobis & sede Apostolica, ex deputatione per nos de ejus persona ad nostrum beneplacitum facta nuper fungebatur, illorumque ciues, incolas & habitatores tanquam peculiares & deuotos nostros & Apostolicæ sedis filios ad præsens stante libera per dictum Franciscum Cardinalem hodiè in manibus nostris ac consistorio nostro secretè facta munerum huiusmodi dimissione Legati de Latere ac Vicarij in spiritualibus & temporalibus generalis solatio destitutos, Aciem nostræ considerationis dirigentes illorumque fælici

regimini & pacifico ac tranquillo statui vt præseruentur à noxiis & optatis perfruantur incrementis quam primùm prospicere cupientes in te & nostrum secundùm carnem ex fratre Germano nepotem ipsiusque Francisci Cardinalis fratrem germanum generis nobilitate clarum & singulari erga nos & sedem Apostolicam fide ac in maximis grauissimisque negotiis gerendis prudentia, integritate & virtute ornatum, nobisque valdé probatum & charum conuertimus oculos nostræ mentis, sperantes te, diuina assistente gratia, ciuitatem & comitatum prædictos iuxta cordis nostri desiderium, fæliciter recturum & prosperè gubernaturum, ac omnia & singula quæ ad Dei laudem & Apostolicæ sedis dignitatem populorumque prædictorum, vtilitatem & quietem pertinebunt, prouidè, fæliciter & diligenter curaturum. Te igitur in nostrum & dictæ sedis Vicarium in spiritualibus & temporalibus generalem in ciuitate Auenionensi & Comitatu nostris Venaissino prædictis cum plena, libera & omnimoda facultate, potestate & authoritate, omnia quæ ad huiusmodi Vicariatus officium de iure, priuilegio, & aliàs quomodolibet pertinent, faciendi, gerendi & exequendi, & *tam in illis*, quam *eis adjacentibus Ebredunensi, Arelatensi, Aquensi, Viennensi, & Narbonensi Prouinciis, ciuitatibus, terris & locis*, nostrum & Apostolicæ sedis, de Latere Legatum, ad Triennium proximum authoritate Apostolica tenore presentium de venerabilium fratrum nostrorum eiusdem sanctæ Romanæ Ecclesiæ Cardinalium Consilio & assensu, facimus, creamus, constituimus, & deputamus, tibique (legatione hujusmodi durante) *omnia & singula priuilegia, facultates, gratias & indulta legationem ipsam concernantes*, hactenus quibuscunque suæ legationis huiusmodi ante te, sedis prædictæ legatis. PRÆSERTIM *dicto Francisco & bonæ memoriæ Ludouico Ludouisio*, ac Iuliano de Ruuere sancti Petri ad vincula Presbitero *& Francisco Gnilhelmo Episcopo Tusculanensi ac Auxitanensi Alexandro Farnesio & Garciæ Bertonio etiam nuncupatis*, ac aliis eiusdem sanctæ Romanæ Ecclesiæ Cardinalibus qui pro tempore in ciuitate & comitatu aliisque Prouinciis & locis prædictis legationis huiusmodi munere perfuncti fuerunt per quoscunque Romanos Pontifices prædecessores nostros concessa, quorum tamen præsentibus pro plenè, & sufficienter de verbo ad verbum expressis, insertis, & specificatis haberi volumus, dummodo sacri concilii Tridentini decretis contraria non sint, neque illis quouis modo aduersentur, authoritate prædicta, tribuimus & impartimur, ita vt eisdem ac omnibus & singulis facultatibus æquê ac prædicti legati pro tempore *sine aliqua prorsus differentia* ac si illa tibi per nos specificè &

nominatim in omnibus & per omnia conceſſa extitiſſent, dicta legatione durante, vti poſſis valeas & debeas, MANDANTES propterea dilectis filiis conſulibus, ciuibus & habitatoribus dictæ ciuitatis, nec non Electis, Baronibus, feudatariis, Communitatibus, habitatoribus prædicti comitatus ac etiam Prouinciarum & locorum Prædictorum Rectoribus, Gubernatoribus & Officialibus quibuſcumque cæteriſque, ad quos ſpectat, vt te in noſtrum & ſedis Apoſtolicæ Vicarium & Legatum de Latere iuxta tenorem præſentium recipiant & admittant, faueant, obediant & aſſiſtant ac debito honore, fide & reuerentia proſequantur, nonobſtantibus quibuſue Apoſtolicis ac in vniuerſalibus, Prouincialibus & Synodalibus Conciliis editis generalibus vel ſpecialibus conſtitutionibus & ordinationibus ac quibuſcumque ſtatutis & conſuetudinibus etiam iuramento, confirmatione, Apoſtolica vel quauis firmitate alia roboratis, priuilegiis quoque, indultis & litteris Apoſtolicis quibuſuis in contrarium conceſſis; confirmatis & approbatis ac ſæpius innouatis & demùm illis omnibuſque, in prædictarum Facultatum litteris à predeceſſoribus prædictis conceſſa & ordinata fuerunt nonobſtantibus cæteriſque contrariis quibuſcumque. Volumus autem & decernimus vt præſentium tranſſumptis & impreſſis tuo ſigillo munitis, & manu tui Secretarij aut Regentis Cancellariæ tuæ ſubſcriptis, vbique in iudicio & extra, fides indubitata adhiberi debeat, tu igitur diuina gratia & Apoſtolico fauore fretus, onus hoc cum noſtra & Apoſtolica benedictione promptè ſuſcipiens, ſic te in eius adminiſtratione geras, vt ex præſtantibus tuis actionibus, gratia tibi fauente diuina, deſiderati fructus proueniant, tuque, præter humanæ laudis Encomium, celeſtis retributionis præmia conſequaris. Nulli ergo omninò hominum liceat hanc paginam noſtræ creationis, conſtitutionis, deputationis, tributionis, impartitionis, mandati, voluntatis, & decreti infringere, vel ei auſu temerario contrire. ſi quis autem hoc attentare præſumpſerit, indignationem omnipotentis Dei ac beatorum Petri & Pauli Apoſtolorum eius ſe nouerit incurſurum. DATVM Romæ apud ſanctum Petrum, anno Incarnationis Dominicæ milleſimo ſexcenteſimo trigeſimo tertio) nono Kalendas Martij, Pontificatus noſtri, anno decimo, E, Datarius; Viſa de curia, A. Hurandus; An. Rondiminus, N, Darius. locus ✠ plumb; Regiſtrata in Secretaria Breuium.

Et ſur le reply eſt écrit.

Anno Incarnationis Dominicæ 1633. Et die 5. menſis Iunij præ-

Sentes litteræ deputationis & creationis in legatum Auenionensem, de persona E, & R, Domini Domini Antonij Cardinalis
Barberini nuncupati lectæ, publicatæ & subinde Registratæ fue-
rum in Registris Legationis Auenionensis, in quorum fidem,
Signé, Decotione Secretarius.

Annexée suiuant l'Arrest de la Cour de Parlement de Prouence, ensuite de l'*Arrest* donné par ladite Cour, ceant à Aix le 19.
Octobre 1633. Signé Estienne.

※ ※ ※ ※ ※ ※ ※ ※ ※ ※ ※

TENEVR DES LETTRES PATENTES de sa Majesté, sur l'execution de la Bulle de la Legation d'Auignon, en faueur de Monsieur le Cardinal Anthoine Barberin.

Septembre 1633.

LOVIS par la grace de Dieu Roy de France & de Nauarre, Comte de Prouence, Forcalquier, & Terres adiacentes: A nos Ames & Feaux les Gens tenans nostre Cour de Parlement de Prouence, Salut. Nostre tres-cher & bien aimé Cousin le Cardinal *Antoine Barberin* Nepueu de nostre tres-saint Pere le Pape, Nous a fait remonstrer comme sa Sainteté l'auroit pourueu de la legation d'Auignon sur la démission de nostre aussi tres-cher & bien aimé Cousin le Cardinal François Barberin son Frere, pour en iouir pendant l'espace de trois ans, auec les mesmes pouuoirs, facultés & authorités qui ont esté octroyées à nos tres chers Cousins les Cardinaux cy deuant Legats en icelle Legation, ainsi qu'il nous est apparu par les Bulles & prouisions pour ce expediées données à Rome le vingt-troisiesme Feurier dernier, sur quoy nostre dit Cousin nous auroit requis luy accorder nos lettres necessaires pour faire verifier & enregistrer lesdites Bulles & facultés en nostre dite Cour de Parlement de Prouence: A CES CAVSES, inclinant à la supplication de nostredit Cousin le Cardinal Antoine Barberin, Légat susdit, apres auoir fait voir lesdites prouisions du vingt-quatriesme Feurier dernier en nostredit Conseil, de l'aduis d'iceluy & de nostre Grace speciale, pleine puissance & autorité royalle *luy auons permis & octroyé, permettons & octroyons*, par ces presentes signées de nostre main, de iouir & vser de ladite legation, pouuoirs, autorités & facultés portées par lesdites Bulles &

prouifions, *tout ainfi que les autres Cardinaux, qui ont efté cy deuan pourueus d'icelle legation, en ont* joüy pourueu toutefois qu'il ne s'y trouue aucune chofe contraire ny préjudiciable aux Concordats & indults entre ledit Siege Apoftolique & nous, aux droits, franchifes & libertez de l'Eglife Gallicane. SI VOVS MANDONS ET ENIOIGNONS, que fuiuant noftre prefente permiffion, vous faffiez verifier, publier & enregiftrer lefdites Bulles & prouifions; & du contenu en icelles faire joüir & vfer pleinement & paifiblement noftredit Coufin le Cardinal Antoine Barberin, fans y apporter aucune remife, reftriction, modification ny difficulté, ny luy faire, fouffrir luy eftre fait aucun trouble ou empefchement; lefquels, fi faits eftoient, Vous feriez mettre à pleine & entiere déliurance, eftat, & fans attendre autre plus ample permiffion, juffion, & plus expres commandement de Nous, que ces prefentes, lefquelles voulons & entendons fortir leur plein & entier effet, & vous feruir de toute juffion *nonobftant* appellations ou oppofitions quelconques, & fans prejudice d'icelles, pour lefquelles ne voulons ladite publication & execution du contenu en cesdites prefentes eftre aucunement differé & retardé; *nonobftant* aufli quelconques Lettres & autres chofes à ce contraires, aufquelles & aux dérogatoires des dérogatoires y contenuës, Nous auons dérogé & dérogeons par cefdites prefentes: CAR TEL EST NOSTRE PLAISIR. Donné au Camp deuant Nancy le iour du mois de Septembre mil fix cens trente trois; & de noftre Regne le vingt-quatriéme, Signé, LOVIS, Et plus bas par le Roy Comte de Prouence, SERVIEN, ainfi figné à l'Original defdites Lettres Patentes, & fcellées du grand fceau de cire jaune à fimple queuë.

Il y a eu Arreft à la Barre de la Cour fur la verification & enregiftrement defdites Lettres Patentes fur la Requefte à elle prefentée par le fieur Cardinal Barberin, apres auoir oüy fur ce Monfieur le Procureur general du Roy, qui n'a empefché l'annexe & verification requife, aux qualitez contenuës aux Lettres Patentes, en datte ledit Arreft du 19. iour d'Octobre 1633. Collationné.

EXTRAICT des Regiftres des Bulles de la Cour de Parlement de Prouence, Signé, COQVILHAT.

BVLLA & Facultas dispensandi in secundo gradu cum Nobilibus, ac cum eis; & aliis, in tertio, & quarto consanguinitatis, & affinitatis gradibus, & super impedimentum publicæ honestatis iustitiæ.
Produit sous cotte L.

10. Mars 1475.

SIXTVS Episcopus seruus seruorum Dei, dilecto filio Iuliano tituli sancti Petri ad vincula Præsbitero Cardinali, ad Regnum Franciæ & vniuersas Galliarum partes, ac Prouinciam Prouinciæ, nec non nostram Ciuitatem Auenionensem & comitatum venaissini, ac illis adjacentes Prouincias, ciuitates & loca Apostolicæ sedis legato, *Salutem & Apostolicam benedictionem.* Cum te ad regnum Franciæ & vniuersas Galliarum, & comitatum venaissini, & illis adjacentes Prouincias & loca, pro diuersis arduis & magnis nostris & Romanæ Ecclesiæ negotiis, legatum de latere de fratrum nostrorum sanctæ Ecclesiæ Cardinalium Concilio tenore præsentiũ destinemus; NOS volentes tuam honorare personam, & per honorẽ tibi exhibitũ in huiusmodi legatione eó vtiliús proficere valeas, quo fueris per nos, Majori authoritate munitus circunspectioni tuæ Apostolica hac vice duntaxat legatione durante, quibuscumq; vtriusq; sexus personis intra limites tuæ legationis constitutis de quibus tibi videbitur quæ *tertio*, vel *quarto*, & *si de regali, Ducali*, vel *comitum sanguine fuerint, quouis secundo consanguinitatis, vel affinitatis gradibus, seu alios mixtim, aut qualiter cumque se inuicẽ attigerint conjunctim, seu alia quacumque cognatione spirituali, vel publicæ honestatis iustitiæ conjunctæ seu ligatæ existant*, & qui per adulterium inuicem polueruñt, & certis suadentibus causis, desiderant se inuicem matrimonialiter copulari, aut quæ ignoranter, vel scienter se huiusmodi gradibus, vel alias fore conjunctas, matrimonium inuicem contraxerunt & consummarũt, etiam si prolem exinde susceperũt cum illis videlicet, qui contrahere desideraverint, vt impedimento ex consanguinitate, vel affinitate, seu cognatione spirituali, vel publicæ honestatis iustitiæ huiusmodi proueniente, non obstante matrimonium inter se contrahere. Cum illis vero qui ignoranter in contracto matrimonio remanere, illis autem qui scienter contraxerunt ab excommunicationis sententia qua propter premissa incurrerint absoluendi, ac cum ipsis & eis prius tamen ad inuicem ad tempus de quo tibi videbitur separatis, vt matrimonium de nouo contrahere, & in eo postquam contractum fuerit remanere libere &

licite valeant, dummodo mulieres hujusmodi (propter hoc) raptæ non fuerint, dispensandi & prolem exinde susceptam & suspiciendam legitimam decernendo, plenam & liberam, auctoritate Apostolica tenore præsentium concedimus Facultatem: volumus autem quod illæ cum quibus ad contrahendum in dictis secundo & tertio gradibus, huiusmodi seu talibus mixtim dispensaueris, & quæ in quibuscumque ex dictis gradibus constitutæ scienter matrimoniū contraxerint & consummauerint, iuxta suarum facultatum qualitatem, aliquam summam pecuniarum ad subuentionem fidelium contra Turcas, iuxta tuæ discretionis arbitriū, exponere, & tibi realiter consignari teneantur. Datum Romæ, apud sanctum Petrum, anno Incarnationis Dominicæ millesimo quadringentesimo septuagesimo quinto, decimo Calendas Martii, Pontificatus nostri Anno quinto, locus ☩ sigilli.

Facultates Illustrißimi & Reuerendißimi Domini Federici Sfortiæ Vicelegati legationis Auenionensis. Produit sous cotte L.

1. May 1637.

ANTONIVS miseratione diuina tituli sanctæ Agatæ, S.R.E. Diaconus Cardinalis Barbarinus S.D.N. Vrbani diuina prouidentia Papæ Octaui & Apostolicæ sedis in ciuitate Auenionensi, & comitatu venaissino, in spiritualibus & temporalibus Vicarius generalis, & tam in istis, ciuitate, & comitatu quàm in Ebredunensi, Arelatensi, Aquensi, Viennensi, & Narbonensi Prouinciis, ciuitatibus, oppijs, terris, aliisque finitimis locis, de Latere Legatus. Dilecto nobis in Christo. D. *Federico Sfortiæ* ex comitibus sanctæ Floræ Domicello Romano, prothonotario Apostolico de numero participantium, & in vtraque signatura Sanctissimi D. N. refferendario, nostro & sanctæ sedis Apostolicæ eiusdem Vicario & prolegato. *Salutem in Domino, sempiternam,* Sané cum Apostolicæ Legationis munera à Sanctissimo D. N. vltró nobis iniunctum exposuit, vt in locis fidei nostræ creditis omnia saluberrimé & rectissimé administrentur, ita vt, inconcussa manente publica, priuataque securitate, sinceræ pietatis, rectæque disciplinæ studia, ibidem fæliciús in diem excolantur & floreant, ideo illud idem efficit, vt in id, tota mente, totisque viribus incumbamus, nullumque alium fructum nobis potiorem, vel quæramus, vel optemus, quam vt indicta ciuitas Auenionensis & comitatus venaissinus, cæterique populi qui legationis nostræ finibus continentur, sentiant aliquando curam, sollicititudinemque nostram, sibi quam plurimum profuisse, quoniam autem nobis nunc eò proficisci non licet, quippe aliis occupationibus in vrbe detinemur, te vnum meritis tuis potissimum, ita exigentibus delegimus quem ad legationis istius munus vice nostra Regentem & administrantem delegaremus, notas enim iam diu planeque perspectas habemus eximias virtutes tuas, ac maiori oneri ferentem pares, & quę preter generis claritatę, eminentem pietatem, fidem, animi magnitudinem, ac prudentiam, cum singulari morum integritate & elegantia coniunctam. NOS IGITVR in te talibus ornamentis decoratum, ius, auctoritatemque nostram omnem libenti animo, transfudimus, teque nostrum, & Apostolicę sędis in spiritualibus & temporalibus in illis ciuitate & comitatu Vicarium generalem, ac tam in illis, quam in Ebredunensi, Arelatensi, Aquensi, Viennensi, Narbonensi Prouinciis, ciuitatibus, oppidis, terris, aliisque finitimis locis, *prolegatum per proximum triennium*, & ad nostrum beneplacitum, *creamus, constituimus, & declaramus*, tibi omnia & singula priuilegia, facultes, indulta, & gratias concedentes, quibus alij Vicarij & prolegati, Ibidem vti consuerunt, & quę nobis tributa sunt per Apostolicas literas, etiamsi huiusmodi quę specialissimum requirunt mandatū, ius, potestasque sit tibi omnia & singula facient. precipien. geren. administran. quę nos ipsi si praesentes ibi essemus, facere, precipere, gerere & administrare possemus; Quocirca auctoritate nobis concessa mandamus & praecipimus D. D. Ciuibus & habitantibus ipsius ciuitatis Auenionensis, nec non electis Baronibus, feudatariis, & incolis ipsius ciuitatis; ac etiam Prouinciarum locorū Praedictorū Rectoribus, gubernatoribus & Officialibus quibuscumque, ceteriique omnibus ad quos ea res pertinebit, vt te nostrum Apostolicaeque sedis, prolegatum & Vicarium agnoscant, recipiant & admittant, tibi presto sint, pareant obediant, teque debito honore, fide, & obseruantia prosequantur, tu vero vicissim honorificam hanc Prouinciam sic obire & administrare pergito, vt & nostro de te iudicio, expectationique & populorum iam tuae quoque fidei commissorum votis atque optatibus abundè facias satis, quod vtique adiutrice Dei gratia, quam tibi ex animo optamus & praecamur omninò futurum confidimus. DATVM Romae in Pallatio Apostolico die prima mensis Maij, anno Natiuitatis D. N. Iesu Christi 1639. CARDINALIS ANTONIVS BARBARINVS.

M. Steph. Episcopus Linen. Secretarius.

BREVE confirmatorium Sanctißimi, D. N. Papæ Vrbani octaui.
Produit fous cotte L.
23. May 1637.

DILECTO Filio Magistro Federico Sforcia nostro & Apostolicæ sedis Notario de numero participantium.

DILECTE fili, Salutem & Apostolicam benedictionem. Cum dilectus filius noster Antonius & sanctæ Agatæ Diaconus Cardinalis Antonius Barbarinus nuncupatus, noster secundum carnem ex fratre Germano nepos, in ciuitate auenionensi & comitatu nostro Venaissino, ac in illis, & adjacentibus Ebredunensi, Arelatensi, Aquensi, Viennensi & Narboënsi Prouinciis, ciuitatibus, terris & locis nostræ Apostolicæ sedis Vicarius in spiritualibus & temporalibus generalis, ac de latere legatus, de fide, prudentia, integritate ac in rebus agentibus solertia, aliisque præclaris virtutibus tuis plurimúm in Domino confisus, te in eisdem, ciuitate, comitatu Prouinciis & locis, Vice-Legatum, & Vicarium generalem nostrum & sedis Apostolicæ, ad suum beneplacitum, fecerit, instituerit & deputauerit, prout in patentibus dicti Antonij Cardinalis & Legati desuper confectis etiam pleniús continetur. *NOS vt ea quæ ad munus hoc spectant facilius valeas adimplere, specialem tibi gratiam facere volumus, te in Vice-Legatum, & Vicarium generalem huiusmodi Apostolica auctoritate, tenore præsentium confirmamus, tibi omnes & singulas facultates, prærogatiuas & preeminentias quas alij nostri, & sedis Apostolicæ Vice-Legati hactenus habuerunt & vsi fuerunt, quasque prædictus Antonius Cardinalis & Legatus tibi concessit, prout in dictis patentibus literis continetur, quas omnes præsentes pro expressi habere volumus concedimus & impartimur.* Mandates propterea dilectis filiis ciuitatis Auionensis & aliarum ciuitatum & locorum comitatus Venaissini, communitatibus, vniuersitatibus & hominibus cæterisque ad quos spectat, vt te in vicelegatum agnoscant & reuereantur, recipiant ac debitis obsequijs & obedientia prosequantur, præterea tibi vt in quibuscumque negotiis & causis criminalibus ad te durante munere Vice-Legati prædicto illiuique occasione, deferent. Etiamsi exinde sanguinis effusio, membrorum mutilatio & mors aliquorum subsequatur, tuta conscientia, & sine aliquo censurarum Ecclesiasticarum & irregularitatis incursu, te immiscere liberé & licité valeas dummodò sententiã sanguinis per te ipsum non feras, autoritate, & tenore præsentium licentiam concedimus, & impartimur, nonobstantibus constit. & ordin. Apost. cæterisque contrariis quibuscumque. DATVM in Arce Gandulphi Albanen. sub annulo piscatoris die 23. Maij anno 1637. Pontificat. nostri anno 14.

BVLLE de Monsieur le Vicelegat d'Avignon, portant dispense & confirmation du mariage qui auoit esté celebré le vingt-deux Mars 1644. entre Noble Cezar de Villeneufue Sieur de Carros, & Damoiselle Lucresse de Grasse.

20. Iuin 1644.

FEDERICVS SFORTIA EX COMITIBVS Sanctæ Floræ, domicellus Romanus, Sanctæ Sedis Apostolicæ de numero participantium Prothonotarius, ac vtriusque signaturæ Sanctissimi Domini nostri Papæ Referendarius, Eminentissimi & Reuerendissimi Domini Domini Antonij miseratione Diuina Sanctæ Agatæ Sanctæ Romanæ Ecclesiæ Diaconi Cardinalis Antonij Barbarini nuncupati eiusdem Sanctæ Romanæ Ecclesiæ, Camerarij, in Ciuitate Auenionensi & toto Comitatu Venaissino pro eisdem Sanctissimo Domino nostro Papa & sede Apostolica in Spiritualibus & temporalibus Vicarij generalis, & in illis, ac Viennensi, Ebredunensi, Arelatensi, Acquensi, & Narbonensi Prouinciis, il'isque adiacentibus terris & locis, eiusdem sedis de Latere Legati Vicarius generalis & Vicelegatus. Reuerendissimo in Christo Patri Episcopo Ventiensi, seu eius in Spiritualibus Vicario generali, vel sede Episcopali vaccante, Vicario à Capitulo Ecclesiæ Ventiensis Canonicè creato, Salutem in Domino sempiternam. Exponi siquidem nobis fecerunt dilecti nobis in Christo Cæzar de Villeneufue Ventiensis Diœcesis, & Lucretia de grasse Oriunda grassensis diæcesis, habitatrix dictæ Ventiensis diæcesis, *quod ipsi nuper matrimonium inter se per verba de præsenti contraxerunt*, & ad vlteriora in eo procedere desiderant: sed quia eis obstat Impedimentum publicæ honestatis iustitiæ, ex eo quod dictus Cæzar aliàs matrimonium ratum, non tamen consummatum, cum quondam Francisca de Grasse prædictæ Lucretiæ, secundò consanguinitatis gradu coniuncta, celebrauit, desiderium suum in hac parte adimplere nequeunt, dispensatione Apostolica desuper priùs non obtenta, vnde nos humiliter supplicari curarunt sibi super his de opportuno dispensationis remedio misericorditer prouideri, Nos igitur huiusmodi supplicationibus inclinati, discretioni vestræ *Apostolica authoritate sufficienti ad id, à sede prædicta facultate muniti*, harum serie committimus & mandamus, quatenus, si est ita, & quod dicta Lucretia ab aliquo propterea non rapta fuerit, & aliud Canonicum non obstet impedimentum, cum eisdem exponentibus, vt impedimento, publi-

A

cæ honestatis huiusmodi non obstante, dictum matrimonium inter se de nouo, *si videbitur per similia verba de præsenti legitimè contrahere, illudque ceu iam contractum in facie Sanctæ matris Ecclesiæ, vt moris est, solemnisare, & demum in eo quoad vixerint, remanere libere & licite possint & valeant, dicta authoritate dispensatis, seu vnus vestrum dispenset*, prolem exinde suscipiendam legitimam decerno, nonobstantibus etiam quibusuis Constitutionibus & ordinationibus Apostolicis, Prouincialibus seu Synodalibus, cœterisque contrariis quibuscumque. Datum Auenioni in Palatio Apostolico die vigesima mensis Iunij anno Incarnationis Dominicæ millesimo sexcentesimo quadragesimo quarto, Pontificatus sanctissimi in Christo Patris & Domini nostri Domini Vrbani Diuina Prouidentia Papæ octaui anno vigesimo primo. *Et plus bas*, Correcta *Chaisi*, pro signatura facta d o sssredi protaxatore, *De la Font* Secretarius. *Et Tache* registrator, Locus ✠ sigilli.

Insinué & enregistré és Registres des Insinuations des causes Ecclesiastiques du Greffe Spirituel de l'Euesché de Vance, par moy Greffier soussigné, le quatorze Septembre mil six cens soixante-cinq. Signé, DE GVIGVES, *à l'original.*

Sentence de fulmination de la Bulle de dispense & confirmation du mariage de Cesar de Villeneufve, Sieur de Carros, & de Damoiselle Lucresse de Grasse, accordée par Monsieur le Vicelegat d'Avignon du 20. Iuin 1644.

21. Nouembre 1644.

HONNORATVS ROSIGNOLVS Iuris vtriusque Doctor, Artiumque Magister, Prothonotarius Apostolicus, Præpositus Ecclesiæ Cathedralis Niciensis, *& in hac parte ad infra scriptaram litterarum Apostolicarum executionem, a per illustribus & Magistris R. R. D. D. Canonicis Ecclesiæ Cathedralis, sede vaccante, ventiensis specialiter deputatus*, eorumdemque Vicarius in terris ditionis Regiæ celsitudinis sabaudiæ. Nobis pro parte per illustris Domini Cæsaris de Villeneufve Domini loci de Carros, loci Sancti Pauli Diœcesis ventiensis, & per illustris Dominæ Lucretiæ de Grasse loci du Bar Grassensis Diœcesis, in loco de Broc Diœcesis Ventiensis conmorantibus, præsentatarum dispensationem impedimenti publicæ honestatis iustitiæ ad fauorem eorumdem continentium, quarum quidem tenor talis est, vt sequitur videlicet. **FEDERICVS SFORTIA** ex Comitibus Sanctæ, Floræ domicellus Romanus, Sanctæ Sedis Apostolicæ de numero participantium Prothonotarius, ac vtriusque signaturæ Sanctissimi Domini nostri Papæ Referendarius, Eminentissimi ac Reuerendissimi Domini Antonij miseratione Diuina, Sanctæ Romanæ Ecclesiæ Diaconi Cardinalis Antonii Barberini nuncupati, eiusdem Sanctæ Romanæ Ecclesiæ Camerarij in ciuitate Auenionensi & toto Comitatu Venaissino pro eisdem sanctissimo Domino nostro Papa & sede Apostolica in Spiritualibus & temporalibus Vicarij generalis, & in illis, ac Viennensi, Ebredunensi, Arelatensi, acquensi, & Narbonensi Prouincijs, illisque adiacentibus terris & locis, eiusdem sedis de Latere Legati Vicarius generalis & Vicelegatus. Reuerendissimo in Christo Patri Episcopo Ventiensi seu eius in Spiritualibus Vicario generali, vel, sede Episcopali vacante, Vicario à capitulo Ecclesiæ Ventiensis Canonice creato, Salutem in Domino sempiternam. Exponi siquidem nobis fecerunt dilecti nobis in Christo Cæsar de Villencusue Ventiensis Diœcesis & Lucretia de Grasse oriunda Giassensis Diœcesis habitatrix dictæ Ventiensis Diœcesis, quod ipsi nuper matrimonium inter se per verba de præsenti contraxerunt, & ad vlteriora in eo procedere desiderant; sed quia eis obstat impedimentum publicæ honestatis iustitia, ex eo quod dictus Cæsar alias matrimonium ratum non, tamen consummatum, cum quondam Francisca de Grasse istius Lucretiæ secundo consanguinitatis gradu coniuncta, celebrauit. desiderium suum in hac parte adimplere nequeant, dispensatione Apostolica de super prius non obtenta, vnde nos humiliter supplicari curarunt sibi super his de opportuno dispensationis remedio misericorditer prouideri, Nos igitur huiusmodi supplicationibus inclinati discretioni vestræ Apostolica authoritate sufficienti ad id, à sede præfata, facultate muniti, earum serie committimus & mandamus, quatenùs, si est ita, & quod dicta Lucretia ab aliquo propterea rapta non fuerit, & aliud Canonicum non obstet impedimentum, cum eisdem exponentibus, vt impedimento publicæ honestatis nonobstante huiusmodi nonobstante dictum matrimonium inter se de nouo (si videbitur) per similia verba de præsenti legitimé contrahere, illudque seu iam contractum in facie Sanctæ matris Ecclesiæ, vt moris est, solemnisare. & demùm in eo quoad vixerint remanere liberè & licité possint & valeant, dicta authoritate dispensetis, seu vnus vestrum dispenset, prolem exinde suscipiendam legitimam decernendo. Nonobstantibus etiam quibusuis Constitutionibus & ordinationibus Apostolicis, Prouincialibus, seu Synodalibus cæterisque contrarijs quibuscumque. **DATVM** Auenioni in Palatio Apostolico die vigesima mensis Iunij anno Incarnationis Dominicæ millesimo sexcentesimo quadragesimo quarto, Pontificatus Sanctissimi in Christo Patris & Domini nostri Domini Vrbani Diuina Prouidentia Papæ octa-

ut anno 21. Signé, *De la Font*, Secrétaire, Locus ✠ sigilli. Quibus quidem his Apostolicis visis, omni prorsùs vitio & suspicione Carentibus, vt in eis in prima facie apparebat, & cum quibus decuit honore & reuerentia receptis. Nos Vicarius delegatus memoratus vt supra huiusmodi & aliis mandatis Apostolicis nos obtulimus parere, quapropter ad illarum executionem deuenire volentes iisdem Dominis sic instantibus *ad sumptionem informationum super contentis in illis processimus*, per quas quidem nobis constitit quod præfata Domina Lucretia ab aliquo rapta non fuit, nec inter ipsos aliud obstat Canonicum impedimentum præter in præfatis litteris Apostolicis narratum publicæ honestatis iustitiæ, cum iisdem Dominis Dominis Cæsare & Lucretia in quantum possumus *in Domino misericorditer dispensamus & matrimonium per verba de præsenti inter ipsos iam contractum legitimum declaramus, facultatem & licentiam eisdem concedendo vt in contracto matrimonio permanere*, vel de nouo, contrahere & solemnisare possint & liberè valeant, prolemque exinde legitimam suscipiendam decernentes, mandantes propterea & committentes Magistro Reuerendo Domino Priori Parochialis Ecclesiæ du Broc, seu cuilibet alteri pro eo curam dictæ Parrochialis Regenti, quatenùs requisitus parte præfatorum D. D. Cæsaris & Lucretiæ eosdem in facie Sanctæ Matris Ecclesiæ laudes, dispenset, & dictum matrimonium inter ipsos solemniset, *seu in iam laudato & dispensato permanere permittat*, proùt meliùs expedire videbitur, modò inter ipsos aliud non obstet legitimum & Canonicum impedimentum, seruandis in reliquis seruandis. DATVM Gatteriis sub sigillo nostro quo vtimur, die vigesima prima Nouembris millesimo sexcentesimo quadragesimo quarto. *Signé*, HONORATVS ROSIGNOLVS *Vicarius & deputatus. Et plus bas*, DAIDERIVS, *Secretarius*, locus ✠ sigilli.

Insinué & enregistré és Registres des Insinuations des causes Ecclesiastiques du Greffe Spirituel de l'Evesché de Vance, par moy Greffier sous-signé, le quatorze Septembre mil six cens soixante-cinq Signé, De GVIGVES, *Greffier, à l'Original.*

Certificat des Officiers de la legation d'Auignon, sur les facultez des legats & Vice-Legats.

29. Aoust 1669.

NOVS sous-signez Officiers de la legation d'Auignon, & expeditionaires; Attestons à tous qu'il appartiendra, Que Nosseigneurs Vice-Legats d'Auignon, tant en vertu de la Bulle du Pape Sixte IV.* qui dône la faculté au Legat d'Auignon, de pouuoir dispenser *sur le second degré de consanguinité ou d'affinité pour les Comtes & les enfans des Comtes, & sur l'empeschement des 3. & 4. degrez de consanguinité ou d'affinité;* Et encore leur l'empeschement *publica honestatis justitia,* donnée cette Bulle à Rome, *apud Sanctum Petrum,* l'an de l'Incarnation mil quatre cens septante cinq & le dix des Calendes de Mars, année de son Pontificat cinquiéme, Enregistrée dans les facultez de cette legation; Qu'encores en vertu de leurs Bulles, Lettres Patentes, ou Brefs particuliers que les Papes accordent aux Eminentissimes Cardinaux Legats & ensuite aux Seigneurs Vice-Legats, dans lesquels il y a toûjours la clause, que *lesdits Seigneurs joüiront pendant que leur legation durera, des mesmes droits, facultez, Preuileges, graces, induits, que les Souuerains Pontifs ont accordées par cy deuant aux Seigneurs Legats & Vice-Legats, & auront la mesme authorité & puissance;* Tous lesdits Seigneurs Vice-Legats; entr'autres Monseigneur *Federic Sforia* lors qu'il a esté Vice-Legat d'Auignon, vians de ses facultez,* ont donné des Bulles, *des dispenses des Mariages sur le second degre de consanguinité, ou d'affinité, pour des Comtes & des enfans des Comtes, & des Marquis, & sur les troisiéme & quatriéme degrez de consanguinité ou d'affinité; comme aussi, sur l'empeschement publicæ honestatis justitiæ, pour toute sortes de personnes du ressort de la legation, indifferemment;* Ce que depuis le temps que nous exercerons nos Offices; auons veu inuiolablement pratiquer, & l'auons pratiqué, & mesme auons oüy dire à vos antecesseurs, & veu par les liures des Registres de cette legation, que de tout temps semblables dispenses des mariages ont esté accordées en cette legation, & pour estre la verité telle, auons fait la presente attestation, & nous sommes sous-signez, A Auignon ce vingt neuf du mois d'Aoust mil six cens soixante & neuf, Signé.

 VERELOS, Secretaire & Registrateur des Suppliques.
 TACHE, Registrateur des Bulles & Expeditionnaire,
 SIFFREDY Garde des Sceaux, Taxateur des Bulles de la legation & Expeditionnaire.
 CROVSNILLON, Correcteur des Bulles de la legation.
 NOVS Iuge ordinaire de la Cour Temporelle d'Auignon pour

noſtre S. Pere le Pape & S. Siege Apoſtolique, Certifions & atteſtons à tous qu'il appartiendra, que leſdits ſieurs de Verelos, Tache, Siffredy & Crouſnilhon; qui ont ſigné la ſuſcrite atteſtation, ſont tels qu'ils ſe qualifient, & gens de bien & de bon bruit & bonne renommée, aux écritures deſquels munies de ſemblable ſeing & ſignature que deſſus, foy eſt adjouſtée, tant en jugement que dehors, en foy dequoy auons fait faire ces preſentes par vn des Greffiers de noſtre Cour, & appoſer le ſcel, & nous ſommes ſous ſignez. Donnée en Auignon ce trentiéme d'Aouſt mil ſix cens ſoixante-neuf: ſoient ſeellées. Signé, TRICHET Iuge, & ſeellé, Signé ANDRE'

Cettificat de Monſieur l'Eueſque de Vance ſur la validité & enregiſtrement de la Bulle, de deſpence du 20. Iuin 1644. & Sentence, du 21. Nouembre audit an.

NOVS Anthoine Godeau Conſeiller du Roy en ſes Conſeils, par la grace de Dieu & du S. Siege Apoſtolique, Eueſque & Seigneur de Vance, Certifions à tous qu'il appartiendra, qu'au mois de Septembre 1665. Damoiſelle Lucreſſe de Graſſe Dame de Malle du Bar, veſue de feu Cezar de Villeneufue Seigneur de Garros; Nous ayant preſenté vne Bulle de Monſieur le Vice-Legat d'Auignon en datte du 20. Iuin 1644 portant diſpence & confirmation du mariage qui auoit eſté celebré *par paroles de preſent le 22. Mars precedent*, entre ledit feu Cezar de Villeneufue, & ladite Damoiſelle Lucreſſe de Graſſe du Bar, *propter impedimentum publicæ honeſtatis*, à cauſe que ledit Cezar de Villeneufue auoit auparauant contracté mariage auec feuë Damoiſelle Françoiſe de Graſſe de Moüans, couſine germaine de ladite Damoiſelle Lucreſſe, à Nous adreſſante, ou au Vicaire general éleu par le Chapitre le Siege vaccant, deuëment ſignée, & ſeellée; enſemble la Sentence de fulmination de ladite Bulle renduë le 21. Nouembre audit an 1644. par Meſſire Honoré Roſignolly Preuoſt de l'Egliſe Cathedrale de Nice, & Vicaire forain de l'Eueſché dudit Vance en qualité de Commiſſaire deputé en cette partie par ledit Chapitre de l'Egliſe dudit Vance, le Siege Epiſcopal vaccã pour l'execution de ladite Bulle à cauſe de la ſuſpition de Mſſire Iacques Barcillon Vicaire general reſidant audit Vance, auſſi deuëment ſignée & ſcellée; Nous les aurions examinées & treuué qu'elles eſtoient en forme probante, bonnes, valables & canoniques; & comme telles nous en aurions permis & ordonné l'enregiſtrement au Greffe ſpirituel de noſtre Eueſché dudit Vance, pour ſeruir & valoir ainſi que de raiſon auſdites parties. En foy dequoy ayons fait la preſente atteſtation, a Vance le 24 Octobre 1669. Signé, ANTHOINE *Eueſque de Vance* & plus bas, Par Mandement de mondit Seigneur, Signé de GVIGVES Greffier, & ſeellé à l'Original.

CONTRAT de mariage entre Noble Cezar de Villeneufve, Seigneur de Carros, & Damoiselle Lucresse de Grasse, du 15. Mars 1644.
Auec l'acte d'insinuation d'iceluy au Greffe du Seneschal de Grasse, du 1. Iuillet 1644. Produit sous cotte L.

15. Mars 1644.

L'An mil six cens quarante-quatre & le quinziéme Mars apres midy, sous le Regne de Tres Chrestien Prince Louis quatorziéme, par la Grace de Dieu Roy de France & de Nauarre, que longuement puisse Regner auec bon-heur & felicité : Sçachent tous presens & à venir, que mariage soit esté traité entre *Messire Cezar de de Villeneufve*, haut Seigneur de Carros, fils à feu Messire Iacques de Villeneufve, & de Dame Suzanne de Villeneufve de la Maison de Mons; Et *Damoiselle Lucresse de Grasse*, fille de deffunt Messire Annibal de Grasse viuant Comte de ce lieu du Bar, & de feuë Dame Claire Dallagonia de la Maison de Marargues, viuans mariez, & desirant les parties ledit mariage sorte son plein & entier effet : A cette cause, constituez en leurs personnes pardeuant moy Notaire Royal & témoins sous-signez, ledit sieur de Carros, d'vne part, & ladite Damoiselle Lucresse de Grasse assistée de Messire Charles de Grasse, Seigneur & Comte de cedit lieu ; de Monsieur Pierre de Grasse, Cheualier de l'Ordre Saint Iean de Ierusalem, Lieutenant de la Compagnie des Gendarmes de Monseigneur le Prince de Monaco; de Monsieur Antoine de Grasse, sieur de la Malle, ses freres & autres parens & amis communs des parties; *Lesquels de leurs grez, mutuelle stipulation interuenant, ont promis l'vn à l'autre de soy prendre & receuoir en legitime mariage & vrais espoux, & iceluy solemniser en face de Sainte Mere Eglise, à la premiere requisition de l'vne des parties;* Et parce que la dot est le propre patrimoine des femmes ; à ces fins ladite Damoiselle s'est constituee & assignee en dot à elle mesme & pour elle audit sieur de Carros son futur mary, tous & chacuns ses biens & droits, tant paternels que maternels, qu'autres quelconques, presens & à venir, en quoy que consistent, pour lesquels prendre, exiger & receuoir, elle en constitué ledit sieur de Carros son Procureur irrevocable, à compte & sur & tant moins desquels droits ledit sieur de Carros a confessé auoir receu la somme de mil liures en coffres, robbes, bagues & joyaux de ladite Damoiselle, à ce estimez & evaluez par les amis communs des parties, dont l'en quite : Et là present ledit sieur Cheualier de Bar, lequel ayant le present mariage pour agreable, & pour faciliter dautant plus iceluy, a donné & donne en augment de dot à ladite Damoiselle sa sœur la somme *de mil liures*, à prendre sur ses biens & heritages incontinent apres son deceds, à condition que venant elle à deceder sans enfans, la presente donation sera pour non faite, & ledit sieur Chevalier & ses heritiers quittes & déchargez d'icelle ; A esté de pache, que ledit sieur de Carros sera tenu de reconnoistre & asseurer à ladite Damoiselle sa future espouse tout ce qu'il exigera & recevra du dot & droits d'icelle sur tous & chacuns ses biens presens & à venir, pour sur iceux, luy estre le tout asseuré en cas de restitution ; En execution de quoy ledit sieur de Carros a reconnu & asseuré à ladite Damoiselle sa future espouse la somme de *mil livres* cy-dessus en coffres, robbes & joyaux sur tous & chacuns sesdits biens presens & à venir, avec promesse de les luy rendre, ou à qui de droit appartiendra, le cas de restitution avenant : Et ayant lesdits mariez le present mariage pour agreable, se sont faits donation l'vn l'autre, & au plus vivant d'eux par donation entre-vifs, & pour cause de nopces à iamais valable : sçavoir ledit sieur de Carros à ladite Damoiselle sa future espouse de la somme *de trois mil liures*, & ladite Damoiselle audit sieur de Carros son futur espoux de la somme de *quinze cens liures*, à prendre par le plus vivant d'eux sur les biens & droits du premier decedé : Et outre ce ledit sieur de Carros a donné & donne par mesme donation que dessus à ladite Damoiselle sa future espouse, en cas qu'elle vienne à le survivre, *vne pension annuelle sa vie durant, tant qu'elle demeurera veufue sous son nom, de la somme de six cens liures* à prendre sur ses biens & heritages, le premier payement commençant six mois apres son deceds, & ainsi continuant annuellement sa vie durant à pareil iour semblable somme de six cens livres, *ensemble toutes les robbes, linge, bagues & joyaux qu'elle aura pour son v'age au temps de son deceds*, & venant elle à se remarier, ladite pension demeurera esteinte & abolie, & ses heritiers quittes & déchargez d'icelle : Et d'ailleurs ledit sieur de Carros a donné & donne par mesme donation que dessus, & pour cause de nopces à iamais valable à *l'aisné des enfans masles qui naistront & proviendront dudit mariage, la moitié de tous & chacuns ses biens presens & à venir*, sans les pouvoir vendre, aliener ny engager à son preiudice. Et pour plus de validité desdites donations, les parties ont constitué leurs procureurs speciaux & generaux Maistres Fanton & Gazan Procureurs au Siege de Grasse, absens, pour & au nom desdits constituans comparoir & soy presenter pardevant Monsieur le Lieutenant principal audit Siege, & demander l'insinuation &

enregiſtration deſdites donations, & audit faict ſes circonſtances & dépendances, faire toutes les requiſitions, demandes, deffenſes, actes & procedures que le cas requerra ; Promettant auoir pour agreable tout ce que par leſdits Maiſtres Fanton & Gazan ſera fait, & de les rendre indemnes de leurs charges. Et le preſent acte de mariage & ſon contenu garder & obſerver, ſans y contreuevenir, ſous l'obligation reſpectiuement de leurs biens preſens & à venir à toutes Cours, auec deuë renonciatiõ & ſerment : Requerant acte. Fait & publié au bar dans la ſale du Chaſteau Seigneurial, preſens Capitaine François Mez, Maiſtre Honoré Barilier Notaire; Antoine Ricard Cordonnier, Maiſtre Annibal Roſſignol Apoticaire; Raphaël Laugier, & Iacques Pons à Feu Barthelemy, dudit lieu, teſmoins requis & ſous ſignez, auec les parties à l'original, fors ledit Ricard, qui a dit ne ſçauoir eſcrire, & de moy Iacques Pons. Notaire Royal : Au bas, par extrait, ſous-ſigné, PONS, Notaire.

DVdit jour, & incontinent apres auoir publié le contrat de mariage cy-deſſus, *ledit ſieur de la Malle*, pour certaines bonnes conſiderations & pour l'amitié qu'il porte à ladite Damoiſelle ſa ſœur, luy a donné & donne par meſme donation que ledit ſieur Cheualier, ſon frere, *pareille ſomme de mil liures*, à prendre ſur ſes biens & heritages incontinent apres ſon deceds, ſous la meſme condition que ledit ſieur Cheualier ſon frere, laquelle donation ledit ſieur de la Malle veut & conſent qu'elle ait la meſme force que ſi elle eſtoit faite dans ledit contrat de mariage, & qu'elle ſoit inſinuée ſuiuant l'Ordonnance : & à ces fins a conſtitué ſon procureur Maiſtre Leuain Procureur audit Siege, pour conſentir à l'inſinuation d'icelle, & leſdits mariez preſents, leſdits Maiſtres Fanton & Gazan, ia conſtituez pour la requerir, & faire tout ce qu'il ſera neceſſaire en ce fait : Promettant auoir pour agreable tout ce que par eux ſera fait, ſous les meſmes obligations que deſſus, & acte. FAIT & publié au lieu ſuſdit, à la preſence des meſmes témoins qui ont encores ſigné auec les parties à l'original, & moy Iacques Pons, Notaire Royal au Bar, par extrait, ſous-ſigné, PONS, Notaire.

DV premier Iuillet mil ſix cens quarante-quatre, le ſuſdit Acte de mariage, & tout ſon contenu a eſté inſinué & enregiſtré de poinct en poinct ſelon ſa forme & teneur, par moy Commis ſoubs-ſigné, ſuiuant l'ordonnance renduë en Iugement par Monſieur le Lieutenant du Seneſchal au preſent Siege de Graſſe, du iourd'huy, à laquelle me rapporte. Signé, GARES. Collationné & ſigné, ANDRE', Greffier.

Quitance de deux cens dix liures reçeuë par Cezar de Villeneufve, pour vne année de rente deuë à Damoiselle Lucresse de Grasse sa femme, par le sieur Honoré de Grasse son frere.
Produit soubs cotte O.

15 Decembre 1644.

L'An mil six cens quarante-quatre & le quinziéme Decembre, apres midy, establi Monsieur *Cezar de Villeneufve*, Seigneur de *Carros*, mary & maistre de dot & droits de Damoiselle *Lucresse de Grasse*; Lequel de son gré a confessé auoir receu comptant de Monsieur *Honoré de Grasse Dallagonia*, sieur de *Canaux*, Lieutenant Colonel au Regiment des Galeres, absent, & par les mains de Maistre Boniface Giraud, de ce lieu de Bar, present stipulant la somme de *septante escus de trois livres piece*, pour la pension que ladite Damoiselle prend annuellement sur la terre & Seigneurie de Valettes, & paye qui eschera au premier Ianuier prochain, de laquelle somme de septante escus ledit sieur de Villeneufve en ladite qualité en a tenu & tient quitte ledit sieur de Canaux, ensemble ledit Giraud, en deuë forme, sous l'obligation de ses biens presens & à venir à toutes Cours, auec deuë renonciation & serment, requerant acte. Fait & publié au Bar, dans la maison de Maistre André Fouques, luy present, & Cesar Ricord dudit Bar, tesmoins requis, & sousignez auec les parties à l'original, & moy Iacques Pons, Notaire Royal au Bar, par extrait d'autre main, sous-signé, PONS, Notaire.

---

*Quitance de deux cens dix liures d'vne année de rente, receuë tant par Cezar de Villeneuve, que par Damoiselle Lucresse de Grasse sa femme & procuratrice generale, à elle deuë par le sieur Honoré de G*** son frere.*
Produite sous cotte O.

4. Avril 1646.

L'An mil six cens quarante-six & le quatriéme Avril, auant midy, establie Damoiselle Lucresse de Grasse, femme & procuratrice generale de Monsieur Cesar de Villeneufve, sieur de Carros; Laquelle a reellement receu en piastres & autre monnoye, au veu de moy Notaire & tesmoins de Monsieur Honoré de Grasse Dal-

Ingonia, sieur de Caunux, Lieutenant Colonel pour le service du Roy au Regiment des Galeres, son frere, present & stipulant, la somme de trente escus, de trois livres piece, pour reste & parfait payement de la somme de septante escus de la pension qu'elle prend annuellement sur la Terre & Seigneurie de Valettes; & pour la paye de ladite pension escheuë au mois de Ianuier dernier, ayant les quarante escus restans esté ia payez par ledit sieur de Canaux, audit sieur de Villeneufve, ainsi qu'appert par la promesse priuée, en datte du   qui a esté retirée par ladite Dame de Carros, de laquelle somme de septante escus, ladite Dame de Carros en a tenu & tient quitte ledit sieur de Canaux en deuë forme, sous l'obligation (en vertu de son pouuoir) des biens dud. Sr. de Villeneufve son mary & des siens propres, le tout presens & à venir à toutes Cours, auec deuë renonciation & serment; Requerant Acte. Fait & publié au Bar, dans la maison de moy Notaire, present Barthelemy Fouques & Michel Floris dudit Bar, témoins requis & signez auec les parties à l'Original, & moy Iacques Pons Notaire Royal au Bar, par extraict sous-signé, PONS, Notaire.

Transport de trois cens quarante-huit livres en faueur de Cesar de Villeneufve, en qualité de mary de Damoiselle Lucresse de Grasse. Produit sous cotte O.

4. Avril 1646.

L'An mil six cens quarante-six & le quatriéme Avril, aprés midy, establi *Monsieur Honoré de Grasse, sieur de Canaux, Lieutenant Colonel pour le service du Roy au Regiment des Galeres;* Lequel, en acquit & payement de la somme de *cent seize escus* qu'il doit à *Monsieur Cezar de Villeneufve, sieur de Carros, en qualité de mary & maistre de dot & droits de Damoiselle Lucresse de Grasse, Dame dudit Carros, sa sœur;* sçauoir *cent escus* pour le legat à elle fait par feu Monsieur de Mairargues, leur oncle, duquel ledit sieur de Canaux est heritier par inventaire (au benefice duquel il n'entend se prejudicier, ainsi en protesté,) *seize escus* pour argent presté; de son gré, a remis & cedde, & par ces presentes cedde & remet audit sieur de Carros, absent, ladite Dame son espouse presente & acceptante pareille somme de *cent seize escus*, de trois livres pieces, à prendre, exiger & recouvrer au jour & feste Saint Michel prochain, d'Antoine Hugues, Guilhen Aone & autres du lieu de Maigagnosc, à compte de la somme de *treize cens soixante livres*, en laquelle ils luy sont solidairement obligez pour les causes contenuës en l'acte publié par moy Nottaire au mois de Nouembre dernier, pour le recouurement de laquelle somme de cent seize escus, ledit sieur de Canaux a cedé & remis audit sieur de Carros ses droits & actions, le met & subroge en son lieu & place, auec promesse de luy estre tenu de bon debte, & de toute autre eviction & garantie, sous l'obligation de ses biens presens & à venir à toutes Cours, auec deuë renonciation & serment : Requerant acte. Fait & publié au Bar, dans la maison de moy Notaire, present Maistre Michel Floris & Barthelemy Fougues, dudit Bar, témoins requis & sous-signez auec les parties à l'original, & de moy Iacques Pons, Notaire Royal au Bar, par extrait d'autre main, sous-signé PONS, Notaire.

SENTENCE qui adiuge à la Damoiselle Lucresse de Grasse veufue de Cesar de Villeneufue six cens liures pour la premiere annee de sa pension vidualle,

Extraict des Regiſtres du Seneschal de Graſſe.

2. Aouſt 1647.

EN la cauſe de Damoiſelle Lucreſſe de Graſſe Dame de la Malle, du Bar & de Carros, veufue de feu Meſſire Ceſar de Villeneufue Seigneur dudit Carros, demandereſſe en Requeſte par Merigon, CONTRE Alexandre de Villeneufue, tuteur de Damoiſelle Marie Margueritte de Villeneufue ſa niepce, fille & heritiere par inuentaire dudit feu Ceſar ſieur de Carros, deffendeur, par Fragier. NOVS Lieutenant parties oüyes par leurs Procureurs, auons condamné ledit Alexandre de Villeneufue tuteur de Damoiſelle Marie Marguerite de Villeneufue, payer par proviſion à la demandereſſe veufue de Cezar de Villeneufue, la ſomme de ſix cens liures pour la premiere paye de la penſion vidualle à elle promiſe par leur contract de mariage écheüe au mois de Iuillet dernier, & pour le ſurplus de ſes droits elle donnera ſa demande au benefice d'inuentaire. Fait à Graſſe en jugement le deuxiéme Aouſt mil ſix cens quarante-ſept, *Collationné, & Signé* ANDRE'.

COMPROMIS paſſé entre Alexandre de Villeneufue, tuteur de Damoiſelle Marie Marguerite de Villeneufue, fille & heritiere de feu Cezar de Villeneufue ſieur de Carros d'une part, Et Damoiſelle Lucreſſe de Graſſe veufue dudit ſieur de Carros d'autre.

19. Iuin 1648.

L'An mil ſix cens quarante huit, & le dix-neufiéme Iuin apres midy, comme ſoit que par le teſtament de feu Cezar de Villeneufue ſieur de Carros, Alexandre de Villeneufue ſieur de Carros ſon frere, ſeroit eſté nômé & pourueu tuteur de la perſonne & biens de Damoiſelle Marie Marguerite de Villeneufue, fille dudit Sr de Carros, laquelle auroit pris l'heritage de ſondit pere par benefice de la Loy & inuentaire, & les creanciers donné leurs demandes : *& entr'autres Damoiſelle Lucreſſe de Graſſe Dame de la Malle de la* maison du Bar, veufue dudit feu sieur de Carros, pretendant d'estre payée sur les biens fidei-Commissaires des sommes par ledit sieur receuës, & recogneuës, ensemble des aduantages nuptiaux, & la pension viagere de la somme de six cens liures annuellement, le tout conformement à leur contract de mariage.

Et AV CONTRAIRE, ledit sieur de Villeneufue en ladite qualité de tuteur, pretend & presupose ladite Dame ne pouuoir pretendre lesdites sommes, aduantages nuptiaux & pension, que sur l'heritage dudit feu sieur de Carros, & non sur lesdits biens Fidei-Commissaires; Et que par vn prealable il faut separer lesdits biens Fidei-Commissaires, d'auec l'heritage dudit feu sieur de Carros, au moyen dequoy, & ce que dessus, lesdites parties estoient en voye de se consomer en frais & despens, pour lesquels obvier, & parce que l'estatut les y oblige, ont choisi la voye de compromis, ainsi que s'ensuit. A CETTE CAVSE constituez personnellement pardeuant moy Notaire & témoins ledit Alexandre de Villeneufue, sieur de Carros en ladite qualité de tuteur de ladite Damoiselle Marguerite de Villeneufue d'vne part, & ladite Damoiselle Lucresse de Grasse Dame de la Malle de la Maison du Bar, veufue dudit feu sieur de Carros d'autre, lesquels de leur gré debue & mutuelle stipulation interuenant, ont remis & compromis les susdits procez, differens & pretentions, ses circonstances & dependances, & ce à Iean de Villeneufue sieur de S. Cezari, Iean le Brun de Castellanne sieur de Caille, Maistre Iean Iourdany & Iean Maurel Aduocats en la Cour, pour sur iceux differens, circonstances & dépendances, iuger & sentencier de droit, tant seulement; Promettant de demeurer à leur laud & Sentence; & à icelle acquiescer à peine de cinquante liures, stipulée par moy Notaire pour qui de droit appartiendra, & durera le present compromis durant quinze iours, auec pouuoir ausdits sieurs compromissionaires de le proroger pour semblable temps dans lequel temps lesd. parties leur remettront leurs pieces, & pour l'obseruation de ce que dessus, lesdites parties obligent leurs biens à toutes Cours de submissions & autres, auec renonciation & serment requis. Fait & publié audit Grasse dans la maison dudit Maistre Iourdani Aduocat, presens à ce Maistre Louis Fragier Procureur au Siege, & Cezar Albert de Becaris dudit Bar témoins requis & signez, qui a sceu. Signé à l'Original, LVCRESSE DV BAR, VILLENEVFVE, ALBERT DE BECARIS, FRAGIER, & moy Henry Tardiuy Notaire Royal audi Grasse, sous-signé, TARDIVY, Notaire, collationné & signé TARDIVY, Notaire.

Le douzieme Aoust 1600. signifié & baillé copie à Maistre Pierre Ruette Procureur au grand Conseil du R. & de partie aduerse, par moy Huissier audit Conseil sous-signé, DE LA NOVE.

SENTANCE arbitrale entre Damoiselle Lucresse de Grasse, veufue de Cezar de Villeneufue sieur de Carros d'vne part, & Allexandre de Villeneufue, tant en qualité de tuteur de Damoiselle Marie Margueritte de Villeneufue, qu'en son propre, comme substitué à l'heritage de Iacques son pere.

22. Iuin 1648.

EN la cause compromissionelle entre Damoiselle Lucresse de Grasse Dame de la Malle du Bar, veufue à feu Cezar de Villeneufue sieur de Carros, demanderesse en restitution de sa dot, & payement de ses aduantages nuptiaux & pension vidualle, tant sur les biens & heritages délaissés par ledit feu sieur de Carros son mary, qu'en defaut d'iceux sur les biens Fidei-Commissaires delaissez par feu Iacques de Villeneufue Escuyer de Tourrettes son pere, d'vne part.

CONTRE Alexandre de Villeneufue sieur de Carros, tant en qualité de tuteur de Damoiselle Marie Margueritte de Villeneufue, fille & heritiere par inuentaire dudit feu sieur de Carros son pere, que comme heritier substitué & Fidei-Commissaire dudit feu Iacques de Villeneufue son pere, deffendeur ausdites qualitez d'autres.

VEV l'acte de compromis, portant nostre pouuoir receu par maistre Tardiuy Notaire le 19. du courant, Extraict de testament de feu Iacques de Villeneufue receu par maistre Sebastien de Guigues Notaire le 18. Iuin 1629. Extraict d'acte d'accord & transaction passée entre Damoiselle Suzanne de Villeneufue veufue dudit feu sieur Iacques de Villeneufue, auec ledit feu sieur de Carros son fils portant la remission de l'heritage par elle faite en sa faueur & liquidation des legitimes debues aux sieurs ses freres, receu par maistre Floris Notaire de Saint Paul le 7. Iuillet 1636. auec Extraict du Mariage entre ledit sieur de Villeneufue, & ladite Damoiselle Suzanne de Villeneufue de la maison de Mons, portant donnation de la moitié de ses biens en faueur de l'vn de ses enfans masles qui naistra dudit mariage tel qui sera pour luy esleu. Autre Extraict de contract de mariage d'entre ledit Cezar de Villeneufue sieur de Carros, & ladite Damoiselle Lucresse de Grasse fille de feu maistre Annibal de Grasse viuant Comte du Bar, & de feuë Dame Clere Dallagonia de la maison de Mairargues, portant donnation en cas de suruie en faueur de ladite Damoiselle de Grasse Dame de la Malle de la somme de 3000. liures, & 600. liu. de pension annuelle en cas de viduitté receu par maistre Iacques

Pons Notaire du Bar, demande donnée par ladite Dame de la Malle defdits droits contre maistre Lambert Procureur & Curateur ad lites pourueus à l'heritage dudit feu sieur de Carros auec la contestation dudit Curateur. Extraict de cession de la somme de 116. écus, faite par Messire Honnoré de Grasse Dallagonia sieur de Canaux Lieutenant Colonel au Regiment des Galeres en faueur dudit feu sieur de Carros en qualité de mary de ladite Dame de la Malle en payement du legat à elle fait par le feu sieur de Mairargues leur Oncle, reçeu par maistre Pons Notaire le 4. Auril 1646. & toutes, & chacunes les autres pieces riere nous fournies & produites par lesdites parties, & icelles verballement ouïes en leurs droits, raisons, pretentions, & defences, & tout consideré.

NOVS compromissionnaires soubs-signés jugeant suiuant nostre pouuoir, faisant droit à la demande de ladite Damoiselle Lucresse de Grasse Dame de la Malle veufue dudit feu Cezar de Villeneufue en son viuant sieur de Carros, auons condamné ledit Alexandre de Villeneufue sieur de Carros en ladite qualité de tuteur testamentaire de ladite Damoiselle Marie Margueritte de Villeneufue sa niece au payement de la somme de 1348. liures pour la restitution de partie de la dot d'icelle, reçeu par ledit feu sieur de Carros son mary, tant par son contract de mariage du 15. Mars 1644. que par l'acte de cession du 4. Avril 1646. auec interests au denier seize puis l'an de dueil expiré, ensemble au payement de 3000. liures à elle données en cas de surnie par sondit mary, par leurdit contract de mariage, auec interests depuis l'Exploict adjournement sur l'assignation au benefice d'inuentaire, & en ce qui concerne la pension de 600. liu. annuelle tant qu'elle demeurera en viduité, Auons icelle reduite & retranchée (eü égard à la valeur & faculté de l'heritage) à la somme de 100. liures par an qui luy sera payée par ledit tuteur depuis le deceds dudit feu sieur de Carros son mary tant qu'elle demeurera veufue & sous le nom dudit feu sieur de Carros, conformement audit contract de mariage; Et à ces fins auons ordonné que ledit sieur de Carros tuteur a compte des sommes cy-dessus adiugées, luy payera en argent dans vn mois d'huy comptable, la somme de 400. liures, & pour les autres sommes restantes & interests d'icelles, auons ordonné que ladite Damoiselle de Grasse en poursuiura son payement sur les biens & heritages dudit feu sieur de Carros son mary, *& en deffaut d'iceux, sur les biens fideicommissaires & substitués en faueur dudit Alexandre de Villeneufue,* par le deceds sans enfans masles dudit feu sieur de Carros son frere par le testament dudit feu Iacques de Villeneufue leur pere, comme teaus & obligez lesdits biens fideicommissaire. subsidiairemāt au payement & restitution dudit dot, donnation & pension faites & promises en faueur de nopces, les despens de present compromis entre lesdites parties compensez, & aprouueront nostre present laud & Sentence à la publication d'icelle sous la peine de compromis, nous reseruant l'interpretation des doutes qu'en pouroient soudre durant six mois. Signez à l'original *Villeneufue* compromissionnaire, *Caille* compromissionnaire, *Iourdani* compromissionnaire & *Maurel* compromissionnaire.

L'an 1648. & le 22. Iuin apres midy, la susdite Sentence compromissionnelle a esté leuée & publié par moy Notaire Royal soussigné ausdites parties, lesquelles apres auoir oüy la lecture d'icelle, *y ont respectiuement acquiesé*, & ont chacune d'icelles retiré leurs pieces & acte. Fait & publié audit Grasse dans la maison de Iean de Villeneufue sieur de S. Cezari, present à ce Guillaume de Lascaris sieur de Vauplane, & Cezar Albert de Becaris du Bar témoins, requis & signez à l'original, *Villeneufue, Lucresse du Bar, Vauplane, Albert de Becaris*, & moy Henry Tardiuy Notaire Royal audit Grasse, sous signé. Collationné & signé, TARDIVY, Notaire.

Le vnziéme Iuillet 1669. signifié & baillé copie à Maistre Pierre Ruette Procureur au grand Conseil du Roy & de partie aduerse, par moy Huissier audit Conseil, soûs-signé, DE LA NOVE.

SENTENCE qui adiuge Damoiselle Lucresse de Grasse veufue, vne prouisiou de 150. liures tous les ans, pour la nourriture & entretien de Damoiselle Marie Marguerite de Villeneufue sa fille, pendant sa pupillarité CONTRE Alexandre de Villeneufue son tuteur.

Extraict des Registres du Seneschal de Grasse.

EN la cause de Damoiselle Lucresse de Grasse Dame de la Malle & de Carros, mere de Damoiselle Margoton de Villeneufue, fille & heritiere de feu Cezar de Villeneufue viuant sieur de Carros, demanderesse en Requeste aux fins d'icelle.

CONTRE Alexandre de Villeneufue sieur de Carros & Mons, tuteur de ladite Damoiselle Margoton de Villeneufue sa niepce, deffendeur. NOVS LIEVTENANT parties oüies par leurs Procureurs, eü conseil de Maistre Tardiui Conseiller, faisant droit droit à la requeste de ladite Damoiselle de la Malle demanderesse & icelle interuenant : Auons condamné ledit Alexandre de Villeneufue deffendeur au payement de *cent cinquante liures annuellement*, pour la nourriture, entretient & habits de ladite Damoiselle

Margotton de Villeneufue, fille dudit feu Cezar de Villeneufue tant *pour six années passées*, que *pour cinq à venir*, lesquelles sommes seront prises tant sur les biens, que sur les fruits & rentes dudit heritage dudit feu Cezar de Villeneufue, sauf à déduire les payemens qui se trouueront auoir esté faits aux Dames Religieuses du Monastere de la Visitation Sainte Marie de cette Ville de Grasse, condamnant ledit deffendeur aux despens, moderés à 12. liures. Fait à Grasse en jugement le vingt huit Mars 1653. Collationné & signé PERRIER, Greffier.

TESTAMENT SOLEMNEL DE FEV
Noble Cezar de Villeneufue Seigneur de Carros:

10. Aouſt 1644.

AV Nom de Dieu, ſoit-il. L'an mil ſix cens quarante-quatre & le dixiéme iour du mois d'Aouſt, Cezar de Villeneufue Sieur de Carros, ſous-ſigné, & aduerty de l'incertitude du iour de ma mort, ayant voulu diſposer ſur la ſucceſſion de mes biens, par ce dernier Teſtament ſolemnel, caſſant & reuoquant vn Teſtament ſolemnel par moy fait Riere Sebaſtien de Guigues Notaire, en ſon viuant de la ville de S. Paul en l'année mil ſix cens vingt-neuf & le vingtiéme iour du mois de Nouembre; auquel Teſtament l'inſtitution d'heritier eſt écrite de ma propre lettre: Ie caſſe auſſi & reuoque tous autres Teſtamens nuncupatifs pris par ledit feu Maiſtre de Guigues en l'année mil ſix cens trente & le vingtiéme iour du mois de Iuin, auquel il eſt écrit pour clauſe derogatoire, *mea culpa*, Dieu aye miſericorde de mes pechez. De plus, Ie caſſe & reuoque tous autres Teſtamens ſolemnels pris par le Sr François Iſnard Notaire, les an & iour y contenus, dans lequel ie laiſſe mon frere Alexandre heritier de tous mes biens; tous leſquels Teſtamens ie declare nuls, voulant que le preſent fait, tienne & vaille.

Et premierement, comme bon & fidele Chreſtien, connoiſſant mon ame eſtre plus noble que mon corps lors qu'il plaira à Dieu m'appeller de ce miſerable monde à l'autre, icelle ie recommande à Noſtre Seigneur Dieu Ieſus-Chriſt, & à la tres glorieuſe Vierge Marie, & à toute la Cour Celeſte de Paradis, leur demandant deuotement & tres-humblement pardon de tous les pechez que i'ay commis en ce miſerable & mortel monde, les priant & requerant de me vouloir aſſiſter iuſqu'à mon dernier ſoûpir; & pour mon corps, ſi ie meurs en Prouence, *Ie prie Damoiſelle Lucreſſe de Graſſe Dame de Carros ma femme*, *enſemble mon frere Federic*, de le faire enterrer dans l'Egliſe du Broc & dans la ſepulture du Seigneur dudit lieu; laiſſant à ladite Egliſe pour mon gage ſpirituel treize liures, payables vne fois ſeulement par mon heritier ſous nommé; Supplie *ma femme*, & mondit, frere de faire pour le ſalut de mon ame & remiſſion de mes pechez, mes funerailles dans ladite Egliſe au frais de mondit heritier.

Plus, ie prie *ma femme* de ſe vouloir contenter de *treize liures* que ie luy laiſſe, payables par mon heritier ſous nommé, vne fois ſeulemẽt.

De plus, ie prie *ma mère* de ſe vouloir contenter d'autres *treize liures*, payables vne fois ſeulement, par mon heritier ſous nommé.

Et parce que l'inſtitution d'heritier eſt le chef & fondement de tous Teſtamens, leſquels prenent force & validité d'icelle, Ie fais mon heritier vniuerſel de tous & chacuns mes biens meubles & immenbles preſens & avenir, droits actions & raiſons en quels lieux & enuers quelconques perſonnes qui ſoient & puiſſent eſtre, *l'enfant que ma femme fera*, ſoit fils, ou fille; & ſi c'eſt vne fille, ie fais mon heritier vniuerſel le premier enfant maſle qu'elle fera, & aux autres tant fils, que fille, je leur laiſſe ce qui leur pouroit venir de legitime; Voulant & entendant qu'ils viuent tous pour l'éducation & entretenement de leurs perſonnes ſous l'adminiſtration *de madite femme*; Et pour les biens, ſous l'adminiſtration de mondit frere Federic, lequel ie prie de faire faire inuentaire de tous mes biens pardeuant le ſieur Nicolas Notaire, dés auſſi toſt apres ma mort, pour rendre compte à mes enfans de ce que ie leur laiſſeray lors que auront atteint l'âge.

A condition toutesfois que tous les ans mondit frere rendra compte à *madite femme*, aſſiſtée de Monſieur de Canaux mon beau-frere, de ſon adminiſtratiõ, pour l'aſſeurance du bien de mes enfans; Voulant que mondit frere prenne icelle adminiſtration ſans ſe faire authoriſer par aucun Magiſtrat de Iuſtice.

Et venant iceluy à mourir, je luy ſubſtituë en ladite charge de tuteur mon frere Alexandre; & iceluy venant à mourir, je luy ſubſtituë mon frere Louis aux formes ſuſdites.

De plus, je conjure *ma femme*, *& mon frere Federic* de vouloir viure d'intelligence à l'adminiſtration de mes enfans, deſquels ſe voulant *madite femme* ſeparer, ſoit par mariage qu'autrement; Ie declare, veux & entends que mondit frere prenne la moitié des biens donnez à mon fils aiſné dans noſtre contract de mariage, & *ſur l'autre moitié ma femme ſe payera des ſes aduantages nuptiaux*, à la condition qu'elle ne poura aliener le fonds de trois mil liures que ie luy donnay en noſtre mariage, la priant d'auoir agreable que ledit fonds de trois mil liures, ſoit acquis apres ſa mort à mondit heritier.

Et venant à mourir ſans enfans legitimes, ie fais heritier vniuerſel de tous mes biens preſens & avenir mondit frere Federic; & venant luy à mourir ſans enfans legitimes, je luy ſubſtituë mon frere Alexandre, & venant iceluy à mourir ſans enfans legitimes, je luy ſubſtituë mon frere Louis, Signé, Villeneufve, enſemble au bas de chacun feüillet.

L'An mil ſix cens quarante-quatre & le dixiéme Aouſt, pardeuant moy Notaire & témoins ſous-ſignez, s'eſt preſenté Cezar de

Villeneufue Sieur de Carros, qui m'a remis en main vn papier fermé en long auec vne attache de coste couleur rouge deuëment clos & fermé, dans lequel ledit sieur de Carros a declaré y estre écrit dans quatre feüillets, son dernier & valable Testament, contenant disposition finale de sa derniere volonté, écrit & signé de sa propre main, m'ayant requis cy-dessus de faire la publication, nommant pour executeur Messire Iean Henry de Grimaldy Seigneur de Corbons & de Caigne, Lieutenant de Roy en la Principauté de Monaco son beau-frere, auquel donne pouuoir faire mettre iceluy en sa forme & teneur apres son deceds; C'est son dernier Testament qu'il veut & entend qu'il vaille & tienne par force d'iceluy, par droit & force de donation & derniere volonté : cassant & reuoquant tous autres Testamens & toutes autres dernieres volõtez, qu'il pourroit auoir fait, voulant qu'ils n'ayent aucune force ny efficace ; & qu'ils soient pour non faits ains cassez & reuoquez, & que le present tienne à perpetuité : Requerant Messire Raphael de Porta Docteur en Sainte Theologie Prieur du Broc, & Cezar de Lascaris sieur de deux Freres, Maistre Pierre Arnuffy Notaire, Louis Court, Honnoré Vian, Antoine Trastour de Iean & Maistre Antoine Laugier Notaire, luy seruir de témoins & porter loyal témoignage de verité ; En foy dequoy se sont sous-signez, & ceux qui ont cachet l'ont apposé, & du tout en ay concedé acte audit sieur de Carros pour seruir ainsi & par-deuant qu'il appartiendra. Fait & publié audit Broc, & dans la maison dudit Sieur, presens lesdits témoins, Signé, Villeneufue, C. de Lascaris, Laugier, de Porta, Arnuffy, Court, Vian, Anthoine Trastour, & de moy Iacques Nicolas Notaire Royal audit Broc, requis dudit sieur de Carros, sous-signé, Signé, Nicolas Notaire.

Enregistré & insinué ez Registres du Greffe du Seneschal de la Ville de Grasse suiuant l'Ordonnance renduë ce jourd'huy vingt-huit Nouembre mil six cens quarante-six, par Monsieur le Lieutenant de Seneschal audit Siege, sur le verbal de l'ouuerture dudit Testament, à laquelle me rapporte. Ie Greffier, Signé, André Greffier, Collationné & Controllé. André Greffier.

Codicile de Noble Cezar de Villeneufue Seigneur de Carros.

1. Decembre 1644.

L'AN mil six cens quarante quatre & le premier iour du mois de Decembre ; sçachent, tous comme soit permis à chacun, apres auoir fait son testament adjoûter ou diminuer à iceluy. A cette cause a esté present en sa personne pardeuant moy Notaire Royal sous-signé & témoins, apres nommez, Monsieur Cezar de Villeneufue, haut Seigneur du lieu de Carros, lequel se souuenant auoir fait son testament solemnel publié par moy dit Notaire à la forme des testamens solemnels le dix Aoust dernier, & par lequel auoit nommé *deux tuteurs à ses enfans que plaira à Dieu luy donner & à l'administration de ses biens*, & à present comme mieux aduisé en reuocquant vn desdits tuteurs au lieu & place d'iceluy à nommé *Messire Iean-Henry de Grimaldy Seigneur de Corbons & de Caigne & Lieutenant de Roy en la Principauté de Monaco son beau-fre*, lequel ensemblement auec Monsieur Federic de Villeneufue, Escuyer de la Maison de Tourrettes son frere nommé dans ledit testament, exerceront & feront la fonction *de tuteur à sesdits enfans & biens*, s'il luy plaist aux formes & qualitez contenües dans ledit testament, & pour executeurs dudit testament a nommé au lieu & place dudit sieur de Corbons (qu'il auoit nommé par ledit testament) *Messire Pierre de Grasse Cheualier de l'Ordre de Saint Iean de Ierusalem, Lieutenant de la Compagnie des Gens d'armes de Monsieur le Prince de Monaco, & Messire Anthoine de Grasse sieur de la Malle Capitaine de cent Hommes d'armes au Regiment de Prouence ses beaux-freres*, ausquels a donné pouuoir apres son deceds faire mettre en execution le contenu en iceluy, & pour tout le reste contenu audit testament ledit sieur codicillant l'a aprouué & confirmé selon sa forme & teneur, le present codicile & tout son contenu, a voulu ledit sieur que soit valable, & si ne vaut, pour ce, qu'il vaille par tout autre meilleur moyen que de droit mieux pourra valoir. Fait & publié au lieu de Broc dans nostre Maison en presence de Iean Trastour à feu Barthelemy, Michel Iaufroy, Louis Vacquette, Iean Louis Chabert & Louis Court baille dudit Broc, témoins requis & signez qui a sceu signé, Villeneufue, Iean Trastour & moy Notaire sous-signé, Nicolas Notaire, ainsi signé à l'original.

Extrait des écritures de feu M. Iacques Nicolas Notaires Royal en son viuant dudit Broc, par moy Marc-Antoine Nicolas aussi Notaire son fils & proprietaire d'iceluy, Signé, Nicolas Notaire.

Extrait Baptistaire de Damoiselle Marie Marguerite de Villeneufue,
1. Iuin 1645.

Margueritte de Villeneufue fille de Monsieur Cezar de Villeneufue, & de Damoiselle Lucresse de Grasse, a esté baptifée, le premier Iuin 1645. Monsieur Pierre de Grasse Parrain, & Marguerite de Lascaris Marraine, Signé, C. Lardelme Prieur, à l'Original, Collationné, & signé, F. Belon, Vicaire general & Official.

Extrait mortuaire de feu Cezar de Villeneufue Sieur de Carros.

19. Iuillet 1646.

L'An mil six cens quarante-six le 19. Iuillet est decedé Cezar de Villeneufue Conseigneur de ce lieu de Carros, lequel fut blessé d'vne arquebusade sur le soir enuiron vne heure de nuit, & a esté enterré dans nostre Eglise dudit lieu le vingt dudit mois, Signé, Cepette Prieur, à l'Original.

Requeste afin d'ouuerture du Testament de Cezar de Villeneufue.

A Monsieur le Lieutenaut.

SVpplie humblement Damoiselle Lucresse de Grasse, Dame de Carros, vefue de Cezar de Villeneufue Seigneur dudit lieu, en qualité de mere & administratrisse de Damoiselle Marie Marguerite de Villeneufue, fille vnique dudit sieur de Carros; disant que ledit sieur de Villeneufue son mary auroit fait vn testament solemnel pardeuant Maistre Nicolas Notaire du Broc, deuëment cacheté, & seroit decedé fait enuiron vn mois; Et d'autant que la Suppliante a notable interest de faire faire l'ouuerture dudit Testament solemnel pardeuant Nous, il desire luy estre pourueu.

CE CONSIDERE', Vous plaira, Monsieur, laxer adjournement pardeuant Vous à iour extraordinaire à la Chambre du Conseil, contre tous les parens dudit feu sieur de Villeneufue, aux fins de venir voir proceder à l'ouuerture dudit Testament solemnel, & contre le Notaire & témoins qui ont signé ledit Testament, aux fins de venir reconnoistre leurs seins, pour ledit Testament seruir & valoir ainsi que de raison, & ferez bien, Signé, Gazan.

Ait l'adjournement requis, A Grasse le 10. Septembre 1646.

Commission

IEan de Ponteues Comte de Carees, grand Seneschal & Lieutenant general pour le Roy en Prouence: Au premier Sergent Royal ou autre Officier requis, Salut. Nous suiuant le decret ce jourd'huy fait par nostre Lieutenant deSeneschal auSiege deGrasse, au bas de la Requeste cy jointe à luy presentée par Damoiselle Lucresse de Grasse Dame de Carros, vefue de Cezar de Villeneufue sieur dudit lieu, en qualité de mere administratrisse de Damoiselle Marie Marguerite de Villeneufue fille vnique dudit sieur de Carros, & à sa poursuite vous mandons & commettons par ces presentes, que tous & chacuns les prochesparens dudit feu sieur de Villeneufue, qui vous seront baillez par Roolle, adjournez bien & deuëment, ensemble le Notaire & témoins mentionnez en ladite Requeste, & qui ont signé le testament dont est question, a estre & comparoir audit Grasse pardeuant nostredit Lieutenant à iour extraordinaire certain & competant, pour & aux fins d'icelle, à deuë commination; de ce faire te donnons pouuoir & commission par ces presentes : Donné audit Grasse le 10. Septembre 1646. Signé Mere Greffier & scellées.

Exploit d'assignation au Notaire & témoins

L'An mil six cens quarante six le 30. Octobre, certifie: Ie Sergent Royal, sous signé, qu'en vertu des Lettres d'adjournement, taxées par Monsieur le Lieutenant de Seneschal au Siege de Grasse le 10. Septembre dernier deuëment seellées & signées Mere Greffier, à mon present Exploit Original jointes, obtenuës par Damoiselle Lucresse de Grasse Dame de Carros, veufue de feu Cezar de Villeneufue Seigneur dudit lieu, & en qualité de mere & administratrisse de Damoiselle Marie Marguerite de Villeneufue, fille dudit feu sieur de Carros ; & à sa requeste m'estre expres acheminé du lieu du Bar, en cōpagnie d'Anthoine Truc dudit lieu, mon recours au lieu du Broc, où arriué ay bien & deuëment adjourné M. Iacques Nicolas Notaire, & qui a pris le testament mentionné en ladite Requeste ; ensemble M. Raphaël de Porta Docteur en Theologie Prieur dudit Broc, Cezar de Lascaris sieur des deux Freres, Maistre Anthoine Laugier Notaire, Louis Court, Honoré Vian & Anthoine Trastour témoins, & qui ont signé ledit testament ; à estre & comparoir en la ville de Grasse, & pardeuant Monsieur le Lieutenant & dans la Chambre du Conseil le 28. Nouembre prochain, aux fins contenuës en ladite Requeste & Lettres, parlant aux personnes dudit Nicolas, de Porta, Laugier, Court, Trastour, Vian, & au sieur de deux Freres, à deuë commination, & expedié copie à chacun d'eux present ledit Truc & Maistre Raillane, Sergent Royal dudit Borc, Signé Rollande Sergent Royal.

Exploit d'assignation aux parens.

L'An mil six cens quarante-six & le dernier iour d'Octobre, certifie : Ie Sergent Royal sous-signé, qu'en vertu des Lettres taxées par Monsieur le Lieutenant de Seneschal au Siege de Grasse, le 10. Septembre dernier, deuëment seellées & signées Mere Greffier, à mon present Exploit Original jointes, obtenuës par Damoiselle Lucresse de Grasse, Dame de Carros vefue à feu Cezar de Villeneufue, sieur dudit lieu, & en qualité de mere & administratrisse de Damoiselle Marie Marguerite de Villeneufue fille dudit feu sieur de Carros; & à sa poursuite m'estre expres acheminé du lieu du Broc, en compagnie de Anthoine Truc du Bar, mon recours à la ville de Vance, où arriué, ay bien & deuëment adjourné *Annibal de Villeneufue oncle dudit feu sieur de Carros*, parlant à Monsieur de Courseoules son beau-fils, à estre & comparoir en la ville de Grasse pardeuant le sieur Lieutenant, & dans la Chambre du Conseiller le 28. Nouembre prochain.

Et de ladite ville de Vance me suis transporté en compagnie que dessus à la ville de S. Paul, où arriué, ay adjourné *Damoiselle Suzanne de Villeneufue mere dudit feu sieur de Carros*, parlant à sa personne à son domicile, à estre & comparoir en la ville Grasse & pardeuant ledit sieur Lieutenant le 28. Nouembre prochain dans la Chambre du Conseil.

Et de ladite Ville me suis acheminé au lieu de Caigne, où arriué ay bien & deuëment adjourné *Messire Iean Henry de Grimaldy, Marquis de Corbons, Baron de Caigne & autres places, beau-frere dudit feu sieur de Carros*, parlant à sa personne à son domicile, à estre & comparoir audit Grasse & pardeuant ledit sieur Lieutenant, ledit iour 28. Nouembre prochain dans la Chambre du Conseil, aux fins contenuës en ladite Requeste & Lettres à deuës commination, ausquels & à chacun d'eux ay expedié copie, presens ledit Truc & autres mes Recors, Signé Rollande, Sergent Royal.

Procez verbal d'ouuerture du Testament de Cezar de Villeneufue, à la requeste de Damoiselle Lucresse de Grasse sa vefue, les parens appellez.

Extraict des Registres de Seneschal de Grasse.

28. Nouembre 1646.

DV vingt-huit Nouembre mil six cens quarante-six, à Grasse dans la maison & pardeuant Nous Louis de Lombard Sieur de Gourdon Conseiller du Roy, Lieutenant Principal, Ciuil & Criminel, & des soumissions au Siege & Ressort de ladite Ville: Est comparu Maistre Honoré Gazan Procureur *de Damoiselle Lucresse de Grasse Dame de Carros, veufue de Cezar de Villeneufue Sieur de Car-*

ros, *adsisté d'icelle*, en qualité de mere & administreresse de Damoiselle Marie Marguerite de Villeneufue, fille vnique dudit sieur de Carros, lequel nous a remonstré que ledit feu sieur de Villeneufue son mary, auroit fait vn Testament solemnel pardeuant Maistre Nicolas Notaire du Broc deuëment cacheté, qu'il auroit laissé entre les mains dudit Maistre Nicolas, pour le conseruer; & estant ledit sieur de Villeneufue decedé, ladite Damoiselle de Grasse en ladite qualité de mere de ladite Damoiselle de Villeneufue, Nous auroit presenté Requeste pour estre receuë à prendre & accepter l'heritage dudit sieur de Villeneufue son mary par benefice de la Loy & inuentaire : & d'autant qu'elle a notable interest de faire proceder à l'ouuerture dudit Testament solemnel, elle nous a presenté Requeste à ce sujet; & en vertu des Lettres leuées, a fait assigner pardeuant Nous à ce jourd'huy ledit Maistre Nicolas Notaire, qui a pris & a receu ledit Testament, Maistre Raphael de Porta Docteur en sainte Theologie Prieur du Broc, Cezar de Lascaris sieur des deux Freres, Maistre Antoine Laugier Notaire, Louis Court, Honoré Vian & Antoine Trastour témoins dudit Testament qui sont en vie, estant Maistre Pierre Arnuphy autre témoin decedé.

Ensemble elle a fait aussi assigner Annibal de Villeneufue oncle dud. Sieur de Carros Damoiselle Suzanne de Villeneufue, sa mere, & Mre Iean Henry de Grimaldy Marquis de Corbons, Baron de Caigne & autres places, tous proches parens de lad. Damoiselle Marie Marguerite de Villeneufue, aux fins de venir voir proceder à l'ouuerture dud. Testament solemnel; & lesd. Notaires & témoins aux fins de venir recognoistre leur seings & signatures, & assister à l'ouuerture dudit Testamēt; recognoistre & aduerer la signature dudit sieur de Carros; comme appert des Exploits faits par Roulande Sergent Royal, des 30. & 31. Octobre dernier : Nous requerant s'ils comparent, ou à leur deffaut, estre procedé à ladite adueration & ouuerture requise & acte. Signé Lucresse du Bar, & Gazan.

Et Nousdits Lieutenant auons concedé acte à ladite Damoiselle de ladite requisition & veu les Exploits d'assignation donnez ausdits parens, Notaire & témoins, & à la presence de ladite Damoiselle de Grasse veufue dudit feu sieur de Villeneufue : ledit Maistre Nicolas Notaire Nous a exhibé & presenté vn cahier de papier plié en long, fermé auec de la soye couleur de Rose & cacheté de dix-sept cachets auec de cire d'Espagne où sont les Armes dudit feu sieur de Villeneufue, de Raphaël de Porta, du sieur des deux Freres, & dudit sieur Laugier témoins, auec vne inscription au dessus dudit cahyer; portant que le dixiéme Aoust 1644. a esté publié ledit Testament solemnel par ledit Maistre Nicolas Notaire, en presence des susdits témoins fous-fignez, auec ledit fieur de Villeneufue Teftateur, & ledit Maiftre Nicolas Notaire, nous a requis luy conceder acte de la remiffion dudit Cayer, & ladite Damoifelle de Graffe veufue audit nom; a requis proceder à l'ouuerture dudit Teftament en prefence, ou defaut des fufdits parens, ayant au prealable fait proceder à l'adueration & reconnoiffance de l'écriture & fignature dudit Maiftre Nicolas Notaire fi prefent, & à l'adueration des fignatures defdits témoins prefens, fors dudit fieur des deux Freres; Maiftre Antoine Traftour & ledit Maiftre Arnuphi qui eft decedé, figné, LOMBARD Lieutenant.

Et enfuite, Noufdits Lieutenant, auons donné acte audit Nicolas de la remiffion par luy faite entre nos mains dudit Cayer, & teftament folemnel, & ordonne que la fignature dudit feu fieur de Villeneufue fera aduerée, tant par ledit Maiftre Nicolas Notaire, que témoins fi prefens en deffaut de parens affignez & non prefentez, & des autres témoins auffi abfens; comme auffi ledit Maiftre Nicolas Notaire aduerera l'efcriture & infcription au deffus dudit teftament & fa fignature, & les témoins prefens leur fignature; & tant ledit Notaire, que témoins prefens, les fignatures defdits fieurs des deux Freres, Laugier, Arnuphi & Traftour témoins abfens; & ce fait fera procedé à l'ouuerture dudit Cayer, & publication, pour feruir & valoir ainfi que de raifon, Signé LOMBARD, Lieutenant.

En execution de noftre fufdite Ordonnance, ladite Damoifelle de Graffe en deffaut des proches parens affignez, Nous a dit & declaré que la fignature qui eft au deffus dudit Cayer contenant, *Villeneufue*, eft la fignature dudit feu fieur de Villeneufue fon mary.

Et ledit Maiftre Nicolas Notaire fi prefent, a declaré auoir fait l'infcription & publication qui eft au deffus dudit teftamēt, du commendement, & à la prefence dudit fieur de Villeneufue & des autres témoins fous nommez & fignez au bas de ladite infcription, aduerant & reconnoiffant par ce moyen fon écriture, & fignature & celle dudit fieur de Carros.

Et lefdits Meffire de Porta, Court & Vian, ont dit auoir affifté à la publication de ladite infcription de teftament, & fait chacun d'eux leur fignature, & appofé vn cachet refpectiuement; s'eftant feruy du cachet dudit fieur de Villeneufue, fors ledit Meffire de Porta, des deux Freres & Laugier qui fe feruirent de leurs cachets; lefquels témoins cy prefens aduerant leurfdites fignatures; & tant eux que ledit Maiftre Nicolas Notaire, aduerent les fignatures dudit fieur de Villeneufue & des autres témoins pour auoir veu figner iceux; & ledit feu fieur de Carros, Nous ayant ledit Maiftre Nicolas Notaire & témoins prefens affirmé refpectiuement ce que deffus, moyen-

B

nant le serment qu'ils ont presté entre vos mains, Signé LOMBARD Lieutenant, LVCRESSE DV BAR, NICOLAS DE PORTA, L. COVRT & VIAN,

 Ce fait en presence de ladite Damoiselle de Grasse, Maistre Nicolas Notaire & témoins presens: Auons fait coupper les attaches dudit Cayer & Testament, & fait ouurir iceluy, lequel auons trouué contenir trois pages, & demy page, écrites de la main dudit feu sieur de Carros, y ayant au bas de chaque page, & à la fin la signature dudit feu sieur de Carros, en ce mot, *Villeneufue*, du 10. Aoust 1644. lequel Testament auons fait publier par nostre Greffier presente ladite Damoiselle de Grasse veufue, ledit Nicolas Notaire, Messire de Porta, Louis Court, & Honoré Vian témoins presens, en deffaut des proches parens & autres témoins assignez; de laquelle publication & de tout ce que dessus, en auoiēt concedé acte à lad. Damoiselle de Grasse & autres qu'il appartiendra, & ordonné que ledit Testament sera enregistré aux Registres de nostre Greffe; & ce fait ledit Testament sera rendu & remis entre les mains dudit Maistre Nicolas Notaire, pour estre attaché à son protocolle courant, & y auoir recours ainsi qu'il appartiendra, ayant à ces fins ledit Original du Testament esté retenu par nostre Greffier pour faire ladite enregistration. Ainsi a esté par Nousdit Lieutenant procedé, presente ladite Damoiselle, Notaire & témoins presens, & de Henry le Brun de Castellanne sieur de Rogon, M. Honoré Requemaure & Iean Court Procureur en nostre Siege, & nous sommes sous-signez, Signé, LOMBARD Lieutenant, ROGON, ROCQVEMARRE & COVRT témoins. Collationné & signé, ANDRE' Greffier.

Extrait du Testament de Dame Susanne de Villeneufue, veufue, fait apres le deceds de Cezar de Villeneufue, sieur de Carros de Villeneufue son fils aisné, produite sous cotte 2.

1. Aoust 1646.

L'AN mil six cens quarante-six, & le premier Aoust du matin, comme soit qu'en ce monde n'y a rien de plus certain que la mort, ny plus incertain que l'heure d'icelle, pour l'incertitude de laquelle, tout fidele Chrestien se doit preparer & disposer de son ame & biens, afin que parmy ses heritiers & successeurs n'y ait lieu de procez & differens. A CETTE CAVSE, constitué personnellement pardeuant moy Notaire & témoin sous nommez, *Dame Suzanne de Villenefue de Mons*, veufue, à feu sieur Iacques de Villeneufue, viuant Escuyer de Tourrettes, laquelle estant en cette

Ville de S. Paul & dans sa maison d'habitation, saine de corps & en son bon sens & entendement, de son gré a fait son dernier nuncupatif & valable testament & disposition finalle en la forme qui s'en-suit. &c.

Item, legue *pour droit d'institu*t*i*o*n à Marie Marguèritte de Ville-neufue sa petite fille, & fille de feu Cezar de Villeneufue, viuant sieur de Carros son fils*, la somme de mil liures, payable ladite somme de mil liures en deux payes : La premiere, le iour qu'elle sera colloquée en legitime mariage, ou que viendra à ce faire Religieuse, & la der-niere, vne année apres, & ce, pour tout droit de legitime, suplement d'icelle & autres quelconques, qu'elle pourroit pretendre sur son-dit heritage, voulant que autre chose ne puisse demander, &c.

Et parce que l'institution d'heritier est le propre chef & fondement de tous testamens : A cette cause, ladite Dame de Villeneufue testa-trice de son gré, en tous & chacuns ses autres biens meubles, argent monnoyé & non monuoyé, immeubles & autres droits quelconques presens & aduenir, de quelque nature que puissent estre, a fait & in-stitué, & de sa propre bouche a nommé & nomme son heritier vni-uersel & en tout ; sçauoir *le sieur Alexandre de Villeneufue son fils, legitime & naturelle*, & venant Iceluy à mourir, & deceder sans en-fans masles, legitimes & naturels luy, a substitué & substituë ledit *Louis de Villeneufue son autre fils legitime & naturel*, &c.

Fait & publié audit S. Paul, & dans la maison de ladite Dame en presence de *Messire Federic Micaelis Prestre*, Pierre Iulian, Honoré Bernard, Louis Feriat Maistre Charpentier, Bartelemy Girard fils de Iean Philipe, Bonifface Raimond & Guillaume Euzier dudit S. Paul témoins requis & signez qui a sceu, Signé SVZANNE DE VILLENEVFVE, MICHAELIS, Prestre, L. FERIAT, & moy Iean Anthoine Raimond Notaire. Signé, RAIMOND, Notaire.

Sentence qui reçoit Damoiselle Marie Marguerite de Villeneufue heritiere par benefice d'inuentaire du feu Cezar de Villeneufue sieur de Carros son pere, renduë à la ponrsuitte d'Alexandre de Villeneufue son tuteur, ayant repris l'Instance au lieu & place de Damoiselle Lucresse de Grasse veufue audit sieur de Carros.

Extrait des Registres du Seneschal de Grasse.

5. Avril 1647.

SVr le profit & vtilité des defauts obtenus en jugemēt à faute de presentatiō, & deuë poursuite par *Alexandre de Villeneufue, Escuyer*

d. Turrettes, tuteur de Damoiselle Marie Marguerite de Villeneufue, demanderesse en Requeste aux fins d'estre receuë à prendre & accepter l'heritage de feu Cezar de Villeneufue, viuant Sieur de Carros son pere par benefice de la Loy & inuentaire, Contre tous vns & chacuns les creaciers legataires, fideicommissaires & autres, pretendans auoir à prendre sur les biens & heritages dudit feu Cezar de Villeneufue, son pere, deffendeurs, deffaillans, Adjournés & readjournez & non comparens.

Veu la Requeste à Nous presentée *par Damoiselle Lucresse de Grasse Dame de Carros*, vefue dudit feu *Cezar de Villeneufue*, mere & administresse de ladite Damoiselle Marie Marguerite de Villeneufue, fille & heritiere dudit feu sieur Cezar de Villeneufue, aux fins d'estre receuë à prendre & accepter l'heritage dudit feu sieur Cezar de Villeneufue par benefice de la Loy & Inuétaire du 31. Iuillet 1646. auec les Lettres & Exploits d'adjournemét, ensuite faits des 22. 23. & 25 Aoust 1 & 6. Septembre audit an. Extraict du premier deffaut obtenu en Iugement le dernier dudit mois d'Aoust, auec les Lettres & Exploits de readjournemens les 5. & 29. Octobre suiuant. Extrait du second deffaut obtenu en jugement le 9. Nouembre audit an 1646. auec les Lettres & Exploits de readjournement des 13. & 20. dudit mois: Troisiéme deffaut obtenu en jugement par ladite Damoiselle auec nostre Ordonnance; portant que le tout nous seroit porté, du 23. dudit mois. Demande donnée sur le profit desdits deffauts par ledit demandeur, & toutes & chacunes les pieces riere Nous fournies & produites par ledit demandeur, suiuant la designation de son Inuentaire de production

Nous Lieutenant, en declarant lesdits deffauts bien venus, obtenus, & entretenus; & lesdits creanciers deffaillans, deubs & décheus de toutes leurs exceptions, & deffences dillatoires, declinatoires & peremptoires; faisant droit à ladite Requeste dudit demandeur en ladite qualité: Auons receu ladite *Damoiselle Marie Marguerite de Villeneufue*, à prendre & accepter l'heritage dudit feu *Cezar de Villeneufue son pere par benefice d'inuentaire*; Et à ces fins, ordonne qu'elle fera proceder audit inuentaire dans le temps porté par le droit, autrement décheuë Signé, Lombart, Lieutenant, espices vn escu. Publié ladite Sentence par moy Greffier sous signé à MaistreFragier en Iugement, lequel n'a rien dit, le cinquiéme Avril mil six cens quarante sept. Signé, Mere, Greffier, Collationné & signé, MEILHAN, Commis.

TROIS deffauts obtenus par Damoiselle Lucresse de Grasse, veufue de Cezar de Villeneufue, complaignante.
CONTRE Louis Barcillon & autres accusez de l'assassinat commis en la personne dudit Cezar de Villeneufue son mary.

Extraict des Registres de la Seneschaussée de Grasse.

§ 12. & 19. Octobre 1646.

PREMIER deffaut criminel à Damoiselle Lucresse de Grasse Dame de Carros, veufue feu Cezar de Villeneufue sieur dudit lieu, en qualité de mere & administratrice de Damoiselle Marie Marguerite de Villeneufue, fille & heritiere dudit sieur de Carros, querellante en meurtre & assassinat commis en la personne dudit sieur de Carros, presentée & comparente, par Gazan son Procureur, qui requiert premier deffaut, & le second attendu CONTRE Couraud de Porta, Antoine Lacas de la Gilette, Jean Baptiste Court, Daspremont, *Louis Barcillon dudit Carros*, criez à trois briefs & diuers iours. Deffaut & prins au corps CONTRE Honoré Rabuis, & Honoré de Bourillon sieur d'Aspremont assignez en personne. NOVS LIEVTENANT, auons donné premier deffaut & le second attendu, & readjournement contre les adjournez en personne. Fait en Iugement le cinquième Octobre 1646. *Collationné.*

EN LADITE CAVSE second deffaut criminel, NOVS LIEVTENANT, auons donné second deffaut & le troisiéme attendu. Fait en Iugement le 12. Octobre 1646. *Collationné.*

EN LADITE CAVSE, troisiéme deffaut criminel, NOVS LIEVTENANT, auons donné troisiéme deffaut, & le tout porté. Fait en Iugement le 19. Octobre 1646. *Collationné & signé,* CHERY, Greffier.

ACTE de presentation sur l'Instance du Benefice d'inuentaire formée par Damoiselle Lucresse de Grasse veufue de Cezar de Villeneufue.

Extraict des Registres du Seneschal de Grasse.

31. Aoust 1646.

PRESENTATION pour Damoiselle Lucresse de Grasse veufue de Cezar de Villeneufue sieur de Carros, en qualité de mere & administratrice de Damoiselle Marie Marguerite de Villeneufue *fille & heretiere dudit sieur de Carros.*

 Maistre GAZAN s'est presenté pour ladite Damoiselle de Grasse Dame de Carros, en ladite qualité, demanderesse en Requeste, pour estre receuë à prendre & accepter l'heritage dudit sieur de Carros, par benefice de la Loy & inuentaire, CONTRE tous & chacuns les creanciers legataires, *fideicommissaires*, & autres pretendans droit *certains & incertains* deffendeurs, du dernier Aoust 1646. Collationné & signé MEILHAN, Commis.

ACTE de presentation d'Alexandre de Villeneufue tuteur de Damoiselle Marie Marguerite de Villeneufue sa niepce, sur la reprise par luy faite, de l'Instance de benefice d'inuentaire, au lieu de Damoiselle Lucresse de Grasse veufue.

15. Mars 1647.

PRESENTATION pour Alexandre de Villeneufue Escuyer de la Maison de Tourrettes, Capitaine d'vne Compagnie de cent hommes au Regiment des Galeres *tuteur testamentaire de Damoiselle Marie Marguerite de Villeneufue, fille & heritiere de Cezar de Villeneufue sieur de Carros.*

 MAISTRE FRAGIER s'est presenté pour ledit sieur en ladite qualité, demandeur en Requeste, pour estre receu à prendre l'heritage dudit Cezar de Villeneufue pere de ladite Damoiselle par inuentaire,

 CONTRE tous & vns chacuns les creanciers dudit heritage deffendeurs, & acte, du 15. Mars 1647. Collationné & signé MEILHAN Commis.

ACTE de presentation d'Alexandre de Villeneufue tuteur, sur la reprise par luy faite de l'Instance criminelle, au lieu de ladite Damoiselle Lucresse de Grasse vefue.

1. Mais 1647.

PRESENTATION pour ledit sieur de Villeneufue, *en ladite qualité.*

 LEDIT MAISTRE FRAGIER s'est presenté pour ledit sieur Querellant en meurtre & assassinat commis en la personne de feu Cezar de Villeneufue, viuant sieur de Carros, CONTRE Courault, de Porta, Antoine Laças du Louborny de la Gilette & Louis Barcillon dudit Carros, querelles & acte dudit iour 15. Mars 1647. Collationné, Signé MEILHAN.

REQVESTE *d'Alexandre de Villeneufue, tuteur de Damoiselle Marie Marguerite de Villeneufue, afin d'estre procedé l'Inuentaire des biens de Cezar de Villeneufue, en execution de la Sentence du 5. Avril 1647.*

6. Avril 1644.

A Monsieur le Lieutenant de Seneschal.

SVPPLIE humblement *Alexandre de Villeneufue, Escuyer de la Maison de Tourettes, tuteur testamentaire de Damoiselle Marie Marguerite de Villeneufue, fille & heritiere par Inuentaire de feu Cezar de Villeneufue, vivant sieur de Carros*, que par vostre Sentence vous auriez receu ladite Damoiselle Marie Marguerite, à prendre & accepter l'heritage dudit Cezar de Villeneufue son pere, par benefice de la Loy & Inuentaire; lequel Inuentaire feroit faire à la huitaine, à quoy desirant satisfaire, requiert luy estre pourueu.

CE CONSIDERE', il vous plaise, Monsieur, vouloir acceder au lieu de Carros & autres parts où besoin sera, auec vn Greffier & Procureur dudit sieur demandeur, & illec proceder à l'inuentaire des biens meubles & immeubles delaissez par ledit feu sieur de Villeneufue, proceder à la vente des meubles, & arrentement des immeubles, tous les creanciers appellez par intimation faite aux creanciers certains, & les incertains & non presentez à voix de trompe & cry public, sauf ses autres fins, & ferez bien. Signé, FRAGIER.

SERA par vous accedé au lieu de Carros, & autres parts où besoin sera Lundy prochain huitiéme du courant, pour proceder à l'inuentaire des biens meubles & immeubles delaissez par led. sieur de Villeneufue, & en apres à la vente des meubles, & arrentement des immeubles; les Procureurs des creanciers appellez, & les incertains & non presentez, à voix de trompe & cry public. A Grasse le six Avril 1647. Signé LOMBARD Lieutenant.

PROCVRATION *d'Alexandre de Villeneufue, tuteur de Damoiselle Marie Marguerite de Villeneufue, pour proceder à l'Innentaire des biens de Cezar de Villeneufue, en execution de la Sentence du 5. Avril 1647.*

6. Avril 1647.

L'An 1647. & le 6. d'Avril apres midy, constitué en personne pardeuant moy Notaire Royal sous-signé, & témoins sous

A

nommez Sieur Alexandre de Villeneufue en qualité de tuteur testamentaire des hoirs de feu Cezar de Villenenfue viuant sieur de Carros son frere, lequel de son gré sans reuocation aucune, a fait & constitué son Procureur special & general, quant à ce Maistre *Honoré Rainaud* Bourgeois de Chasteauneuf present stipulant, & la presente acceptant, Pour & au nom dudit sieur constituant en lad. qualité, se porter au lieu de Carros & autres parts que besoin sera; & illec interuenir à la facture & confection de l'inuentaire des biens meubles & immeubles delaissez par ledit feu sieur *Cezar* son frere, faire toutes requisitions, protestations & chargemens que besoin sera, & ledit inuentaire fait faire proceder pardeuant Monsieur le Lieutenant de Seneschal du Siege de Grasse à l'arrentement des immeubles, vente des meubles, & passer tous contracts à ce necessaire, & autrement faire tout de mesme que pourroit ledit sieur de Villeneufue constituant si present y estoit, ores que le cas requist sa presence & mandement plus expres, à promesse que ledit sieur a fait d'auoir agré tout ce que par sondit Procureur sera sur ce fait, dit, geré & procuré, & le releuer de la presente, à peine de tous despens, dommages & interests, & pour l'obseruation de ce, ledit sieur de Villeneufue oblige tous ses biens presens & aduenir à toutes Cours de ce pays & la juré & acto. Fait & publié audit S. Paul dans la maison dudit sieur, en presence de Iean Giraud de cette ville; & Nicolas Valfein de Grenoble en Dauphiné, témoins requis & signez, qui a sceu, Villeneufue, H. Rainaud & moy Antoine Bellissime Notaire Royal audit S. Paul, sous signé; BELLISSIME, Notaire.

INVENTAIRE des biens de feu Cezar de Villeneufue sieur de Carros, fait à la requeste d'Alexandre de Villeneufue, en qualité de tuteur testamentaire de Damoiselle Marie Marguerite de Villeneufue sa niepce, fille & heritiere par benefice d'inuentaire dudit Cezar son pere, & en execution de la Sentence du 5. Auril 1647.

8. Avril 1647.

Extraict des Registres de l'Ordinaire de S. Paul.

DV huitiéme Avril mil six cens quarante sept au lieu de Carros & dans la maison de Messire Iean Baptiste Sepette Prieur dudit lieu, & pardeuant Nous Louis de Lombard sieur de Gourdon, Conseiller du Roy, Lieutenant principal, Ciuil & Criminel, & des soubsmissions au Siege & ressort de la ville de Grasse, & Commissaire des inuentaires des Villes & Vigueries dudit Grasse & S. Paul, est comparu *Maistre Louis Fragier Procureur au Siege dudit*

Grasse, & d'Alexandre de Villeneufue Escuyer de la Maison de Tourrettes, tuteur testamentaire de Damoiselle Marie Marguerite de Villeneufue, fille & heritiere par inuentaire de feu Cezar de Villeneufue, viuant Seigneur dudit Carros, assisté de Honoré Rainaud Bourgeois de Chasteauneuf Procureur & ayant charge dudit sieur Alexandre de Villeneufue, par procuration du six du courant, receu par Maistre Bellissime nostre Greffier, lequel nous a dit qu'ensuite du decret par Nous fait ledit iour 6. du courant, au bas de la Requeste à Nous presentée par ledit sieur de Villeneufue, portant qu'il seroit par Nous accedé audit Carros & autres lieux, pour proceder à l'inuentaire des biens meubles & immeubles dudit heritage, il a fait donner assignation aux creanciers presentez par intimation faite à leurs Procureurs, & aux certains non presentez & incertains à voye de trompe & cry public, à comparoir ce jourd'huy pardeuant Nous audit Carros à l'heure de midy, pour voir proceder à la facture dudit Inuentaire ; Nous requerant, attendu que l'heure donnée pour assignation est expirée, ainsi qu'appert par l'aspect du Soleil, Nous transporter dans la maison Seigneuriale dudit feu sieur de Carros, où il habitoit & est decedé, & autres parts que besoin sera, pour proceder à la facture & confection dudit Inuentaire, le tout sans prejudice de son fideicommis, & autres droits qu'il pretend sur ledit heritage & acte, Signé FRAGIER & RAINAVD Procureur.

Et Nous dit Lieutenant & Commissaire, veu les Exploicts d'assignation, auons concedé acte audit Fragier de sa requisition, & ensuite d'icelle sommes departis de la maison dudit Maistre Sepette en compagnie dudit Maistre Fragier, Rainaud Procureur, & Maistre Bellissime nostre Greffier, & transportez dans ladite maison Seigneuriale scize dans l'enclos dudit Carros appartenant audit feu sieur de Carros, où arriuez à l'heure donnée par assignation, ledit Maistre Fragier audit nom, assisté comme dessus, Nous a requis vouloir proceder audit Inuentaire, en presence ou deffaut desdits creanciers ; & à ces fins donner serment à Damoiselle Lucresse de de Grasse Dame de la Malle, veufue dudit feu sieur de Carros, de declarer tous les biens meubles, immeubles, debtes, bestail, papiers, & autres choses dudit heritage, & qui estoient en estat lors du deceds dudit feu sieur de Carros son mary.

AV CONTRAIRE ladite Damoiselle de Grasse n'a empesché la facture dudit Inuentaire sous les protestations par elles faites des semez & fruits qui sont pendans aux biens dudit heritage, lesquels luy doiuent appartenir pour auoir fourny les Semences & fait faire les cultures & impenses necessaires, offrant declarer les meubles dudit heritage qui estoient en estat lors du deceds dudit feu sieur de Carros son mary qui sont à son pouuoir & connoissance ; & pour ce qui est des immeubles, elle ne peut les declarer particulierement pour ne sçavoir en quoy consistent, n'ayant demeuré gueres de temps mariée auec ledit sieur de Carros ; Protestant en outre de n'approuuer ny recognoistre ledit Alexandre de Villeneufue pour tuteur ; qu'il n'ait est confirmé par Iustice & donné caution, suiuant l'Ordonnance, Signé LVCRESSE DV BAR.

Ledit Maistre Fragier assisté comme dessus, dit que si ladite Dame a fait aucunes fournitures & impences, faut qu'elle les prenne du rentier qui arentera lesdits biens, mais n'y a apparence qu'elle en ait fait aucune, puis qu'ausdits biens y a des rentiers partiaires, Et pour ce qui conserne la confirmation & caution requise, dit, ledit sieur Alexandre n'estre tenu à ce, pour estre tuteur testamentaire; ce que ladite Dame ne peut ignorer, puis qu'à sa requeste & poursuite le testament du feu sieur de Carros a esté ouuert, de nostre authorité & acte. Signé, FRAGIER & RAINAVD, Procureur.

Et Nousdit Lieutenant & Commissaire, en concedant acte aux parties de leurs dires, requisitions & protestations pour leur seruir en temps & lieu, attendu dequoy s'agit, auons donné deffaut audit Maistre Fragier, assisté comme dessus contre lesdits creanciers, tant certains, que incertains, pour le profit d'iquel (apres que l'heure donnée par assignation est expirée,) Auons ordonné qu'il sera par nous procedé, tout presentement à la facture & confection dudit Inuentaire des biens tant meubles que immeubles delaissez par ledit Cezar de Villeneufue, au temps de son deceds, signé, LOMBARD Lieutenant & Commissaire.

Et ce fait pour la validité dudit Inuentaire, Auons pris pour témoins pour les creanciers certains Pierre Iausseran Maistre Chirurgien du lieu de Broc, & Marc Anthoine Isaac dudit Carros ; Et pour les incertains ledit Messire Iean Baptiste Sepette Prieur dudit lieu, Iean Vaquette & André Audibert dudit Carros; & encore Annibal Culti Bourgeois dudit Broc, Lieutenant de Iuge dudit lieu, aux fins de nous assister audit Inuentaire, & indiquer les biens immeubles & autres d'oiets dudit heritage, pour en estre instruit & ascauanté; Et à ces fins les ayant fait venir pardeuant Nous, leur auons donné serment en tel cas requis, de nous assister iusqu'à la perfection d'icelny, & nous declarer s'ils sçauent qu'il se commet aucun dol & fraude en la confection dudit Inuentaire.

Et par mesme moyen prelens lesdits témoins, auons donné serment à ladite Damoiselle de Grec, de nous dire & declarer tous les biens meubles, immeubles, titres & documens dudit heritage delaissez laiffez par ledit feu fieur de Carros le iour de fon deceds, comme aufli audit Culti en tant que fera à fa cognoiffance, fans rien recel-ler, fur les peines portées par le droit, pour eftre du tout fait & dreffé inuentaire.

Et procedant audit Inuentaire, auons trouué dans la falle de ladite maifon deux Iarres à tenir huille de la capacité de vingt rups ou enuiron.

Dans la chambre à plain pied de ladite falle, a efté trouué vne vieille quaiffe ne noyer fans rien dedans.

Dans la court de ladite maifon y auons trouué vne cuue à boüillir vin de la capacité d'enuiron trente charges de raifin ayant trois plethes; trois vieux tonneaux de la capacité de fix charges, l'autre de cinq, & l'autre de quatre: Dix-fept aiz de diuers bois, vne arche bois blanc pour y tenir du bled & farine.

Et pour les autres meubles qui eftoient dans ladite maifon lors du deceds dudit feu fieur de Carros, ladite Damoifelle nous a dit, qu'apres l'affaffinat commis à la perfonne dudit feu fieur de Villeneufue fon mary, ne fe croyant pas affeurée audit Carros, elle fe retira au lieu du Broc, où elle fit porter lefdits meubles, où ils font à prefent dans la maifon dudit Maiftre Culti.

Et ledit Maiftre Culti nous a declaré que les immeubles dudit heritage confiftent en toute la haute, impere & mere Iurifdiction, & partie de la moyenne & baffe, ne fçachant au vray en quoy confiftent lefdites parties, & encores quelques cenfes, feruices, & tafques, tant communs, que particuliers audit Carros.

La prefente maifon d'habitation, confrontant les ruës & partie de la chambre de Iean Vacquette.

Vne baftide, terre & grange au terroir dudit Carros, cartier dit la baftide, confronte le chemin Royal, piece de André Cepette, Raphaël Vian du Broc, & terre appartenant à l'Eglife dudit Carros & autres, entouré de muraille, femée de dix-fept panaux bled auoine, cinq panaux feues, deux panaux pois chiches, deux panaux pois fix mantenas lin, ainfi qu'il nous a efté declaré par Honoré Traftour Rentier partiere de ladite baftide & piece.

Vne poffeffion de terre appellée le clos mefme terroir, confronte le chemin voifinal, terre de Ieanon Tombarel, terre de Ieanon Briquet du Broc, hoirs d'autre Briquet, & Damoifelle Valentine de Genas, femée de vingt vne panals, bled auoine, & trois panals bled parmoulle, ainfi que nous a declaré ledit Traftour Rentier.

Vne terre audit terroir proche l'Eglife confiftant en trois faiffes, confrontant terre de ladite Damoifelle de Genas, le chemin Royal, jardin de Charles Laugier & autres, femes d'auoine.

B

Vn pré & terre audit terroir & partie du roure, confrontant le chemin Royal, terre de Maistre Iacques Nicolas Notaire du Broc, & André Court, laquelle terre est semée d'auoine.

Les fruits desquelles trois faisses-pré & terre joignant au cartier de roure, ledit Pierre Iausseran nous a dit luy appartenir pour les auoir achetez dudit feu sieur de Carros: Acte receu par Maistre Oliuer Notaire, pour 2. années cōmencées au iour & Feste S. Michel dernier, pour le prix mentionné audit acte, & par ainsi lesdits fruits doiuent estre rayez du present Inuentaire dequoy il proteste.

Tous lesquels biens ledit Maistre Culti nous a dit que ledit feu sieur de Carros les possedoit en fief noble.

Plus possedoit vne terre au terroir dudit lieu appellé la Ferraye que confronte le chemin Royal, la Dame de Genas & autres.

Vn bois appellé de Pins audit terroir au cartier appellé Carrousses, confronte le chemin, Ieanon Laugier, terres gastes & autres.

Dit encores sçauoir que ledit sieur possedoit vne terre à S. Eanet ne sçachant de quelle contenance ny de quel cartier.

Comme aussi vne terre au terroir *de Tourrettes*, ne sçachant aussi en quoy consiste.

Et encores quelques terres au terroir *de S. Paul*, ne pouuant sçauoir la contenance d'icelles, ny les cartiers où sont scituées.

Et ce fait attendu l'heure tarde, & que audit lieu de Carros, ny a aucun logis commode pour nous loger, nous sommes retirez au lieu du Broc distant d'vn quart de lieuë dudit Carros, & pris pour nostre logis la maison de Ieanon Olliuier hoste dudit lieu, & Nous sommes sousignez, LOMBARD Lieutenant & Commissaire.

Du lendemain neusiéme dudit mois d'Auril audit lieu du Broc & dans nostre logis pardeuant nousdit Lieutenant & Commissaire est d'abondant comparu ledit Maistre Fragier, assisté comme dessus, lequel nous a dit que le iour d'hyer estant, Nous audit Carros, ladite Damoiselle de Grasse nous auroit declaré auoir fait porter au present lieu du Broc & dans la maison de Maistre Annibal Culti les meubles dudit heritage qui estoient en estat, & dans la maison dudit feu sieur de Villeneufue lors de son deceds, Nous requiert vouloir acceder dans ladite maison pour coucher lesdits meubles dans le present Inuentaire & acte, signé FRAGIER & RAINAVD Procureur.

Et nousdit Lieutenant & Commissaire adherant à ladite requisition, Auons accedé dans la maison dudit Culti en compagnie que dessus, où estant & dans deux chambres tenuës à rente par ladite Damoiselle, en presence d'icelle & dudit Culti auons trouué.

En premier lieu, quatre chaires à bras, deux garnies, l'vne décarlate rouge & l'autre de tapisserie, & les autres sans garnir ; deux petites chaires ; deux blancs garnis de scarlate ; vne table noyer assez grande ; vne douzaine de plats ; vne douzaine d'assiettes ; quatre escuelles ; deux flacons, le tout d'estain fin; vn pot à cuire de fer, vn bassin d'erain, vn gril, vne poêlle à frire, vn peyrol d'erain, vne broche de fer, vn paire de landiers de fer, trois tableaux, vn dudit feu sieur de Carros, & les autres deux de deux Saintes ; vn tapis de Turquie vsé ; deux douzaines de seruiettes, partie de façon Venise, & les autres ordinaires ; quatre nappes assez fines demy vsées ; huit linseuls ; deux nappes de cuisine, six pannemains ; vne caisse noyer; deux lits noyer garnis, l'vn de cadis minime, & l'autre sans garnir; trois matelas & deux paillasses ; vne coustelière garnie de six cousteaux ; deux cueilliers d'argent ; vne salier d'estain fin, deux tentes de tapisseries de Bergame demy vsées ; vn Cumascle.

Et ce fait ledit Maistre Fragier audit nom, assisté comme dessus, nous a requis nous transporter audit lieu de Carros pour faire inuentaire des meubles, bestail & outils seruant à la culture de la terre.

Ensuite de laquelle requisition, sommes d'abondant accedez audit Carros, & dans la Bastide dudit feu sieur de Carros, en compagnie que dessus, ou estans y auons trouué Honoré Trastour, vn des Rentiers d'icelle.

Et premierement, au bas estage de ladite Bastide y auons trouué vn moulin à detriter olliues auec la roue, pierre, ferremens & outils necessaires audit moulin.

Vn pressoi à deux bouges pour presser les olliues, auec les outils, & autres outils necessaires.

Et pour le Peyrol seruant audit moulin, ledit Trastour nous a dit estre és mains de ladite Damoiselle de Grasse.

Et dans les autres estages n'a esté trouué aucun meuble fors vn pal, vne reille tendille, & autres ferremens necessaires pour vn araire.

Auons trouué dans ladite piece trois Vaches, & deux Bœuf, poil rouge & qui auoient esté donnés en megerie audit Trastour par ledit feu sieur de Carros.

Et à l'instant ledit Maistre Culti nous a dit que lesdits Bœufs & Vaches ne doiuent estre couchez dans ledit Inuentaire pour luy appartenir, ayant acheté iceux à l'inquant public au lieu du Broc au mois de Ianuier dernier, ayant esté venduë à la poursuite d'vn Emenard, soy disant Procureur de Cellier pour les deniers & affaires de sa Maiesté deubs par l'heritage dudit feu sieur de Carros, ainsi qu'apert des exploits qu'il nous a exhibé faits par Decugis Huissier des Finances ; & apres qu'il a eu achepté iceux, il les a donnés en gard.

audit Traſtour qui luy en paye la rente, proteſtant, en cas contraire de tous deſpens, dommages & intereſts, Signé, CVLTI.

Et au contraire ledit Maiſtre Fragier aſſiſté comme deſſus, dit que la pretenduë déliurance auancée par ledit Maiſtre Culti, ne peut empécher que les Bœufs & Vaches dont eſt queſtion ne ſoient miſes en l'inuentaire & n'appartiennent à l'heritage, veu qu'ils ſe treuuent ſur les biens & entre les mains des Rentiers ſeruans à la culture; Et quand la délivrance ſeroit vraye (ce qu'il ne croit) ne peut eſtre valable, puis qu'en icelle n'a eſté donné aucune aſſignation ny fait aucune intimation audit Alexandre de Villeneufue tuteur & legitime partie; ne ſeroit raiſonnable que ledit Culti euſt leſdits Bœufs & Vaches pour quinze eſcus, puis que iceux en valent plus de quatre vingts; toutesfois eſtant veritable qu'il ait payé leſdits quinze eſcus; en ce cas faut que l'heritage les luy rembourſe, auec tels dōmages & intereſts que de droit, & acte. Signé FRAGIER & RAINAVD Procureur.

Par replique, ledit Maiſtre Culti dit que ladite vente doit auoir lieu pour auoir eſté faite au public inquant aux formes qu'il faut, & pour deniers priuilegiez; & que s'il ſe trouue de nullité à la procedure, ce n'eſt pas luy qui en doit répondre eſtant achepteur de bonne foy, ains ledit Emeraud qui a fait faire leſdites executions, ayant joüy paiſiblement de ladite vente trois mois, perciſtant à ſes proteſtations. Signé, CVLTI.

Et Nouſdit Lieutenant & Commiſſaire en concedant acte aux parties de leurs dires & requiſitions: Auons ordonné qu'il ſera fait droit au rayement requis par ledit Culti, ou rembourcement offert par Fragier, en procedant à la vente des meubles & fruits & arrentement des biens, Signé, LOMBARD, Lieutenant & Commiſſaire.

Ledit Fragier aſſiſté comme deſſus, dit, que puis que Honoré Traſtour l'an des Rentiers des biens dudit feu ſieur de Villeneufue, eſt icy preſent, qu'il ait à declarer quels meubles il a en ſon pouuoir, & des fruits qui ſont prouenus auſdits biens à la recolte derniere, & le tout incerer au preſent inuentaire, pour la conſeruation du droit de la pupille, & acte, Signé, FRAGIER & RAINAVD Procureur.

Enſuite de laquelle requiſition, Nouſdit Lieutenant & Commiſſaire, auons donné ſerment audit Traſtour Rentier, aux fins de declarer les meubles qu'il a en ſon pouuoir appartenant audit heritage, enſemble les fruits qui ſont prouenus des biens delaiſſez par ledit feu ſieur de Carros à la recolte derniere, pour eſtre incerez au preſent Inuentaire.

Lequel Traſtour a dit qu'en l'année derniere il a eu d'huille en la
d

dite terre de la Bastide dixhuit rups qu'il a remis és mains de Guillem Faucache du Broc, ayant charge de ladite Damoiselle de Graffe, lesquels dix huit rups sont pour la part concernant ladite Damoiselle, sans y comprendre la part à luy concernant comme Rentier.

Et ce fait attendu l'heure tarde, Nous sommes retirez audit Broc & audit logis dudit Olliuier, & nous sommes sous-signez, LOMBARD, Lieutenant & Commissaire.

Du 18. iour du mois d'Auril audit Broc, & dans la maison dudit Culti procedant Nousdit Lieutenant & Commissaire, à la continuation dudit Inuentaire, ladite Damoiselle de Grasse nous a remis vne liette fermée à clef, dans laquelle a esté trouué *le liure de raisin dudit feu sieur de Carros*, contenant cent nonante vn fueillet écrits ; ensemble vne page & vn feuillet separé, dans lequel liure y auons trouué deux quittances attachez auec vne épingle à vn feuillet d'iceluy liure concedée, en faueur dudit sieur, l'vne par Moret & Gautier Marchand d'Aix, de la somme de cent liures, & l'autre par Arssis aussi Marchand d'Aix, de la somme de cent vingt liures.

Vn autre liure contenant cent quarante-six feuillets écrits, dans lequel est écrit *toutes les cenjes* qu'estoient deuës audit feu sieur de Carros par les Habitans dudit lieu.

Sept liasses de plusieurs papiers.
La premiere, contenant cinquante-vne pieces.
La deuxiéme quarante-deux pieces.
La troisiéme soixante-neuf pieces.
La quatriéme, soixante-vne piece.
La cinquiéme, neuf pieces.
La sixiéme, vingt-trois pieces.
La septiéme & derniere, ving-huit pieces.

Lesquels papiers & liures auons remis dans ladite liette, laquelle auons remis entre les mains de nostre Greffier pour les conseruer, ordonnant qu'il sera procedé à la description particulier, tant dudit liure de raison, qu'autres papiers au Seege, pour euiter frais aux parties.

Declarant ladite Dame de Grasse n'auoir plus aucuns meubles, papiers ny autres choses à son pouuoir, ny connoissance, fors & exepté *vn garniment d'vn lict*, couuerte, tapis, & parement de cheminée de Simousson rouge, auec la frange de soye, & *six tableaux*, qui est entre les mains de Damoisella Suzanne de Villeneufue sa belle mere ; Protestant que s'il auoit fait coucher quelque chose au present Inuentaire qui ne fut dudit heritage, & par contraire s'il venoit quelque chose à sa cognoissance de le luy faire adjouster ; *Persistant à ses precedentes protestations*, en ce qui *concerne la confirmation dudit sieur Alexandre de Villeneufue, tuteur & caution par elle demandée.*

Et ledit Maistre Fragier assisté comme dessus, proteste és obmissions, retard de l'expedition d'icelle. Deteriorations des meubles & perte des debtes, & de ne pouuoir faire entierement ses diligences, & deub de sa charge pour les empeschemens qui luy sont donnez, & à faute de luy remettre lesdits meubles, & autres choses dudit heritage ; desquelles protestations, Nousdit Lieutenant & Commissaire, auons concedé acte ausdites parties pour leur seruir ainsi qu'il appartiendra. Fait & publié audit Broc dans la maison dudit Maistre Culti, en presence que dessus. signé, LOMBARD, Lieutenant & Commissaire, Lucresse du Bar, Fragier, Rainaud Procureur, Iausseran, Culti, Sepette, Vacquette, & Bellissime Greffier. pour copie le 11. Decembre 1668. Signé, ALBANELLY.

Le 23. Iuillet 1669. signifié & baillé copie à Maistre Pierre Ruette Procureur au grand Conseil du Roy, & de partie aduerse, par moy Huissier audit Conseil, sous-signé, DE LA NOYE.

INVENTAIRE des sept liasses des papiers, & du Liure de raison de Cezar de Villeneufue sieur de Carros, fait par d'Alexandre de Villeneufue tuteur de Damoiselle Marie Marguerite de Villeneufue sa fille & heritiere, lequel pretendu Inuentaire n'est point signé du Iuge, Greffier, Procureur, ny témoins, mais seulement dudit tuteur, sur la fin d'iceluy, où il s'est chargé desdits papiers le 21. Mars 1648. Produit sous la cotte T.

Extraict des Regiſtres du Greffe des Inuentaires de S. Paul.

May 1647.

DV   jour du mois de May mil six cens quarante-sept à Grasse, dans noſtre Maison d'habitation, & pardeuant Nous Louis de Lombard sieur de Gourdon, Conseiller du Roy, Lieutenant principal, Ciuil & Criminel, & des submissions au Siege & reſſort dudit Grasse & Commissaire des Inuentaires des Villes dudit Grasse & S. Paul, & lieux de leurs Vigueries. *Eſt comparu Maiſtre Louis Fragier Procureur au Siege dudit Grasse, & d'Alexandre de Villeneufue Eſcuyer de la Maiſon de Tourretes, tuteur teſtamentaire de Damoiselle Marie Marguerite de Villeneufue, fille & heritiere par inuentaire de feu Cezar de Villeneufue, viuant sieur de Carros,* lequel nous a dit qu'ensuite de l'Ordonnance par nous renduë le dixiéme Avril dernier en procedant à l'Inuentaire des biens meubles & immeubles delaissés par ledit Sieur de Carros, portant que *le liure de raison & autres papiers delaissés par iceluy, seroient remis és mains de noſtre Greffier, pour apres eſtre inuentorisez au Siege,* pour éviter à frais aux parties, il a fait apporter lesdits papiers par Maiſtre Belliſſime noſtre Greffier, *Nous requerant vouloir proceder à la deſcription & inuentoriſation d'iceux,* le tout sans prejudice de son fideicommis & autres droits qu'il pretend sur son heritage & acte.

ET NOVSDITS Lieutenant & Commiſſaire, concedant acte audit Maiſtre Fragier de sa requiſition; Auons ordonné qu'il sera par Nous procedé à la deſcription & iuuentoriſation desd. papiers.

EN execution de laquelle Ordonnance, Nousdits Lieutenant & Commiſſaire, auons fait ouuerture de la Layette, dans laquelle eſtoient lesdits papiers & iceux auons fait inuentoriſer comme s'ensuit.

Premiere liasse. ET PROCEDANT à la continuation de l'Inuentaire desdits papiers, a esté trouué dans la premiere liasse *contenant cinquante vne piece.*

1. PREMIEREMENT, Vn Extrait de transaction passée entre ledit feu sieur de Villeneufue d'vne part, & Maistre Isaac Chays Conseiller du Roy, Auditeur & Archiuaire en la Chambre des Comptes, en la qualité qu'il y est, passé pardeuant Maistre Philippes Beaufort Notaire Royal d'Aix, & Collationné par Maistre François Isnard Notaire dudit S. Paul, en datte du 5. Mars 1639.

2. PROCEZ. literatoire intenté par ledit feu sieur de Carros, Contre Iean Auzias à feu Philippes de Vance, Contenant les Lettres de Clame, Exploit de Gagerie, estime & rapport, ensuite en datte du 4. Septembre 1624. 25. Iuin 1627. 28. Aoust 1628. & 20. Aoust 1629.

3. LETTRE, Missiue écrite par Maistre Gazan Procureur dudit feu sieur, du 4. Nouembre 1644. signé GAZAN.

4. LETTRES d'adjournement en faueur dudit sieur, contre Louis Laugier du Broc du 20. Mars 1643. Signées PERIER, Greffier.

5. TRANSPORT de l'Office de Greffier des Iuges & Viguier de S. Paul en faueur dudit sieur de Villeneufue par Iean de Guigues dudit S. Paul, receu par Maistre Floris Notaire dudit S. Paul, le 4. Nouembre 1637.

6. TRANSACTION & accord passé entre Durand de Villeneufue sieur de Monts & les Consuls & Deputés dudit Monts le 7. Ianuier 1609. Notaire, Ioseph Garde dudit Monts.

7. TRANSACTION portant cession en faueur de Iacques de Villeneufue Escuyer de Tourrettes par le sieur de Monts, & la Communauté Dandon. 20. Auril 1616. Notaire Rabuis de Grasse.

8. DECLARATION faite par les Consuls & Communauté de S. Paul aux hoirs de feu Iacques de Villeneufue le 24. Septembre 1629. Notaire Rissy dudit S. Paul.

9. QVITTANCE de la somme de vingt-sept escus faite par ledit sieur de Carros en faueur de Fouques Caluy Notaire de Vance, le 5. Iuin 1636. Notaire Baud de Vance

10. DELIBERATION du Conseil de la maison commune dud. S. Paul, le 18. Nouembre 1630. signé Rissy Notaire & Greffier.

11. SOMMATION faite par lesdits Consuls aux hoirs dudit feu sieur Iacques de Villeneufue, le 21. Octobre 1630. Notaire ledit Rissy.

12. EXTRAICT de deliberation du Conseil de la Maison commune dudit Vance du 29. Octobre 1630. signé Blaccas Notaire dudit Vance.

13. EXTRAICT d'obligé en faueur dudit sieur Iacques de Ville-

neufue contre Maistre Philippes Bernard dudit S. Paul le 13. Nouembre 1623, Notaire ledit Rissy

14. CESSION faite par ledit feu sieur de Carros à Maistre Iean Iourdany Aduocat en la Cour du 21. Nouembre 1636. Notaire ledit Rissy.

15. EXTRAICT de cession faite en faueur dudit sieur de Villeneufue par Baptiste Artaud de saint Ieannet du 15. Decembre 1637. Notaire Rancour de la Ville d'Aix.

16. OBLIGE' en faueur dudit feu sieur Iacques par Antoine Varages & E. petit Roux de S. Paul, Notaire Isnard dudit S. Paul.

17. EXTRAICT de vente de proprietez faite par Damoiselle Suzanne de Villeneufue de Monts à Barthelemy Isnard de Tourrettes Notaire de Guigues le 2. Ianuier 1634.

18. CANTAL d'un trentenier de Chevres de feu sieur Iacques de Villeneufue par Iean Baptiste Varages de Cagne le 26. Octobre 1628 Notaire de Guigues.

19. CESSION pour Raphaël Trastour contre les Consuls & Communauté de Broc, du dernier Septembre 1634. Notaire Caluy.

20. CESSION reciproque entre Annibal de Villeneufue & Cesar de Villeneufue sieur de Carros du 5. Iuin 1636. Notaire, Isnard de saint Paul.

21. CESSION en faueur dudit sieur Cesar de Villeneufue par Maistre Guillaume Isnard Notaire dudit S. Paul le 17 Decembre 1636. signé Isnard.

22. CESSION en faueur dudit sieur de Villeneufue par Maistre Guillaume Isnard Notaire de S. Paul le 17. Decembre 1636. signé Isnard.

23. EXTRAICT de transaction faite entre ledit sieur Iacques de Villeneufue & Ioseph Teisere dit Rose de S. Paul, le 4. Decembre 1617. Notaire Pisany de saint Laurens.

24. BILLET d'obligé & Lettres de Clame pour ledit sieur Iaques de Villeneufue contre Pierre Mars, Iacques Baud & Catherine Artaud de Vance le 16. Octobre 1624.

25. INVESTITURE faite par Bertrand Isnard, Conseigneur de Maunans de Coursegoules, audit feu sieur Iacques de Villeneufue le 7. May 1624 Notaire Guisaud.

26. EXTRAICT d'obligé, portant Cession en faueur dudit feu sieur de Villeneufue par le sieur d'Aspremont du 16. May 1636. Notaire Nicolas de Broc.

27. BILLET d'obligé en faueur dudit feu sieur Iacques de Villeneuf. par Iean, Paul, Louis & Pierre Trastour de S. Ieannet du 2. Octobre 1623. Notaire Isnard de S. Ieannet.

28. AVTRE acte d'Obligé en faueur de ladite Dame de Villeneufue par Bernard Lambert de S. Paul le 24. Avril 1631. Notaire de Guigues.

29. AVTRE obligé en faueur dudit sieur Iacques par Maistre Honoré Albanelly Notaire de Tourrettes le 14. May 1622. Notaire de Guigues.

30. AVTRE obligé en faueur que dessus par Iacques Vairac de Vance le 28. Octobre 1623 Notaire de Guigues.

31. AVTRE en faueur que dessus par Pierre, Iean Roux & autres du dernier Iuillet 1628. Notaire de Guigues.

32. SOVBS-ARRENTEMENT de Rochefort fait par Maistre Antoine Fuec Chirurgien de S. Paul à Iean Philip Coutheron, Honnoré Rue & Foucques Gauarre de Geaullieres le 12. Octob. 1624. Notaire ledit de Guigues.

33. AVTRE obligé en faueur dudit sieur Iacques de Villeneufue par Honnoré & Barthelemy feres de Tourrettes du 27. May 1619. Notaire ledit Isnard.

34. CESSION & remission en faueur de Sebastien Bonnet Contre Annibal & Iacques de Villeneufue Escuyers de Tourrettes du 9. Avril 1625 Notaire ledit Risly.

35. CONTRACT de vente passé par ledit feu sieur Iacques à Pierre Fouques de Bezaudun le 13 Mars 1621. Notaire Maifred.

36. CESSION en faueur dudit sieur par Maistre Honnoré Albanelly Notaire de Tourrettes, le premier May 1620. Notaire Albanelly.

37. MEMOIRE dudit feu sieur de Carros.

38. SOMMATION faite par les Consuls de S. Paul à ladite Dame de Villeneufue le 17. Septembre 1629. Notaire Risly.

39. OBLIGE' pour ledit sieur, contre Bernard Raimon de Iean Anthoine Ferros de Caigne le 20. Ianuier 1611. Notaire Albanelly.

40. QVITTANCE concedée par ledit feu sieur de Carros à la Dame sa mere le 22. Fevrier 1633. Notaire Henry de Grasse.

41. MEMOIRE d'vn Contract sans signer ny datte.

42. OBLIGE' en faueur dudit sieur de Carros par Paul Alibert de S. Ieannet le 29. Decembre 1636. Notaire Nicolas.

43. CESSION en faueur dudit feu sieur Iacques de Villeneufue par Pierre Iean Gardemqui de S. Paul le 19. Avril 1623. Notaire de Guigues.

44. INSOLVTVMDATION entre ledit sieur Iacques de Villeneufue & Michel Arbanel de Tourrettes le 18. Decemb. 1628 Notaire de Guigues.

45. PROFESSION de la Compagnie de sainte Vrsule pour Damoiselle Marguerite de Villeneufue le 4. Nouembre 1627. Notaire Guerin.

46. PROCVRATION faite par Damoiselle Louise de Giraud à Damoiselle Françoise Dragon sa fille du 27. Avril 1637. Notaire Noton Daix.

47. CONTRACT de mariage passé entre ledit feu sieur Iacques de Villeneufue & ladite Damoiselle Susanne de Villeneufue le 6. Decembre 1605. Notaire Iourdany & Collationné par Nicolas du Broc.

48. SOMMATION faite par ledit sieur de Carros à Louis Barcillon Escuyer, le 27. Nouembre 1641. Notaire Lions.

49. DEVX Lettres missiues escrites audit sieur de Carros par la Damoiselle de Villeneufue sa sœur.

50. PROCEZ literatoire à la requeste de ladite Dame de Villeneufue contre Breton Barriere de saint Ieannet.

51. SOMMATION faite par ledit sieur de Carros à ladite Dame sa mere, le dernier Ianuier 1636. Notaire Rissy.

52. BILLET d'obligation en faueur dudit sieur contre Raphaël Aubarel du dernier Ianuier 1637. Notaire Nicolas.

53. LETTRES de clame obtenës par ledit sieur contre Claude Isnard du 12. May 1638. signé Floris.

54. EXTRAICT d'accord entre ledit sieur, contre Honoré Bertrand de Chastellanne du 12. Nouembre 1637. Notaire Albanelly.

Seconde liasse. 42. pieces.

ET à la seconde liasse a esté trouué.

1. PREMIEREMENT vn cayer contenant neuf Exploicts faits à la Requeste de Diane de Villeneufue contre le sieur Baron de Tourrettes.

2. ACQVIT de vnze liures concedé par Geaufray audit feu sieur de Carros du 14 Iuin 1638. signé Geaufray.

3. AVTRE acquit de douze liures concedé par Layet en faueur dudit sieur du 24. May 1641. signé Layet.

4. TRANSACTION portant obligation en faueur dudit sieur de Villeneufue contre François Bourrel de Tourrettes du 22. Octobre 1641. Notaire Albanelly.

5. DECLARATION faite par ledit sieur de Villeneufue à Iean Baptiste Arnoux du Broc du 4. May 1636. signé Villeneufue.

6. DECLARATION faite par ledit feu sieur de Villeneufue à Iean Baptiste Arnaux du Broc du 4. May 1636. signé Villeneufue.

7. VN petit cayer seruant de memoire audit feu sieur de Villeneufue, contenant douze feüillets, dans lesquels il y a cent six posites.

8. AVTRE petit cayer escrit à chaque costé seruant aussi de memoire audit feu sieur, y ayant entre lesdits deux costez septante quatre posites, en neuf feüillets écrits.

B

9. AVTRE memorial contenant douze feüillets, contenant plusieurs posires.

10. AVTRE memorial contenant quatre feüillets écrits, ausquels il y a aussi plusieurs posites.

11. EXTRAICT d'obligé en faueur dudit feu sieur de Villeneufue par les Consuls & Communauté du Broc du 23. Iuillet 1637. Notaire Nicolas.

12. REQVESTE presentée par ledit sieur contre Louis Barcillon pardeuant Monsieur le Lieutenant des submissions au Siege de Grasse le 26. Nouembre 1641.

13. AVTRE cayer seruant aussi de memorial, auquel il y a neuf feüillets escrits contenant plusieurs posites.

14. AVTRE cayer contenant les debtes de l'heritage de feu Iacques de Villeneufue Escuyer de Tourrettes pere dudit feu sieur de Carros, contenant dix feüillets escrits.

15. SOMMATION faite par ledit sieur de Villeneufue à Louis Barcillon du 29. Nouembre 1641. Notaire Lions & Carros.

16. AVTRE cayer portant memorial des debtes dudit sieur, contenant cinq feüilets & vn déchiré, écrits.

17. AVTRE cayer portant memoire de ceux qui doiuent des Tasques audit feu sieur de Villeneufue, contenant dix huit feüillets.

18. LETTRES d'adjournement leuées par ledit sieur Iacques de Villeneufue contre Daset de Tourrettes du 10 May 1604. signé Beraud Greffier.

19. REQVESTE, Lettres & Exploits d'adjournement pour ledit sieur de Villeneufue contre Maistre François Isnard Notaire de S. Paul, ensemble l'Extrait de deffaut & Lettres de readjournement.

20. MEMORIAL de Sentence de discution de François Geofret de Tourrettes.

21. COPIE d'Exploict de saisie faite à la requeste de Louis Barcillon contre ledit sieur de Villeneufue, en datte du 6. Nouembre 1641. signé Varages Sergent.

22. AVTRE cayer des debtes dudit feu sieur de Villeneufue, contenant cent cinquante-deux posites, écrites en vnze feüillets.

23. REPERTOIRE du liure dudit sieur de Carros.

24. CESSION faite par ledit sieur de Villeneufue à Maistre Barthelemy Isnard Notaire Royal de Coursegoulles à prendre sur Phelippes Bernard de S. Paul Notaire Lions le 22. Septembre 1637.

25. EXTRAICT de condamnation de la somme de six cens liures en faueur dudit feu sieur, contre Philippes Bernard de S. Paul de 2. May 1636. signé de Guigues Greffier.

26. REQVESTE presentée pardeuant nous par ledit sieur contre,

Louis Barcillon sans decrét.

26. EXPLOICT de Commandement fait a la Requeste dudit sieur de Villeneufue aux estimateurs de S. Paul signé Layét & Moy le 18. Auril 1639. & Exploict d'estime ensuite du 19. dudit mois signée de Guigues, Lombard & Antoine Varages, Espetit & Layet.

27. REQVESTE d'adjournement presentée à Monsieur le Iuge de S. Paul par le dit sieur de Villeneufue contres Philippes Bernard & hoirs de Maistre Iean Rissy Medecin auec le decrét de 29. Auril 1636.

28. MEMOIRE du Benefice d'inuentaire de feu Monsieur de Carros.

29. *MEMOIRE des debtes que ledit sieur, auoit à prendre à S. PAVL, VANCE, VILLENEVFVE, CAIGNE, S. IEANNET, COVRSEGOVLLES, CHASTEAVNEVF, LE BROC.*

30. DEBTE pour ledit sieur de Villeneufue contre ledit Philippe Bernard du 13 Iuiy 1636 Notaire Rissy.

31. *MEMOIRE du reliquat de la Dame de Villeneufue sa mere.*

32. EXTRAICTS d'appointements du Seneschal de Grasse obtenus par ledit sieur de Villeneufne contre Henry Barcillon sans signer.

33. EXTRAICT de cession en faueur de Iacques de Villeneufue contre la Communanté de Graullieres, en datte du 10. 1620. Notaire Chabry.

34. REQVESTES pour Iean Muret, Lettres d'adjournement & readjournement & exploits faits par Vidal & Raillanne Sergens, contre ledit sieur de Carros.

35. MEMOIRE du partage fait entre le sieur Federic & Damoiselle Marguerite de Villeneufue freres.

36. MEMOIRE de l'accord fait entre ledit sieur de Villeneufue & quelques particuliers pour raison du Charroys.

37. *MEMOIRE du deschargé du compte donné par ladite Dame de Villeneufue audit sieur de Carros son fils, contenant sept feüillets escrits.*

38. *MEMOIRE des debtes & pensions dudit sieur Iacques de Villeneufue.*

39. LETTRES d'adjourné obtenuës par lad. Dame de Villeneufue contre Estienne Curel de Tourrettes, en datte du dernier Avril 1631. exploité par Raufin Sergent le 13. May suiuant.

40. MEMOIRE de ce que ledit sieur auoit baillé à vn sien Fermier.

41. MEMOIRE des ferremens.

42. *AVTRE Memoire contenant le compte dudit sieur de Villeneufue & Iean Roustagnon son Rentier fait en l'anuée 1645. & au mois de Iuillet.*

Et attendu l'heure tarde, auons supercedé & ordonné qu'il sera supercedé & ordonné qu'il sera continué audit inuentaire demain.

Troisiés-me liasse 69.pieces

DV lendemain iour du mois de May audit Grasse & pardeuant Nousdit Lieutenant & Commissaire, a esté continué l'inuentaire desdits papiers comme s'ensuit.

1. ET premierement *à la troisiéme liasse* a esté, vn procez literatoire fait à la requeste dudit sieur Cesar de Villeneufue contre Sebastien Bonifay dudit S. Paul; auquel il y iusqu'à collocation.

2. LETTRES de Clame obtenuës par François Cotil Aduocat en la Cour contre Pierre Agard de Tourrettes, en datte du 13. Feurier 1638. signées Floris. exploitées par Lajet Sergent le 15. dudit mois.

3. COPIE de Requeste donnée audit sieur de Villeneufue à la requeste de Louis, Pierre, Antoine, Honoré & Ficarsequette Ottobois de S. Ieannet auec,

4. L'EXPLOIT d'adjournement du 16. Auril 1631. fait par Quisoul Sergent.

5. LETTRES de Clame, d'Incant, & d'exibition obtenuës par ledit feu sieur Iacques contre Honorade Curelle, signées Bertrand, auec l'Exploit de gagerie fait par Bonfiis Sergent le 6. Aoust 1631.

6. REQVESTE presentée par ledit sieur de Carros contre Philippes Castouliesse de Chasteauneuf, tendante aux fins de faire ouuerture de sa porte du 27. Aoust 1638.

7. LETTRES de Clame obtenuës par ledit sieur de Carros contre Pierre Agard de Tourretes du 2. Octobre 1638, signé Lieutaud.

8. DECLARATION faite audit sieur de Carros par Honnorade de Gaufrede de Tourettes du 17. Septembre 1637. signée Villeneufue & Nicolas Notaire.

9. MEMOIRE du bestail que ledit sieur de Villeneufue a receu de Antoine Bertrand de la Colle lu 26. Auril 1637. signé Varages.

10. LETTRES de Clame obtenuës par ledit feu sieur Iacques de Ville-neufue contre Salomon de Guigues de Vance du 28. Iuin 1626. exploité ledit iour par Layet.

11. Lettres d'adjournement obtenuës par les hoirs dudit feu Iacques contre les hoirs de Iacques Saguier du 17. Septembre 1636. signé de la Tour.

12. ADVIS donné par feu Maistre Geauffroy Aduocat de Grasse. 24. Iuillet 1629.

13. PROCEZ literatoire fait à la Requeste de Honoré Aubanel, ou soit ledit sieur son cessionnaire contre Anthoine Chabert de Coursegoulles, en datte ladite Clame le 12. Ianuier 1638. Signé Floris.

14. CONTRACT de vente faite par ledit sieur de Villeneufue à Louis Chabry de Vance du 23. Feurier 1638. Notaire Lions de Carros auec.

15. LES Lettres de Clame en datte du 29. Ianuier 1641.

16. CESSION faite par Iean Murét à Meſſire raphael Guerin Preuoſt de Vance, ſur ledit ſieur de Carros du 5. Mars 1633. Notaire de Guigues.

17. PROCEZ literatoire fait à la Requeſte du ſieur deVilleneuſue contre Gaſpard Paulian de Caigne, auec les Exploicts deGagerie, faits par Layet.

18. LETTRES de Clame pour ledit ſieur, contre Ieannon Bertrand de S. Paul du 27. Mars 1639. ſigné Floris.

19. LETTRES de forſiores pour ledit ſieur, contre IeanBaptiſte Raibaud dudit S. Paul auec l'Exploit au pied fait par Layét Sergent le 24. Decembre 1640.

20. Enſemble LE PROCEZ litteratoire contenant vnze pieces,

21. EXTRAICT de Sentence par nous renduë à la pourſuite dudit ſieur de Villeneuſue ceſſionaire de Annibal de Villeneuſue, contre Melchior & Boniface Bellois de S. Laurens de 21. Mars 1637. ſigné de la Tour.

22. VENTE de maiſon faite par ledit ſieur de Villeneuſue a Ieannon Ruualat du Broc le dernier Aouſt 1640. ſigné originallement Villeneuſue, du port, Paullet Oliuier & Nicolas Notaire.

23. QVITTANCE faite par Iacques Curel Maſſon de Tourrettes audit ſieur de Villeneuſue de la ſomme de vignt-ſept liures en datte du 4. Aouſt 1641. Signé Iacques Curel & Lions Notaire.

24. CONVENTION & accord fait entre ledit ſieur deVilleneuſue & ledit Curel pardeuant Maiſtre Raimond Notaire, le premier Auril 1641. ſigné Villeneuſue, IacquesCurel, Raimond Notaire.

25. DECLARATION faite par ledit Curel audit ſieur de Villeneuſue pardeuant Maiſtre Nicolas Notaire du Broc le 7. Decembre 1640. ſigné Iacques Curel, Meyfred, Paullet Oliuier, Nicolas Notaire.

26. SOMMATION faite par IacquesGuibert au nom dudit ſieur, à Honnoré Ferrat Sergent ordinaire de Vance receuë par de Guigues Notaire le dernier may 1636.

27. AVTRE procez litteratoire fait à la requeſte dudit ſieur de Carros, contre Iean Baptiſte Raibaud de S. Paul contenant 13. pieces tant Lettres, Exploicts, que Requeſtes.

28. VERBAL fait par Abel Huiſſier en laCour desComptes contre ledit ſieur de Carros du 15. Mars 1640. ſigné Calquier, Peſelage, Montaud & Abel Huiſſier.

29. SOMMATION faite audit ſieur *par Henry Bourcillon* Eſcuyer le 18 Mars 1639. Notaite Lions.

30. AVTRE ſommation faite par ledit ſieur de Carros à Honoré Rabuis le trente Mars 1640. ſigné d'Antibe.

C

31. DEVX Extraits de sommation faite par ledit sieur de Villeneufue à Maistre Rainaud Calquier d'Aix; ensemble vne copie de commandement fait audit sieur de Villeneufue, par Abel Huissier à la requeste dudit Calquier, en datte des 15. 20. & 22. Mars 1640.

32. PROCVRATION faite par Mr de Gien Conseiller aux Comptes, à Maistre Deriues Huissier en ladite Cour, pour retirer mil liures dudit sieur de Villeneufue, en datte du 17. Iuin 1639. auec la quittance au pied de six cens liures concedées audit de Riues par ledit sieur de Gein, en date du 14. Octobre 1639. Notaire G. Fazen de d'Aix.

33. PARCELLE de despens obtenus par ledit sieur de Villeneufue, contre Fraçois Lions Notaire de Chasteauneuf.

34. LETTRES de Clame obtenuës par ledit feu sieur Iacques de Villeneufue contre Honoré Raibaud & Guilhem Blancard de S. Paul, du 3. Septembre 1629. auec le billet d'obligé, signé Isnard Notaire, & l'exploict de gagerie par Ricart Sergent.

35. EXPLOIT de gagerie fait par Layet Sergent, à la requeste dudit sieur de Villeneufue contre Bertau Barriete de S. Ieannet le 3. Octobre 1636. Signé Layet.

36. LETTRES de Clame obtenuës par ledit sieur de Villeneufue contre Antoine Guigues de Vance, du 15. May 1636. Signé Lieutaud, auec l'exploict de gagerie fait par Layet Sergent, le 19. May 1636.

37. EXPLOIT de perquisition de la personne de Andriuon, enchere & gagerie faites à la requeste dud. sieur de Villeneufue, le 29. May 1636. Signé Layer,

38. COPIE d'adjournement donné audit sieur, à la requeste des Consuls & Communauté de Valetes, le 17. Septembre 1618. Signé Rolandon.

39. LETTRES de Clame contre Barthelemy & Antoine Latil de Caigne, du 27. Nouembre 1631. Signé Lieutaut, auec.

40. L'EXPLOIT de gagerie fait par Roufin le 29. dudit mois.

41. EXTRAIT de sommation faite par les Consuls & Communauté de Carros audit sieur de Villeneufue & autres, le 5. Aoust 1637. Notaire Lions.

42. LETTRES de Clame par ledit sieur de Villeneufue, contre Pierre Iean Ardisson de Villeneufue, du 15. May 1636.

43. AVTRE CLAME pour ledit sieur de Villeneufue contre Barthelemy & Antoine Latil de Caigne du 23. Nouembre 1644. Signé Leuans, exploitée ledit iour par Raillane Sergent.

44. SOMMATION faite par ledit sieur de Carros à Maistre Baptiste Artaud de S. Ieannet sans signification, signé Villeneufue.

45   CERTIFICAT du Mariage passé entre ledit feu sieur de Carros & feuë Damoiselle Olimpe de Giraud, fait par Bernard Ministre du Luc, & collationné par extraict Isnard Notaire, le dernier Avril 1634.

46   QVATRE divers exploicts & copies faits par Abel Huissier en la Cour des Comptes, à la requeste de Reinaud Calquier contre dudit sieur de Villeneufue, du 16. & 20. Mars 1640. signez Abel Huissier.

47   AVTRE sommation faite par ledit sieur de Carros, audit Calquier, le 20. Mars 1640. Signé Lions Notaire.

48   QVITTANCE concedée par ledit sieur de Villeneufue aux Consuls & Communauté de Coursegoulles de la somme de soixante six escus huict deniers du 14. Iuillet 1637. Notaire Isnard.

49   EXPLOIT de Gagerie fait à la Requeste dudit feu sieur de Villeneufue contre Andruion Ezieure de S. Ieannet du denier Iuin 1636. Autre l'exploit du rapport du premier Iuillet audit an signé Layet Sergent.

50   AVTRE Exploit de commandement de faire ouuerture pour ledit sieur de Villeneufue, contre Gaspard Paulian de Caigne du 19. Avril 1639. signé Layet Sergent.

51.   TRANSACTION passée entre ledit feu sieur de Carros & Gaspard Paulian de Caigne receu par Maistre Abel de Chaillou Notaire de Caigne & Collationné par Maistre Alnusi Notaire du Broc du 25. May 1637.

52   EXPLOIT de gagerie pour ledit sieur de Villeneufue contre Antoine & Pierre de Cormes pere & fils de Vance du 20. Octobre 1636. Signé Layet, Sergent.

53.   MEMOIRE de sommation faite à la requeste dudit sieur de Carros à *Louis Barcillon* Conseigneurs dudit Carros sans aucune signification. Signé Villeneufue.

54   COPIE d'exploict d'adjournement donné audit sieur de Villeneufue, à la requeste de Bertrand Sauuelle, Pierre & Baltazar Gazans de Valauris de 12. Septembre 1637. Signé Railhane.

55.   AVTRE copie d'adjournement donné audit sieur, à la requeste d'Antoine Reinaud de Chasteauneuf, du 20. Septembre 1637. Signé Iean & Briquet, Sergent.

56.   COPIE d'Exploict de perquisition faite à la requeste dudit sieur contre Maistre Iacques Baud de Vance, du 22. Ianuier 1638. Signé Geaufroy.

57   ROOLLE du bled baillé aux particuliers y dénommez par le Procureur & Adjoint dudit feu Iacques de Villeneufue en l'année 1622.

58.   REQVESTE presentée par ledit sieur de Villeneufue contre

Iean Baptiste Raibaud de Saint Paul sans datte.

60   LETTRE missiue écrite audit feu sieur, par le sieur de Corbons, en datte du 10. Nouembre 1641.

61   EXPLOIT de commandement aux estimateurs de S. Paul, sans datte fait à la Requeste dudit sieur de Carros, contre Iean Baptiste Raibaud de Saint Paul, auec l'exploit apres, sans estre signé d'aucun estimateur seulement, de Layet Sergent.

62   MEMOIRE des debtes que ledit sieur auoit à prendre des particuliers y dénommez.

63   AVTRE memoire de ce que doit la Communauté du Broc audit sieur de Villeneufue, pour arrerages de pension.

64   AVTRE roolle du bled presté par ledit sieur Iacques, à Graullieres en l'année 1622. aux particuliers y dénommez.

65   EXPLOIT de gagerie fait par Saint Vallier Sergent à la Requeste des hoirs du sieur Iacques de Villeneufue Escuyer contre Maistre Iean, Paul, Louis, & Pierre Trastour de Saint Ieannet, le 4. Feurier 1633. signé Saint Vallier.

66   MEMOIRE de ceux qui doiuent Cense audit Carros, audit feu sieur.

67   AVTRE memoire des pretentions que ledit sieur auoit à prendre sur Louis Barcillon Conseigneur dudit Carros.

68   ROOLLE des vacations que Maistre Robaud Docteur en Medecine auoit à prendre dudit sieur de Villeneufue, auec vn autre compte d'vn Marchand & sans signer.

69   LETRE missiue écrite audit feu sieur, par Maistre Fragier Procureur en nostre Siege en datte du 29. Octobre 1642.

70   EXPLOIT d'adjournement fait à la Requeste de Iean Baptiste Arnoux du Broc à Pierre Laure, par l'ordinaire dudit Broc, le 17. Nouembre 1637.

71   MEMOIRE de deliberation du Conseil de la Communauté de Tourettes en l'année 1620.

72   AVTRE memoire de bled, baillé aux Communautés & particuliers y denommez.

73   PARTIE d'exploit fait par Saint Vallier Sergent, signé Geaufroy Consul, & Saint Vallier sans datte.

74   COMMENCEMENT d'vne copie de Requeste donnée à Nosseigneurs de la Cour des Comptes, par Louis Barcillon Conseigneur dudit Carros & quelques memoires au dernier.

quatriéme liasse 9. pieces.

1   ET à l'autre liasse contenant *neuf pieces*, à esté trouvé. VNE sommation faite par ladite Damoiselle Suzanne de Villeneufue Monts, à Maistre Barthelemy Iourdany Notaire de Monts, le 7. Aoust 1629. Notaire Bernard.

2. AVTRE sommation sans signification faite par ledit sieur de Carros à Messire Anibal de Grasse Baron de Mouans, signé Villeneufue.

3. COMPTE de la marchandise baillée audit sieur de Villeneufue montant cens dix-sept liures onze sols, auec vne promesse au pied par la Dame de Villeneufue sa mere, de payer à Maistre Iean Muret Marchand ladite somme, signé Suzanne de Monts.

4. MEMOIRE dressé par ledit feu sieur de Carros, sur le compte fait le 18. Ianuier 1620. auec Maistre François Ange.

5. AVTRE rôolle de marchandise sans datte ny signer.

6. SOMMATION faite au feu sieur Iacques de Villeneufue, par Damoiselle Françoise de Villeneufue femme de Durand de Villeneufue sieur de Monts dn 6. Iuillet 1626. Noraire Iordany de Monts.

7. COMPVLSOIRES laxés au Senechal de cette ville de Grasse audit sieur de Carros, contre la Dame sa mere en datte du 11. Octobre 1632. ensemble vn Extrait d'appointement rendu en jugement entre lesdites patries du 14. May 1632. ensemble sept exploicts faits ensuite par Feraut.

8. EXTRAICT de Sentence arbitralle renduë entre ledit feu sieur de Carros & ladite Dame sa mere, publié le 17. Iuin 1630. ensemble vn Extrait de quittance ensuite concedée par ledit sieur de Vileneufue à sa mere ledit jour sans signer.

9. AVTRE Extraict de la Sentence arbitralle & quittance cy-dessus mentionnée.

Cinquiesme liasse, 61 pieces. DV dudit mois de May procedant à la continuation dudit inuentajre a esté trouué à la liasse, *contenaut soixante-vne piece.*

1. VN rôolle des meubles qu'est intitulé rôolle des meubles qu'a fait porter Mademoiselle sans datte ny signé.

2. VNE lettre d'ubiconque leuée par ledit feu sieur Cesar de Villeneufue contre Pierre Pisany de Saint Laurens du 28. Iuillet 1645. signé Lieutaud Greffier exploitées par Raillane Sergent.

3. PROMESSE *de neuf liures* en faueur dudit feu sieur à luy faite par Pierre Laure du Broc cy-datté du 20. Auril 1638. signé Nicolas Notaire.

4. AVTRE promesse en faueur dudit sieur de Carros, par Emanuel Molinard du Broc de la somme *de treize liures* cy-datté du 16. Aoust 1642. signé Manuëel Molinard, Paulet Oliuier & Nicolas Notaire.

5. AVTRE promesse en faueur du feu sieur Iacques de Villeneufue Escuyer de Tourrettes par Bertrand Isnard conseigneur de

Mauuans de la somme *de cens cinquante liures* du 5. Iuin 1624. signés Mauuans Raibaud, Gerbaud & de Guigues Notaire.

6. AVTRE promesse de la somme *de cinq liures*, fait par Honnoré Euzieure de Saint Ieannet aux sieurs Annibal & Iaques de Villeneufue freres du 12. Decembre 1614, signé André Pretent.

7. LETTRES de Clame & vbiconque leuées par ledit sieur Cezar de Villeneufue, contre Gaspard Paullian de Caigne du 21. May & 17. Octobre 1640. exployée par Geoffroy & Rouffin Sergent.

8. ACQVIT concedé audit sieur de Villeneufue par Maistre Floris Notaire de Saint Paul de vnze liures douze sols principal, & deux liures pour dépens du 15 Feurier 1641. signé Floris.

9. PROMESSE en faueur du feu sieur Iacques de Villeneufue de la somme *de neuf liures sept sols six deniers* par Peiron Garle de Saint Paul du 28. Aoust 1623. signé Floris Notaire.

10. CESSION faite audit feu sieur de Carros par Honnoré Caluy de Vauce, de la somme *de soixante liures* à prendre des heoirs de feu Pierre Ciuade aisné de la Colle, le 24. Iuillet 1643. Notaire Arnaud de Vance.

11. CESSION volante faite audit sieur, par la Dame sa mere, de la somme de *quinze escus* à prendre de Louis Barcillon Escuyer, du 15. Feurier 1640. signé Suzanne de Monts, & Paulian.

12. PROMESSE de *trois Liures* faite audit sieur, par Tropheme de Courmes de Saint Paul, du 9. Feurier 1638. signé Iinard Notaire.

13. DECLARATION faite audit sieur de Carros, par vne de Grimaldy en l'année 1639. signé de Grimaldy.

14. *MEMOIRE des collocations que ledit sieur, auoit faites A SAINT PAVL, VANCE. TOVRRETTES, CAIGNE, VILLENEVFVE, SAINT IEANNET, ET LA GAVDE.*

15. DECLARATION faite audit sieur de Carros, par Louison Michaelis de S. Paul le 26. Avril 1639. signés Louison Michaelis, Raphel Michaelis, de Guigues & Iinard.

16. *MEMOIRE pour ledit sieur, de ce qu'il depensoit.*

17. AVTRES memoires de ce que ledit sieur de Villeneufue auoit donné à Maistre Louis Barcillon signé Villeneufue.

18. PROMESSE portant cession en faueur dudit sieur, de la somme *de dix liures & demi*, par *Alexandre de Villeneufue son frere* le 17. Octobre 1641. signé Villeneufue.

19. PROMESSE faite en faueur du feu sieur Iacques de Villeneufue par Baptiste Otobon, *de huit charges auoine, trente sept charges* teuz..., *neuf de febues & dix panals poids* le 17. Septembre 1628. signé Floris Notaire.

20. SOMMATION faite par ledit sieur de Carros, à la Damoi-

selle de Villeneufue sa mere en l'année 1643. signé Villeneufue & Ferrat Sergent.

21. AVTRE sommation faite par ledit sieur de Carros à la Damoiselle de Villeneufue sa mere le 16. Aoust 1641. Notaire Isnard.

22. COPPIE de mandat fait par les Consuls du Broc à Paulet Oliuier sur plusieurs particuliers du 28. May 1641 auec la coppie de declaration par led. Paulet Oliuier *faite audit sieur de Caros comme les sommes contenues audit mandat luy appartiennent, ne luy prestant que le nom* le 8. Iuin 1641, signé par coppie Siluy.

23. AVTRE sommation faite par le sieur de Villeneufue à la Dame sa mere le 26. Avril 1641. Notaire Isnard de Saint Paul.

24. EXPLOIT de collocation fait par Railhane Sergent à la Requeste dudit sieur de Carros sur les biens de Pierre Hugue de Saint Paul du 9. Octobre 1636.

25. VN memoire de promesse en faueur du sieur de Villeneufue par Ieannon Roustang sans signer.

26. DECLARATION faite audit sieur de Carros par Maistre Fragier Procureur au siege le 23. Iuillet 1636. signé Fragier.

27. CAYER d'exploit faits par Rouffin Sergent contre les Consuls & Communauté du Broc à la la Requeste dudit sieur de Villeneufue, contenant trois exploits, deux signés, & vn sans signer.

28. AVTRE cayer d'exploits faits par Layet Sergent contre Iean Baptiste Raybaud de Saint Paul, à la Requeste dudit sieur, contenant sept exploits signé Layet.

29. DECLARATION faite audit sieur de Villeneufue par Trophime de Cornues de Saint Paul le 8. Auril 1637. signé Floris Notaire.

30. AVTTE declaration faite audit sieur par Iean Pierre Michel de S. Ieannet le 18. Iuin 1637.

31. VENTE d'huille faite audit feu sieur Iacques de Villeneufue par Honnoré Roustang de Tourrettes le 22. Septembre 1618. signé Villeneufue & Albanelly Notaire

32. PROMESSE de la somme *de trente-vne liure quinze sols* faite aud. sieur par André Euzieure de S. Ieannet le 23. Auril 1642. signé Layet & Isnard Notaire.

33. PROMESSE en faueur du feu sieur Iacques de Villeneufue de la somme *de quarante escus* faite par sauuadour Lambert de Graulheres du 13. Octobre. 1607. signée Testoris & Bermond present

34. DECLARATION faite audit feu sieur de Carros. par honoré Bernard de S. Paul le 10 Decembre 1637 Notaire Isnard,

35. MISSIVE ennoyée audit sieur de Carros par Ferlaud d'Aix en datte du 18. Iuillet 1642.

36. AVTRE escrite par Maistre Gazan Procureur au siege, à la Dame de Carros, en datte du 31. Aoust 1646.

37. AVTRE escrite à ladite Dame, par la Dame, Marquise des Arts en datte du 29. Aoust 1646. signé d'Allemagne.

38. AVTRE escrit à Louis Barcillon sieur de Carros par Bignor sans datte.

39. MEMOIRE dudit feu sieur contenant plusieurs particuliers.

40. AVTRE memoire de Ceux qui doiuent audit sieur de Villeneufue.

41. LETTRE missiue escrite audit sieur de Carros par Maistre Lions Notaire dudit Carros du 15. Aoust 1646.

42. AVTRE lettre escrite audit sieur par Rostagnon sans datte.

43. LETTRE escrite au mesme par Maistre Fanton Procureur de Grasse, le 29. May 1636.

44. AVTRE escrite au susdit, par Ieannon Rostagnon de Carros

45. AVTRE escrite à Monsieur de Tourrettes par Vairac sans datte.

46. MEMOIRE de ce que ledit sieur auoit laissé a S. Paul.

47. VNE AVTRE lettre escrite audit sieur par Robert, le 11. Aoust 1645.

48. AVTRE memoire.

49. PROMESSE en faueur de feu sieur de Gattieres de dix pistoles Italie, par le sieur d'Aspremont escrite en Italien, signé d'Aspremont, Bourilhon.

50. DECLARATION faite audit feu sieur par Maistre Caluy Marchand de Grasse le 25. May 1646. signé Caluy.

51. ACQVIT d'Espices concedé audit sieur, par Maistre Meré Receueur desdites Espices de cinq liures cinq sols du 17. Octobre 1642. signé Meré.

52. PROMESSE de trente neuf sols en faueur dudit sieur de Villenenfue par vn Isnard le 5. Iuillet 1643. signé Isnard.

53. ACQVIT fait audit sieur de Villeneufue par Layet Sergent de toutes les vacations que luy auoit faites, du 6. May 1637. signé Layet.

54. PROMESSE de six rups d'huille en faueur dudit sieur Iacques de Villeneufue, fait par Honnoré Michel de Saint Ieanet le dernier Decembre 1616. signé Artaud.

55. AVTRE promesse faite en faueur desdits sieur Iacques & Annibal de Villeneufue freres, de dix liures par André Ricord & Barhelemy Giraud de Tourrettes le neuf Mars 1613. signé Villeneufu, Giraud & Albanelly Notaire.

56. AVTRE promesse faite en faueur de Damoiselle Suzanne de Villeneufue, de sept liures & demy par Guillaume Dauid de Saint Paul le 22. Iuillet 1630. signé Dauid & Isnard Notaire.

57. AVTRE promesse faite en faueur desdit sieurs de Villeneufue freres *de cinq liures huit sols*, par Michel Geoffroy le 9. Iuin 1614. signé de Velleneufue & Michel Geoffroid.

58. QVITTANCE de cent cinquante escus faite par Sauuadour Lambert de Greaulliere à vn Maistre mayol le 14 Octobre 1627. signé Campagon.

59. PROMESSE en faueur dudit feu sieur Iacques de *douze liures* a luy faite par Canauesy de S. Paul le 9 Septembre 1627. signé Canauesy.

60. DECLARATION faite audit sieur par Peyron Versel de Caigne, le 5. May 1637. signé Dechailhou Notaire.

61. TRANSACTION portant obligation en faueur dudit sieur de Carros par Gaspard Paulian de Caigne le 25. Octobre 1638. Notaire Dechaillou.

62. DECLARATION faite audit sieur par Pierre Trastour de saint Ieannet le 25. Aoust 1637. signé Pierre Trastour & Nicolas Notaire.

63. ACQVIT fait audit sieur par Geoffroy Sergent des vaccations qui luy auoient esté faites du 9. Iuin 1640. signé Geoffroy.

64. *PROMESSE de la somme de quatre cens liures faite en faueur dudit sieur de Villeneufue par feu Federic de Villeneufue son frere, du 13. Nouembre 1642. Signé VILLENEVFVE.*

Sixiesme liasse 23. pieces.

ET en l'autre liasse *contenant vingt-trois pieces* a esté trouué.

1. L'EXTRAIT du mariage d'entre le Sr Iacques de Villeneufue & Damoiselle Suzanne de Villeneufue de Mons pere & mere dudit sieur de Carros, receu par M. Iourdany Notaire dudit Mons, le 6. Decemb. 1605. & collationné par Maistre Nicolas Notaire du Broc.

2. PROMESSE en faueur dudit sieur de Carros *de neuf liures*, faite par Antoine Carle de Tourrettes, le 11. Feurier 1638. signé Isnard Notaire.

3. REQVESTE de garantie présentée par ledit feu sieur Iacques contre Michel Doler de Tourrettes, le 7. May 1627.

4. REQVESTE & Lettre d'adjournement obtenuës par ladite Damoiselle de Villeneufue contre Bertrand Paulian de Caigne.

5. CAYER d'exploits faits par Layet Sergent, à la requeste dudit sieur *contre Louis Barcillon* Conseigneur dudit Carros, contenant trois Exploicts, signé Layer.

6. EXTRAICT de Sentence obtenuë par ledit sieur de Carros contre Hugues Garbies & Andreion Alegre de Caigne, le 8. May 1637. Signé de la Tour.

7. PROCEZ literatoire fait à la requeste dudit sieur de Carros contre Pons, Fouques, Bezaudun, contenant sept liasses, tant lettres que Exploits.

8. MEMOIRES de ce que ledit sieur de Carros auoit donné à garder à sa seruanse Bertelomieue.

9. EXTRAIT de Sentence obtenuë par ledit sieur de Carros contre Marc Truq de Caigne du 24. Mars 1645. Signé Raimond.

10. PROCEZ literatoire intenté à la requeste dudit sieur Cezar de Villeneufue, contre Baptiste Otobon & Antoine Artaud de S. Ieannet, contenant neuf pieces, tant les billets d'acte, que exploits.

11. LETTRES de readjournement, & l'exploict fait à la requeste dudit sieur contre Sauuadour Barriere de S. Ieannet.

12. LETTRES de Clame & vbicunque leuées par ledit sieur contre Curraud Clerque du 2. Ianuier & 3. Feurier 1634. signé Lieutaud auec les exploits.

13. COPPIE d'adjournement donné audit sieur, pardeuant Nosseigneurs de la Cour de Parlement, à la requeste de Louis Barcillon de Carros du 10. Iuillet 1641. Signé Geoffroy Sergent.

14. LETTRES compulsoires obtenuës par ledit sieur contre Honoré Bermond de S. Paul du 11. Decembre 1636. signé le Vais, auec vn cayer contenant dix exploicts partie signés Layet & les autres sans signer.

15. EXPLOIT de gagerie pour ledit sieur Iacques de Villeneufue, contre Esperit Malet de Graullieres du 11. Septembre 1615. signé Rollandon.

16. ROOLLE de ce que ledit sieur auoit à sa Bastide à Carros.

17. ROOLLE de quelques particuliers qui doiuent audit sieur.

18. PROCEZ literatoire commancé par ledit sieur contre Emanüel Molinard du Broc, contenant sept pieces, tant Lettres, Exploits, que Requestes.

19. EXPLOIT de gagerie pour ledit feu sieur Iacques contre Honoré Vasal & Foucques Roger de Cipion du 10. Septembre 1615. signé Rolandon.

20. SOMMATION faite par Maistre Honoré Rostagnon de Gattiert à Boniface Sergent d'Antibe le 22. Avril 1645. Notaire Lions.

21. BILLETS de contracts des capitaux d'auerages, baillés par ledit sieur, à Ieannon Rostagnon le 5. Aoust & 5. Nouembre 1640. Notaire Nicolas.

22. SOMMATION pour Ieannon Rostagnon de Gattieres à Louis Barcillon Conseigneur de Carros du 22. Avril 1645. Notaire Lions.

23. EXPLOITS de gagerie & second inquant faits par Caustans Sergent, à la requeste de Louis Barcillon, à Ieannon Rostagnon, signé Caustans.

Septiéme liasse 28. pieces.

ET à la septiéme & derniere liasse, contenant vingt-huit pieces, a esté trouué.

1. LETTRES de clame & inquant leuées par ledit feu sieur Iacques de Villeneufue contre Honnoré & Guillaume Isnards de Coursegoulles, auec les exploits faits par Layet Sergent.

2. CONTRAT d'obligation en faueur de Pierre Iean Ardisson de Villeneufue contre René Vian de Biot du 2. Feurier 1619. Notaire Raybaud.

3. PROCEZ literatoire fait à la requeste dudit feu sieur Iacques de Villeneufue contre Pierre Dobie de Grasse, contenant cinq pieces, tant Lettres que Exploits.

4. PROCEZ literatoire fait à la requeste dudit feu sieur Iacques & Annibal de Villeneufue freres, contre Laurens Mariet de Courmes, contenant dix pieces.

5. AVTRE procez literatoire fait à la requeste dudit feu sieur Iacques, contre Iean Barthelemy Rosset & Scipion Eulieure de saint Laurens, contenant neuf pieces.

6. AVTRE procez literatoire fait à la requeste desdits de Villeneufue, contre Ieannon Serran de Graullieres, contenant onze pieces.

7. CLAME leuée par ledit sieur Iacques, contre Antoine Tombarel de Coursegoulles, auec les Exploits faits par Railhane Sergent.

8. EXPLOIT de signification fait par Layet Sergent, à la requeste dudit sieur de Villeneufue à *Louis Barcillon* Conseigneur dudit Carros le 9. Nouembre 1636. signé Layet.

9. DECLARATION faite audit sieur de Villeneufue par Ieannon Guigou de Vance le 30. Iuillet 1634. signé Villeneufue, à Gardes & Nicolas Notaire.

10. ROOLLE des despens adjugez audit sieur de Villeneufue contre la Dame sa mere.

11. PROMESSE *de trois liures douze sols* en faueur dudit sieur, faite par Iean Brac sans datte ny signer.

12. VBICONQVE leué par ledit sieur contre George Raillane de Vance le 30. Mars 1643. signé Ribier.

13. PROMESSE de huictante huit liu. faite par ledit sieur, à Maistre Gaspard Raibaud Marchand de Grasse du 16. Iuillet 1640. auec la quittance au dos concedée par ledit Raybaud le 3. Decembre 1641. signé Raibaud.

14. ROOLLE *de ce que ledit sieur laissa à sa femme à S. Paul.*

15. QVITTANCE concedée audit sieur par la Dame de Carros sa belle mere de la somme de treize escus trente-sept sols le 26. Decembre 1634. signé Valentine de Genas & Rabuis present.

16. SOMMATION faite par ledit sieur à Barthelemy suche de Vnce sans signification.

17. LETTRE escrite par Maistre Fragier Procureur audit sieur le 9 Decembre 1641.

18 SOMMATION volante faite entre ledit sieur de Carros & *Louis Barcillon* le 28. May 1636. signé Villeneufue, Carros, deponteues, Estienne Mallet, & Pierre Almely Notaire Royal, signé, Almely.

19 LETTRE missiue escrite à la femme dudit sieur, par le sieur Dalons sans datte.

20 EXPLOICT de Gagerie fait par Layet Sergent à la Requeste dudit sieur, contre Lambert Ciuade le 21. Iuillet 1636. signé Layet.

21 CONTRAT de vente de bestail à Cantal baillé par ledit feu sieur Iacques de Villeneufue à Louis Sauournin dit Cole de vance le 7. Octobre 626. Notaire Isnard.

22 QVATRE lettres leuées a la soubmission de Grasse par Iacques Haoud de S. Paul contre Iacques Huques dance, signé Lieutaud & Floris.

23 LETTRES de Clame dudit Haoud contre dudit dance du 16 Mars 1637. signé Leuans.

24 CESSION faite par ledit sieur Iacques Bellissime dudit S. Paul de la somme *de dixneuf escus dix sols* à prendre de Barthelemy Mercier dudit S. Paul le 9. Auril 1641. Notaire Raimond.

25 EXPLOIT de Collocation fait par Layet Sergent à la Requeste de Iacques Haoud Marchand de S. Paul sur les terres de Hugues dance, signé Layet.

26 EXPLOIT de second inquant fait par ledit Layet à la Requeste dudit sieur de Villeneufue contre Antoine Gardenq de Caigne du 4. Septembre 1636. signé Layet.

27 PROMESSE en faueur dudit sieur *de la somme de dix-huit liures*, faite par Iean & Honoré Raphel du Broc le 3. Septembre 1637. signé par Honorat Raphelis & Nicolas Notaire.

28 DECLARATION faite audit sieur par le Capitanie Giraud le 10. May 1640, signé Giraud.

VN EXTRAICT *du liure terrier de la Communauté de Carros auec le repertoire au pied, dans lequel sont contenus les noms & surnoms de tous les possedans biens à dit Carros, contenant ledit Extraict, le memoire & departement des Censes qui sont deues audit feu sieur de Carros, & en quarante six feüillets écrits.*

LE LIVRE *de raison tenu par ledit feu sieur de Villeneufue*, contenant cent nonante vn feüillets escrits, commençant en l'année 1623. & le 19. Iuin. & finissant le 3. Feurier 1645. Ensemble y auons trouué vne page escrite en vn feüillet separé, qui commence en ladite année 1646. à vne page duquel leur auons treuué deux quittances attachées auec auec vn épingle, concedée en faueur dudit sieur de Villeneufue, l'vne par Moutet & Gaurier Marchands d'Aix de la somme de cent liures, & l'autre par Eusis aussi Marchand d'Aix de cent vingt liures.

IE SOVS-SIGNE' tuteur des hoirs de feu Cezar de Villeneufue sieur de Carros mon frere, ay receu de Maistre Bellissime Greffier de S. Paul, tous les papiers, liures & autres memoires contenus dans le present inuentaire, dont le quite: A S. Paul ce vingt-vn Mars mil six cens quatante-huit, Signé VILLENEVFVE tuteur.

Collationné & signé ANDRE'. Commis.

Le vingtrois Iuillet mil six cens soixante-neuf, signifié & baillé copie à Maistre Pierre Ruette Procureur au grand Conseil du Roy & de partie aduerse, par moy Huissier audit Conseil sous-signé DE LA NOVE.

CERTIFICAT du Greffier de Saint Paul, que l'Inuentaire des papiers cy-dessus n'est point signé de Iuge, Greffier, Procureur, ny témoins, & que les dattes des iours sont en blanc & qu'il est signé seulement, sur la fin d'icelluy, par Alexandre de Villeneufue tuteur.

2. Aoust 1669.

CERTIFIE je Greffier des Inuentaires de cette ville de saint Paul & lieux de sa Viguerie sous signé, que l'Inuentaire des sept liasses de papiers trouuez dans vne cassette lors de l'Inuentaire qui fut fait des biens de feu Cezar de Villeneufue, du   May 1647. à la requeste d'Alexandre de Villeneufue tuteur testamentaire de ladite Damoiselle Marie Marguerite de Villeneufue sa fille & heritiere, la datte du iour est en blanc, non signé du feu sieur de Lombard Lieutenant principal au Siege de Grasse, & Commissaire des Inuentaires, ny du sieur Bellissime Greffier, ny d'autre, & que sur la fin seulement il y a, la quittance escrite & signée de la main dudit sieur Alexandre de Villeneufue desdits papiers en datte, ladite quittance du 21. Mars 1648. suiuant l'extraict que i'en ay déliuré à Maistre Gasquet au nom qu'il procede, & pour estre la verité telle, ay fait la presente à S. Paul le 2. Aoust 1669. Signé RAIMOND Greffier, attesté & scellé.

SENTENCE qui adiuge à la Damoiselle Lucresse de Grasse veufue de Cesar de Villeneufue six cens liures pour la premiere année de sa pension vidualle.

Extraict des Registres du Seneschal de Grasse.

2. Aoust 1647.

EN la cause de Damoiselle Lucresse de Grasse Dame de la Malle, du Bar & de Carros, veufue de feu Messire Cesar de Villeneufue Seigneur dudit Carros, demanderesse en Requeste par Merigon, CONTRE Alexandre de Villeneufue, tuteur de Damoiselle Marie Margueritte de Villeneufue sa niepce, fille & heritiere par inuentaire dudit feu Cesar sieur de Carros, deffendeur, par Fragier. NOVS Lieutenant parties oüyes par leurs Procureurs, auons condamné ledit Alexandre de Villeneufue tuteur de Damoiselle Marie Marguerite de Villeneufue, payer par prouision à la demanderesse veufue de Cezar de Villeneufue, la somme de six cens liures pour la premiere paye de la pension viduale à elle promise par leur contract de mariage écheuë au mois de Iuillet dernier, & pour le surplus de ses droits elle donnera sa demande au benefice d'inuentaire. Fait à Grasse en jugement le deuxiéme Aoust mil six cens quarante-sept, *Collationné, & Signé* ANDRE'.

COMPROMIS passé entre Alexandre de Villeneufue, tuteur de Damoiselle Marie Marguerite de Villeneufue, fille & heritiere de feu Cezar de Villeneufue sieur de Carros d'vne part, Et Damoiselle Lucresse de Grasse veufue dudit sieur de Carros d'autre.

19. Iuin 1648.

L'An mil six cens quarante huit, & le dix-neufiéme Iuin apres midy, comme soit que par le testament de feu Cezar de Villeneufue sieur de Carros, Alexandre de Villeneufue sieur de Carros son frere, seroit esté nômé & pourueu tuteur de la personne & biens de Damoiselle Marie Marguerite de Villeneufue, fille dudit Sr de Carros, laquelle auroit pris l'heritage de sondit pere par benefice de la Loy & inuentaire, & les creanciers donné leurs demandes : & entr'autres *Damoiselle Lucresse de Grasse Dame de la Malle de la* maison du Bar, veufue dudit feu sieur de Carros, pretendant d'estre payée sur les biens fidei-Commissaires des sommes par ledit sieur receuës, & recogneuës, ensemble des aduantages nuptiaux, & la pension viagere de la somme de six cens liures annuellement, le tout conformement à leur contract de mariage.

Et AV CONTRAIRE, ledit sieur de Villeneufue en ladite qualité de tuteur, pretend & presupose ladite Dame ne pouuoir pretendre lesdites sommes, aduantages nuptiaux & pension, que sur l'heritage dudit feu sieur de Carros, & non sur lesdits biens Fidei-Commissaires; Et que par vn prealable il faut separer lesdits biens Fidei-Commissaires, d'auec l'heritage dudit feu sieur de Carros, au moyen dequoy, & ce que dessus, lesdites parties estoient en voye de se consomer en frais & despens, pour lesquels obvier, & parce que l'estatut les y oblige, ont choisi la voye de compromis, ainsi que s'ensuit. A CETTE CAVSE constituez personnellement pardeuant moy Notaire & témoins ledit Alexandre de Villeneufue, sieur de Carros en ladite qualité de tuteur de ladite Damoiselle Marguerite de Villeneufue d'vne part, & ladite Damoiselle Lucresse de Grasse Dame de la Malle de la Maison du Bar, veufue dudit feu sieur de Carros d'autre, lesquels de leur gré debue & mutuelle stipulation interuenant, ont remis & compromis les susdits procez, differens & pretentions, ses circonstances & dependances, & ce à Iean de Villeneufue sieur de S. Cezari, Iean le Brun de Castellane sieur de Caille, Maistre Iean Iourdany & Iean Maurel Aduocats en la Cour, pour sur iceux differens, circonstances & dépendances, iuger & sentencier de droit, tant seulement; Promettant de demeurer à leur laud & Sentence; & à icelle acquiescer à peine de cinquante liures, stipulée par moy Notaire pour qui de droit appartiendra, & durera le present compromis durant quinze iours, auec pouuoir ausdits sieurs compromissionaires de le proroger pour semblable temps, dans lequel temps lesd. parties leur remettront leurs pieces, & pour l'obseruation de ce que dessus, lesdites parties obligent leurs biens à toutes Cours de submissions & autres, auec renonciation & serment requis. Fait & publié audit Grasse dans la maison dudit Maistre Iourdani Aduocat, presens à ce Maistre Louis Fragier Procureur au Siege, & Cezar Albert de Becaris dudit Bar témoins requis & signez, qui a sceu. Signé à l'Original, LVCRESSE DV BAR, VILLENEVFVE, ALBERT DE BECARIS, FRAGIER, & moy Henry Tardiuy Notaire Royal audi Grasse, sous-signé, TARDIVY, Notaire, collationné & signé TARDIVY, Notaire.

Le douseme Aoust 1669. signifié & baillé copie à Maistre Pierre Ruete Procureur au…. d Conseil du R & de partie aduerse, par moy Hussier audit Conseil, sous-signé, DE LA NOVE.

SENTANCE arbitrale entre Damoiselle Lucresse de Grasse, veufue de Cezar de Villeneufue sieur de Carros d'vne part, & Allexandre de Villeneufue, tant en qualité de tuteur de Damoiselle Marie Margueritte de Villeneufue, qu'en son propre, comme substitué à l'heritage de Iacques son pere.

22. Iuin 1648.

EN la cause compromissionelle entre Damoiselle Lucresse de Grasse Dame de la Malle du Bar, veufue à feu Cezar de Villeneufue sieur de Carros, demanderesse en restitution de sa dot, & payement de ses aduantages nuptiaux & pension vidualle, tant sur les biens & heritages délaissés par ledit feu sieur de Carros son mary, qu'en defaut d'iceux sur les biens Fidei-Commissaires delaissez par feu Iacques de Villeneufue Escuyer de Tourrettes son pere, d'vne part.

CONTRE Alexandre de Villeneufue sieur de Carros, tant en qualité de tuteur de Damoiselle Marie Margueritte de Villeneufue, fille & heritiere par inuentaire dudit feu sieur de Carros son pere, que comme heritier substitué & Fidei-Commissaire dudit feu Iacques de Villeneufue son pere, deffendeur ausdites qualitez d'autres.

VEV l'acte de compromis, portant nostre pouuoir reçeu par maistre Tardiuy Notaire le 19. du courant, Extraict de testament de feu Iacques de Villeneufue reçeu par maistre Sebastien de Guigues Notaire le 18. Iuin 1629. Extraict d'acte d'accord & transaction passée entre Damoiselle Suzanne de Villeneufue veufue dudit feu sieur Iacques de Villeneufue, auec ledit feu sieur de Carros son fils portant la remission de l'heritage par elle faite en sa faueur & liquidation des legitimes debues aux sieurs ses freres, reçeu par maistre Floris Notaire de Saint Paul le 7. Iuillet 1636. auec Extraict du Mariage entre ledit sieur de Villeneufue, & ladite Damoiselle Suzanne de Villeneufue de la maison de Mons, portant donnation de la moitié de ses biens en faueur de l'vn de ses enfans masles qui naistra dudit mariage tel qui sera pour luy esseu. Autre Extraict de contract de mariage d'entre ledit Cezar de Villeneufue sieur de Carros, & ladite Damoiselle Lucresse de Grasse fille de feu maistre Annibal de Grasse viuant Comte du Bar, & de feuë Dame Clere Dallagonia de la maison de Mairargues, portant donnation en cas de suruie en faueur de ladite Damoiselle de Grasse Dame de la Malle de la somme de 3000. liures, & 600. liu. de pension annuelle en cas de viduitté reçeu par maistre Iacques

Pons Notaire du Bar, demande donnée par ladite Dame de la Malle desdits droits contre maistre Lambert Procureur & Curateur ad lites pourueus à l'heritage dudit feu sieur de Carros auec la contestation dudit Curateur. Extraict de cession de la somme de 116. écus, faite par Messire Honnoré de Grasse Dallagonia sieur de Canaux Lieutenant Colonel au Regiment des Galeres en faueur dudit feu sieur de Carros en qualité de mary de ladite Dame de la Malle en payement du legat à elle fait par le feu sieur de Mairargues leur Oncle, reçeu par maistre Pons Notaire le 4. Auril 1646. & toutes, & chacunes les autres pieces riere nous fournies & produites par lesdites parties, & icelles verbalement ouïes en leurs droits, raisons, pretentions, & defences, & tout consideré.

NOVS compromissionnaires soubs-signés jugeant suiuant nostre pouuoir, faisant droit à la demande de ladite Damoiselle Lucresse de Grasse Dame de la Malle veufue dudit feu Cezar de Villeneufue en son viuant sieur de Carros, auons condamné ledit Alexandre de Villeneufue sieur de Carros en ladite qualité de tuteur testamentaire de ladite Damoiselle Marie Margueritte de Villeneufue sa niece au payement de la somme de 1348. liures pour la restitution de partie de la dot d'icelle, reçeu par ledit feu sieur de Carros son mary, tant par son contract de mariage du 15. Mats 1644. que par l'acte de cession du 4. Avril 1646. auec interests au denier seize puis l'an de dueil expiré, ensemble au payement de 3000. liures à elle données en cas de suruie par sondit mary, par leurdit contract de mariage, auec interests depuis l'Exploict adjournment sur l'assignation au benefice d'inuentaire, & en ce qui concerne la pension de 600. liu. annuelle tant qu'elle demeurera en viduité, Auons icelle reduite & retranchée (eû égard à la valeur & faculté de l'heritage) à la somme de 100. liures par an qui luy sera payée par ledit tuteur depuis le deceds dudit feu sieur de Carros son mary tant qu'elle demeurera veufue & sous le nom dudit feu sieur de Carros, conformement audit contract de mariage; Et à ces fins auons ordonné que ledit sieur de Carros tuteur a compte des sommes cy-dessus adiugées, luy payera en argent dans vn mois d'huy comptable, la somme de 400. liures, & pour les autres sommes restantes & interests d'icelles, auons ordonné que ladite Damoiselle de Grasse en poursuiura son payement sur les biens & heritages dudit feu sieur de Carros son mary, *& en deffaut d'iceux, sur les biens fideicommissaires & substituès en faueur dudit Alexandre de Villeneufue,* par le deceds sans enfans masles dudit feu sieur de Carros son frere par le testament dudit feu Iacques de Villeneufue leur pere, comme tenus & obligez lesdits biens fideicommissaire, subsidiairemāt au payement & restitution dudit dot, donnation & pension faites & promises en faueur de nopces, les despens de present compromis entre lesdites parties compensez, & aproueront nostre present laud & Sentence à la publication d'icelle sous la peine de compromis, nous reseruant l'interpretation des doutes qu'en pouroient soudre durant six mois. Signez à l'original *Villeneufue* compromissionnaire, *Caille* compromissionnaire, *Iourdani* compromissionnaire & *Maurel* compromissionnaire.

L'an 1648. & le 22. Iuin apres midy, la susdite Sentence compromissionnelle a esté leuée & publié par moy Notaire Royal soussigné ausdites parties, lesquelles apres auoir oüy la lecture d'icelle, *y ont respectiuement acquiescé*, & ont chacune d'icelles retiré leurs pieces & acte. Fait & publié audit Grasse dans la maison de Iean de Villeneufue sieur de S. Cezari, present à ce Guillaume de Lascaris sieur de Vauplane, & Cezar Albert de Becaris du Bar témoins, requis & signez à l'original, *Villeneufue, Lucresse du Bar, Vauplane, Albert de Becaris*, & moy Henry Tardiuy Notaire Royal audit Grasse, sous signé. Collationné & signé, TARDIVY, Notaire.

Le vnziéme Iuillet 1669. signifié & baillé copie à Maistre Pierre Ruette Procureur au grand Conseil du Roy & de partie aduerse, par moy Huissier audit Conseil, soûs-signé, DE LA NOVE.

SENTENCE qui adiuge Damoiselle Lucresse de Grasse veufue, vne prouision de 150. liures tous les ans, pour la nourriture & entretien de Damoiselle Marie Marguerite de Villeneufue sa fille, pendant sa pupillarité CONTRE *Alexandre de Villeneufue son tuteur.*

Extraict des Registres du Seneschal de Grasse.

EN la cause de Damoiselle Lucresse de Grasse Dame de la Malle & de Carros, mere de Damoiselle Margoton de Villeneufue. fille & heritiere de feu Cezar de Villeneufue viuant sieur de Carros, demanderesse en Requeste aux fins d'icelle.

CONTRE Alexandre de Villeneufue sieur de Carros & Mons, tuteur de ladite Damoiselle Margoton de Villeneufue sa niepce, deffendeur. NOVS LIEVTENANT parties oüies par leurs Procureurs, eû conseil de Maistre Tardiui Conseiller, faisant droit droit à la requeste de ladite Damoiselle de la Malle demanderesse & icelle, interuenant: Auons condamné ledit Alexandre de Villeneufue deffendeur au payement de *cent cinquante liures annuellement*, pour la nourriture, entretient & habits de ladite Damoiselle

B

Margotton de Villeneufue, fille dudit feu Cezar de Villeneufue tant *pour six années paßées*, que *pour cinq à venir*, lesquelles sommes seront prises tant sur les biens, que sur les fruits & rentes dudit heritage dudit feu Cezar de Villeneufue, sauf à déduire les payemens qui se trouueront auoir esté faits aux Dames Religieuses du Monastere de la Visitation Sainte Marie de cette Ville de Grasse, condamnant ledit deffendeur aux despens, moderés à 12. liures. Fait à Grasse en jugement le vingt huit Mars 1653. Collationné & signé PERRIER, Greffier.

SENTENCE du Seneschal de Grasse sur l'Instance de benefice d'inuentaire & rengement des creanciers de Cezar de Villeneufue, renduë à la poursuitte d'Alexandre de Villeneufue, tuteur de Damoiselle Marie Marguerite de Villeneufue sa fille & heritiere, laquelle en a releué & exploité, appel, & de tout ce qui s'en est ensuiuy, le 12. Decembre 1665.

Extraict des Registres du Seneschal de Grasse.

17. Mars 1651.

EN LA CAVSE des creanciers, ayant à prendre sur les biens & heritage de feu Cezar de Villeneufue, viuant sieur de Carros, demandeurs aux payemens par eux pretendus & contenus en leurs demandes, CONTRE *Alexandre de Villeneufue sieur de Carros, tuteur testamentaire de Damoiselle Marie Marguerite de Villeneufue, fille & heritiere par benefice d'inuentaire dudit feu Cezar de Villeneufue, viuant sieur de Carros* deffendeur. ET ledit *Alexandre de Villeneufue* demandeur en ouuerture de fideicommis, des biens delaissés par deffunt *Iacques de Villeneufue* son pere ; ET ENCORES en suplement de legitime, CONTRE Maistre Anthoine Lambert Procureur & curateur pourueu, pour contester aux demandes d'iceluy.

VEV la Requeste à Nous presentée par *Damoiselle Lucresse de Grasse Dame de Carros*, tendante à adiournement contre tous les creanciers de feu Cezar de Villeneufue sieur de Carros, du 31. Iuillet 1646. auec les Lettres & Exploicts d'adjournement & inhibitions des 22. 23. & 25. Aoust 1. & 6. Septembre 1646. deffauts obtenus en jugement *par ladite demanderesse*, auec nostre Ordonnance au bas portant deffaut & readjournement en suitte des dernier Aoust, 25. & 29. Octobre audit an 1646. Extraict de second deffaut obtenu *par ladite demanderesse*, en jugement pardeuant Nous Ordonnance portant readjournement contre les creanciers non presentez, auec les Lettres & Exploits des 9. 13. & 20. Nouembre audit an 1646. Extrait d'Ordonnance par nous renduë, partant le tout porté du 23. dudit mois de Nouembre, demande desd. deffaut baillez par ladite *Damoiselle de Grasse*, CONTRE tous les creanciers, Request. à Nous presentée par ledit sieur *Alexandre de Villene.s-*

, tendante pour estre par Nous accedé au lieu de Carros, pour proceder à la facture de l'inuentaire des biens de feu Cezar de Villeneufue, auec nostre decret au bas, du 6. Avril 1647. Inuentaire des biens meubles & immeubles delaissez par ledit feu Cezar de Villeneufue, *signé Bellissime*. Extraict de Sentence par Nous renduë sur les deffauts obtenus en jugement par ladite Damoiselle de Grasse, par laquelle ladite Damoiselle Marie Marguerite de Villeneufue sa fille est receuë heritiere par inuentaire dudit feu Cezar de Villeneufue, du 5. Avril 1647. *demande baillée par ledit Alexandre de Villeneufue*, contre Maistre Lambert Procureur & curateur *ad littes*, pour contester aux demandes dudit de Villeneufue. Inuentaire de communication des susdites pieces, *signé Fragier*. Extraict de contestation faite par le Procureur dudit Villeneufue tuteur, auec nostre Ordonnance, portant que le tout nous seroit porté, du 24. Avril 1648. *Demande baillée par ledit Louis de Villeneufue*, CONTRE *Alexandre de Villeneufue tuteur*. Extraict de contestation faite par le sieur Iean Baptiste de Noble, auec nostre Ordonnance au bas, du 26. Iuin 1648. Inuentaire de communication des pieces d'iceluy : *demande baillée par ledit Alexandre de Villeneufue, pour le droit de legitime par luy pretendu*, contre dudit Maistre Lambert curateur *ad littes*, pour contester à ladite demande. Extraict de testament fait par Noble Iacques de Villeneufue sieur de Tourrettes, du 18. Iuin 1629. *signé Baud*, Notaire. Inuentaire de communication desdites pieces dudit Alexandre de Villeneufue. Extraict d'Acte de transaction passée entre Damoiselle Marguerite de Villeneufue & le sieur de Carros du 13. Ianuier 1639. Signé Raimond Notaire. *Demande baillée par led. Iean Baptiste de Noble, mary de lad. Damoiselle Marguerite de Villeneufue*, contre led. sieur de Villeneufue tuteur, des sommes y contenuës, Signé, Gazan, Procureur. Inuentaire de communication des pieces d'iceluy. Abregé de transaction entre ledit de Noble & ledit de Villeneufue, & la Damoiselle de Noble, du 3. Feurier 1646. Signé Raimond, *augment de demande baillée par ledit Noble*, contre ledit de Villeneufue tuteur. Promesse de la somme de cent cinquante liures faite par ledit feu sieur de Villeneufue en faueur de Guillaume Isnard de Grasse, du 14. Iuin 1641. Ordonance par Nous renduë, portant condamnation en faueur dudit Isnard Contre dudit sieur de Villeneufue & Carros, du 22. Octobre 1642. Demande baillée par ledit Isnard pour la somme y contenuë, contre ledit Alexandre de Villeneufue tuteur susdit. Extraict d'acte de cession de la somme de vingt-quatre escus quarante sols, faite par ledit feu Cezar de Villeneufue, en faueur de Gospard Roubau, du 18. Ianuier 1646. Demande dudit Raibaud de ladite sommed, vingt-quatre escus quarante sols, contre Alexandre de Villeneufue tuteur. Inuentaire de communication des pieces d'iceluy, Escrits & contredits dud. Raibaud; Extrait d'Ordonnance renduë par le Lieutenant de Senechal au Siege d'Aix, entre Blaise Moutet & ledit de Villeneufue; portant condamnation en faueur dudit Moutet de la somme de cent soixante vne liure 16. sols, auec interests & dépens moderez à cinq liur. tourn. du 30. May. 1642. Lettres executoriales de ladite Ordonnance obtenuës par ledit Moutet, contre dudit de Villeneufue du 16. Septembre 1642. exploitées le 25. Septembre 1644. Rolle des Marchandises fournies par ledit Moutet & André Guigou audit sieur de Villeneufue auec la promesse de compte arresté fait à leur faueur par ledit sieur de Villeneufue de ladite somme de 161. liu. 16. s. des 23. Decembre 1641. & 24. d' mesme mois. Rolle des Marchandises fournies à Cezar de Villeneufue par ledit Moutet le 15. Octobre 1644. Promesse de la somme de six cens soixante vne liure faite par ledit de Villeneufue audit Moutet du 13. Iuillet 1644. Requeste à Nous presentée par ledit Moutet contre dudit de Villeneufue, tendant à adjournement & adueration de promesse, auec les Lettres & Exploicts du 14. & 15. Octobre 1644. Ordonnance par Nous renduë entre ledit Moutet & le sieur de Villeneufue à la Chambre du Conseil, portant condamnation de la somme de 647. liu. 15. s. du 15. Octobre 1644. Lettres de contrainte leuées par ledit Moutet contre dudit de Villeneufue, auec les exploits de contrainte & gagerie & arrestement fait ensuite des 8. Iuillet, 19. Aoust 1645. 16. 21. 25. & 30. Aoust 1646. *Extraict de d'Acte passé par la Dame de Grasse, veufue dudit sieur de Carros, en faueur dudit Moutet pour les sommes y énoncées, du 13. Octobre 1646.* Appointement de pieces mises par Nous rendu en la cause, demande baillée par ledit Moutet contre ledit Alexandre de Villeneufue, de la somme de 647. 5. d'vne part, & 161. liures d'autre: Inuentaire de communication des pieces dudit Moutet, signé Varages. Extrait de contestation faite par le curateur à la demande dud. Moutet, auec nostre Ordonnance au bas, & tout ce que par lesdites parties a esté fourny & produit par leurs inuentaires & productions: Tout consideré.

NOVS LIEVTENANT, faisant droit sur toutes les demandes des parties, fins & conclusions d'icelles prises en cette Instance, procedant à l'adjudication & rangement par elles respectiuement demandé. AVONS *en premier lieu* ordonné que ledit de Villeneufue en la qualité qu'il interuient, sera payé sur les biens dudit heritage au premier rang & degré pour tous les frais de Iustice, concernant ledit benefice d'inuentaire, suiuant la liquidation & taxe que par Nous en sera faite.

En second rang & degré sera payé led. Villeneufue pour le suplement de légitime par iceluy demandé sur les biens dudit feu Iacques; Et ce faisant ayant égard au nombre de sept enfans par iceluy delaissez, luy auons adjugé la quatorziéme de la valeur dudit heritage, Déduction faite des douze cens escus à luy leguez par sondit pere, auec interests tels que de droit, & despens, suiuant l'extime, liquidation & taxe, que par Nous, ou Expers, si besoin est en sera faite, dont en donnera demande sur l'execution de la presente Sentence pour en estre payé aux formes de droit.

Auquel mesme degré, auons adjugé le mesme suplement de droit de legitime, demandé par *Louis de Villeneufue*, & adjugé audit Alexandre, auec la mesme desduction du legat à luy fait par ledit Iacques son pere, auec interests tels que de droit, & despens, suiuant la mesme liquidation & taxe.

ET ayant égard à la demande de *Iean Baptiste de Noble*, comme mary & maistre des biens & droits de *Damoiselle Marguerite de Villeneufue*, luy auons adjugé la somme de *quatre cens quarante-huit liures huit sols* demandez, auec interests tels que de droit, & despens, suiuant la mesme liquidation & taxe, pour lesquelles sommes sera payé au susdit mesme degré.

Et faisant droit à la demande dudit *Alexandre de Villeneufue*, en ouuerture de fideicommis aposé au testament dudit feu Iacques de Villeneufue son pere du 18. Iuin 1639.

AVONS suiuant le consentement donné par le curateur pourueu pour contester à la demande dudit Villeneufue, declaré le fideicommis par luy demandé des biens dont s'agit delaissez par ledit feu Iacques son pere, ouuert en sa personne: ET CE FAISANT, luy auons adjugé *la moitié de l'hoirie mentionnee au testament d'iceluy*, ET ORDONNÉ que les detractions & imputations telles que de droit prealablement faites qu'il sera procedé au partage d'iceux *par Experts*, *dont les parties conuiendront dans trois iours*, *autrement prins d'Office*: DECLARANT ledit *Villeneufue*, en ladite qualité de tuteur, deuoir rendre compte des fruits de l'autre moitié desdits biens, puis le deceds dudit feu *Cezar de Villeneufue* son frere, sauf son recours contre qui de droit en cas de non iouissance, lesquels fruits feront fonds audit heritage, pour y estre les creanciers payez suiuant l'ordre qu'il sera cy-apres par Nous designé, luy adjugeant les despens de cette qualité, suiuant la taxe qui par Nous en sera faite.

SVR laquelle moitié des biens & fruits, ensemble sur les acquests faits par ledit deffunt Cezar de Villeneufue, sera en *premier lieu* payé Guillaume Iina d pour la somme de 154. liu. que luy auons adjugé, auec interests & despens, suiuant la taxe que par Nous en sera faite.

En second rang & degré, Auons ordonné que Blaise Moutet sera payé pour la somme de 412. l. 16. s. par iceluy demandée, que luy auons adjugé auec interests & dépens, suiuant la mesme liquidation & taxe.

En dernier lieu, faisant droict à la demande de Gaspard Raibaud, luy auons adjugé la somme de 24. escus 40. sols, par iceluy demandée, auec interests & despens, suiuant la mesme liquidation & taxe, *en retrocedant* par ledit Raibauld audit de Villeneufue tuteur, la mesme somme que ledit feu sieur Cezar luy auoit ceddé sur Iean Roustagnon de Gatieres, du 18. Ianuier 1646. en payement de ladite somme, pour lesquelles adjudications ledit Raibaud sera payé apres ledit Moutet.

ORDONNONS neantmoins, *qu'auant l'execution de la presente Sentence, les creanciers cy-dessus rangez le purgeront par serment, lesdites sommes à eux adiugées leur estre legitimement deues*, signé, *Lombard*, Lieutenant, *Vitalis* Lieutenant Particulier, *Tardieu* Conseiller, *Niel* Conseiller, *Carpillet* Aduocat du Roy, & *Flour* Procureur du Roy. Espices vingt cinq escus.

Du 17. Mars 1651. publié en Iugement cette Sentence par moy Greffier, sous signé, à Maistres Lambert Fragier, Varages, Gazan, & Aynes Procureurs respectiuement des parties, lesquels n'ont rien dit, Signé, *André*, Greffier à l'original, Collationné & signé, CHERY, Greffier.

Le 28. Iuin 1669. signifiée & baillé copie à Maistre Pierre Ruette Procureur au grand Conseil, & de partie aduerse, par moy, signé, THIBOV.

PROCEZ VERBAL d'estime, encheres & adiudication de la terre de Carros, & liquidations des supplemens de legitimes & fideicommis, à la poursuite d'Alexandre de Villeneufue, en qualité de tuteur de Damoiselle Marie Marguerite de Villeneufue sa niepce, en execution de la la Sentence du 17. Mars 1651. dont est appel.

Extrait des Registres du Seneschal de Grasse.

16. Nouembre 1655.

DV 16. Nouembre 1655. à Grasse, pardeuant Nous *Iacques Vitalis* Lieutenant Particulier au Siege & Ressort de ladite Ville & *dans nostre maison de residence*, est comparu *Alexandre de Villeneufue sieur de Carros & de Monts, tant en son propre, qu'en qualité de tuteur testamentaire de Damoiselle Marie Marguerite de Villeneufue, & icelle heritiere par inuentaire de feu Cezar de Villeneufue sieur dudit Carros, assisté de Maistre Fragier son Procureur,* lequel nous a dit & remontré, que par le dernier & valable testament de feu Iacques de Villeneufue, viuant Escuyer de la maison de Tourettes receu par M. de Guigues Notaire, le 18. Iuin 1629. il auroit ordōné, & entre autres choses legué à ses enfans masles & filles la somme de 3600.l. chacun, & institué son heritier Cezar de Villeneufue son fils aisné, & en cas de deceds sans enfans masles, auroit substitué ses autres enfans masles de degré en degré, & laissé l'administration d'iceux à Damoiselle Suzanne de Villeneufue sa femme, & seroit mort en cette volonté, estant ledit Cezar en âge de maiorité, ensuite dudit testament, se seroit emparé dudit heritage, joüy d'iceluy long-temps, & *laissé seulement vne fille appellée Marie Marguerite, de laquelle & de ses biens auroit nommé pour tuteur ledit sieur Alexandre, lequel de l'aduis des proches parens, reconnoissant l'heritage dudit Cezar plutost onereux que profitable pour ladite Marie Marguerite, auroit prins & accepté iceluy par benefice de la Loy & inuentaire à quoy elle a esté receuë*; & l'inuentaire fait, Nous aurions ordonné que les creanciers ayant à prendre audit heritage, bailleroient leurs demandes; & ensuite d'icelle ayant lesdits creanciers donné leursd. demandes par nostre Sentence du 17. Mars 1651. Aurions *en premier lieu* rangé ledit sieur de Villeneufue pour les frais & despens faits au benefice d'inuentaire, *& en second degré*, que ledit sieur de Villeneufue seroit payé *pour le supplement de legitime* par luy demandé sur les biens dudit feu Iacques, à raison d'vne quatorziéme partie, attendu le nombre de sept enfans,

Requisition de Villeneufue en executiō de la Sentence du 17. Mars 1651.

NOTA: Que Vitalis n'a iamais commis pour l'execution de ladite Sentence.

auec interests tels que de droit. Et au mesme rang & degré, faisant droit à la demande dudit sieur Alexandre en l'ouuerture du sideicommis du deffunt Iacques de Villeneufue pere, *Aurions* declaré le fideicommis par iceluy demandé des biens dont s'agit delaissez par ledit feu Iacques pere, ouuert en sa personne; & en ce faisant luy aurions adjugé *la moitié de l'hoirie*, mentionnée au testament d'iceluy, detractions & imputations prealablement faites, *& à ces fins qu'il sera procedé au partage d'iceux*; & ensuite de ladite Sentence ledit sieur Alexandre de Villeneufue auroit donné roolle des biens meubles, immeubles, debtes, pensions & bestail delaissez par ledit feu Iacques, & d'iceluy donné copie à Maistre Lambert Procureur au Siege curateur pouruou *ad lites*, pour contester aux demandes dudit sieur de Villeneufue, & communiqué les pieces iustificatiues; *Requerant* qu'il nous plaise ordonner qu'il sera signifié audit maistre Lambert & autres creanciers, de contredire ledit roolle dans trois iours, autrement iceluy receu & procedé à la liquidation desdits droits de legitime; *Et neantmoins* qu'il sera commis Experts pour proceder à l'estime des biens delaissez par ledit feu Cezar de Villeneufue, & ensuite d'icelle estime, estre mis à l'enchere, pour de l'argent en prouenant estre les creanciers dudit heritage payez des sommes à eux duës suiuant leurs rangs & ordres, ou colloquez sur iceux & acte signé *Villeneufue & Prapier*.

NOVS Lieutenant Particulier Avons ordonné qu'il sera signifié tant à Lambert susdit curateur, qu'aux autres Procureurs des creanciers dudit heritage, de contredire le roolle des biens dont s'agit, baillé par ledit sieur Alexandre de Villeneufue ensuite de nostre Sentence du 17. Mars 1651. ce qu'ils feront dans 3. iours, autrement pouruou & ordonné que dans ledit temps lesdites parties remettront roolle d'experts, riere nous pour estre prins experts sur iceux. Fait à Grasse ce 20. Fevrier 1655. signé *Vitalis* Lieutenant.

DV 26. Novembre 1655. la susdite Ordonnance a esté par moy Greffier sous signé intimée à Maistres Lambert, Varages, Gazan & autres Procureurs des creanciers, lequel Lambert dit que par vn prealable ledit sieur de Villeneufue doit rendre compte des fruits & gestion qu'il a faite en qualité de tuteur testamentaire de Damoiselle Marie Marguerite de Villeneufue icel. heritiere par inuentaire de feu Cezar des biens qu'il a geré puis le deceds d'iceluy, & en ce qu'est du roolle & demande des biens delaissez par feu Iacques de Villeneufue son pere, sur lesquels luy a esté adiugé l'ouuerture du fideicommis, aposé en son dernier & valable testament, & iugé par nostre Sentence d'ordre, dit qu'il doit estre distrait dudit heritage, les dots de Damoiselle Suzanne de Villeneufue mere dudit Alexandre, & femme dudit Iacques, es dots constituez, & receus par les Damoiselles de Gaïeres & Da-

Dire de Lambert que Villeneufue doit rendre prealablement compte de sa gestion.

premont, ensemble les legats, suplemens de legitime faits par ledit Iacques & deubs par l'heritage d'iceluy à feu Federic, Alexandre, Louis, & Marguerite de Villeneufue, & du surplus n'empesche estre procedé à la liquidation du droit dudit fideicommis & d'estre nommé d'experts pour proceder tant à l'estime & separation des biens dudit heritage, que à l'estime & separation des biens fideicommissaires, s'il y échoit. Requerant que la requisitiõ dud. sieur de Villeneufue, & celle dudit Maistre Lambert curateur, soient signifiées aux Procureurs des autres creanciers, pour y porter tel contredit & consentement que trouueront bon estre, ou luy fournir memoires s'il y a d'autres distractions à faire & acte, signé *Merigon Greffier.*

DV 27. Ianuier 1656. au lieu & pardeuant que dessus est comparu ledit sieur Alexandre de Villeneufue, assisté de Maistre Fragier son Procureur, lequel nous a dit qu'il a fait signifier nostre precedante Ordonnance à Maistres Lambert, Gazan, Varages & Eynes Procureur des creanciers, lequel Maistre Lambert auroit dit que par vn prealable ledit sieur de Villeneufue doit rendre compte des fruits des biens de l'heritage dudit feu sieur de Villeneufue son frere, qu'il a perceu & geré, & d'autre part qu'il doit estre distrait les dots des Damoiselles Suzanne de Villeneufue, d'Aspremont & de Gatieres, legats & suplemens de legitime, faits aux autres enfans & filles dudit Iacques de Villeneufue, sans toutefois auoir donné rolle certain de ces detractions: Requiert qu'il nous plaise ordonner qu'il sera d'abondant signifié audit Maistre Lambert Procureur des creanciers, de donner roolle des detactiõs que entendent estre faite dans bref delay, autrement forclos & decheu, & procede à la liquidation desdits droits fideicommissaires & des legitimes, & pour ce que concerne le compte des fruits perceus par led. sieur de Villeneufue, offre le döner dans tel temps qu'il nous plaira luy establir, & ordonner que d'iceux en sera desduit & compensé les frais & despens faits par ledit sieur de Villeneufue à la facture, confection & poursuites dudit benefice d'inuentaire, auec offre qu'en cas que les fruits montent plus que lesdits frais, tel surplus, se compensera à compte des interests des sommes à luy adjugées & deues au premier rang & degré, ou soit pour le suplement de legitime, que ouuerture du fideicommis, puis que lesdits fruits tiennent lieu & place des interests des fideicommis & droits, & pour la nomination d'Experts, attendu que ledit curateur & Procureur desdits creanciers, n'ont daigné en connenir, requiert en estre par Nous prins d'Office & acte, signé *Fragier.*

NOVS Lieutenant Particulier, Auons ordonné que *Fragier* pour ledit Villeneufue donnera compte au mois pour tout delay des fruits de

Seconde requisition de Villeneufue à mesmes fins.

Offre de Villeneufue de rendre compte.

Ordonnance que Ville-

neufue rendra son compte dans vn mois.

Nomination d'Experts pour estimer les biens

Acte de serment desd. Experts

NOTA. Que les dates de la requisition & de l'Ordonnance sont en blanc.

26. Septembre 1658.
Rapport d'estime de la terre de Carros à 14200. liur.

boirie dont s'agit, & fera proceder dans ledit temps à la taxe des frais du benefice d'inuentaire, pour ce fait estre fait droit sur la compensation requise par ledit sieur de Villeneufue, tant pour lesdits fruits, que droits de legitime à luy deubs s'il y échoit, ordonne que dans ledit temps, il sera proceder à l'estime de tous les biens immeubles dudit heritage, par Maistre Pierre Mere Notaire, Iean de la Tour, & Sauueur Pugnaire de cette Ville, que pour ce faire auons commis, qui presteront le serment en tel cas requis, partie appellée; pour ce fait estre fait droit sur toutes les fins & conclusions des parties, ainsi qu'il sera à faire par raison & signifié. Fait audit Grasse le 27. Fevrier 1656. Signé *Vitalis*, Lieutenant.

DV   1658. à Grasse, & pardeuant Nous Lieutenant, est comparu *Maistre Louis Fragier Procureur audit Siege & de Alexandre de Villeneufue sieur de Carros & de Monts, tuteur testamentaire de Damoiselle Marie Marguerite de Villeneufue, fille & heritiere par inuentaire de feu Cezar de Villeneufue viuant sieur de Carros, assisté diceluy*, lequel nous a dit auoir fait donner assignation *à Maistre Pierre Mere Notaire Royal, Iean de la Tour & Sauueur Pugnaire Bourgeois, Experts par Nous commis*, pour proceder à l'estime dont est question, à comparoir à ce jourd'huy & heure de huit du matin, pardeuant Nous *pour prester le serment*, auquel iour, lieu & pardeuant que dessus, *aux Procureurs des creanciers presentés* pour voir prester ledit serment. Nous requerant, puis que lesd. Experts sont icy presens, serment leur estre donné & acte, signé *Villeneufue, Fragier*.

AV CONTRAIRE *pour lesdits creanciers, personne n'est comparu.*

NOVS Lieutenant Particulier auons donné serment ausdits Maistre Mere, de la Tour & Pugnaire Experts par nous Commis & si presens, de bien & deuëment proceder à l'estime dont est question, & en feront rapport à la suite du present verbal, ce qu'ils ont promis & iuré faire. A Grasse dans la Chambre du Conseil *present* ledit sieur de Carros & de Monts & Fragier son Procureur, ledit   audit an 1658. Signé, *Vitalis*, Lieutenant.

DV 26. Septembre audit an 1658. à Grasse pardeuant moy Greffier soussigné sont comparus Maistre Pierre Mere Notaire Royal, Iean de la Tour, & Sauueur Pugnaire bourgeois dudit Grasse, Experts Commis par la susdite Ordonnance; *Lesquels on dit* qu'en suite d'icelle, serment par eux presté par assignation à eux donnée apres auoir receu ladite Commission auec l'honneur qui s'appartient, il se transporterent le 22. du courant au lieu de Carros en compagnie dudit Maistre Fragier Procureur, où arriues le lendemain 23. dudit mois sur les huit heures du matin donnée par assignation, ont, à l'indication dudit Maistre Fragier, & suiuant l'exhibition

bition à eux faite de l'extraict de l'inuentaire des biens de l'heritage dont est question, commencé à proceder *à l'estime de la Place, Terre & Seigneurie dudit Carros*, appartenant à feu Cezar de Villeneufue sieur dudit Carros, *consistant* en toute la haute, Impere & Mere Iurisdiction, & partie de la moyenne & basse qui est deux huitiesmes du total de toute ladite Iurisdiction, censes, seruices & talques, tant communs auec les autres Conseigneurs, que particuliers; *ensemble* en la portion des droits de Lodz; *une maison* dans l'enclos dudit lieu & chambre, ioignant, confrontant à vn cartier, & au dessous vne portion d'estable de Iean Vacquette, & en tous les autres endroits, les ruës; *vne bastide, terres & grange*, au terroir dudit lieu, Cartier dit la Bastide, proche de laquelle y a vn jas, vn petit Bois, & vne Fontaine, confrontant le chemin Royal, piece d'André Sepede, Raphel Vian du Broc, & terre appartenant à l'Eglise entourée du costé du chemin d'vne grande muraille, chaux & sable. *Vne possession & terre* appellée *le Claux* au mesme terroir, confrontant le chemin qui descend du village au Var, terres de Ianon Tombarel, Ianon Briquet, & les heritiers de Damoiselle Valentine de Genas. *Vne terre* audit terroir consistant *en trois faisses de Iardin*, confrontant terre des heritiers de ladite Damoiselle de Genas, le chemin Royal, Iardin de Charles Laugier & autres. *Vn Pré à l'aire* audit terroir & cartier du Roure, confrontant le chemin Royal, terre de Maistre Iacques Nicolas Notaire du Broc, & André Court. *Autre terre* au terroir dudit lieu au cartier appellé *la Ferrage*, confronte terre des heritiers de ladite Damoiselle, & le chemin. *Et finalement, vn petit Bois agregé de pins* audit terroir, cartier appellé *Carrousset*, confronte le chemin, terre de Ianon Laugier, & terres gastez. *Tous lesdits biens procedez en Fief noble*. Et apres auoir le tout bien & deuëment veu & visité en tous leurs endroits, & eü entr'eux deuë conferance, ont estimé ladite Iurisdiction cy-dessus exprimée, censes, seruices, lods & terres & tout ce que ledit feu sieur de Carros possedoit audit lieu, *à la somme de* 14200. *liures*, & autant disent valoir argent comptant, & ainsi disent y auoir procedé selon Dieu & leurs consciences, en presence dudit Maistre Fragier, & en *deffaut* des Procureurs des creanciers presentés deuëment assignez, ayant vacqué à ladite estime, tant pour aller, sejour, que retour, *quatre iours*, & ce sont soussignez, ayant receu pour leurs vacations 55. liures entre tous trois. *Signé*, Mere, Expert, de la Tour Expert, & Pugnaire Expert.

DVDIT iour 26. dudit mois de Septembre audit an, cinquante-huit audit Greffe, & pardeuant nouldits Lieutenant *est comparu ledit sieur de Carros & de Monts en ladite qualité*, assisté dudit Fra-

26. Septembre 1658.
Requisition

gier son Procureur, lequel nous a dit, auoir fait proceder à l'estime de la terre, place & Seigneurie dudit Carros, & ses dépendances, appartenant audit heritage par les Experts par nous commis à la somme de 14200. liures, ainsi qu'apert par le rapport desdits Expers cy-dessus, *nous requerant la reception d'iceluy*, & qu'il soit signifié aux Procureurs des creanciers, de declarer s'ils en veulent recourir, autrement forclos & décheus, *& ledit rapport exceuté & acté*. Signé, de *Villeneufue*, & *Fragier*,

Au contraire, personne.

de Villeneu-fue, afin de reception dudit rapport.

NOVS Lieutenant Particulier auons concedé acte audit Maistre Fragier de la requisition, & ordonné qu'il sera signifié aux Procureurs des creanciers *de contredire ledit rapport dans trois iours*, & declarer s'ils veulent *recourir* dans ledit temps autrement iceluy receu, & declarez forclos & decheus dudit recours, *& les biens mis à l'enchere* pardeuant nous, pour estre deliurez au plus offrant & dernier encherisseur, & à faute d'encherisseurs, les creanciers, seront colloquez pour les sommes qu'ils auront à prendre suiuant leurs rang & ordre, conformement à nostre Sentence. Fait à Grasse ledit iour 26. Septembre audit an 1658. Signé, *Vitali* Lieutenant.

Ordonnance de contredire ledit rapport, ou en recourir dans trois iours, autrement iceluy receu & les biens vendus.

DVDIT iour audit an 1658. la susdite Ordonnance & rapport ont esté par moy Greffier soussigné signifiée à Maistre Fragier, & à Maistres Varage, Gazan, & Albanely Substitud de Lambert Procureurs des creanciers, lesquels n'ont rien dit & acte. Signé, Emerigon Greffier.

DV DERNIER iour du mois *de Septembre* audit an 1658. audit Greffe, pardeuant nousdits Lieutenant Particulier s'est comparu ledit Maistre Fragier Procureur dudit sieur des Carros & de Monts, lequel nous a dit, que les Procureurs des creanciers ausquels nostre Ordonnance a esté signifiée, n'ont point contredit le susdit rapport, moins declaré d'en vouloir recourir, par ainsi *requiert receuoir ledit rapport*, & les declarer forclos & decheus dudit recours & acte. Signé Fragier.

30. Septemb. e 1658. 2. Requisition de Villenenfue a fin de reception dudit rapport.

NOVS Lieutenant Particulier auons ordonné que la requisition dudit Maistre Fragier audit nom, sera signifiée aux Procureurs des creanciers, pour leurs responces veuës estre ordonné ce qu'il appartiendra. A Grasse *le dernier septembre 1658*. Signé , *Vitallis* Lieutenant.

DVDIT IOVR dernier Septembre 1658. la susdite Ordonnance & requisition a esté par moy Greffier soussigné, signifiée à M. Lambert, Varage & Gazan Procureurs desd. creanciers, que tous n'ont rien dit, & acte. Signé Emerigon Greffier.

Du mesme iour 3. requisition de Ville-

DVDIT IOVR & an pardeuant nould. Lieutenant, est d'abondant

comparu ledit Maistre Fragier Procureur dudit sieur de Villeneufue sieur de Monts & Carros *assisté d'iceluy*, lequel nous a remontré qu'il a fait signifier la precedante requisition ensuite de nostre Ordonnance aux Procureurs des creanciers, lesquels nul moyen d'empecher la reception dudit rapport, ny moins en recourir, n'ont rien dit, *nous requiert* vouloir receuoir ledit rapport, & de mesme suite les declarer decheus de recourir d'iceluy, *& ce faisant vouloir acceder audit Carros* pour proceder aux encheres des biens mentionnez audit rapport sur le pied de 14200. liures, à quoy lesdits biens ont esté estimez par ledit rapport, pour à faute d'encherisseurs y estre les creanciers payez au pied de ladite estime, & acte. Signé, Fragier.

neuf sur afin de reception dudit rapport, & d'estre procedé à la vente des biens, & iceux mis aux encheres, au lieu de Carros.

NOVS Lieutenant Particulier, lecture faite de la signification de nostre precedante Ordonnance aux Procureurs des creanciers, AVONS receu ledit rapport, & *declaré* lesdits creanciers decheus de tous recours; *& de mesme suite* auons ordonné que lesd. biens seront mis à l'enchere pardeuant nous, sur le pied de 14200. liu. portées par ledit rapport & audit Carros & lieu de Broc, pour estre deliurés au plus offrant & dernier encherisseur. *& par trois diuerses encheres qui seront faites esdits lieux, sçauoir la* PREMIERE, *demain premier* Octobre *à huit heures du matin au lieu de* Carros, *& ledit iour à l'heure de deux apres midy, au lieu du* Broc *sauf deux iours.* LA SECONDE *le quatriesme dudit mois és mesmes lieux & heures.* ET LA TROISIESME *le sept dudit mois à pareilles heures és susdits lieux, & sous la mesme spectatiue; nous seiournerons audit* Broc *pour y receuoir toutes les offres, les criées & proclamations faites, tant en cette ville de* Grasse, *qu'aux lieux circonuoisins dudit* Carros, *& à faute d'encherisseurs, tant ledit sieur de* Villeneufue, *qu'autres creanciers dudit heritage, y seront payez sur le pied de ladite estime, & suiuant l'ordre porté par nostre Sentence de l'execution de laquelle est question, & signifié aux Procureurs des creanciers de comparoistre pardeuant nous esdits lieux, iours, & heures si bon leur semble. A* Grasse *ledit iour dernier* Septembre 1658. Signé, *Vitallis* Lieutenant.

Du mesme iour. Ordonnance portant reeception dudit rapport, & que les biens seront mis à l'enchere le lendemain matin au lieu de Carros.

DVDIT IOVR DERNIER Septembre audit an 1658. la susdite Ordonnance a esté par moy Greffier soussigné signifiée tant audit Maistre Fragier Procureur dudit sieur de Villeneufue, qu'ausdits Maistres Lambert, Gazan & Varages Procureurs desdits creanciers, lesquels n'ont rien dit. *Signé,* Emerigon.

DV DERNIER Septembre 1658. & enuiron l'heure de midy est d'abondant comparu pardeuant nousd. Lieutenant ledit Maistre Fragier Procureur dudit sieur de Villeneufue, lequel nous a remontré

Du mesme iour. Requisition

de Villeneufue à Vitalis pour aller à Carros proceder ausd. encheres.

qu'en suite de nostredite Ordonnance, il a fait faire *les criées portées par icelle* dans cette Ville *de Grasse*, & enuoyé faire le mesme *par tous les lieux circonuoisins dudit Carros*, & D'AVTANT que *l'assignation, pour faire la premiere enchere, est à demain huit heures du matin audit Carros, ou il nous seroit impossible d'y arriuer à ladite heure, si nous ne partions ce iourd'huy, attendu que de cette ville de Grasse, audit Carros, il y a six grandes lieues, & tout mauuais chemin, pour lequel il n'y faut pas moins de neuf heures au moins, c'est pourquoy nous a requis vouloir departir dudit Grasse tout presentement, pour aller coucher, si prés que nous pourrons dudit Carros*, & acte. Signé, Fragier.

Du mesme iour.

Depart de Vitalis de Grasse pour aller à Carros.

1. Octobre 1658. Premiere enchere.

NOVS Lieutenant particulier adherant à la susdite requisition, sommes departis *dudit Grasse enuiron l'heure de midy*, aux fins susdites, en compagnie dudit Maistre Fragier, & auons arriuez sur la nuit *au lieu de S. Ianet*; Et le lendemain sommes departis bon matin dudit S. Ianet, & arriuez *audit Carros* enuiron l'heure de sept de matin. Signé. *Vitallis* Lieutenant.

DVDIT IOVR 1 Octobre 1658. au lieu de Carros, & à la place publique dudit lieu, lieu accoustumé à faire les encheres; s'est presenté pardeuant Nousdits Lieutenant ledit Maistre Fragier Procureur dudit de Villene fue, lequel nous a remonstré que l'heure de huit du matin donnée par assignation pour proceder aux encheres par Nous cy-dessus ordonnées se trouue sonnée. Nous a requis en presence ou deffaut des creanciers ou Procureur d'iceux, vouloir proceder ausdites encheres, Nous exibant les Exploits de criées faites ez Villes de Grasse, *Antibe, Vance, S. Ianet, S. Laurens, le Broc, Canes, Mongins. Valauris, & Valbonne*, par Nous ordonnées estre faites esdits lieux & acte, signé Fragier.

NOTA. Ces criées n'ont point esté faites, & sont supposées, est-il mesme impossible de les faire toutes en tant de lieux, dans vn si bref temps, le mesme iour.

NOVS Lieutenant particulier, lecture faite desdits Exploits & de criées faites esdits lieux, *du iour d'hier*, ensuite de la requisition dudit Maistre Fragier, AVONS fait mettre *à l'enchere* ladite place, terre & Seigneurie de Carros, qui appartenoit à feu Cezar de Villeneufue, mentionnée au rapport d'estime desdits biens du 26 Septembre dernier, & pour la somme de 14200. liures prix de l'estime desdits biens, & c'est par la voix & organe de   Sergent ordinaire, & apres plusieurs criées & proclamations & 3. chandelles esteintes, personne n'ayant *surenchery*, AVONS donné acte audit Maistre Fragier audit nom de ladite *enchere*, pour luy seruir & valoir ainsi qu'il appartiendra & acte.

NOTA. Le nom du Sergent est en blanc.

APRES quoy ensuite de nostre presente Ordonnance portant nostre descente sur les lieux, à la requisition dudit Maistre Fragier, sommes departis dudit Carros, apres auoir fait faire criées & proclamations

proclamations par tous lesdits lieux, portant assignation *au lieu du Broc à deux heures apres midy*, pour voir proceder aux mesmes encheres sur ledit lieu, & fait sçauoir à toutes personnes que toutes offres seront receuës audit lieu pardeuant nous, *durant les deux iours de spectatiue*, portez par nostre susdite Ordonnance, & nous sommes acheminez audit lieu de Broc, où estant & arriuez à l'heure de deux apres midy, auons fait *mettre à l'enchere* les mesmes biens à la place publique du mesme lieu, au mesme prix de 14200. liures, & c'est par la voix & organe de Pierre Chabris Sergent ordinaire dudit Broc; & apres plusieurs criées & proclamations, trois chandelles esteintes, personne n'auroit sur enchery, en auons donné acte audit Maistre Fragier, & fait sçauoir à cry public, que durant les deux iours de spectatiue toutes offres seront receuës. *Signé*, Vitallis Lieutenant.

DV 4. dudit mois & an, Nousdits Lieutenant sommes, à la requisition dudit Fragier audit nom, départis dudit Broc, enuiron les sept heures du matin, *pour nous acheminer audit Carros*, où estant & enuiron les huit heures du matin & en la Place publique dudit lieu, auons d'abondant *fait mettre à l'enchere* ladite Terre & Seigneurie dudit Carros sur le pied de 14200. liures, *c'est pour la seconde enchere*, où apres plusieurs criées & proclamations, personne n'a sur enchery, & de là, sommes retournez *audit Broc*, & arriués à l'heure de deux apres midy, auōs aussi fait proceder *à la seconde enchere* desdits biens sur le mesme pied de 14200 liures, & en la place publique dudit lieu : où apres plusieurs criées & proclamations, trois chandelles esteintes, personne n'a sur enchery. *Signé* Vitallis Lieutenant.

4. Octobre 1658. seconde enchere.

DV 7. Octobre audit an, enuiron les sept heures du matin à la réquisition dudit Maistre Fragier audit nom, Nousdits Lieutenant sommes départis dudit Broc, & acheminez *audit Carros*, & arriués à l'heure de huit de matin, auons fait mettre à l'enchere lesdits biens sur le pied de 14200. liures portez par ledit rapport, & ce par la voix & organe dudit *& pour la troisieme enchere*, & apres plusieurs criées & proclamations, personne n'ayant sur enchery, trois chandelles esteintes, sommes retournez audit Broc, où estans à mesme requisition, arriuez à l'heure de deux apres midy à la place publique, auons fait mettre lesdits biens *pour la troisieme & derniere enchere* à 14200. liu. & apres plusieurs criées & proclamations par la voix dudit Pierre Chabris, trois chandelles esteintes, personne n'a sur enchery, desquelles trois diuerses encheres faites, tant audit lieu de Broc, que Carros, en auons donné acte audit Maistre Fragier audit nom pour s'en seruir & valoir

7. Octobre troisiesme enchere.

NOTA. le nom du Sergent est encores en blanc.

C

ainsi que de droict & de mesme suite : Auons ordonné qui sera procedé à l'execution de nostre Sentence, ainsi que s'apartient. *Signé* Vitalis Lieutenant.

DV LENDEMAIN lendemain huitiéme du mois d'Octobre sommes départis dudit lieu pour retourner en la Ville de Grasse, en compagnie dudit Maistre Fragier, & de Maistre Emerigon Greffier. *Signé*, Vitalis Lieutenant.

17. Octobre 1659. Requisition d'Alexandre de Villeneufue, afin de liquidation de son pretendu suppleement de legitime, bien qu'il ne luy en fust deub aucun suiuant le contract du 20 Ferrier 1640.

DV 17. iour du mois d'Octobre 1659. à Grasse, & pardeuant Nous Iacques Vitalis Lieutenant Particulier au Siege & ressort dudit Grasse, & dans nostre maison d'habitation, *est comparu* Alexandre de Villeneufue sieur de Carros & de Monts, *assisté* de maistre Fragier son Procureur, *lequel nous a dit & remonstré*, que par nostre Sentence d'ordre sur la Requeste des creanciers, ayant à prendre sur l'heritage de feu Cezar de Villeneufue, viuant sieur dudit Carros, ledit sieur Alexandre auroit esté rangé au second rang & degré *pour le suppleement du droit de legitime* à luy deub sur les biens & heritage de feu Iacques de Villeneufue, viuant Escuyer de la maison de Tourettes son pere, à raison d'vne quatorziéme partie, attendu le nombre de sept enfans, auec interest au denier vingt & dépens ; & ce suiuant le roolle desdits biens qui en seroit donné par led. sieur Alexandre, détractions & imputations faites telles que de droict, ensuite de laquelle Sentence, ledit sieur auroit donné roolle desdits biens *consistans* en pensions debtes & auerages, ce montant à la somme de 84918. liures 9. s. 6. den. & communiqué ledit roolle & pieces iustificatiues à maistre Lambert Procureur & & curateur pourueu pour contester aux demandes dudit sieur de Villeneufue, lequel auroit donné roolle des detractions & imputations, *ce montant* à ce qu'il presupose la somme de 9604. liur. *restant par ce moyen* ledit heritage compose toute detraction faite à la somme de 74429. liures 9. sols; le droict de legitime desdites sommes, à raison de ladite quatorziéme partie, ce montant la somme de 5374. liures, d'icelle déduit 3600. liures, que ledit sieur de Villeneufue a receu de feu Cezar de Villeneufue à compte de ladite legitime, *& pour le legat à luy fait* par ledit sieur Iacques de Villeneufue son pere, en son dernier & valable Testament, *reste par ce moyen* ledit suplément de legitime à la somme de 1774. l. laquelle somme requiert, qu'il nous plaise, luy adjuger, auec les interests *au denier vingt*, puis le *decez dudit feu Iacques de Villeneufue son per*, qui fut le second Iuillet 1629. auec dépens de cet incident, le tout suiuant la taxe & liquidation que par nous en sera faite & acte. *Signé*, Fragier.

Dire de Lambert.

AV contraire, Lambert Procureur & curateur pourueu pour

contester aux demandes du sieur Alexandre de Villeneufue, après auoir veu la transaction passée entre Damoiselle Suzanne de Villeneufue & Cezar de Villeneufue fils & heritier de Iacques de Villeneufue du 7. Iuillet 1636. par laquelle ladite Damoiselle remet l'heritage audit sieur Cezar de Villeneufue, & par icelle les legitimes des enfans sont liquidées sur le premier de l'heritage, detractions & imputations prealablement faites, & aussi veu la Sentence de rangement des creanciers, roolle des detractions & les pieces communiquées, n'empesche qu'il soit adjugé audit sieur Alexandre de Villeneufue, la somme de 1702. écus 20. sols pour son droit de legitime sur l'heritage dudit Iacques de Villeneufue, suiuant la liquidation qu'en a esté faite par ladite transaction du consentement dudit Cezar de Villeneufue heritier: Et quand au droict de legitime *du bestail* qui estoit en estat reserué par ladite transaction, *n'empesche* qu'il soit par nous liquidé, & sur la somme principale qui sera adjugée audit sieur de Villeneufue, sera déduit 3600. liures qu'il a receu dudit feu Cezar de Villeneufue son frere à compte de ladite legitime. *Signé*, Lambert Curateur.

NOVS Lieutenant particulier veu la transaction passée entre feu Cezar de Villeneufue, comme heritier de feu Iacques son pere, & feuë Damoiselle Suzanne de Villeneufue mere, laquelle remet audit Cezar son fils, comme heritier dudit feu Iacques son pere, l'hoire d'iceluy, Sentence d'ordre par nous faite entre Alexandre de Villeneufue sieur de Carros & Monts tuteur de Damoiselle Marie de Marguerite de Villeneufue, fille dud. feu Cezar & les creanciers de l'heritage d'iceluy, du 17. Mars 1651. roolle des biens delaissez par ledit feu Iacques de Villeneufue, tant en meubles, immeubles, pensions, debtes a iour, & bestiaux delaissez par iceluy lors de son decez, donné par ledit Alexandre, pour auoir l'adjudication du droit de legitime par luy demandé ensuite de nostredite Sentence d'ordre, auec le receu copie au bas du   Septembre 1659. Signé Lambert Curateur, communication desdites pieces faite par le Procureur dudit sieur Alexandre de Villeneufue audit Lambert Curateur du   ,   Septembre audit an, la demande dudit de Villeneufue, & contestation dudit Curateur cy-dessus.

NOVSDIT Lieutenant faisant droit au supplement de legitime demande, *auons declaré* l'heritage dudit feu Iacques de Villeneufue monter soit en pensions, debtes à iour, bestiaux, qu'autres fonds mentionnez en ladite transaction la somme de 8498. liures 9. sols 6. den. de laquelle somme, auons declaré en deuoir *estre distrait*, suiuant le roolle des detractions donné par Lambert

NOTA. *Les dattes sont en blanc.*

Ordonnance de liquidation du supplement de legitime d'Alexandre de Villeneufue.

Procureur en nostre Siege & Curateur pourueu pour contester les demandes dudit sieur de Villeneufue, la somme de 9604. liures, declarant par ce moyen ladite déduction faite, ledit heritage se monter à la somme de 74429. liures 9. s. & procedant sur ledit pied à la liquidation du droit de legitime demandé par ledit sieur de Villeneufue, declarons ce monter eu égard au nombre de sept enfans dela∫∫ez par ledit feu Iacques son pere, lors de son deceds, la somme de 5374. liures, desquelles déduit 3600. liures receuës par ledit de Villeneufue dudit feu Cezar son frere à compte de ladite legitime, & par ainsi luy estre deub pour ledit suppleement de legitime demande, la somme de 1774. liures, laquelle somme luy auons adjugée auec interest au denier vingt, *puis le decez dudit feu Iacques de Villeneufue son pere*, & dépens de cet incident, suiuant la liquidation & taxe que par Nous en sera faite, pour lesquelles sommes sera payé suiuant le rang & ordre par nous prescrit par nostre Sentence de l'execution de laquelle est question, *ensemble pour les frais, nous concernans* du present jugement qu'auons taxé à 40. liures. *Signé*, Vitalis Lieutenant.

NOTA. *Que l'interest ne pouuoit estre deub que depuis le 10. Auril 1640.*

Publié ledit Iugement à Maistre Fragier Procureur dudit sieur de Villeneufue, & à Maistre Lambert Procureur & Curateur pourueu pour contester aux demandes des creanciers, par moy Greffier soussigné, qui n'ont rien dit & acte. A Grasse ce 17. Octobre 1659. *Signé*, Cauallier Greffier.

20 Octobre 1659. *Requisition de Louis de Villeneufue, afin de liquidation de son pretendu supploment de legitime.*

DV 20. iour dudit mois d'Octobre 1659. à Grasse, & pardeuant nous Iacques Vitalis Conseiller du Roy, Lieutenant particulier au Siege & ressort de cette Ville de Grasse, & dans nostre maison de residence, *est comparu Maistre André Varages Procureur, & au nom de Louis de Villeneufue, Escuyer de la maison de Tourrettes*, lequel nous a dit, que par nostre Sentence d'ordre renduë sur le rangement des creanciers ayants à prendre sur l'heritage de feu Cezar de Villeneufue, viuant sieur de Carros, ledit sieur de Villeneufue auroit esté rangé *au second rarg & degré pour le suppleement du droit de legitime à luy deub sur les biens & heritage de feu Iacques de Villeneufue, viuant Escuyer de la maison de Tourrettes son frere*, à raison d'vne quatorziéme partie, attendu le nombre de sept enfans, auec interest au denier vingt & dépens, & ce suiuant le roolle desdits biens qui en seroit donné *par ledit sieur Louis de Villeneufue*, detractions & imputations faites telles que de droit, ensuite de laquelle Sentence, ledit de Villeneufue auroit donné roolle desdits biens, consistans en pensions, debtes & bestiaux ce montant la somme de 84918. liures 9. s. 6. den. *communiqué ledit roolle & pieces iustificatiues à Maistre Fragier Procureur dudit Alexandre de Villeneufue*

NOTA. *Que ledit*

comme

comme procedé, lequel auroit donné roollé des détractions & imputations, ce montant à ce qu'il presupose la somme de 9604. liures restant, par ce moyen ledit heritage compose toutes detractiōs faites à la somme de 74429. liur. neuf sols, le droict de legitime de ladite somme, à raison de ladite quatorziéme partie, ce monte la somme de 5374. liures, & d'icelle déduit 3600. liures que ledit sieur *Louis de Villeneufue* a receu de feu *Cezar de Villeneufue*, à compte de ladite legitime *& pour le legat* fait par ledit sieur Iacques de Villeneufue son pere en son dernier & valable testament, par ce moyen led. supplement de legitime demandé ce monte la somme de 1774. ljures, laquelle somme *requiert* qu'il nous plaise la luy adjuger, auec interest au denier vingt, puis le deceds dudit feu Iacques de Villeneufue son pere, qui fut le 2. Iuillet 1629. & aux despens de cette Instance, le tout suiuant la taxe & liquidation que par nous en sera faite, & acte, Signé V*arages*.

Alexandre de Villeneufue defendeur, estoit cessionnaire dudit Louis depuis le 2. Aoust 1655.

AV CONTRAIRE, Fragier *Procureur dudit sieur Alexandre de Villeneufue comme procede*, contestant à la demande cy-dessus donnée *par led. sieur Louis de Villeneufue* apres auoir veu la transaction passée entre Damoiselle Suzanne de Villeneufue mere dudit sieur de Villeneufue fils & heritier de Iacques de Villeneufue, du 7. Iuillet 1636 pour laquelle ladite Damoiselle remet l'heritage audit Cezar de Villeneufue, & par icelle les legitimes des enfans sont liquidées sur le pied dudit heritage, detraction & imputation prealablement faite; & aussi veu la Sentence de rangement des creanciers; Roolle des detractions & autres pieces communiquées *n'empesche* qu'il soit adjugé *audit Louis de Villeneufne* la somme de 5374. liures pour son droit de legitime sur l'heritage de Iacques de Villeneufue, suiuant la liquidation qui en a esté faite par ladite transaction du consentement dudit Cezar de Villeneufue heritier: Et quand au droit de legitime du bestail qui estoit en estat & reserue par ladite transaction, *n'empesche* qu'il soit par Nous liquidé : & sur la somme principale qui sera adjugée audit sieur de Villeneufue sera desduit 3600. liures qu'il a receu dudit feu Cezar de Villeneufue son frere, à compte de ladite legitime, & acte, Signé *Fragier*.

Consentement d'Alexandre de Villenfue à la demande de Louis, duquel il estoit cessionnaire

NOVS Lieutenant Particulier, apres auoir veu le testament de feu Iacques de l'hoirie duquel est à present question, du 8. Iuin 1629. ensemble la transaction passée entre feu Cezar de Villeueufue son fils aisné, auec Damoiselle Suzanne de Villeneufue, pour raison des biens dont s'agit, du 7. Iuillet 1636. Notaire Floris, auec le Roolle des detractions données par ledit sieur de Villeneufue, conformement à l'adjudication faite audit Alexandre de Villeneufue de semblable droit de supléement de legitime par luy demandé sur

Ordonnance portant la liquidation & adiudication de la legitime de Louis de Villeneufue & supplem.nt

D

d'itelle, auec interefts & dépens, conformement à celle d'Alexandre, bien que ledit fupplement ne fuit point deub à l'vn ny a l'autre fuiuant le contract du 20. Fevrier 1640.

le mefme heritage, *apres auoir declaré* auoir éualué en ladite adjudication, *le beftail*, gros & menu delaiffé par ledit feu Iacques de Villeneufue à 2514. liures *quoy que non exprimé en deftail;* Auons declaré l'heritage dudit feu Iacques de Villeneufue fe monter la fomme de 84918. liu. 9. fols 6. den. duquel déduit 9604. liu. pour les detractions à faire fur iceluy, *refte* par ce moyen ledit heritage compofé de 74429. liu. 9. f. & par ce moyen auons adjugé audit Louis de Villeneufue pour fon droit de legitime demandé, (à raifon d'vne quatorziéme, eû égard au nombre de fept enfans delaiffez par le lit feu Iacques pere commun defdites parties) la fomme de 5374. liures, defquelles deduit 3600. liures par iceluy receuës dudit feu fieur de Villeneufue à compte dudit droit de legitime, *ou pour le legat* à iceluy fait par feu fon pere, refte par ainfi ledit *Louis de Villeneufue* pour le fuplement de legitime par luy demandé creancier dudit heritage de la fomme de 1774. liures, laquelle fomme luy auons adjugé *auec intereft au denier vingt*, puis le deceds dudit feu Iacques fon pere, qui fut le 2. Iuillet 1629. & dépens de cet incident fuiuant la liquidatiō & taxe que par Nous en fera faite, pour laquelle fomme il fera payé fuiuant le rang & ordre de noftre Sentence, de l'execution de laquelle eft queftion, *enfemble* pour la defpens *du prefent iugement qu'auons tax.* à 35. liures *Signé*, Vitalis Lieutenant.

PVBLIE' ledit jugement à Maiftres Varages & Fragier Procureurs defdits fieurs Alexandre & Louis de Villeneufue, par moy Greffier fous figné, lefquels n'ont rien dit & acte. A Graffe le 20. Octobre 1659. Signé *Cauallier* Greffier.

25 Octobre 1659. demande d'Alaxandre de Villeneufue afin de liquidation de fon prete de fideicommis.

DV 25. iour dudit mois d'Octobre 1659. à Graffe, par deuant Nous dit Lieutenant Particulier, & dans noftre Maifon de refidance eft comparu Maiftre Louis Fragier Procureur au Siege, & d'Alexandre de Villeneufue fieur de Carros & de Monts, *lequel nous a dit* que par noftre Sentence d'ordre renduë fur les biens dudit Cezar de Villeneufue, viuant fieur de Carros du 17. Mars 1651. entre autres, aurions ouuert le fideicommis apofé au teftament dudit feu Iacques de Villeneufue viuant Efcuyer de la maifon de Tourettes fon pere en la perfonne dud. Alexandre, par le moyen du deceds dudit feu Cezar, & à ces fins condamné le curateur à luy vuider & defemparer *la moitié des biens* delaiffez par ledit feu Iacques, auec reftitution de fruits, puis le deceds dudit Cezar (Detractions & imputations prealablement faites) fuiuant le roolle, que par ledit fieur de Villeneufue en feroit donné, lequel feroit contredits par lefdits creanciers, enfuite de laquelle Sentence ledit Maiftre Fragier en qualité de Procureur dudit fieur de Villeneufue, a donné ledit roolle, & communiqué les pieces iustificatiues à Lambert Procureur & curateur *ad lites*, se montant à la somme de 84918. liu. 9. s. 6. den. lequel roolle ledit curateur auroit contesté & donné roolle des detractions & imputations ; *ce montant* (à ce qu'il presupose) la somme de 50350. liu. *restant par ce moyen* l'heritage dudit Iacques de Villeneufue composé de la somme de 34608. liu. 9. s. 6. den. *Requerant* qu'il nous plaise luy adiuger *la moitié de ladite somme* qu'est 17304. l. 4. s. & ce pour la moitié dudit heritage à luy deub, & adiugé par moyen de l'ouuerture dudit fideicommis à luy fait par nostre sentence, & ce auec interest ou fruits puis le deceds dud. Cezar que fut le   Iuillet 1646. & despens du present incident, suiuant la taxe que par Nous en sera faite, & acte, Signé. *Fragier*.

AV CONTRAIRE Lambert Procureur & curateur *ad lites* pour contester aux demandes dud. sieur Alexandre de Villeneufue, apres auoir veu ladite transation du 7. Iuillet 1636. passée entre Damoiselle Suzanne de Villeneufue & Cezar de Villeneufue fils & heritier de Iacques de Villeneufue, portant liquidation du total de l'heritage dudit Iacques, duquel ledit Cezar est heritier, & ledit Alexandre substitué, & nostre sentence d'ordre, & autres pieces à luy communiquées, *n'empesche* estre adiugé audit Alexandre Villeneufue la somme de 17304. liures 4. s. 8. den. en laquelle il est substitué par moyen du fideicommis apposé au testament dudit Iacques de Villeufue son pere, suiuant la liquidation qu'en a esté faite par ladite transaction ayant esté déduit les detractions & imputations par icelle & acte, Signé *Lambert* curateur.

Dire de Lambert.

NOVS Lieutenant Particulier, veu le testament de feu Iacques de Villeneufue, du 18. Iuin 1629. l'acte de transaction passée entre feu Cezar de Villeneufue fils & heritier dudit Iacques, & Damoiselle Suzanne de Villeneufue sa mere, portant liquidation du total de l'heritage dudit Iacques, duquel ledit Cezar estoit heritier, & ledit Alexandre son fils substitué, l'inuentaire des biens dudit Cezar & autres pieces communiquées à Lambert Procureur & curateur, pour contester aux demandes dudit Alexandre de Villeneufue, & celles dudit curateur communiqué à Fragier Procureur dudit sieur de Villeneufue : Tout consideré.

NOVS Lieutenant Particulier, toutes detractions & imputations telles que de droit prealablement faites, *auons declaré l'heritage* dudit feu Iacques estre composé de la somme de 34608. liur 9. sols 6. den. desquels *deduit la moitié* pour les deux quartes desquelles ledit feu Cezar a pu disposer. Auons *adiugé* audit Alexandre l'autre moitié qu'est 17304. liu. 4. s. 8 den. & declaré icelle estre fideicõmissaire, de laquelle luy auons adiugé les interests ou fruits sui-

Ordonnance qui liquide ledit fideicommis à 17304 l. 4. s. 8. d. faisant moitié de 34608 liu. 9. s. 6. den. dõt on compose l'heritage de Iacques. Detractions faites de 50350. l. sur le total de 84918. liu. 9. s. 6. s.

uant la liquidation & apreciation que par Nous, ou Experts en sera faite *depuis le deceds dudit Cezar, pour estre mort sans enfans masles, & auec despens du present incident, iuiuant la liquidation & taxe sommaire que par Nous en sera faite* conda mnantien outre ledit curateur aux despens *du present jugement* qu'auons taxé *pour nostre droit*, à 40. liures, Signé *Vitalis* Lieutenant.

PVBLIE' ledit jugement par moy Greffier sous signé à Maistre Fragier Procureur dudit sieur de villeneufue & à Maistre Lambert Procureur & curateur pour contester aux demandes d'iceluy, lesquels n'ont rien dit & acte. A Grasse ce 27. Octobre 1659. signé *Caualier* Greffier.

27. Octobre 1659. Demande d'Alexandre de Villeneufue comme cessionnaire de Marguerite de Villeneufue sa sœur.

DVDIT iour 27. Octobre 1659. à Grasse pardeuant Nous Iacques Vitalis Lieutenant Particulier au siege & ressort de cette ville de Grasse & dans nostre Maison de residence, *est comparu Maistre Louis Fragier Procureur au Siege, & de Alexandre de Villeneufue sieur de Monts & de Carros, cessionnaire & ayant droit & cause de Damoiselle Marguerite de villeneufue*, lequel nous a dit que par nostre Sentence renduë sur le rangement des creanciers de l'heritage de feu Cezar de villeneufue sieur de Carros du 17. Mars 1651. entre autre à ladite *Damoiselle de Villeneufue* auroit esté adjugé la somme de 448. l. 8. sols auec interests & despens, & pour icelle rangée au second rang, & degré; & d'autant que les creanciers antherieurs à icelle sont payez par le moyen des adiudications par Nous cy dessus faites, ledit Maistre Fragier Procureur dudit sieur de villeneufue en ladite qualité, requiert qu'il nous plaise luy adjuger ladite somme de 448. liu. 8. s. principal, *ensemble les interests de lad. somme, puis le deceds de feu Iacques de villeneufue son pere, qui fut le 2. Iuillet 1629. iusqu'à present à raison denier vingt (attendu la nature de la debte) que sont 30. ans & 4. mois, se montant auec la somme principale à* 1128. liur. 9. s. & que pour icelle, ensemble pour les frais du present incident, il sera colloqué *sur le restant de la Iurisdiction dudit Carros, sauf & sans prejudice audit sieur de villeneufue en ladite qualité, faire taxer les despens, à ladite Damoiselle de villeneufue, adiugez, par nostredite Sentence,* & acte, Signé, *Fragier*.

NOTA. Que les interests n'estoient deubs que depuis le 22. auril 1645. suiuant vne transaction du 3. Feurier 1646.

AV CONTRAIRE Lambert curateur pourueu pour contester aux demandes dudit sieur de villeneufue apres auoir veu ladite Sentence d'ordre, & autres pieces communiquées, *n'empesche* ladite adjudication, & acte, Signé *Lambert*.

Ordonnance portant adiudication d…

NOVS Lieutenant Particulier, veu l'extraict de nostre Sentence renduë sur l'Instance de benefice d'inuentaire dudit feu Cezar de villeneufue du 17. Mars 1651. de l'execution de laquelle est question, *la cession rapportee par ledit Alexandre de villeneufue de Damot-*

sel'e *Marguerite de Villeneufue sa sœur*, auons liquidé les interests de 448. liures 8. s. à elle adjugez par nostredite Sentence à raison du denier vingt *puis le 2. Iuillet 1629.* iour du deceds de feu *Iacques de Villeneuf e son pere*, que sont 30. ans 4. mois à 680. liu. 1. s. que joint auec le principal, montent à 1128. liures 9. sols, pour laquelle somme sera procedé à son adjudication, auec toutes les autres sommes cy dessus adjugées audit Alexandre de Villeneufue, & taxé mes droits de *la presente liquidation* à 15. *Signé*, Vitalis, Lieutenant.

Publié le susdit Iugement par moy Greffier sous-signé à Maistre Fragier & Lambert Procureur, lesquels n'ont rien dit, & acte. A Grasse le 27. Octobre 1659. *Signé* Caualier Greffier.

DV 7. Nouembre 1659. à Grasse & pardeuant Nous Iacques Vitalis Lieutenant Particulier au Siege & ressort de cette ville de Grasse, & dans nostre maison de residence, est *comparu* Maistre *Louis Fragier* Procureur au Siege, & de *Alexandre de Villeneufue sieur de Carros & de Monts*; lequel nous a dit qu'ensuite de nostre Sentence d'ordre du 17. Mars 1651. il auroit fait proceder à la taxe & liquidation *des frais & despens du benefice d'inuentaire* à luy adjugé au 1. rang & degré à la somme de 642. l. 18. s. QV ENCORES a fait proceder à la liquidation *du supplement de legitime* des biens delaissez par feu Iacques de Villeneufue son pere à la somme de 1774. liures & aux interests & despens dudit droit de legitime à la somme de 2944. liures, reuenans à 4718 l. COMME AVSSI Louis de Villeneufue son frere, auroit fait proceder à semblable adiudication *de supplement de legitime & liquidation des interests & despens d'icelle* à pareille somme de 4718. l. desquelles sommes il a rapporté cession de sondit frere, reuenans à la somme de 9436. ET PAR DESSVS CE il auroit fait proceder à la liquidatiõ *des biens de fideicommissaires* de feu Iacques de Villeneufue, audit demandeur obtenus par moyen du deceds de feu Cezar de Villeneufue son frere aisné, à la somme de 17339. liures 4. sols tournois; que sont auec les interests 27649. l. 11 sols 8. den. ET ENCORES led Alexandre de Villeneufue en *qualité de cessionnaire de Damoiselle Marguerite de Villeneufue sa sœur*, a fait proceder à la liquidation de la somme de 448. liures 8. sols adjugée à ladite Damoiselle de Villeneufue au second rang de ladite Sentence, & liquidé les interests à la somme de 680. liures, 1. sol, faisant 1128. liures 9. sols, que joint auec les 9436. liures, à quoy ce montent les frais du benefice d'inuentaire fait 10564. liures 9. sols. Requerant qu'il nous plaise luy vouloir adjuger ladite somme de 10564. liures 9. sols, à quoy se montent lesdits frais du benefice d'inuentaire legitimez, interests & despens

448. L. 8. s. de principal, & de 680. liu. 1. s. d'interest, depuis le 2. Iuillet 1629. bien qu'ils ne fussent deubs que depuis le 2. Auril 1645.

7. Nouembre 1659. Demande d'Alexandre de Villeneufue afin d'adjudication des sommes par luy precedus, tant en son nom, que comme cessionnaire de Louis & Marguerite de Villeneufue ses frere & sœur, sur la terre de Carros qu'il s'est fait adjuger pour le prix de 14100. L. bien qu'il l'est vendue luy mesme de son authorité prtuée à Claude de Blacas, depuis le 15. Mars 1617. pour 19000. liu.

E

d'iceluy, & cessions cy-dessus, sur une portion de la place, terre & Seigneurie dudit lieu de Carros estimée 14200. liures, & sur le pied de ladite estime, mise à l'enchere pardeuant Nous, ainsi qu'appert de ladite estime desd. biens & encheres par nous faites d'iceux sur le pied de ladite estime. ET le restant du prix de lad. place, terre & Seigneurie dudit Carros qu'est 3635. liures 11. sols les luy a juger à compte de la somme de 27649. liures 11. sols 8. den. à quoy ledit fideicommis, interests en despens d'iceluy à esté par Nous liquidé & taxé, sauf pour les sommes que ledit sieur de Villeneufue se trouuera en arriere, soit pour ledit fideicommis, interests & despens, que autres droits, en rapporter plus grandes adjudications sur les autres biens, ou agir par action hypotequaire ainsi qu'il verra bon estre & acte. Signé Fragier.

Dire de Lambert.

AV CONTRAIRE Lambert curateur *ad lites*, pour contester aux demandes dudit Alexandre de Villeneufue, veu la taxe des frais & despens du benefice d'inuentaire du 6. du courant, la liquidation cy-dessus du suplément de legitime dudit Alexandre de Villeneufue, du 17. Octobre dernier, la liquidation & taxe des interests & despens dudit iour 6. du courant, la liquidation du mesme supplément de legitime demandé par Louis de Villeneufue frere dudit Alexandre du 20. dudit mois d'Octobre; la liquidation & taxe des interests & despens du 4. du present mois. *Acte de cession faite par ledit Louis en faueur dudit Alexandre*, liquidation des biens fideicommissaires, du 27. dudit mois d'Octob la liquidation & taxe des interests & despens dudit fideicommis, dudit iour 4. du present mois, la liquidation faite en faueur dudit Alexandre de Villeneufue cessionnaire de Damoiselle Marguerite de Villeneufue, du 27. dudit mois d'Octobre dernier, n'empesche ladite adjudication & acte, Signé Lambert.

Ordonnance qui adjuge à Alexandre de Villeneufue, la terre de Carros pour 14200. liures en payement de 11262. li. 7. s. pour lesdits supplements de

NOVS Lieutenant particulier faisant droit à la requisition dudit Fragier Procureur dudit Alexandre de Villeneufue comme procede. LVY AVONS ADIVGE' toute la haute mere & impere Iurisdiction du lieu de Carros & partie de la moyenne & basses, qu'est deux huitiesmes du total de toute la Iurisdiction, cences, seruices & tasques, tant communs, auec les autres Seigneurs, que particuliers, ensemble en la portion du dribit de lots & en tous les autres biens mentionnez, tant en l'inuentaire desdits biens, que rapport fait par les Experts par Nous commis, du 26. Septembre 1658. que d'encheres faites pardeuant Nous sur les lieux, sur le pied de la mesme estime des biens pour la somme de 14200. liures, prix de ladite estime. ET ce en payement, en premiere lieu de la somme de 646. liures 18. sols, à quoy se sont montez les frais & despens dudit benefice d'inuentaire, à tant par Nous taxés ensuite de nostre

Sentence d'ordre du 17. Mars 1651. faits par ledit Alexandré, comme procede ET DE SVITTE pour la somme de 9436 l. pour les supplemens des droits de legitime adjugez, tant audit *Alexandre que à Louis de Villeneufue son frere, interests & despens* par Nous liquidez & taxez, *attendu qu'iceluy se trouue cessionnaire dudit Louis*, QV'EN-CORES pour la somme de 1128. liures 9. s. en principal ou interests par Nous à iceluy adiugez comme *cessionnaire de Damoiselle Marguerite de Villeneufue sa sœur*, ENSEMBLE pour la somme de 55. liures à quoy auons taxé *nostre droit de la presente adjudication*: REVENANT toutes lesdites sommes à 11262. liures 7. s. pour lesquelles sommes il se trouue rangé au premier & second rand de nostredite Sentence d'ordre. Et les 3317. liures 13. sols, restantes que font en tout ladite somme de 14200. liures, *prix de ladite terre & Iurisdiction de Carros, auons ordonné qu'elles seront compensées à compte des sommes adjugées aud. Alexandre, comme heritier fideicommissaire dudit feu Iacques son pere, tant à compte des interests, despens, que principal, laquelle terre & Iurisdiction de Carros*, Auons adjugé audit *Alexandre de Villeneufue par forme de collocation pour la susdite somme de 14200. liures, prix de ladite estime*. faisant defenses à toutes personnes de le troubler en icelle, à peine de 10000. liur. despens, dommages & interests: ORDONNANT neantmoins que nous serons payés par led. *Alexandre de Villeneufue, de la somme de 415. l. à quoy ce montent les droits à Nous competans, tant pour la separation des biens d'auec les fideicõmis iceluy taxé, & liquidatiõ des interests & despens par Nous liquidez & taxez*, cy-dessus énoncez, que pour les 55. l. que nous sommes cy-dessus taxez pour les droits de la presente adjudication: ORDONNONS aussi qu'il payera ce qui se trouue deub à nostre Greffier pour raison de ce, dans 3. iours & par tout delay, autrement & à faute de ce faire, Auons ordonné que ceux qui possedent lesdits biens dudit de Villeneufue seront contrains par vn seul exploit au payement desdites sommes, droits & vaccations, auec deffences d'en vuider les mains, à peine d'estre contraints comme depositaires de Iustice; & *en cas de reffus legitime que les fruits de la terre de Carros seront vendus pardeuant Nous, ou partie du fond*; & à faute d'encherisseurs les fruits serõt sequestrez sans autre interpelation. ORDONNANT EN OVTRE, qu'au mois pour tout delay ledit *de Villeneufue donnera compte des meubles, debtes & fruits de ladite hoirie mentionnée audit inuentairé*, pour ce fait & ledit calcul de compte veu, estre pourueu à son payement, pour ce qu'il se trouuera encore creancier des sommes à luy adjugées, comme heritier fideicommissaire dudit feu Iacques son pere, ainsi que sera à faire par raison, & sauf à icelui en

legitimes, cessions, interests & despens, & les 3317. liu. 13. sols restantes en deduction du fideicommis, & que ledit Villeneufue rendra compte dans vn mois de son administra-

vitalis sept taxe 415 H pour ses vaccations

en cas d'insuffisance desdits biens, se pourvoir contre les tiers possesseurs des biens & droits de l'hoirie dudit feu Iacques de Villeneufue son pere, ainsi qu'il aduisera, à qui de droit ses deffences au contraire, *Signé* Vilalis Lieutenant.

Publié la susdite Ordonnance à Maistre Fragier Procureur dudit sieur Alexandre de Villeneufue comme procede & a Maistre Lambert Procureur & curateur, pour contester aux demandes d'iceluy, par moy Greffier sous-signé, lesquels n'ont rien dit. A Grasse le septiéme Nouembre 1659. Signé CAVALIER, Greffier.

L'an 1666. & le 4. Mars, certifie le Huissier pour le Roy, sous-signé, auoir offert la copie du verbal de la discution de feu Cezar de Villeneufue *à la requeste de Claude de Blaccas sieur de Carros*, à Maistre Giraud Procureur d'*Alexandre de Villeneufue*, parlant à sa personne, lequel a dit que sa partie est à Aix, que c'est à luy qu'on se doit addresser, & requier copie pour faire apparoir de la réponce que luy ay expediée, present Antoine Raiband, *Signé*, GVERIN.

COMPTE tutelaire d'Alexandre de Nilleneufue, tuteur de Damoiselle Marie Marguerite de Villeneufne sa niepce, fille & heritiere de Cezar sieur de Carros. Produit sous cotte S. S. S. 6. Fevrier 1660.

C'Est le compte que met & baille pardeuant vous Monsieur le Lieutenant de Seneschal au Siege & ressort de cette ville de Grasse, le Procureur & au nom d'Alexandre de Villeneufue sieur de Monts & de Carros, tuteur testamentaire de Damoiselle Marie Marguerite de Villeneufue, fille & heritiere par inuentaire de feu Cezar de Villeneufue sieur de Carros, des fruits, debtes, meubles & rentes par luy receuës: depuis sa prouision de tuteur qui fut au mois d'Avril 1648. iusqu'à present, des biens & heritages de feu Cezar de Villeneufue, & ce en execution de vostre Sentence d'ordre d'vne part.

Contre Maistre Pierre Lambert Procureur au Siege de Grasse, curateur pourueu pour contester aux demandes du sieur demandeur, & deffendeur à l'execution de vostre Sentence d'ordre d'autre.

Pour sommaire recit du fait, & faire voir à vous, Monsieur, d'où procede le fait du present compte, & depuis lequel temps ledit sieur Alexandre de Villeneufue est obligé de rendre le present compte. Dit que par le dernier & valable testament de feu Iacques de Villeneufue pere dudit Alexandre, receu par Maistre de Guigues Notaire le 18. Iuin 1629. entr'autre auroit legué audit sieur Alexandre de Villeneufue & autres ses enfans la somme de 3600. liures pour ses droits de legitime, & institué son heritier feu Cezar de Villeneufue son fils aisné & substitué les autres enfans masles de degré en degré, en cas de deceds dudit Cezar sans enfans masles legitimez; & seroit que ledit Cezar estant decede sans enfans masles, & laissé seulement ladite Marie Marguerite sa fille, laquelle il auroit institué son heritiere par son dernier testament solemnel; Apres lequel deceds, Damoiselle Lucresse de Grasse Dame de la Malle sa femme se seroit emparée de tout les biens meubles & immeubles, & vous a donné Requeste pour prendre l'heritage dudit feu Cezar son mary, par benefice de la Loy & Inuentaire se qualifiant mere & administreresse de ladite Damoiselle Marie Marguerite de Villeneufue sa fille, & a emporté tous les meubles, deniers & bestiaux dudit heritage où bon luy a semblé, & à administré tous lesdits biens en ladite qualité, iusqu'au mois d'Avril 1648 que croyant estre tutrice & administreresse, estant saisie du testament solemnel, auroit donné Requeste à vous,

Monsieur, pour proceder à l'ouuerture d'iceluy, & fait assigner tous les proches parens, témoins & Notaire qu'auoient seruy audit testament, & l'ouuerture estant faite, se seroit trouué que par ledit testament ledit Cezar auroit nommé pour tuteur à ladite Marie Marguerite sa fille, ledit sieur Alexandre de Villeneufue son frere aisné apres luy, lequel à l'instant qu'il a eu cognoissance de ladite nomination de tuteur, pour le deub de sa charge, ensuite de la Sentence par vous Monsieur, renduë à la poursuite & au nom de ladite de Grasse, portant que ladite Marie Marguerite seroit receuë à prendre & accepter l'heritage dudit Cezar son frere, par benefice de la Loy & inuentaire, ledit sieur Alexandre nous auroit donné Requeste pour estre procedé à facture de l'inuentaire des biens meubles & immeubles delaissez par ledit sieur Cezar, suiuant l'ordre & stile; ce qu'ayant esté par vous, Monsieur, fait le 8. Avril 1647. fait donner copie aux Procureurs des creanciers; lequel Inuentaire ayant esté receu par vostre Ordonnance renduë en Iugement auroit esté ordonné que les creanciers ayans à prendre sur l'heritage donneroient leurs demandes des sommes par eux pretenduës; ensuite ledit Alexandre l'auroit baillée pour auoir ouuerture de fideicommis apposé au testament de feu Iacques de Villencufue son pere : que encore auoir le payement du suplement de legitime sur le total des biens delaissez par ledit feu Iacques de Villeneufue, auec interests; sçauoir ladite legitime au denier vingt puis le deceds dudit Iacques, & les fruits ou interests du fideicommis puis le deceds dudit Cezar.

 Tant procedé que par vostre Sentence d'ordre, ensuite renduë par vous, Monsieur, auriez ouuert ledit fideicommis en faueur dudit sieur de Villeneufue, & condamné ledit curateur à vuider la moitié des biens delaissez par ledit feu sieur Iacques de Villeneufue pere, les detractiōs & imputations prealablement faites auec fruits & interests puis le deceds dudit Cezar de Villeneufue, & au suplement de legitime auec interests au denier vingt puis le deceds dudit Iacques, & aux despens, à la charge que ledit sieur Alexandre de Villeneufue en ladite qualité de tuteur, rendra compte des fruits par luy perceus durant son administration, desquels & autres choses cy-dessus en ayant donné compte pardeuant vous, Monsieur, clos & affiné, se seroit égaré, & sur la requisition que nous en a esté faite par le sieur demandeur en Iugement le mois de Ianuier 1660. auriez ordonné que ledit compte seroit refait, que sont tels que ensuiuent.

Entrée du chargement dudit compte.

Premierement, dit que ayant ledit Cezar de Villeneufue esté assassiné dans sa maison, ladite Damoiselle de Grasse sa femme se seroit emparée de tout l'heritage, pris & emporté tous les meubles & deniers qu'estoient à la maison, où bon luy a semblé, à l'insceu & absence dudit sieur Alexandre, pour n'habiter luy audit Carros, & en cette qualité ladite de Grasse auroit joüy dudit heritage, pris les fruits pendans, & continué sa possession sur la croyance qu'elle auoit d'estre administreresse d'iceux biens & de sa fille, estant elle saisie du testament solemnel fait par ledit feu Cezar de Villeneufue son mary; elle auroit donné Requeste pour en faire l'ouuerture, suiuant les ordres; laquelle ayant esté faite de vostre authorité, se seroit trouué que ledit Cezar auroit nommé pour tuteur ledit sieur Alexandre de Villeneufue son frere, lequel pour le deub de sa charge auroit fait proceder à l'inuentaire des biens meubles & immeubles, bestail & autres choses delaissez par ledit feu Cezar a Carros, qui consistoient, sçauoir.

En la maison où ledit feu Cezar demeuroit audit Carros. En toute la haute, impete, & mere Iurisdiction, & partie de la moyenne & basse, sans l'exprimer en particulier; Et encores en quelques censes, seruices, tasques, tant communs, que particuliers.

Vne bastide, terre & grange au terroir dudit Carros au quartier de la Bastide, confrontāt le chemin Royal, piece de André Cepedre, Raphaël Vian du Broc, & terre appartenant à l'Eglise dudit Carros entourée de muraille, semée de 17. panaux de bled auoine, 5. panaux febyes, 2. panaux pois chiches, 2. panaux paumoulle, 2. panaux pois; ainsi qui nous a esté declaré par Honnoré Trastour Rentier partiere de ladite Bastide & piece.

Vne possession de terre appellée le clos, mesme terroir confronte le chemin voisinal, terre de Ieanon Briquet, & Damoiselle Valentine de Genas, semée de 21. panaux bled anone, & 3. panaux bled paumoulle; ainsi que nous a declaré ledit Trastour Rentier d'icelle.

Vne terre audit terroir proche l'Eglise, consistant en trois faisises, confrontant ladite Damoiselle de Genas, le chemin Royal, le jardin de Charles Laugier & autres, semez d'auoine.

Vn pré & terre audit terroir au cartier du Roure, confronte le chemin Royal, terre de Maistre Iacques Nicolas Notaire du Broc & audit Court, laquelle terre est semée d'auoine.

Et d'autant que ladite Damoiselle de Grasse en qualité de mere de ladite Marguerite de Villeneufue sa fille & heritiere de Cezar, a jouy de tous les susd. biens iusqu'au mois de Ianuier 1648. que ledit sieur Alexandre a fait proceder aux encheres & arrentemens desdits biens pardeuant Maistre Culty Lieutenant de Iuge dudit Carros par vous, Monsieur, commis, à faute d'encherisseurs le 8. Octobre audit an 1648. ledit Alexandre de Villeneufue en ladite qualité auroit renté à Antoine Foucques du lieu de Broc, tous & vns chacuns les biens, terres, prez, jardin, maison, bastides, scises audit enclos de Carros, & son terroir, de ses confrons effectuement confrontez, ensemble les droits de tasques, tant particuliers que communs, censez, seruices, droits de lots & autres droits Seigneuriaux, que ledit Cezar auoit audit Carros, sous la reserue de la nomination des Officiers, & ce pour le temps de quatre années & quatre saisons, à commencer le iour du contract & à mesme temps finissant, & ce moyennant le prix & rente de 450. liures, comme appert par l'acte receu par Maistre Lions Notaire, ledit iour 8. Octobre 1648. & par ainsi ledit sieur Alexandre de Villeneufue tuteur fera compte & se chargera de ladite rente à raison de 450. liures puis l'année 1648. iusqu'à present, que sont 12. années, se montant 5400. l. & sic   5400. l.

De plus ledit sieur de Villeneufue fait chargement & compte de la somme de 1000. liures que Barthelemy Mercier de la Colle doit audit heritage par acte receu par Maistre Guillaume Isnard Notaire lès an & iour y contenus, & sic   1000. liures.

Dauantage se charge ledit Alexandre de Villeneufue & fait compte des interests de ladite somme de 1000. liures, puis ladite année 1648. iusqu'à present, qui sont 12. années, se montant 744. liures, & sic   744. liures.

Dit que pour les meubles, deniers, bestail & autres choses delaissez par ledit Cezar lors de son deceds n'en fera aucun chargement, attendu que ladite Lucresse de Grasse mere de ladite Marguerite a geré & perceu lesdits fruits, ledit sieur Alexandre de Villeneufue tuteur n'en fera aucun compte ny chargement, moins encores desdites pretenduës terres énoncées dans l'Inuentaire scituées au terroir de S. Paul, S. Iannet & Vance, attendu que la nomination & declaration faite par Maistre Culti Lieutenant de Iuge dudit Carros, en la confection de l'Inuentaire n'exprime point la qualité, contenance, ny scituation du terroir, & n'estre icelles en estat, n'y au pouuoir dudit heritage.

Dauantage ledit sieur tuteur fait chargement de 1500. liures qu'il a receu des hoirs de feuë Damoiselle Valentine de Genas, & ce pour pareille somme qu'elle deuoit à l'heritage de feu Cezar de Villeneufue sieur de Carros, ainsi qu'appert par la quittance que ledit sieur en a concedé ausdits hoirs pardeuant Notaire le mois d'Auril 1652. auec interest de ladite somme puis ledit temps cy   1500. l.
Et lesdits interests 733.

Nous Lieutenant, veu nostre Ordonnance renduë en Iugement le 23. Ianuier dernier, portant qu'attendu l'égarement du precedent compte, qu'il seroit permis audit sieur de Villeneufue, de le donner d'abondant, & procedant au calcul de l'entree chargement du presēt compte est trouué se monter à la somme *de neuf mil trois cens soixante dix-sept liures.* Fait present Fragier Procureur dudit comptable, & Lambert, curateur *ad lites* pour contester aux demandes du sieur de Villeneufue & execution d'icelles. A Grasse, ce 6. Fevrier 1660. Signé Vitalis Lieutenant Particulier, Fragier, Lambert.

Issuë & déchargiment du susdit compte.

PRemierement des sommes que se monte la rente dudit heritage, & que ledit sieur Alexandre en a exigé, il en faut déduire par vn prealable la somme *de cent cinquante liu.* qu'il a payé annuellement depuis ladite année 1648. *pour les alimens & entretien de ladite Damoiselle Marie Marguerite de Villeneufue sa niepce, heritiere dudit Cezar,* & ce pour lesdites douze années, se montant 1800. liures.

Et au marge est écrit.

Pour le present article, ne doit point estre admis au comptable au present compte, sauf à luy de le metttre en décharge dans son compte tutelaire, ainsi qu'il aduisera, NEANT.

De plus doit estre admis en décharge & estre desduit desdites rentes audit sieur Alexandre tuteur, la somme de *cent liures* qu'il a payé à Maistre Annibal Culti Lieutenant de Iuge de Carros pour estre allé expressement en la ville de Grenoble, pour deffendre au procez & appellation releuée pardeuāt la Chambre de l'Edit par la Damoiselle Valentine de Genas, appellante de Sentence par nous renduë en l'an 1647. portant cassassion de la collocation que lad. de Genas auoit fait sur la Iurisdictiō & autres biens de l'heritage de feu Iacques de Giraud sieur dudit Carros son mary, ainsi qu'apert de l'attestation par ledit sieur Rapportée dudit Culti & sic.   100. liu.

Et au bas est écrit.

Vt Supra.

Se décharge aussi de la somme de *six liures* qu'il a payé pour l'Extraict de la Sentence par vous, Monsieur, rendre de l'execution de laquelle est question, & sera taxé six liures, cy   6. liures

Et par la copie de ladite Sentence expediée au curateur, sera payé à son Procureur, & sera taxé deux liures, cy   2. liures.

Pour la facture & adresse du present compte, faudra payer & la taxe à sondit Procureur douze liures, cy   12. liures.

Et au marge est escrit.

Reduit à six liures.

Pour la copie du present compte expediée audit curateur, sera payé & taxé à sondit Procureur six liures, cy   6. liures.

Et au marge est écrit,

Reduit à trois liures.

Audit sieur demandeur qui seroit venu de la ville de S. Paul où il fait sa demeure en cette ville de Grasse pour faire dresser le susdit compte & faire proceder à la closture d'iceluy & pour quatre iours à raison de sept liures par iour, luy sera admis & taxé vingt-huit liures, cy   28. liures.
  Reduit à quatorze liures.
  Au Sergent qui a donné l'assignation à Maistre Lambert curateur, pour proceder à la closture dudit compte, luy sera taxé cinq sols, cy   5. sols.
  Et au marge est écrit.   *neant.*
  Aux Procureur & Curateur qui ont assisté audit compte, leur faudra payer pour leur assistance, & sera taxé vingt liures, cy   20. l.
  Et finalement à vous, Monsieur, qui procedez à l'examen & closture dudit compte, ce qu'il vous plaira.
  Et au marge est écrit.
  Taxé vingt liures, y compris ce qui estoit taxé au precedent compte.
  NOVS Lieutenant suiuant nostredite Ordonnance du 23. Ianuier dernier, portant qu'attendu l'égarement du precedent compte est permis audit sieur de Villeneufue de donner d'abondant iceluy; Avons procedé à la taxe & liquidation des despens dudit chargement du present compte & trouué se monter *à la somme de septante liures dix sols*, que déduite de la somme *de neuf mil trois cens septante sept liures*, à quoy auons trouué se monter l'entrée & chargement du present compte, *reste que ledit comptable est debiteur à l'hoirie dudit feu Cezar de Villeneufue de la somme de neuf mil trois cens six liures dix sols*, laquelle somme il precomptera sur les sommes à luy adiugées, tant par nostre Sentence d'ordre, que verbal de l'execution d'icelle, tant pour raison du fideicommis, qu'autres droits & interests. Fait presens Fragier Procureur du comptable, & Lambert Curateur *ad lites*, pour contester les demandes dudit sieur de Villeneufue & execution d'icelles. A grasse le 6. Fevrier 1660. Signé Vitalis Lieutenant Particulier, Fragier & Lambert.
  Pour copie, Signé, RVETTE.
  A Degamaches, signifié le 30. Avril 1670. Signé, THIBON.

TRANSACTION paßée à Grenoble, entre Alexandre de Villeneufue, en qualité de tuteur de Damoiselle Marie Marguerite de Villeneufue sa niepce, d'vne part.

Et Honoré Dorcier, mary de Damoiselle Marguerite de Genas d'autre part Pour raison des droits de Cezar de Villeneufue, sur les biens de Iacques de Giraud, moyennant 4200. liures cedez par le sieur Claude de Blaccas.

11. Ianuier 1665.

COMME ainsi soit, que feu Noble Honoré de Giraud viuant Seigneur de Carros, eut contracté plusieurs debtes en faueur de Damoiselles Françoise de Giraud sa femme, & Anne de Giraud femme de Noble Alexandre Dambrun ; comme encor enuers Paulian Cayssot & Arasi Iuge Royal d'Antibe; apres le deceds duquel Honoré, Iacques de Giraud son fils & heritier, auroit aussi cōtracté plusieurs debtes à son particulier, tant pour les droits exigez de Damoiselle Valentine de Genas sa femme, resultante de son contract de mariage du 7. Mars 1610. que autres debtes, pour raison desquelles ladite Genas voyant la décheance des affaires dudit Iacques Giraud son mary en l'année 1611. & le 28 Octobre, elle auroit obtenu Sentence & repetition de ses droits dottaux, se seroit fait colloquer sur les biens dudit Iacques, tant pour iceux que pour ses auantages matrimoniaux, laquelle collocation ayant esté impugnée par aucuns des creanciers, il auroit esté ordonné par Sentence du 3. Decembre 1625. qu'elle seroit colloquée de nouueau sur les biens dudit Iacques de Giraud son mary, ce qu'elle auroit fait le 30. Ianuier 1626. par les Experts Iurez des lieux, nonobstant laquelle collocation la crainte & reuerance maritale l'auroit obligée d'abandonner partie des biens de sa collocation à Noble Marc-Antoine de Blacas, & Annibal de Villeneufue; ledit Iacques de Giraud seroit venu à deceder & *laißé à luy suruiuant Damoiselle Olimpe de Giraud, femme en premieres nopces de Noble Cezar de Villeneufue & son heritiere*, laquelle auroit accepté son heredité sous le benefice d'inuentaire, & fait poursuiure la discution par ledit de Villeneufue son mary; lequel en vertu des cessions qu'il auroit rapportées des hoirs de François d'Ambrun fils d'Alexandre, de François & Iean Baptiste Caissot & Sebastien Laugier, *il auroit fait rendre Sentence d'Ordre le 10. Nouembre 1643. au Lieutenant de Grasse*, pour lesquelles cessions il auroit esté alloüé aux 2. 4. & 5. degrez de lad. Sentence, en laquelle Noble Annibal de Glandeues sieur de Montblanc, auroit aussi esté alloüé au troisiéme degré pour la somme de 2943. liures ; & au regard de ladite debte d'Arasi, ceddée à Sebastien Laugier & par ledit Laugier audit Iacques, il auroit esté dit que sans s'arrester à l'insolutundation de la terre de la Ferrage, ledit de Villeneufue feroit proceder à la liquidation des sommes ceddées, tant pour 300. liures de principal, qu'interests ; & à la suite ledit sieur de Montblanc pour le payement desdites sommes adjugées, auroit conuenu ladite Damoiselle Valentine de Genas pardeuant le Seneschal de la Ville de Grasse, aux fins de faire remettre à icelle les biens de sa collocation dans la discution des biens de Iacques de Giraud son mary, *en laquelle Instance Alexandre de Villeneufue auroit esté mis en cause en qualité de tuteur de Marie Marguerite de Villeneufue fille & heritiere dudit Cezar*, sur lesquelles contestations ledit Seneschal auroit rendu Sentence le 8. Iuin 1647. *par laquelle ladite de Genas auroit esté deboutée des fins de non receuoir par elle advancées, & ordonné que les biens baillez en payement à ladite de Genas seroient mis dans l'hoirie des biens dudit Iacques de Giraud auec les fruits, pour estre les creanciers payez selon leur rang & hypotheque ; & au regard dudit sieur Alexandre de Villeneufue, la cession de François Dambrun, auroit esté reduite à la moitié, & ledit Annibal de Villeneufue condamné à souffrir regrez à deffaut d'indiquer des biens pour le payemēt de sommes adiugées audit Alexandre*, de laquelle Sentence lad. de Genas ayant releué & exploité son appel pardeuant la Cour & Chambre de l'Edict de cette Prouince, il y auroit eu Arrest le 29. Iuillet 1649. par lequel elle auroit esté maintenuë en la possession des fonds mentionnez en sa collocation du 30. Ianuier 1626. sauf audit de Montblanc de se pouruoir par action hypothequaire, ainsi & comme il verroit à faire ; *Comme aussi ledit Cezard de Villeneufue ensuite de ladite Sentence d'Ordre auroit fait liquider les sommes concernantes la cession de Laugier, & en apres fait appeller ladite de Genas, pour estre payé desdites sommes par preferance à elle sur ladite terre de la Ferrage ; Et apres le deceds de ladite Genas, ledit sieur Alexandre de Villeneufue auroit repris l'Instance*, CONTRE Noble Honoré Dorcier Seigneur de Carros, comme mary de Damoiselle Marguerite de Genas, heritiere de ladite Valentine sa tante, pardeuant ledit Seneschal de Grasse, laquelle Damoiselle de Genas & ledit sieur Dorcier son mary auroient opposé des fins de non receuoir contre la demande dudit sieur de Villeneufue fondée sur la collocation du 30. Ianuier 1626. & sur la possession des biens d'icelle, surquoy il seroit interuenu Sentence le 19. Aoust 1655. par laquelle auant faire droit diffinitiuement aux parties, il fut ordonné que ledit sieur Dorcier communiqueroit dans le mois la collocation du 30. Ianuier 1626.

en bonne forme, & en consequence qu'ils feroient apparoir d'auoir possedé les biens en vertu de ladite collocation, sauf audit de Villeneufue ses deffenses contraires, de laquelle Sentence ladite Damoiselle Genas & ledit sieur Dorcier son mary, auroient interjetté appel pardeuant la Cour & Chambre de l'Edict, cotté griefs contre icelle, pretendant d'estre hors de toute recherche par le moyen dudit Arrest de 1649. & fin de non receuoir, *& le procez estant sur le point de receuoir iugement, ledit sieur de Villeneufue en qualité de tuteur de ladite Damoiselle Marie Marguerite de Villeneufue sa niepce,* estoit dans le dessein d'augmenter ses droits, & de conuenir ledit sieur Dorcier comme possesseur des biens dudit Iacques de Giraud, sur lesquels ladite de Genas s'estoit colloquée, & ce pour les sommes adjugées audit Cezar par ladite Sentence d'ordre, tant pour la debte d'Ambrun, que de Cayssot, anterieure aux droits de ladite de Genas, tant en principal qu'interests; sur lesquelles contestations ledit sieur Dorcier en qualité de mary de ladite Damoiselle de Genas, luy auroit fait voir que ledit François d'Ambrun n'auoit aucun droit de legitime à prendre sur la cession d'Antoine de Giraud, attendu que Anne de Giraud femme dudit Alexandre d'Ambrun, auoit esté dottée par led. Antoine son pere, que la dot tenoit lieu & place de legitime qu'on deuoit rapporter icelle; que d'ailleurs, quand il auroit esté deub quelque chose à ladite Anne de Giraud de sa dot, qu'elle estoit prescrite par l'espace de plus de trente ans qu'il y auoit eu inuentaire des biens dudit Antoine, que Honoré & Louis de Giraud auoient esté coheritiers, qu'à tout éuenement quand il seroit veritable qu'il n'y auroit aucune prescription, que led. Ambrun & le sieur de Villeneufue son cessionnaire, ne l'auroit pû conuenir pour raison de ladite legitime, que pour la part dudit Honoré, comme coheritier dudit Anthoine, pour laquelle encor il ne pourroit estre conuenu que pour la moitié, attendu la cession par luy rapportée de René d'Ambrun autre fils dudit Alexandre, le 28. Mars 1646. Enfin ledit sieur Dorcier auroit fait voir qu'à son égard estant tiers possesseur, ladite legitime seroit prescrite par deffaut de poursuite & d'action intentée contre luy & ladite Damoiselle Valentine & Marguerite de Genas, ainsi qu'il ne pouroit estre inquieté pour ce sujet, tout de mesme que pour la debte & cession rapportée desdits Cayssots & Laugier, par vne prescription plus que trentenaire depuis l'année 1626. temps de la collocation de ladite de Genas, de laquelle il faisoit apparoir en bonne & probante forme, & d'auoir possedé les biens en vertu d'icelle par les arrentemens produits depuis 1626. jusqu'à present, qu'il est à couuert par ce moyen de toute recherche, ainsi que la Cour la jugé par l'Arrest du 20. Iuillet 1649. que bien loing qu'il puisse estre inquieté par ledit sieur de Villeneufue, *& Damoiselle Marguerite sa niepce*, qu'il a des sommes tres considerables à prendre sur l'heredité de Iacques Giraud, par le deffaut d'auoir joüy des effets de sa collocation par les saisies & bail en payement, faits par ledit Iacques ausdits Annibal de Villeneufue & Marc Antoine de Blacas ; que d'ailleurs ladite Valentine & ledit sieur Dorcier son mary, ont payé plusieurs debtes, soit au sieur de Montblanc, & successeurs d'Annibal de Villeneufue, & encor soustenu plusieurs procez qui luy asseurent d'autant mieux son droit, que sa collocation ne peut estre valablement contestée, estant affermie par le temps & par la possession depuis 1626. sans qu'elle ayt iamais esté contestée, & de plus que des sommes adjugées par ladite Sentence audit Cesar, il n'en auoit déliuré que fort peu suiuant la declaration desdits Dambrun, Laugier & Cezar de Villeneufue ; ce qu'ayant veu ledit sieur de Villeneufue & exactement fait examiner à son Conseil, & preueu qu'il se jettoit dans vne inuolution de procez, desquels il n'en verroit iamais la fin, *ny la Damoiselle de Villeneufue sa niepce*, pour ausquels obuier, il a mieux aimé sortir desdits differends à l'amiable, que d'azarder le tout à l'evenement du jugement du procez. A CET EFFET, IL EST AINSI, QVE CE IOVRD'HVY vnziéme du mois de Ianuier 1665. auant midy pardeuant moy Floris Bouier Notaire Royal Dalphinal hereditaire de Grenoble, sous-signé, & presens les témoins sous nommez, se sont personnellement establis *lesdits Noble Alexandre de Villeneufue en lad. qualité de tuteur de Damoiselle Marguerite de Villeneufue sa niepce d'vne part*, ET ledit Noble Honoré Dorcier sieur de Carros, en qualité de mary & maistre des droits dotau~ de Damoiselle Marguerite de Genas sa femme d'autre part, lesqu... de leur pure & franche volonté, mutuelles & reciproques stipulations & acceptations en tout interuenans par l'entremise & aduis de Messieurs Maistres Hugues Besançon & François Ricord Aduocads en la Cour, ont des susdits differens, circonstances & dépendances, *traité, transigé & conuenu, comme s'ensuit*, (icelles parties deuëment averties par moy Notaire de l'Edict, & force des transactions faites entre majeurs, contre lesquelles il n'est recours, sous pretexte d'aucune lezion.) SCAVOIR EST, que pour tout les droits *que ladite Damoiselle Marguerite de Villeneufue* peut pretendre sur les biens & heredité de Noble Iacques de Grand en consequence des cessions rapportées *par Noble Cezar de Villeneufue* de François Dambrun, Cayssot & de Sebastien Laugier, desquelles il a obtenu adjudication en la Sentence d'ordre du 10. Nouembre 1643. en second, quatriéme, & cinquiéme degré d'icelle, que ledit sieur Dorcier & ladite Damoiselle Marguerite de Genas sa femme *payeront* audit sieur de Villeneufue son tuteur, la somme de quatre mil deux cens liures, à prendre & exiger de Messire Claude de Blacas Seigneur de Carros, acquereur des fonds dépendans de la collocation de ladite Damoiselle Valentine de Genas, par contract du 24. Fevrier 1660. par Maistre Lions Notaire, leur faisant pour ce sujet ledit sieur de Carros, tant à son nom, que de ladite Damoiselle de Genas sa femme (à laquelle il promet faire ratifier, à peine de tous despens, dommages & interests) toutes cessions & remissions à ce necessaires, pour la sudite somme de quatre mil deux cens liures, *à condition que ledit sieur de Villeneufue ne poura exiger le capital de lad. somme, que lors qu'il aura rendu compte, en cas qu'il soit creancier de la mesme somme, ou par le debet son compte, ou pour autres causes à luy adiugées sur l'heredité de feu Cezar de Villeneufue son frere*, moyennant laquelle somme ledit sieur de Villeneufue, tant à son propre & priué nom, *que de lad. Damoiselle Marguerite de Villeneufue sa niepce, pour laquelle il se rend caution, pour la maintenuë du contract lequel il promet faire valoir, à peine de tous dépens dommages & interests*, se departant ledit sieur de Villeneufue *en ladite qualité* desdits droits en faueur desdits sieurs de Carros & de ladite Damoiselle de Genas, sans pouuoir estre inquietez ny recherchez pour iceux soit pour raison des droits de legitime pretendus par ladite Damoiselle de Villeneufue, comme heritiere de Noble Cezar de Villeneufue son pere, iceluy cessionnaire dudit François Dambrun ; & encore pour les cessions raportées desdits Cayssots & Sebastien Laugier, alloüez en la Sentence d'ordre de Iacques de Giraud, promettant n'en faire iamais recherche, ny demande, enuers ledit sieur Dorcier & ladite Damoiselle de Genas sa femme, soit en principal ou interests, *ayant expressement esté conuenu par les parties, qu'en cas de recours de la part de ladite Damoiselle de Villeneufue, ou Damoiselle de Genas, que lesdits sieurs de Villeneufue & Dorcier seront obligez comme cautions de faire valoir la presente transaction en leurs propres & priuez noms, à peine de tous despens, dommages & interests, sans pouuoir en aucune façon s'en exempter sous quel pretexte que ce soit, en faisant tous deux leur cause propre & particuliere :* promettant ledit sieur Dorcier de donner audit sieur de Villeneufue des extraits desdites declarations, & de luy exiber les procez & Sentences, tant contre ledit sieur de Montblanc, Annibal & Claude de Villeneufue, qu'autres, *& ledit sieur de Villeneufue sera tenu de luy rendre lesdites cessions, pieces iustificatiues & procez desquels il se trouuera saisi, APRES LA REDITION DE SON COMPTE*, où luy sera *fourny des extraits* moyennant ce que dessus, tous procez entre lesd.

B

parties demeureront estains & assouppis, & tous despens entr'elles compensez. LE TOVT ainsi passé & conuenu, auec promesse de ne venir iamais au contraire directement ny indirectement en iugement ny dehors, ains de l'obseruer & executer de point en point, chacun en ce que le concernera, sous les peines que dessus; à l'effet dequoy icelles parties ont sousmis & obligé tous leurs biens presens & aduenir à toutes Cours en forme, renonçant à tous droits & Loix au contraire firmez par leur serment. FAIT ET STIPVLF' A GRENOBLE dans le Cabinet dudit sieur Bezançon, en presence des sieurs Estienne Barbe l'hoste du logis de la Croix blanche de cette ville, & Gaspard Regis de Chastonnay praticien de ladite ville témoins, & signez auec les parties, & lesdits Bezançon, & Ricord, ainsi signé à l'Original, *Dorcier*, *Villeneufue*, *Bezançon*, *Ricord*, *E. Barbe*, *Regis*, & de moy Notaire sous signé Receuant expedié pour le sieur Gasquet de ce requis, signé BOVIER, Notaire *attestée & seellée*.

DEVX SENTENCES qui iustifient qu'Alexandre de Villeneufue a continué de faire les fonctions de tuteur de Damoiselle Marie Marguerite de Villeneufue sa niepce, fille & heritiere de Cezar Sieur de Carros, son pere, neuf années apres sa tutelle finie, & 14. mois apres l'enregistrement de la Bulle de dispence, & de la Sentence de fulmination d'icelle. Fait à l'Euesché de Vance, le 14. Septembre 1665.

Extrait des Registres du Seneschal de Grasse.

DEFFAVT à Messire Honoré de Grasse Dallagonia sieur de Canaux & Valettes, demandeur en Requeste & aueration de promesse par Bertrand son Procureur qui requiert deffaut & readjournement, CONTRE les heritiers de Messire Cezar de Villeneufue, ou soit Messire Alexandre de Villeneufue sieur de Carros & de Monts, tuteur desdits heritiers, & adjourné pardeuant Maistre Vitalis. NOVS LIEVTENANT l'articulier, auons donné deffaut & readjournement audit demandeur, sauf si le deffendeur se presente partout le iour, & ordonné que la promesse sera remise au greffe & signifié audit deffendeur de la venir auerer & reconnoistre dans trois iours, autrement tenuë pour auerée & reconnuë. Fait en Iugement le 12. Nouembre 1666. Collationné & signé CHERY greffier.

Extraict des Registres du Seneschal de Grasse.

CONGE' à Messire Alexandre de Villeneufue sieur de Carros & de Monts, *tuteur de Damoiselle Marie Marguerite de Villeneufue, fille & heritiere de Messire Cezar de Villeneufue sieur dudit Carros,* deffendeur en Requeste & payemét de la somme de 120. l. contenuës en promesse par Isnard son Procureur. CONTRE Messire Honoré de Grasse Dallagonia sieur de Canaux & Valettes, demãdeur d'autre; Isnard par ledit sieur de Villeneufue present iceluy, & sur l'exibition qui a esté faite audit sieur de Villeneufue, tout presentement de la promesse dont est question, declare qu'il avere icelle, pour estre de la propre lettre & seing dudit sieur Cezar de Villeneufue son frere, & de suite confesse la somme de 120. liures contenuë en ladite promesse, & requiert estre relaxé de l'Instance sans despens, attendu qu'il a fait ladite offre sur le congé & à la premiere assistance & acte signé, VILLENEVFVE, pardeuant Monsieur le Lieutenant Vtalis.

NOVS Lieutenant Particulier, attendu l'aueration & confession faite par le Procureur dudit sieur de Villeneufue *present iceluy*, l'auons condamné *en qualité de tuteur de ladite Damoiselle Marie Marguerite de Villeneufue sa niepce*, au payement la somme de cent vingt liures demadées par ledit sieur ce Canaux, auec interests & despens moderez à 50. sols, pour lesquelles sommes executera sur les biens libres de ladite hoirie, ainsi que de droit. Fait en jugement le 12. Nouembre 1666. Collationné, & signé CHERY, Greffier.

LETTRE écrite par Alexandre de Villeneufue, à Maistre Gasquet, sur son Mariage, auec la Damoiselle de Villeneufue, sa niepce. Produit sous cotte N. N.

2. Iuin 1668.

MONSIEVR,

I'ay apris auec bien de la joye la nouuelle de l'alliance qu'auez fait de *Mademoiselle de Villeneufue*, je vous en souhaite de tout mon cœur toutes les satisfactions possibles, dans lesquelles ie prendray tousiours part; & pour responce de ce que marquez de ses pretentiõs. *Ie vous dis, que ie suis rauy d'aise, que vous en preniez connoissance,* & pour moy ie feray la moitié de chemin pour ce sujet ; si bien que si vous me faites sçauoir vos intentions j'y répondray, *afin que nous puissions sortir d'embarras sans plaider*, Ie vous souhaite toutes sortes de benedictions, & suis,

MONSIEVR,

Vostre tres-humble & affectionné seruiteur
Signé, VILLENEVFVE.

Et au dos.

A Monsieur Monsieur Gasquet,
A S. Maximin.
Paraphé *ne varietur,* Signé, NAV.

Maistre Gasquet a produit sous la mesme cotte N. N. quatre autr. Lettres Missiues dudit Alexandre de Villeneufue, sur le mesme sujet.

COMPROMIS passé entre Alexandre de Villeneufue d'vne part, & Maistre Gasquet mary de Damoiselle Marie Margueritte de Villeneufue, comme fille & heritiere de Cesar sieur de Carros d'autre part, sur tous leurs procez meus & à mouuoir, Produit sous cotte O. O.

15. Decembre 1668.

L'AN mil six cens soixante huit, & le quinziéme du mois de Decembre apres midy, pardeuant moy Notaire & témoins, sont esté presens en leurs personnes Messire *Alexandre de Vil-*

A

ledit sieur, Escuyer de la Maison de Tourrettes d'une part; & Maistre Anthoine Gasquet Conseiller du Roy, Commissaire Enquesteur general pour le fait des évocations des Cours Souveraines dans le ressort du Parlement de Provence, & Lieutenant au Siege Royal de la Ville de S. Maximin, mary & maistre des biens & droits de Damoiselle Marie Marguerite de Villeneufve, fille unique de feu Noble Cezar de Villeneufve, vivant Seigneur de Carros, & donnataire de Damoiselle Lucresse de Grasse de la Maison de Bar vesue dudit feu sieur de Carros, ses pere & mere, pour laquelle Dame de Grasse, ledit sieur Gasquet se fait fort, & en respond en son propre & privé nom d'autre; lesquels de leur gré mutuelle stipulatiō intervenāt, ont par ce present acte compromis, & compromettent à M. Paul Theas & Pierre Pagan Advocats en la Cour, residans en cette ville de Grasse, le jugement de tous leurs procez qu'ils ont meus & à mouvoir, tant en demandant que deffendant, soit en premiere Instance, ou par appel, leurs circonstances & dépendances, & particulierement pour raison des droits respectivement pretendus par lesdites parties sur les successions de feu Messire Iacques de Villeneufve, & Dame Suzanne de Villeneufve; Et encore pour raison de la succession dudit feu sieur Cezar de Villeneufve, & du compte tutelaire que ledit sieur Alexandre de Villeneufve a fait & gerer comme tuteur ladite Damoiselle Marie Marguerite de Villeneufve sa niepce, & encore pour raison des droits & advantages nuptiaux de ladite Damoiselle de Grasse, dont y a Instance pendante au Parlement de Dijon en cause d'appel, à condition & pache exprés qu'aucune des qualitez & énonciations cy-dessus exprimées ne pourront nuire ny prejudicier aux parties, & pourront lesdits sieurs Arbitres juger sur tous les procez meus & à mouvoir, soit en demandant ou deffendant, dont lesdites parties donneront demandes par devant lesdits sieurs Arbitres, lesquels auront procedé au jugement par tout le mois de Ianvier prochain, avec pouvoir ausdits sieurs Arbitres en cas qu'ils ne soient d'accord, de prendre vn tiers tels qu'ils adviseront, & de proroger le present compromis jusqu'au premier Mars prochain; Promettant lesdites parties acquiescer à leur jugement sans en reclamer, à peine de tous despens, dommages & interests; & sera leur Sentence executée, nonobstant appel; & pour l'observation de ce que dessus, lesdites parties obligent leurs biens presens & advenir à toutes Cours, avec deuë renonciation & serment. Fait & publié audit Grasse chez moy Notaire, en presence de Maistre Iean Albanelly Procureur au Siege, & Baltazard Luce dudit Grasse témoins sous-signez, Villeneufve, Gasquet, Albanelly, Luce & moy Guillaume Floris Notaire Royal audit Grasse sous signé, Floris Notaire, ainsi signé à l'original. Collationné & signé FLORIS Notaire.

QVITTANCE concedée par Maistre Gasquet à Alexandre de Villeneufue, du Liure de raison de feu Cezar de Villeneufue, & des autres pieces y énoncées.

15. Decembre 1668.

EN presence de Nous sous-signez, Monsieur Gasquet en qualité de mary de Damoiselle Marie Marguerite de Villeneufue, a receu de Mr. Alexandre de Villeneufue, le *Livre de raison de feu Cezar de Villeneufue sieur de Carros*, dont il estoit chargé par l'Inuentaire des biens d'iceluy, contenant cent nonante vn feüillet, & vn feüillet separé qui est le centiéme dudit liure ; Ensemble vn Extraict du contract de mariage de feu Iacques de Villeneufue & Damoiselle Suzanne de Villeneufue, Signé par Extraict sur autre Extraict, Nicolas Notaire du Broc, du 6. Decembre 1605. L'Extraict du testament de Federic de Villeneufue, du 9 Septembre 1632. signé Isnard Notaire de S. Paul; Et vne copie du mariage dudit Cezar de Villeneufue, & Damoiselle Lucresse de Grasse du 15. Mars 1644. auec l'insinuation faite au Greffe du Seneschal de Grasse au bas, du premier Iuillet audit an, non signée, dont le quitte, & promet de les representer toutesfois & quantes qu'il sera dit & ordonné, sans prejudice audit sieur Gasquet des autres papiers, titres & documens, qu'il pretend ledit sieur de Villeneufue estre chargé, & sans que les qualités & protestations puissent nuire aux parties. A Grasse le quinze Decembre mil six cens soixante-huit, la presente double, Signé, *Villeneufue, Gasquet, Floris, & Albanelli*. Et plus bas paraphé, *ne varietur.* Signé, NAV.

LETTRE écrite par Louis de Villeneufue Major d'Antibe, à Maistre Gasquet, sur la rupture de son compromis, auec Alexandre de Villeneufue son frere, Produit sous cotte A. A. A.

19. Ianuier 1669.

MONSIEVR mon neveu.

Ie ne suis pas esté surpris de celle qui vous a plû m'écrire, voyant que Monsieur de Villeneufue n'a pas voulu sortir d'affaires, Ie vous diray pourtant que ie serois esté bien aise de vous pouuoir auoir témoigné de vous seruir dans cette rencontre, *mais i'en suis esté priué par la mauuaise humeur de Monsieur de Villeneufue, que lors que l'on* luy demande son bien, on est son ennemy: Ie vous diray pourtant que si vous me jugez capable de vous rendre quelque seruice, vous n'auez qu'à me le faire cognoistre, & vous verrez que ie n'ay point d'autre passion plus forte que d'estre toute ma vie,

MONSIEVR mon neveu.

      Vostre tres-humble & tres-obeïssant
      seruiteur & oncle,
       Signé, VILLENEVFVE.

Et par une apostille est écrit.

Si vous partez pour Paris, faites-le moy sçauoir par homme exprés, pour cause.   *Et au dos*

A Monsieur Monsieur Gasquet.

  A Grasse.

Paraphé *ne varietur*, Signé MEILHAN.

Maistre Gasquet a produit sous la mesme cotte A, A, A, quatre autres Lettres Missiues à luy écrites, sur le mesme sujet par ledit Louis de Villeneufue, tant en Prouence, qu'à Paris.

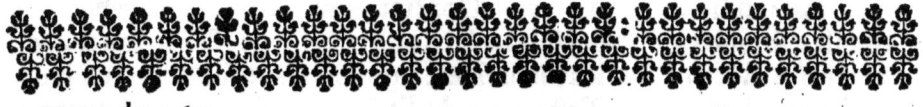

3. Septembre 1670.

ARREST DV GRAND CONSEIL du Roy.

Pour Maistre Antoine Gasquet, Lieutenant au Siege Royal de la Ville de Saint Maximin, mary & maistre des biens & droicts de Damoiselle Marie Marguerite de Villeneufve.

Contre Alexandre de Villeneufve, Escuyer de Tourrettes Lez Vance & autres.

LOVIS PAR LA GRACE DE DIEV, ROY DE France & de Nauarre, Dauphin de Viennois & Dyois, Prouence, Forcalquier & Terres adjacentes; A tous ceux qui ces presentes Lettres verront, Salut. Sçavoir faisons; Comme par Arrest ce jourd'huy donné en nostre grand Conseil, Entre nostre cher & bien aimé Alexandre de Villeneufve, Escuyer, fils & heritier substitué de defunt Iacques de Villeneufve de la Maison de Tourettes, son pere, suiuant son Testament du 18. Iuin 1629 & cy-deuant tuteur Testamentaire de Damoiselle Marie Marguerite de Villeneufve, fille vnique & heritiere par benefice d'inuentaire de feu Cezar de Villeneufve, viuant Seigneur de Carros son pere, demandeur en Requeste par luy presentée au Siege du Seneschal de la Ville de Grasse, le 9. Fevr. 1665. tendante à ce que Damoiselle Lucrece de Grasse Dame de la Malle du Bar, veufve dudit feu Cezar de Villeneufve, frere du demandeur, soit condamné à rendre & restituer tous les meubles & bestiaux dudit Cezar son mary, auec fruits depuis son deceds, ou le prix d'iceux, suiuant l'estimation qui en sera faite par Experts, auec despens, comme lesdits bestiaux, meubles & fruits appartenans audit demandeur, en consequence de ladite substitution; Et appellant incidemment de la Sentence Arbitralle rendüe le 22 Iuin 1648. entre ledit Alexandre de Villeneufve audit nom, d'vne part: Et ladite Damoiselle Lucrece de Grasse, veufve dudit Cezar de Villeneufve sieur de Carros, son mary, d'autre, qui adjuge à ladite Damoiselle la restitution de 1348 livres de partie de sa dot; 3000. livres pour la donation en cas de survie à elle faite par sondit mary en leur Contract de mariage du 15. Mars 1644. & reduit à 100. livres la pension de 600. livres annuellement à elle promise par sondit mary en leurdit Contrat de mariage, le payement desquelles sommes elle poursuivra sur les biens dudit Cezar son mary, & au defaut d'iceux sur les biens fideicommissaires & substituez en faueur dudit appellant par le Testament dudit Iacques son pere, suiuant les Lettres de relief d'appel par luy obtenuës en la Chancellerie de nostre Parlement de Prouence, le 27. Iuin 1665. & exploit du 14. Iuillet audit an, & evoquant en nostre Parlement de Dijon, & depuis évoqué & renuoyé en nostre Conseil ; d'vne part.

Et Maistre Antoine Gasquet nostre Conseiller Commissaire Enquesteur general dans le ressort de nostre Parlement de Prouence, & Lieutenant au Siege Royal de la ville de Saint Maximin, mary & maistre des biens & droicts de Damoiselle Marie Marguerite de Villeneufve, fille vnique & heritiere testamentaire & par benefice d'inuentaire dudit feu Cezar de Villeneufve Seigneur de Carros ; & donataire vniuerselle de ladite Damoiselle Lucrece de Grasse, veufve dudit feu sieur de Carros ses pere & mere, suiuant leur Contract de mariage du 26. May 1668. ayant repris l'instance au lieu & place de ladite Damoiselle de Grasse, suiuant l'Arrest de nostre Conseil du 23. May 1669. deffendeur, intimé, & evoquant en nostre Conseil, en vertu d'Arrests de nostre Conseil Priué des 16. Mars 1655. & 14. Feurier 1662. & autres donnés en consequence, suiuant son Exploit libellé du 19. Ianuier 1669. d'autre.

Et entre ledit Alexandre de Villeneufve, audit nom, demandeur en Requeste par luy presentée en nostre Conseil le 28. May 1669. à ce qu'à faute par ledit Gasquet évoquant d'auoir fait apporter & mettre au Greffe du Conseil toutes les pieces, procedures & productions des Instances d'entre les parties, lesquelles il a evoqué en nostre Conseil, ou autrement, il soit debouté de ses demandes & evocation ; ce faisant ledit de Villeneufve deschargé de l'assignation à luy donnee en nostre Conseil, auec despens, dommages & interests ; ou en tout cas, s'il plaisoit à nostre Conseil d'accorder quelque delay audit Gasquet pour ce faire, il soit cependant surcis à toutes poursuites, & qu'acte luy soit donné de ce qu'il proteste de nullité de toutes les poursuites qui ont esté iusques icy faites, ou que ledit Gasquet voudroit encore faire ; d'vne part.

Et ledit Gasquet audit nom, defendeur, d'autre.

Et entre ledit Gasquet, mary & maistre des biens & droits de ladite Damoiselle Marie Marguerite de Villeneufve, esdits noms, ayant repris l'Instance au lieu de ladite de Villeneufve sa femme, appellant d'vne Sentence renduë au Siege du Seneschal de la ville de Grasse, du 17 Mars 1651. & de tout ce qui s'en est ensuiuy ; & particulierement du Procez verbal fait en consequence par Maistre Iacques Vitalis, Lieutenant Particulier audit Siege, commencé le 16. Nouembre 1655. & continué iusques au 7. Nouembre 1659. à la pourſuite & requeſte dudit Alexandre de Villeneufve, pour raiſon d'vn pretendu fideicommis, liquidation d'iceluy, ſuppléemens de legitimes & intereſts & dépens : & de l'eſtime, encheres & adjudication de la Terre & Seigneurie de Carros : & de la cloſture de ſon compte tutelaire du 6. Fevrier 1660. ſuiuant les Lettres d'appel releué en noſtre Parlement d'Aix, le 12. Decembre 1665, & Exploit fait en conſequence le 22. deſdits mois & an : & évoquant en noſtre Conſeil en vertu deſdits Arreſts de noſtre Conſeil Priué des 16. Mars 1655 14. Fevrier 1662. & autres rendus en conſequence, ſuiuant ſon Exploit, libellé du 19 Ianuier 1669. d'vne part.

Et ledit Alexandre de Villeneufve, Eſcuyer de Tourrettes, cy-deuant tuteur teſtamentaire de ladite Damoiſelle Marie Marguerite de Villeneufve, & pretendu heritier ſubſtitué de Iacques de Villeneufve, ſon pere, ſuiuant ſon Teſtament du 18. Iuin 1629. par le deceds ſans enfans maſles dudit Cezar ſieur de Carros, ſon frere, & ceſſionnaire du ſieur Louis de Villeneufve, Eſcuyer, Major d'Antibe, & de Damoiſelle Marguerite de Villeneufve, à preſent veufve de feu Iean Baptiſte de Noble, ſes frere & ſœur, intimé & evoqué, d'autre part.

Et entre ledit Gaſquet audit nom, demandeur en Requeſte incidemment preſentée à noſtre-dit Parlement d'Aix par ladite Marie Marguerite de Villeneufve ſa femme, le 13. Avril 1666. tendante à ce qu'en iugeant ledit appel, ledit Alexandre de Villeneufve cy-deuant ſon tuteur, ſoit condamné luy rendre & reſtituer tous & chacuns les titres, papiers & documens, enſemble tous les biens de la ſucceſſion dudit Cezar de Villeneufve ſon pere, auec fruits & intereſts, comme deniers pupillaires, auec dépens, d'vne part.

Et ledit Alexandre de Villeneufve, cy-deuant tuteur de ladite Damoiſelle Marie Marguerite de Villeneufve ſa niéce, defendeur, d'autre.

Et entre ledit Gaſquet audit nom, demandeur en Requeſte par luy preſentée en noſtre Conſeil le 5. Aouſt 1669. tendante afin d'eſtre receu appellant incidemment de ladite Sentence Arbitrale renduë le 22. Iuin 1648. comme nulle, en ce que par icelle les Arbitres, au prejudice du Compromis paſſé entre ladite Damoiſelle Lucrece de Graſſe veufve dudit Cezar de Villeneufve ſieur de Carros, & ledit Alexandre de Villeneufve au nom qu'il procede, le 19. dudit mois de Iuin, qui ne leur auoit donné pouuoir que de iuger les queſtions de Droict, tant ſeulement, ils ont reduit & retranché la penſion annuelle & viagere de 600. liures promiſe à ladite Damoiſelle Lucrece de Graſſe par ledit feu Cezar de Villeneufve ſon mary en leur Contract de mariage du 15. Mars 1644 a la ſomme de 100. liures, eu eſgard aux facultez de l'heritage ; ce faiſant mettre ladite Sentence à cét égard au neant, comme nulle, & en ce chef

donnée fans pouuoir legitime, & émendant foit ordonné que ledit Gafquet audit nom fera payé des arrerages de ladite penfion de 600. liures,
& du courant d'icelle pendant la vie de ladite Damoifelle de Graffe, en
gardant viduité, auec les interefts depuis les efcheances des payemens
qui en deuoient eftre faits année par année à ladite Damoifelle de
Graffe, veufve depuis le 19. Ianu. 1647. qui eft fix mois apres le deceds
dudit Cezar de Villeneufve fon mary, que le premier payement en a deub
eftre fait conformément à leurdit Contract de mariage, fauf à déduire
les fommes que ledit Alexandre de Villeneufve iuftifiera dans huitaine
auoir efté receües par ladite Damoifelle de Graffe veufve; & en confequence ordonner que le payement de ladite penfion de 600. livres &
interefts d'icelle, tant pour le paffé, que pour l'aduenir, fe fera fur les
biens, fruits & autres effets de la fucceffion dudit defunt Cezar de Villeneufve fon mary, & en deffaut d'iceux fubfidiairement fur les biens
pretendus fideicommiffaires & fubftituez audit Alexandre par le deceds
dudit Cezar fon frere, fans enfans mafles, s'il y en a, toutes les detractions
prealablement faites, fans approbation aucune de ladite pretendüe fub-
ftitution comme nulle, & autres moyens; & au furplus debouter ledit
Alexandre de Villeneufve de fon appel de ladite Sentence Arbitralle &
de fa Requefte du 9. Fevrier 1665. auec amende & dépens; & cependant
qu'il foit ordonné que ladite Sentence fera executée en tous fes autres
chefs, & ledit de Villeneufve condamné en tous les dépens, dommages
& interefts. ET ENCORE ledit Gafquet audit nom, demandeur en autre Requefte par luy prefentée à noftre Confeil le 8. dudit mois d'Aouft
1669. tendante à ce que lefdites Lettres de reftitution par luy, en tant
que de befoin, obtenües en Chancellerie le 7. dudit mois d'Aouft enuers
l'acquiefcement & tous autres actes approbatifs que ladite Lucrece de
Graffe veufve peut auoir fait de ladite Sentence Arbitralle pour ce qui
concerne la reduction de ladite penfion annuelle de 600. liures à 100. livres, foient interinées, ce faifant fes fufdites fins luy foient adjugées auec
defpens; d'vne part.

ET ledit Alexandre de Villeneufve, intimé & defendeur, d'autre.

ET ENTRE ledit Alexandre Villeneufve, demandeur en Requefte par
luy incidemment prefentée à noftre Confeil le 26 Iuillet 1669. tendante
à fin d'eftre receu appellant comme d'abus, tant, de la Bulle du Vice-
Legat d'Auignon fubrepticement, incompetemment & abufiuement
obtenüe par ledit defunt Cezar de Villeneufve & par ladite Damoifelle
Lucrece de Graffe mariés, dattée du 20 Iuin 1644 portant difpenfe & confirmation de leur mariage celebré, que de la Sentence de fulmination
d'icelle par l'Official de Nice, dattée du vingt-vn Nouembre audit an,
& de l'acte de celebration dudit mariage (fi aucun y a) & de tout ce qui s'en
eft enfuiuy; & que deffences foient faites à ladite Marie Marguerite de
Ville-

Villeneufve, de prendre le nom de Villeneufve, & audit Gafquet fon mary de le luy donner, à peine de 1500. livres, & de tous defpens, dommages & interefts; d'vne part.

Et ledit Gafquet, defendeur, d'autre.

Et entre ledit de Villeneufve, demandeur en requefte par luy prefentée à noftre Confeil le 31. Aouft 1669. tendante à ce que les Lettres par luy obtenuës en Chancellerie le 3. defdits mois & an, afin d'eftre remis en tel eftat qu'il eftoit auparauant l'acte d'acceptation, par luy faite de la tutelle de Damoifelle Marie Marguerite de Villeneufve, & autres actes approbatifs d'icelle, & tout ce qui s'en eft enfuiuy, foient interinées felon leur forme & teneur, & fes fins & conclufions adjugées; ce faifant, declarer le deffendeur cy-apres nommé, non receuable & mal fondé en toutes fes pretentions & demandes par luy fournies, & quoy que s'en foit, le deboutter d'icelles, & en décharger ledit de Villeneufve, auec tous dépens, dommages & interefts d'vne part.

Et ledit Gafquet audit nom, deffendeur d'autre.

Et entre ledit Gafquet audit nom, demandeur en requefte par luy prefentée à noftre Confeil le 26. Octobre 1669. tendante à ce que les inftances principales pendantes en noftre Confeil entre les parties, pour raifon des biens de la fucceffion dud. Cezar de Villeneufve, foiét pourfuiuies ainfi qu'il apartiendra; & cependant que les Confuls, Communautés, & Habitans des lieux de Carros, du Broc, de Vance, de Monts, de Caigne, de Courfegoules, de Tourrettes, de faint Ianet, de faint Paul, de la Colle, & le nommé Barthelemy Mercier, Suche & tous autres, debiteurs de la fucceffion dudit Cezar de Villeneufve, demeureront faifis des fommes par eux deuës en principal & interefts, pour les tenir comme fequeftres & depofitaires de Iuftice, auec deffenfes d'en vuider leurs mains, à peine de payer deux fois, iufques à ce que par noftre Confeil en ait efté ordonné fur ladite inftance, auec pareilles deffences audit Allexandre de Villeneufue, & à Damoifelle Margueritte de Villeneufue fa fœur & tous autres fes pretendus ceffionnaires, de les y contraindre, à peine de nullité, & de tous dépens, dommages & interefts, fans approbation des payemens que lefdits debiteurs pourroient auoir faits au preiudice dudit Gafquet audit nom, d'vne part.

Et ledit Allexandre de Villeneufve deffendeur d'autre.

Et entre ledit Alexandre de Villeneufve, demandeur en requefte par luy prefentée à noftre Confeil le 15. Nouembre 1669. tendante à ce que les faifies faites à la requefte dudit Gafquet & fa femme, és mains tant, de claude de Blaccas, qu'autres debiteurs & fermiers dudit de Villeneufve, foient declarées iniurieufes, tortionaires & deraifonnables, que main-leuée luy en foit faite; ce faifant, que lefdits deniers deubs & autres chofes faifies luy foient baillez & deliurez, à ce faire les debiteurs contraints quoy faisant ils en seront valablement déchargez, & condamner ledit Gasquet & sa femme solidairement aux dépens, dommages & interests soufferts & à souffrir, sans preiudice de ses autres droicts & actions d'vne part.

Et ledit Gasquet audit nom, deffendeur d'autre.

Et entre Messire Loüis de Villeneufve, Chevalier Seigneur de Tourrettes, Capitaine Major pour nous en la Ville & Forteresse d'Antibe, receu partie intervenante en l'instance pendante en nostre Conseil entre Maistre Antoine Gasquet audit nom d'une part, & Messire Alexandre de Villeneufve, Seigneur de Carros, son frere d'autre ; *Et requerant*, suivant la Requeste par luy presentée à nostre Conseil le 18. Decembre 1669. qu'il plaise à nostre Conseil le recevoir appellant comme d'abus, tant de la pretenduë Bulle du Vice-legat d'Avignon dattée du 20. Iuin 1644. que de la pretenduë Sentence de fulmination d'icelle par l'Official de Nice, Forain & Estranger du 21. Nouembre audit an, & de l'acte de celebration de Mariage pretendu (si aucun y a) entre feu Messire Cezar de Villeneufve, frere dudit intervenant, & ladite Damoiselle Lucrece de Grasse, & de tout ce qui s'en est ensuivy ; Et faisant droict sur son intervention & appel comme d'abus, Il soit dit, qu'il a esté mal, nullement & abusivement procedé, fulminé, & executé; Emendant & corrigeant qu'il soit ordonné que le nom de Villeneufve pris par la nommée Marie-Marguerite, ou à elle donné par ledit Gasquet son mary, ensemble la qualité de veufve dudit defunt Cezar de Villeneufve, usurpée par ladite Lucrece de Grasse, soient supprimez de tous les Actes de quelque nature qu'ils soient, dans lesquels ledit nom & ladite qualité ont esté & se trouveront écrits & inserez, que deffenses leur soient faites de plus les prendre & usurper, & pour l'auoir fait, les condamner dés à present solidairement en tous les despens, dommages & interests, sans prejudice d'autres droicts & actions, d'une part.

Et ledit Maistre Antoine Gasquet, mary de ladite Marie-Marguerite de Villeneufve esdits noms, deffendeur d'autre.

Et entre Messire Pierre de Grasse, Chevalier de l'Ordre S. Iean de Ierusalem, frere de ladite Dame Lucrece de Grasse, veufve dudit Cezar de Villeneufve, sieur de Carros, & executeur testamentaire dudit feu sieur de Carros son beau-frere, & parrain de ladite Damoiselle Marie-Marguerite de Villeneufve sa niepce, leur fille, femme dudit Gasquet. Dame Marthe de Grasse du Bar, veufve de feu Messire André de Grimaldi, Comte de Bueil, sœur de ladite Dame Lucrece de Grasse. *Messires* Annibal de Grasse, Chevalier, Comte du Bar, Et Claude de Grasse, sieur de Valettes, freres, enfans de feu Messire Charles de Grasse, Chevalier, Comte du Bar, & en cette qualité néveux de ladite Dame Lucrece de Grasse, sœur dudit Charles. *Messire* Iean de Sabran, Chevalier, Baron de Baudisnar & d'Ansoüis, Seigneur d'Aiguines, plus ancien Syndic de la Noblesse de Provence, mary de feu Dame Marie de Grasse du Bar, sœur de ladite Dame Lucrece de Grasse. *Messire* Iean Henry de Grimaldi d'Antibe, Chevalier, Marquis de Corbons & Baron de Caigne, mary de Dame Anne de Grasse, sœur de ladite Dame Lucrece de Grasse, Et nommé tuteur de ladite Damoiselle Marie-Marguerite de Villeneufve par ledit Cezar de Villeneufve, son pere par son codicile du 1. Decembre 1644. *Et Messire* Loüis le Brun de Castellanne, sieur de Rogon, Chevalier de l'Ordre S. Iean de Ierusalem, néveu de ladite Dame Lucrece de Grasse, demandeurs en Requeste par eux presentée à nostredit Conseil le 15. Iuillet 1670. *Et encores* Maistre Honoré Gasquet, Conseiller en nos Conseils, cy-deuant nostre Advocat general en nostre Parlement de Provence pour seruir au semestre de Ianvier, & Lieutenant Civil & Criminel honnoraire veteran au Siege Royal de la Ville d'Arles, pere dudit Maistre Antoine Gasquet, aussi demandeur en Requeste par luy presentée à nostre Conseil le 16. dudit mois de Iuillet 1670. receus parties intervenantes au procez; *Et requerants* qu'il pleust à nostre Conseil, faisant droict sur leurs interuentions, debouter lesdits Alexandre & Loüis de Villeneufve de leur appel comme d'abus de la celebration de Mariage d'entre lesdits Cezar de Villeneufve, & Lucrece de Grasse du 22. Mars 1644. de la Bulle de dispense & confirmation dudit Mariage accordée par le Vice-legat d'Avignon le 20. Iuin audit an, & de la Sentence de fulmination d'icelle du 21. Novembre ensuiuant, & ordonnée que les Requestes desdits appellans dés 26. Iuillet & 18. Decembre 1669. seront supprimées, & les mots injurieux contenus en icelle, & autres pieces du procez, rayez & biffez, & les condamner en telle reparation d'honneur qu'il plaira à nostre Conseil auec amende & dépens solidairement; *Ce faisant* maintenir & garder, tant, ladite Dame Lucrece de Grasse en sa qualité de veufve dudit Cezar de Villeneufve, que, ladite Marie-Marguerite de Villeneufve leur fille en son estat de fille legitime, & heritiere testamentaire dudit Cezar de Villeneufve son pere, & en tous les biens de sa succession, desquels ledit Alexandre de Villeneufve rendra compte audit Maistre Antoine Gasquet au nom qu'il procede à la maniere accoustumée, & au surplus adjuger audit Gasquet, les fins & conclusions par luy prises en l'instance auec despens, d'une part.

Et lesdits Alexandre & Louïs de Villeneufve, deffendeurs, d'autre.

VEV PAR NOSTREDIT GRAND CONSEIL les escritures desdites parties, lesdites Requestes, copie de deux Arrests de nostre Conseil Privé des 16. Mars 1655. & 14. Fevrier 1662. confirmatifs des autres precedants Arrests y énoncez de nostre Conseil Privé, par lesquels nous aurions evocqué tous les procez desdits Honoré & Antoine Gasquet, & leur famille, meus & à mouvoir en Provence, & iceux renvoyez en premiere instance pardeuant le Seneschal de Tollon, & par appel en noſtre Conſeil; Exploict d'aſſignation libellée eſtant enſuitte, baillée audit Villeneufve à la Requeſte dudit Gaſquet à comparoir en noſtre Conſeil pour y preceder aux fins d'icelle du 19. Ianuier 1669. Deux Arreſts de noſtre Conſeil des 6. May & 21. Iuin 1669. portant retention des procez & differents des parties. Sentence arbitralle dont eſt appel renduë entre ladite Lucrece de Graſſe, Dame de la Malle du Bar, veufve dudit Cezar de Villeneufve d'une part, & Alexandre de Villeneufve, ſieur de Carros, tant en qualité de tuteur de ladite Marie-Marguerite de Villeneufve, fille dudit Cezar & ſon heritiere, que comme heritier ſubſtitué & fidei-Commiſſaire de Iacques de Villeneufve ſon pere, *Par laquelle* ledit Alexandre de Villeneufve en ladite qualité de tuteur eſt condamné à payer à ladite de Graſſe la ſomme de 1348. liu. pour la reſtitution de partie de ſa dot auec intereſts au denier ſeize depuis l'an de dueil expiré, plus 3000. liu. à elle données en cas de ſuruie par ſondit mary en leur contract de Mariage, auec intereſts depuis l'exploict d'adjournement ſur l'aſſignation au Benefice d'Inventaire; & en ce qui concerne la penſion de 600. liu. annuelle, tant qu'elle demeurera en viduité, elle eſt reduite & retranchée eu égard à la valeur & faculté de l'heritage à 100. liu. par an, le payement deſquelles ſommes ladite veufve prendra ſur les biens & heritages délaiſſez par ledit feu ſieur de Carros ſon mary, & en deffaut d'iceux ſur les biens fidei-Commiſſaires & ſubſtituez en faveur dudit Alexandre de Villeneufve, au bas de laquelle eſt la prononciation d'icelle aux parties qui y ont reſpectivement acquieſcé du 22. Iuin 1648. Autre Sentence dont eſt appel renduë à la Seneſchauſſée de Graſſe du 17. Mars 1651. entre les creanciers dudit Cezar de Villeneufve d'une part, & ledit Alexandre de Villeneufve, tuteur teſtamentaire de ladite Marie-Marguerite de Villeneufve, & encores ledit Alexandre de Villeneufve en ſon nom demendeur, contre Maiſtre Antoine Lambert, Procureur & curateur pourveu pour conteſter aux demandes d'icelles; *Par laquelle* auroit eſté ordonné, que ledit de Villeneufve ſeroit payé ſur les biens dudit heritage en premier rang & degré de tous les frais de juſtice, concernant le Benefice d'Inventaire ſuivant la liquidation & taxe qui en ſeroit faite; En ſecond lieu, qu'il ſeroit payé pour le ſuplement de legitime par luy demandé ſur les biens dudit feu Iacques de Villeneufve ſon pere, & ayant eſgard au nombre de ſept enfans, luy eſt adjugé la quatorziéme de la valeur dudit heritage, déduction faite des 1200. eſcus à luy leguez par ſondit feu pere, auec intereſts tels que de droict & dépens ſuivant l'eſtime, liquidation & taxe qui en ſeroit faite par experts, ſi beſoin eſt, en execution de ladite Sentence pour en eſtre payé aux formes de droict; Et au meſme rang & degré eſt auſſi adjugé meſme ſuplement de droict de legitime à Loüis de Villeneufve, & à Iean Baptiſte de Noble, comme mary & Maiſtre des biens & droicts de Damoiſelle Marguerite de Villeneufve, eſt adjugé la ſomme de 448. liu. auec

les

les interests, tels que de droict & dépens; Et faisant droict à la demande dudit Alexandre de Villeneufve en ouverture de Fidei-commis apposé au testament de deffunt Iacques de Villeneufve pere, du 18. Iuin 1629. du consentement du curateur *ad lites*. Il est declaré ouvert en sa personne, & ce faisant luy est adjugé la moitié de l'hoirie mentionnée audit testament, & ordonné que les detractions & imputations telles que de droict prealablement faites, il sera procedé au partage d'iceux par experts, dont les parties conviendront dans trois jours, autrement pris d'Office : *Ordonne* que ledit Villeneufve en ladite qualité de tuteur rendra compte des fruits de l'autre moitié desdits biens, depuis le deceds dudit Cezar de Villeneufve, sauf son recours en cas de non jouïssance contre qui de droict, lesquels fruits seront fonds audit heritage, pour y estre les creanciers payez suivant l'ordre qui sera designé; sur laquelle moitié de biens & fruits, ensemble sur les acquets dudit Cezar seront les creanciers dudit Cezar payez, Sçavoir, Guillaume Isnard de 154. liu. interests & dépens, Blaise Moutet 412. liu. 16. s. interests & despens, Gaspard Raibaud 24. escus 40. s. auec interests & despens, suivant la mesme liquidation & taxe, en retrocedant par ledit Raibaud audit de Villeneufve tuteur, la mesme somme que ledit Cezar luy auoit cedée sur Ieannon Roustaignon de Greaullieres le 18. Ianvier 1646. avant quoy lesdits creanciers se purgeront par serment lesdites sommes leur estre legitimement deuës. Lettres de relief d'appel obtenuës par ledit Alexandre de Villeneufve le 27. Iuin 1665. de ladite Sentence arbitralle du 22. Iuin 1648. auec clause de restitution contre tous acquiescemens, consentemens & executions qu'il pourroit auoir faits de ladite Sentence arbitralle, assignation à ladite Lucrece de Grasse en nostre Parlement d'Aix, pour y proceder sur ledit appel du 14. Iuillet 1665. lesdites Lettres de rescision obtenuës par ledit de Villeneufve, contre l'acte d'acceptation de tutelle de ladite Marie-Marguerite & autres actes approbatifs d'icelle, & de tout ce qui s'en est ensuiuy du 3. Aoust 1669. Lettres de rescision obtenuës par ledit Gasquet audit nom du 7. desdits mois & an, enuers les actes approbatifs de ladite Sentence arbitralle du 22. Iuin 1648. faits par ladite Lucrece de Grasse. Contract de Mariage entre ledit feu Cezar de Villeneufve, & Damoiselle Françoise de Grasse du 3. May 1632. Extraict du Livre de Raison dudit Cezar de Villeneufve, contenant que le 3. May 1632 il a esté marié auec ladite Françoise de Grasse, & que le 9. Iuillet audit an il a fait insinuer son Mariage au Greffe de grasse, & le 11. Septembre audit an qu'elle est decedée. Sentence arbitralle du 10. Iuin 1634. renduë entre Messire de Grasse, Baron de Mouäns, heritier testamentaire de ladite Françoise de Grasse sa sœur, d'une part; & ledit Cezar de Villeneufve, d'autre. Testament de ladite Françoise de Grasse du 15. Aoust 1632. Trois declarations faites par les Damoiselles Claire & Isabeau de Grasse, & Magdelaine Giraud, receuës par Tardivi Notaire à Grasse, &

C

Souliés Notaire au Bar, de la maladie & decneds de ladite Françoise de Grasse du 17. Aoust 1669. Certificat signé Giraud, Greffier de l'Evesché & Dioceze de Grasse du 26. Iuillet 1669, par lequel il atteste auoir trouvé dans les regiftres des Baptefmes, Mariages, & Mortuaires de la Paroiffe de Moüans n'auoir efté celebré feulement qu'un Mariage entre Henry Peilhon & Benoife Raimonde en l'année 1632. Autre Certificat dudit Giraud du 21. Aoust 1669. par lequel il attefte que dans lefdits regiftres & ceux dudit Evefché de Graffe, l'acte de celebration du Mariage d'entre ledit Cezar le Villeneufve & ladite Françoife de Graffe ne s'y eft point trouvé, depuis l'année 1630. jufques en 1634. Contract de Mariage du 15. Mars 1644. entre ledit Cezar de Villeneufve & Damoifelle Lucrece de Graffe receu par Iacques Pons Notaire, au bas duquel eft l'acte d'infinuation d'iceluy au Siege de Graffe du 1. Iuillet 1644. Extraict de cinq Articles compulfez dudit Livre de Raifon dudit Cezar de Villeneufve en vertu de l'Ordonnance de noftre Confeil, commencé le 22. Iuin 1629. contenant la datte de fon contract de Mariage avec ladite Lucrece de Graffe du 15. Mars 1644. & que le 22. de Mars audit an il a confommé fon Mariage auec ladite Damoifelle Lucrece de Graffe, pardevant Meffire Michaëlis, Preftre de S. Paul, adminiftrant les Sacrements à S. Laurens; & que Meffire Roffignol, Vicaire Forain a executé la teneur de la commiffion du Vice-legat d'Avignon pour la validité dudit Mariage, & que lad. Marie-Marguerite de Villeneufve leur fille eft née au Broc le 21. Ianv. 1645. & qu'elle a efté baptifée au Bar le 1. Iuin audit an, fon parrain le Chevalier du Bar, & la Marraine la Dame du Gault. Extraict tiré des Regiftres de la legation d'Avignon d'une Bulle du Pape Sixte IV. du 10. Mars 1475. contenant les facultez du Cardinal Iulien Legat d'Avignon, pour les difpences des Mariages, enregiftré par Arreft de noftre Parlement de Provence du 27. Février 1542. Bref du Pape Vrbain VIII. & copie d'iceluy tirée du Greffe de noftre Parlement de Provence, contenant les facultez du Cardinal Antoine Barbarin Legat *à latere* à la Legation d'Avignon, par laquelle le Pape luy accorde les mefmes pouvoirs & facultez qu'ont eu fes predeceffeurs en ladite Legation y dénommez, & entre autres le Cardinal Iulien, du 9. des Kalendes de Mars 1632. Nos lettres Patentes pour la verification de ladite Bulle & extrait de l'Arreft de noftre Parlement de Provence d'enregiftrement d'icelle du mois de Septembre 1633. & 16. Octobre audit an. Certificat des quatre Officiers de la Legation d'Avignon du 29. Aoust 1669. fur les facultez dudit Legat & Vice-legat. Copie de la Bulle du Cardinal Antoine Barbarin accordée à Federic Sforcia fon Vice-legat d'Avignon & des Provinces en dépendantes, auec les mefmes pouvoirs, facultez & authoritez des autres Legats & Vice-legats. Enfuite eft le Bref du Pape Vrbain VIII. de confirmation d'icelle & la verification & enregiftrement d'iceux en noftre Parlement de Provence dés 1. & 23. May & 19. Iuin 1637. Copie extraite des Regiſtres de ladite Legation d'vne Bulle de diſpence au 1. & 2. degré de conſanguinité accordée par ledit Federic Sforcia à Louys de Grollée de Meulhan, Marquis de Breſſieux, & Marguerite de Morgés du 2. Iuin 1639. Acte capitulaire du Chapitre de Vance du dernier Iuin 1638. par lequel ledit Chapitre apres le deceds de l'Eveſque dudit lieu, auroit eſleu pour Vicaire general, le Siege vacant, Me. Iacques Barcillon, & pour Vicaire Forain Me. Paul Iſnard pour les lieux & villages de Gattieres, Bajons & Deuxfreres dependans dudit Dioceſe. Autre acte capitulaire dudit Chapitre de Vance le Siege Vacant du 1. Iuin 1640. contenant leur eſlection de la perſonne dudit Roſſignol au lieu dudit Iſnard pour Vicaire Forain deſdits lieux de Bajons, Gattieres & Deuxfreres. Copie compulſée de la Bulle dudit Sforcia Vice-legat d'Avignon du 20. Iuin 1644. obtenuë par leſdits Cezar de Villeneufve & Lucrece de Graſſe portant diſpence & confirmation de leur Mariage par eux celebré par paroles de preſent, auec liberté de demeurer dans ledit Mariage par eux celebré, ou bien de le celebrer de nouveau, ſi bon leur ſembloit, par laquelle, en tout cas, les enfans qui en proviendroient ſont declarez legitimes; enſuite de laquelle eſt l'acte d'inſinuation & enregiſtrement d'icelle au Greffe Spirituel dudit Eveſché de Vance du 14. Septembre 1665. Sentence de fulmination de ladite Bulle de diſpence & confirmation du Mariage dudit Cezar de Villeneufve & Lucrece de Graſſe par ledit Roſſignol Vicaire Forain Commiſſaire à ce deputé par ledit Chapitre de Vance renduë au lieu de Gattieres du 21. Novembre audit an 1644. Enſuite de laquelle eſt l'acte d'inſinuation au Greffe dudit Eveſché de Vance du 14. Septembre 1665. Actes des celebrations de Mariages faits par Federic Michaëlis en la Paroiſſe de S. Paul, dés l'années 1645. 1646. 1647. 1648. 1649. & 1652. Certificat de l'Eveſque de Vance du 6. Decembre 1669. qu'en l'année 1644. ledit Michaëlis a fait les fonctions Curiales, tant dans la Paroiſſe de Saint Paul, que dans celle de Saint Laurens. Deux certificats de l'Eveſque de Graſſe & dudit Eveſque de Vance du 14. Decembre 1669. que dans leurs Dioceſes il ne ſe fait aucun Regiſtre particulier de la proclamation des bans des Mariages. Autre certificat dudit Eveſque de Vance du 24. Octobre 1669. de ce que ladite Lucrece de Graſſe luy ayant au mois de Septembre 1665 preſenté ladite Bulle du 20. Iuin 1644. & Sentence de fulmination du 21. Novembre enſuivant, renduë par ledit Roſſignol, attendu la ſuſpicion dudit Iacques Barcillon Vicaire general audit Vance, il en auroit permis & ordonné l'enregiſtrement au Greffe Spirituel dudit Eveſché. Extrait des Mariages celebrez en l'année 1644. en la Paroiſſe de la ville de Saint Paul, dans leſquels celuy deſdits Cezar de Villeneufve, & Lucrece de Graſſe ny eſt point compris du 25. Ianvier & autres iours de ladite année 1644. Sommation faite à la Requeſte de Louys de Villeneufve à Me. Iean Belliſſime

Vicaire perpetuel de ladite Eglise de Saint Paul & la declaration faite à icelle par ledit Bellissime, que de tout temps on a tousiours accoustumé tenir Registre en ladite Eglise de Saint Paul des Mariages du 2. Avril 1670. Extrait mortuaire de Melchior Michaëlis Prestre du lieu de Sigalle, secondaire en la Paroisse de Saint Paul du 2. Septembre 1644. Declaration de Sebastien Cavanesy, Chanoine de l'Eglise de S. Paul du 19. Février 1670. qu'en l'année 1644. il n'y auoit que luy & ledit feu Melchior Michaëlis, & Me. Clemens Amiel pour lors Vicaire en ladite Eglise, qui administroient les Sacremens en ladite Paroisse. Extrait du livre du déchargement tenu par vn Chanoine de l'Eglise de Vance, portant qu'il a esté payé audit Melchior Michaëlis Curé de Saint Paul pour ses gages, & audit Cavanesy aussi Curé de Saint Paul, pareille somme de trente écus, ledit Extrait commencant le 10. Septembre 1643. & finissant le 10. dudit mois de Septembre 1644. Attestation des Prevost, Archidiacre & Chanoines de l'Eglise Cathedrale de Vance, qu'il n'appert point par les Registres des deliberations & Ordonnances capitulaires, non plus que par le Registre du Greffe Spirituel dudit Evesché de Vance, que ledit Rossignol ait esté commis de la part dudit Chapitre, ny par ledit Iacques Barcillon Chanoine, Vicaire general le Siege vacant, pour fulminer aucune Bulle pour le mariage dudit Cezar de Villeneufve auec la Damoiselle de la Malle du Bar du 3. Iuin 1670. Treize extraits de presentations faites par Louys Fragier Procureur au Siege de Senéchal de Grasse pour ledit Cezar de Villeneufve contre Louys & Henry Barcillon, parens dudit Iacques Barcillon Vicaire au sujet de divers procez entre eux des années 1632. 1634. 1639. 1640. 1641. 1642. & 1645. Autre cayer contenant seize pareilles presentations, auec vne autre pour ladite Lucrece de Grasse, lors veusue dudit Cezar de Villeneufve, & vne autre pour ledit Alexandre de Villeneufve aussi contre ledit Barcillon des années 1639. 1640. 1641. 1642. 1643. 1644. 1645. 1646. & 1647. Requeste dudit Alexandre de Villeneufve employée pour moyen d'abus contre la pretenduë celebration du Mariage dudit Cezar de Villeneufve, & Lucrece de Grasse du 30. Iuin 1670. Copie d'vn Arrest de nostre Parlement d'Aix du 11. Iuillet 1642. par lequel Isabeau & Constance de Villeneufve sœurs, ont esté condamnées faire reparation d'honneur ausdits Barcillon & sa femme auec amende. Certificat de Bellissime Doyen de S. Paul du 29. Septembre 1669. que ledit Iacques Barcillon, grand Vicaire de Vance estoit nepveu desdits Louys & Henry Barcillon. Autre pareil certificat de Claude Barcillon, Iuge de S. Paul du dernier Septembre 1669. Extrait mortuaire dudit Cezar de Villeneufve du 19. Iuillet 1646. Testament dudit Cezar de Villeneufve du 10. Aoust 1644. contenant ses dispositions, par lesquelles il auroit institué son heritier l'enfant que ladite Damoiselle Lucrece de Grasse sa femme faisoit, soit fils ou fille, & si s'estoit vne fille, il auroit institué

ſtitué ſon heritier le premier enfant maſle qu'elle feroit, & aux autres tant fils, que filles, leur auroit laiſſé ce qui leur pourroit venir de legitime, & nommé pour l'education de la perſonne de ſes enfans ſadite femme, & pour ſes biens Federic de Villeneufve ſon frere, à la charge de rendre compte tous les ans de ſon adminiſtration à ſadite femme, auquel Federic venant à mourir, il auroit ſubſtitué pour Tuteur en ſa place ledit Alexandre de Villeneufve; enſuite duquel eſt l'acte de ſubſcription dudit Teſtament par ledit Cezar, par lequel il auroit nommé pour executeur de ſondit Teſtament Iean Henry de Grimaldi, ſieur de Corbons, au bas duquel eſt l'enregiſtrement & inſinuation au Greffe dudit Senéchal de Graſſe du 29. Novembre 1646. Codicile dudit Cezar de Villeneufve du 1. Decembre 1644. contenant la revocation des Tuteurs nommez par ledit Teſtament, au lieu deſquels il auroit nommé ledit Iean Henry de Grimaldi & ledit Federic de Villeneufve pour Tuteurs enſemblement à ſes enfans, & pour executeurs au lieu dudit Grimaldi, il auroit nommé Pierre & Antoine de Graſſe ſes beaufreres. Extrait Baptiſtaire de ladite Marie Marguerite de Villeneufve du 1. Iuin 1645. Extrait mortuaire dudit Federic de Villeneufue du 4 Avril 1646. Plainte renduë par ladite Lucrece de Graſſe de l'aſſaſſinat, commis en la perſonne dudit Cezar de Villeneufve ſon mary, & trois defauts par elle obtenus en qualité de mere & adminiſtratrice de ladite Marie Marguerite de Villeneufve ſa fille, à l'encontre de Louys Barcillon & autres accuſez des 31. Aouſt, 5. & 19. Octobre 1646. Acte de preſentation faite par ladite de Graſſe, eſdits noms au Greffe du Siege de Graſſe & l'inſtance par elle formée, pour faire recevoir ladite Marie Marguerite de Villeneufve ſa fille, heritiere par Benefice d'inventaire dudit Cezar ſon pere, contre les Creanciers dudit Cezar de Villeneufve, du dernier Aouſt 1646. Requeſte de ladite Lucrece de Graſſe au Senéchal de Graſſe du 10. Septembre 1646. pour faire aſſigner tous les proches parens dudit Cezar de Villeneufve, pour voir proceder à l'ouverture de ſon Teſtament. Commiſſion ſur icelle, aſſignation aux Notaire & témoins qui ont receu & ſigné ledit Teſtament, & aux parens paternels & maternels de ladite Marie Marguerite de Villeneufve des 30. & 31. Octobre 1646. enſemble audit Iean Henry de Grimaldi. Procez verbal du Lieutenant general de Graſſe d'ouverture dudit Teſtament, à la Requeſte de ladite Lucrece de Graſſe du 28. Novembre 1646 Sentence du Siege de Graſſe du 5. Avril 1647. à la pourſuite dudit Alexandre de Villeneufve en qualité de Tuteur Teſtamentaire de ladite Marie Marguerite de Villeneufve, par laquelle elle auroit eſté receuë à accepter l'hoirie dudit Cezar ſon pere, par benefice d'inventaire. Requeſte dudit Alexandre de Villeneufve audit nom de Tuteur, preſentée audit Lieutenant general de Graſſe, pour eſtre procedé audit inventaire, Ordonnance au bas d'icelle du 6. deſdits mois & an. Procuration dudit de Ville-

D

neufve audit nom à Honoré Rainaud pour affister audit inventaire, proceder aux arrentemens des biens de ladite fucceffion & vendre les meubles, dudit jour, mois & an. Inventaire fait aux lieux de Carros & du Broc des biens de la fucceffion dudit Cezar pardevant ledit Lieutenant general de Graffe à la pourfuite dudit Alexandre de Villeneufue, contenant les proteftations faites par ladite Lucrece de Graffe du 8. Avril 1647. Procez verbal dudit Lieutenant general fur les encheres des arrentemens des biens-meubles, immeubles & beftiaux mentionnez audit inventaire du 7. defdits mois & an & autres jours fuivans, par lequel ladite Lucrece de Graffe feroit demeurée chargée defdits meubles. Inventaire & defcription faite de fept liaffes de papiers, livre de raifon & des cenfes mentionnez audit inventaire du 8. Avril 1647. L'inventaire defdits titres datté du mois de May 1647. les jours en blanc, non figné de Iuge, Greffier, ny Procureur, enfin duquel eft vn recepiffe dudit Alexandre de Villeneufve de tous les papiers, livres, & memoires mentionnez audit inventaire qu'il reconnoift avoir receu de Me. Belliffime Greffier de S. Paul du 21. Mars 1648. figné dudit Villeneufve Tuteur. Certificat de Me Raimuond Greffier de S. Paul que la minute originelle dudit inventaire des fept liaffes de papiers n'eft point fignée dud. Lieutenant general, ny de Belliffime Greffier, ny autre, & que les dattes des jours font en blanc, fuivant l'extrait qu'il en a délivré audit Gafquet du 2. Aouft 1669. Sentence du Senéchal de Graffe du 2. Aouft 1647. qui a adjugé par provifion à ladite Lucrece de Graffe la fomme de 600. livres, pour la premiere année de fa penfion. Copie non fignée d'vne Sentence dudit Senéchal de Graffe du 6 Septembre 1647. obtenuë par ledit Alexandre de Villeneufve audit nom de Tuteur, par laquelle ledit inuentaire des biens de la fucceffion dudit Cezar auroit efté receu, fauf aux Creanciers de donner Roolle des obmiffions, & leurs demandes à la quinzaine, dans lequel temps ladite veufve de Graffe remetteroit les meubles & papiers mentionnez en l'inventaire. Demande fournie par ladite de Graffe, à l'encontre dudit Alexandre Tuteur, & des Creanciers de la fucceffion dudit Cezar du 24. Auril 1648. Compromis paffé entre ledit Alexandre de Villeneufve audit nom de Tuteur, & ladite Lucrece de Graffe, de tous leurs differens pour eftre jugés par Iean de Villeneufve, fieur de S. Cezari, Iean le Brun de Caftellane, fieur de Caille, Me Iean Iourdani & Iean Morel Avocats, pour fur leurs differents, circonftances & dependences Sentencier, de droit, tant feulement du 19. Iuin 1648. Vn Cayer d'exploits de commandement & faifie de la terre de Carros, auec les inquants, eftime & immiffion de poffeffion fur ladite terre de Carros, comme auffi les exploits de faifies faites à la Requefte de ladite Damoifelle de Graffe és mains de Claude de Blaccas, du principal & interefts du prix de ladite terre de Carros à luy venduë, par ledit Alexandre de Villeneufve & autres pourfuites faites à la Requefte de ladite Lucrece de Graffe, à l'encontre dudit Alexandre audit nom, pour estre payée des sommes à elle adjugées par la Sentence Arbitrale du vingt & deuxiesme Iuin 1648. renduë par les Arbitres dénommez audit compromis, des 19. & 24. Avril 12. 13. 26. & 27. Iuin 1652. 27. May 1659. 29. Nouembre, cinq & dix Decembre 1664. Sommation faite à la requeste de Loüis de Villeneufve, comme Procureur dudit Allexandre aux y dénommez Estimateurs du lieu de Carros, de ne point proceder à la collocation de ladite Lucrece de Grasse, des 22. & 28. Iuin 1652. Requeste presentée à nostre Parlement d'Aix pour ladite Lucrece de Grasse, pour faire commettre des Estimateurs pour la colloquer sur ladite terre de Carros du vingt-neuf Iuillet 1652. Requeste de ladite de Grasse au Lieutenant general de Grasse, Commission, Assignation audit Allexandre de Villeneufve audit nom de tuteur, & Sentence au profit de ladite de Grasse, allencontre dudit Allexandre audit nom, des vingt-huit Iuin, trois & neuf Iuillet 1652. & vingt-huit Mars 1653. par laquelle Sentence ledit de Villeneufve tuteur est condamné payer annuellement 150. liures de pension, pour les allimens & entretien de ladite Marie Margueritte de Villeneufve sa pupille, tant pour six années passées, que pour cinq années auenir, lesquelles sommes seront prises tant sur les biens dudit Allexandre, que sur les fruits & rentes des biens de l'heritage dudit Cezar de Villeneufve, sauf à déduire les payemens qui se trouueront auoir esté faits aux Religieuses de la Visitation Sainte Marie de ladite ville de Grasse, & aux dépens moderez à douze livres. Exploit de commandement en vertu de ladite Sentence fait audit de Villeneufve tuteur, & saisie des fruits de la terre de Carros, faute de payement des sommes adjugées à ladite Lucrece de Grasse par ladite Sentence, du 2 Aoust 1655 Transaction du cinq desdits mois & an passeé entre ledit Alexandre de Villeneufve audit nom de tuteur, d'vne part; & ladite Lucrece de Grasse, d'autre, pour raison de la pension viagere à elle adjugée par ladite Sentence Arbitralle du 22. Iuin 1648. que pour tout ce qui luy a esté adjugé en qualité de mère de ladite Marie Marguerite de Villeneufve par la Sentence du 28 Mars 1653. par laquelle ledit Alexandre de Villeneufve se feroit obligé luy payer la somme de 150. livres, & continuer le payement iusques à ce que le benefice d'inuentaire soit entierement iugé, & consent ladite somme estre payée par Paul Cauvin annuellement sur la ferme de Carros par luy deuë, sans prejudice audit Villeneufve de son fideicommis & de tous ses autres droicts, & sans prejudice aussi à ladite de Grasse des sommes & droicts qu'elle a à prendre sur l'heritage de sondit mary, tant en suite de ladite Sentence Arbitralle, du 22. Iuin 1648. qu'autrement Extrait baptistaire dudit Alexandre de Villeneufve du 22. Decembre 1623. Contract de mariage d'entre Iacques de Villeneufve sieur de Tourrettes & Suzane de Villeneufve de Monts, du six Decembre 1605. en suite duquel est l'acte

d'infinuation au greffe du Seneschal de Grasse du 25. Février 1606. par lequel ledit Iacques a fait donation de la moitié de tous les biens qu'il auroit au temps de son deceds, à vn des enfans masles qu'il auroit dudit mariage, à son élection. Testament dudit Iacques de Villeneufve du 18 Iuin 1629. par lequel il auroit institué son heritier Cezar son fils aisné, auec clause de substitutiou en faueur de ses autres enfans masles ausquels il auroit laissé douze cens escus à chacun pour tous droicts de legitime, & nommé ladite Suzane sa femme tutrice de sesdits enfans, & luy auroit legué les fruits de son heritage iusques à ce qu'ils auroient atteint l'aage de vingt-sept ans, tous les meubles, or & argent monoyé. Inuentaire fait des biens dudit Iacques de Villeneufve à la requeste de ladite Suzane sa veufve tutrice de leurs enfans, du 20. Aoust 1629. Sentence du Seneschal de Grasse du 20. Fevrier 1636. qui reçoit ledit Cezar de Villeneufve heritier par inuentaire dudit Iacques son pere. Inuentaire fait à la requeste dudit Cezar des biens dudit Iacques du 7. Avril audit an 1636. Compte de tutelle rendu par ladite Suzane de Villeneufve audit Cezar son fils, du 14. Mars 1636. suiuant vne Transaction passée entr'eux le 23. Fevrier precedent. Transaction passée entre ledit Cezar de Villeneufve & ladite Suzane de Villeneufve sa mere, par laquelle ladite Suzane auroit remis audit Cezar l'heritage dudit Iacques, son pere, & contient la liquidation des legitimes de Federic, Alexandre & Louis de Villeneufve 1702 escus 31. sols, chacune payable en biens médiocres dudit heritage; & le payement qui a esté fait audit Federic de sa part, & à Marguerite de Villeneufve 1329. escus, aussi en biens médiocres dudit heritage de leur pere, du 7. Iuillet 1636. Procez verbal des seize, vingt & vingt-six Nouembre 1655. vingt-sept Ianuier, vingt sept Fevrier 1636, seize, vingt-six & dernier Septemb. vn, quatre & sept Octobre 1658. dix-sept, vingt, vingt-cinq & vingt-six Octobre & sept Nouembre 1639. fait pardeuant Iacques Vitalis Lieutenant Particulier au Siege & ressort de la Ville de Grasse sur l'estime & encheres de la terre de Carros, & liquidation des supplémens de legitimes & fideicommis, à la poursuite dudit Alexandre de Villeneufve, au nom & comme tuteur de ladite Marie Marguerite de Villeneufve, & adjudication de ladite terre de Carros en faueur dudit Alexandre, moyennant le prix de 14200. liures, en execution de ladite Sentence du 17. Mars 1651. Certificat du nommé Emerigon Greffier, qui atteste que ledit Vitalis a toûjours refusé de rendre ledit procez verbal pour en déliurer expedition, du 10. Decembre 1668. Deux sommations faites à la requeste dudit Gasquet, la premiere au nommé Lambert, curateur *ad lites* de ladite Marie-Marguerite de Villeneufve, de luy remettre toutes les pieces & titres concernants les droicts d'icelle; & la seconde au Greffier du Seneschal de Grasse de luy expedier les Extraicts y énoncez, contenant leurs responses de ne
rien

rien avoir de ce que leur eſt demandé des 1. Decembre 1668. & 6. Septembre 1669. Vn cayer contenant pluſieurs preſentations faites au Siege de Graſſe pour ledit Cezar de Villeneufve, contre les debiteurs de la ſucceſſion dudit Iacques ſon pere, des années 1632. & autres ſuivantes juſques en 1646. Contract de vente de ladite Terre & Seigneurie de Carros, fait par ledit Alexandre de Villeneufve au profit de Claude de Blaccas, moyennant la ſomme de 19000. liures du quinziéme Mars 1657. Tranſport fait par ledit Alexandre de Villeneufve, au profit de Iean-Baptiſte de Villeneufve, Sieur de Tourenc de la ſomme de 18000. liur. reſtant du prix de la vente de ladite terre de Carros du vingt-deux Septembre 1659. Trois quittances dudit Alexandre de Villeneufve ou ſes ceſſionaires, au profit dudit de Blaccas, des intereſts de ladite ſomme, des 3. Octob. 1667. 8. & 10. Octobre 1668. Compte rendu par ledit Alexandre de Villeneufve de la geſtion & adminiſtration par luy faite des biens de ladite Marie-Marguerite de Villeneufve, à Pierre Lambert ſon curateur *ad lites*, par-devant ledit Vitalis du 6. Fevrier 1660. par la cloſture duquel ledit Alexandre de Villeneufve eſt declaré debiteur de la ſomme de 9306 liu. 10. ſ. & ordonné qu'il la compenſera ſur & tant moins des ſommes à luy adjugées pour ſon Fidei-commis. Quittances des ſommes y contenuës au profit dudit de Blaccas des deniers par luy payez ſur le prix de ladite terre de Carros des 1. Fevrier 1659. 15. Mars 1666. 2. Iuin & 22. Octobre audit an, 10. Iuin 1667. 15. Aouſt 1668. & 3. Ianvier 1669. Tranſport fait audit de Blaccas de la ſomme de 2100. liur. par les Conſuls & Trezorier du lieu du Broc du 12. Decembre 1665. contract de Mariage d'entre ledit Cezar de Villeneufve & Damoiſelle Olimpe de Giraud, fille de Iacques, ſieur de Carros & de Dame Valentine de Genas du 24. Decembre 1633. Extraict mortuaire de Iacques de Giraud, ſieur de Carros du 15. May 1679. teſtament de ladite Olimpe de Giraud du 10. Avril 1642. Livre de Raiſon ou Iournal dudit Cezar de Villeneufve couvert de parchemin le premier Article, duquel il datte du 19. Iuin 1629. & finit le 3. Fevrier 1646. contract de Mariage de François de Bourrillon, Comte d'Aſpremont & Iſabeau de Villeneufve, fille dudit Iacques du 22. Novembre 1636. portant quittance de dix mil livres payées par ledit Cezar de Villeneufve, pour la dot de ladite Iſabeau ſa ſœur. Tranſaction paſſée entre ledit Cezar de Villeneufve, & Marguerite de Villeneufve ſa ſœur, par laquelle ledit Cezar ſe ſeroit obligé de luy payer mil deux cens ſoixante-ſix livres pour ſuplement de legitime, outre les treize cens vingt-neuf eſcus par elle receus, du 13. Ianvier mil ſix cens trente-neuf. Copie d'un compte fait entre ledit Cezar de Villeneufve & Iean-Baptiſte de Noble, mary de ladite Marguerite de Villeneufve du 3 Fevrier mil ſix cens quarante-ſix. Acte de ceſſion faite à Alexandre & Loüis de Villeneufve par ledit Cezar, pour le payement des douze cens eſcus du Legat à chacun d'eux fait par

Iacques leur pere, par son Testament de 18. Iuin mil six cens vingt-neuf, ladite cession du 20. Fevrier mil six cens quarante. Quitance dudit Cezar en qualité de mary, & Maistre du Dot & droits de ladite Lucrece de Grasse, au profit d'Honoré de Grasse, sieur de Canaux du 15. Decembre 1644. quitance de ladite Lucrece de Grasse en qualité de femme & procuratrice generale dudit Cezar, au profit dudit Honoré de Grasse du 4. Avril 1646. Acte de cession de 348. livres faite par ledit Honoré de Grasse audit Cezar de Villeneufve en ladite qualité dudit jour, mois & an. Extrait du Testament de ladite Suzanne de Villeneufve, par lequel elle auroit institué son heritier ledit Alexandre son fils, & legué, entre autres, à ladite Marie Marguerite de Villeneufve sa petite fille la somme de 1000. livres, pour le droit de legitime qu'elle pourroit pretendre sur son heritage du 1. Aoust 1646. Extrait mortuaire de ladite Suzanne de Villeneufve du 23. Aoust 1647. Compromis passé par Philippe Meifred au nom & comme Procureur dudit Alexandre comme Tuteur de ladite Marie Marguerite, & Honoré Dorcier, mary de Marguerite de Genas, pour raison du payement de 3000. livres de la donnation faite, en cas de survie audit Cezar de Villeneufve par ladite defunte Olimpe de Giraud sa femme du 23. May 1652. Sentence Arbitralle qui adjuge audit Alexandre audit nom 1500.l. sur l'heritage de Valentine de Genas avec les interests depuis la demande du 24. May 1652. Acte de cession faite audit Alexandre audit nom de Tuteur par ledit Dorcier de ladite somme de 1500. livres, à prendre sur le sieur d'Aigueilles dudit jour, mois & an. Quittance dudit Alexandre de lad. somme & interests du 16. Iuin audit an. Ordonnance renduë par ledit Vitalis entre ledit Alexandre de Villeneufve & Antoine Bellissime Greffier de la ville de S. Paul, portant condemnation contre led. Bellissime de payer audit Alexandre la somme de 400. livres, restant du prix dudit Office de Greffier, & 1200. liu. contre le nómé Mercier, du 21. Octob. 1661. Quitance dudit Alexandre de lad. somme de 400.l. du 27. desd. mois & an. Transport fait par ledit Alexandre à ladite Marguerite de Villeneufve sa sœur de la somme de 1200. livres deubs par Barthelemy Mercier du 27. May 1669. Compromis passé entre ledit Alexandre de Villeneufve, & ladite Lucrece de Grasse, tant en son nom, que se faisant fort de lad. Marie Marguerite de Villeneufve sa fille, de passer par l'avis de trois Avocats y dénómez, pour terminer tous leurs procez & differents esd. noms, dont ils donneront chacun leurs demandes dans quinzaine du 23. Mars 1663. Lettre Missiue dudit Alexandre de Villeneufve à ladite Damoiselle de Villeneufve sa niece, dattée au dos 23. Mars 1663. Estat des demandes & pretentions de ladite Lucrece de Grasse, esd. noms, pardeuant lesdits Arbitres du 17. Avril audit an. Copie de contredis contre icelle fournis par ledit Alexandre du 23. desdits mois & an. Réponse de ladite Marie Marguerite de Villeneufve ausdits contredits du 7 May audit an. Contract de vente de partie de la terre de Carros par Honoré Dorcier & Marguerite de Genas sa femme à Claude de Blaccas, moyennant la somme de 18500. livres, du 24. Fevrier 1660. Transaction passée à Grenoble le 11. Ianuier 1665. entre ledit Alexandre en qualité de tuteur de ladite Marie Marguerite de Villeneufve & Honoré Dorcier, en qualité de mary de Marguerite de Genas, sa femme, par laquelle ils auroient conuenu à la somme de 4200. livres, pour tous les droicts que ladite Marie Marguerite de Villeneufve fille & heritiere dudit Cezar, pouuuoit pretendre sur les biens & hereditê de Iacques de Giraud, pour le payement de laquelle ledit Dorcier luy auroit fait cession sur Claude de Blaccas. Copie d'vne Cedule évocatoire dudit Alexandre de Villeneufve, signifiée à ladite Lucrece de Grasse du 24. Octobre 1665. pour raison du procez pendant en nostre Parlement de Provence sur l'appel de ladite Sentence Arbitralle du vingt-deux Iuin 1648. Copie de Lettres d'evocation consentie, obtenuës en nostre grand Seau par ledit Alexandre de Villeneufve dudit procez, auec renuoy en nostre Parlement de Dijon de six May 1666. Exploitées à ladite Lucrece de Grasse, auec diuerses procedures faites en nostre Parlement d'Aix entre lesdites parties. Relief d'appel obtenu par ladite Marie Marguerite de Villeneufve du 12. Decembre 1665. de la Sentence renduë en la Seneschaussée de Grasse, le 17. Mars 1651. & de tout ce qui s'en est ensuiuy, auec assignation audit Alexandre de Villeneufue en nostre Parlement de Prouence. Procuration de ladite Marie Marguerite à vn Procureur en nostre Parlement pour occuper sur ledit appel du 27. Fevrier 1666. Sommation de ladite Marie Marguerite à Louis Fragier Procureur dudit feu Cezar son pere & dudit Alexandre son tuteur, du 29. Ianuier 1666. de luy remettre tous & chacuns les papiers concernant ses affaires, & sa réponse de les auoir remis audit Alexandre son tuteur. Pareille sommation audit Alexandre & sa réponse du trois Fevrier audit an. Autre sommation à Fragier son fils à la requeste dudit Gasquet comme mary de ladite Marie Marguerite & sa réponse pareille à celle de Fragier pere, auec laquelle il luy auroit baillé copie de recepisse dudit Alexandre du 9. Ianuier 1669. Inventaire de production de ladite Marie Marguerite faite contre ledit Alexandre, pardevant le Marquis de Regusse President, & Me Iean de Villeneufve, Conseiller en nostre Parlement de Provence, Arbitres accordez par lesdites parties sur tous lesdits procez du 17. Avril 1666. Escritures de ladite Marie Marguerite, & ses contredits dudit jour 17. & 26. Avril 1666. Copie de la Cedule evocatoire dudit Alexandre de nostre Parlement d'Aix, pour raison desdits procez, signifiée à ladite Damoiselle Marie Marguerite de Villeneufve le 28. dudit mois d'Avril 1666. Commission de nostre grand Seau & autres procedures faites en nostre Conseil Privé des 28. Avril, 26. May, 30. Iuin & 28. Septembre 1666. Plusieurs procedures faites en nostredit Parlement d'Aix, à la Requeste de ladite Marie Marguerite. Contract de Mariage entre ledit Gasquet,

& ladite Marie Marguerite de Villeneufve, par lequel elle s'est constituée en dot tous ses biens & droits, & ladite Lucrece de Grasse leur auroit donné en augmēt de dot tous ses biens & droits presents & advenir du 26. May 1668. auec les actes insinuations aux Greffes de Siege de Grasse & de celuy de la ville de S. Maximin des 15. Iuin & 14. Iuillet audit an, & les exploits & signification qui en ont esté faites à la Requeste dudit Gasquet audit Alexandre de Villeneufve, & à Honoré de Grasse, sieur de Canaux le 11. Aoust ensuivant. Cinq Lettres Missives dudit Alexandre de Villeneufve escrites audit Gasquet & à son frere Viguier de Lorgues au sujet de sondit Mariage auec ladite Damoiselle de Villeneufve, & pour terminer leurs differents des 2. Iuin, 4. Aoust, 1. 8. & 16. Septembre 1668. Procez verbal contenant la reconnoissance dudit Alexandre de Villeneufve d'avoir escrit lesdites Lettres des 19. 20. & 23. Decembre 1669, Responses Cathegoriques dudit de Villeneufve sur les faits dudit Gasquet desdits jours, mois & an. Testament dudit Federic de Villeneufve du 9. Septembre 1632. par lequel il auroit institué pour son heritiere vniverselle ladite Suzanne de Villeneufve sa mere. Quittance dudit Gasquet audit nom, de la remise du livre de raison dudit Cezar de Villeneufve & autres pieces y mentionnées, à luy faite par le dit Alexandre du 15. Decembre 1668. Compromis passé entre ledit Gasquet audit nom & comme mary & maistre des droits & actions de ladite Marie Marguerite de Villeneufve d'vne part, & ledit Alexandre de Villeneufve d'autre part, pour en passer au jugement des Arbitres y dénommez, pour regler tous leurs procez, differents & pretentions respectives, à cause des successions desdits Iacques & Suzanne de Villeneufve, de Cezar de Villeneufve, du compte tutelaire dudit Alexandre, des droits nuptiaux de ladite Lucrece de Grasse & autres generalement du 15. Decembre 1668. Comparans dudit Gasquet pardevant lesdits Arbitres du 20. Decembre 1668. Acte dudit Gasquet contenant sa declaration, qu'à faute par ledit Alexandre d'avoir remis les pieces vers lesdits Arbitres il se pourvoira du 18. Ianvier 1669. Certificat du Greffier du Senéchal de Grasse, qu'il n'y a en son Greffe aucunes pieces ny productions sur lesquelles la Sentence du 17. Mars 1651. peut estre intervenuë du 28. Iuin 1669. Acte de communication à la Requeste dudit Gasquet audit Alexandre, avec sommation de remettre au Greffe de nostre Conseil sa production, sur laquelle est intervenuë ladite Sentence du 17. Mars 1651. & de luy bailler copie de son compte tutellaire & pieces justificatives d'iceluy dudit jour 28. Iuin 1669. Sommation à la Requeste dudit Gasquet aux debiteurs de la succession dudit Cezar de Villeneufve, de ne payer à autres qu'audit Gasquet, la responce de nommé Mercier, debiteur d'vne somme de 1200. liv. que ledit Alexandre l'auoit transportée à Marguerite de Villeneufue, & pareille response des Consuls du Broc & de Vance des 15. Iuin, 9. Aoust &

5. Sep-

5. Septembre 1669. cinq Lettres missives dudit Loüis de Villeneufue écrites, tant audit Gasquet, qu'à ladite Marie-Marguerite de Villeneufue sa femme des 17. Aoust 1668. 19. Ianvier, 20. Février & 5. Avril 1669. deux autres Lettres missives de ladite Isabeau de Villeneufue, veufve du Comte d'Aspremont écrites, l'une audit Gasquet & l'autre à ladite Marie Marguerite de Villeneufue au sujet de leur Mariage du 31. Aoust 1668. Copie d'un Arrest de nostre Parlement de Prouence du 7. Septembre 1652. confirmatif d'une Sentence des Officiers de Rocquenaire du 27. Avril audit an, par laquelle ledit Alexandre de Villeneufve auroit esté declaré, atteint & convaincu du crime de rapt, commis en la personne de Ieanne de Beaulieu, pour reparation condamné de l'espouser dans le mois, & à faute de ce faire condamné à faire amende honnorable, & ensuite la teste tranchée. Contract de Mariage entre Loüis de Villeneufve, sieur de Belleual & Delphine Porre du 8. Ianvier 1636. Extraict de la celebration dudit Mariage du 9. desdits mois & an. Trois Arrests de nostre Parlement de Prouence des 9. Aoust 1650. 4. Avril 1653. & 23. Decembre 1660. par le dernier desquels ledit Alexandre de Villeneufve auroit esté debouté de sa requeste ciuille, & appel comme d'abus par luy interjetté de la celebration dudit Mariage dudit de Belleual, en faueur d'Honoré de Villeneufue, sieur de la Colle, fils dudit de Belleual. Procuration de Loüis de Villeneufue, Major d'Antibe, frere dudit Alexandre, pour former son interuention pour d'inualidité du Mariage desdits Cezar de Villeneufue & Lucrece de Grasse du 18. Iuillet 1669. Lettres d'appel comme d'abus & ampliation de moyens dudit appel, & Letres de restitution enuers le laps de temps obtenuës par Claude Terrin de la consommation du Mariage fait entre Loüis Rey & Magdelaine Calliandre du 8. Octobre 1668. 20. May, 22. Iuin & 13. Octobre 1669. Arrest de nostre Parlement d'Aix du 2. Decembre audit an, par lequel ledit Terrin est declaré non receuable & condamné aux dépens. Arrest de nostre Parlement de Paris du 8. Février 1663 par lequel sans s'arrester au faux, opposition & appellation, Marie Raymond, veufve de Loüis le Normand auroit esté maintenuë en la qualité de veufve, & les enfans dudit Mariage, en celle d'enfans & legitimes heritiers d'iceluy le Normand leur pere & en l'heredité d'iceluy. Exploict d'assignation du 19. Ianvier 1669. audit Alexandre de Villeneufve à la requeste dudit Gasquet pardeuant le Seneschal de Tollon, pour le faire condamner au payement du droict de legitime deub à ladite Marie-Marguerite de Villeneufve sur l'heritage de ladite Suzanne de Villeneufue de Monts, son ayeulle paternelle. Carte geographique de Prouence. Contract de Mariage d'entre Iean de Sabran, Baron d'Ansoüis & de Baudisnar, & Damoiselle Marie de Grasse du Bar du 25. Oct. 1620. Contract de Mariage entre Iean Henry de Grimaldi d'Antibe, Marquis de Courbons, & Damois. Anne de Grasse du Bar le 30. Ianv. 1625. Copie imprimée d'vn Eédit

F

du Roy Loüis XIII. nostre tres-honoré Seigneur & Pere, d'heureuse memoire, par lequel il auroit pris en sa protection Annibal de Grimaldi, Seigneur & Souverain du Comté de Breüil du mois de May 1617. Contract de mariage entre André de Grimaldi, fils dudit Annibal, & Damoiselle Marthe de Grasse du Bar du 4. Iuillet 1630. sommation dudit Gasquet audit Alexandre de Villeneufve, de remettre au Greffe de Nostre Conseil sa production, sur laquelle est interuenuë la Sentence du 17. Mars 1651. en datte du 12. May 1670. Copie imprimée d'vn Arrest de Nostre Parlement de Provence du 23. Iuin 1663. portant Reglement pour les Fonctions, Droits & Emoluments des Iuges Royaux & Greffiers des Iustices Subalternes de Provence. Deux Sentences du Siege de Grasse, par lesquelles ledit Alexandre de Villeneufve, en qualité de tuteur de ladite Marie Margueritte de Villeneuve est condamné au payement de la somme de 120. livres connnuë en vne promesse dudit Cezar de Villeneufve, du 12. Novembre 1665. Extraict du Baptistaire de Lucrece Gasquet, fille dudit Gasquet, & de ladite Marie Margueritte de Villeneufve, du 27. May 1669. Acte d'affirmation du sejour dudit Alexandre de Villeneufve, contre le S. Amand de Villeneuve Sieur de Vauclause, en Nostre Conseil Privé, du 13. May 1670. Extraict Baptistaire de ladite Lucrece de Grasse du 23. May 1617. Commission de la Charge de nostre Lieutenant en la place & gouvernement de Morgués, en faveur dudit Sieur de Courbons, du 23. Ianvier 1642. Factum imprimé dudit Gasquet, au bas duquel est la signification au Procureur desdits Alexandre & Loüis de Villeneufve, du 26 Aoust 1670. Copie d'vn Arrest de nostre Parlement de Provence du 27. Avril 1668. rendu entre Boniface Garsonnet, mary d'Anne Icard d'vne part, & Maistre Claude Bertrand, tant en son nom, que prenant la cause & deffence dés y dénommez dautre, par lequel le mariage, dont estoit question, est declaré nul. Escript, contenant vn Compte & calcul fait par ledit Alexandre de Villeneufve, par lequel il se paroist creancier sur l'heritage dudit Cezar de Villeneufve de la somme de quarante cinq mil huict cents soixante & dix-huict livres quatorze sols, au bas est l'exploit de signification du 10. Iuillet 1670. Requeste presentée à nostre Conseil par ledit Alexandre de Villeneufve, le seize Avril 1670. aux fins qu'à faute par ledit Gasquet d'avoir mis en estat & fait juger le procez pendant en nostre Conseil, entre les parties, suivant les Arrests rendus entre elles, main-levée pure & simple, luy soit donnée des saisies faites à la Requeste dudit Gasquet, és mains de Claude de Blaccas & autres debiteurs, suiuant sa Requeste du quinze Novembre 1669. Requeste presentée à nostre Conseil par ledit Gasquet, le 1. Iuillet 1669. aux fins que ledit Alexandre de Villeneufve soit tenu de luy bailler copie du compte qu'il a rendu le six Février 1660. de sa gestion tutelaire de ladite Marie Margueritte de Villeneufve sa niepce & pupille, auec communication des pieces iustificatiues d'iceluy, & cependant qu'exécutoire luy soit délivré de la somme de neuf mil trois cents six livres dix sols, que ledit de Villeneufve s'est trouvé débiteur par le calcul & costure dudit compte, sans preiudice de ses autres droicts & actions contre ledit Villeneufve auec dépens. Autre Requeste presentée à nostre Conseil, par ledit Gasquet du 16. Iuin 1670. aux fins qu'il soit ordonné que l'Arrest de nostre Conseil rendu entre les parties, le 19. Aoust 1669. soit executé; ce faisant que ledit Alexandre de Villeneufve soit tenu de remettre par tout le iour au Greffe de nostre Conseil sa production sur laquelle est interuenuë la Sentence du 17. Mars 1651. dont est appel, & tout ce qui s'en est ensuivy; ensemble tous & chacuns les papiers, tiltres, memoires, & enseignements, & le Livre des Censes dudit feu Cezar de Villeneufve, mentionnéz à vn pretendu inventaire, fait par ledit Alexandre de Villeneufve au mois de May 1647. dont il s'est chargé le 21. Mars 1648. pour estre ioint au procez pendant en nostre Conseil, entre les parties, en estat de juger & seruir audit Gasquet, ainsi que de raison au jugement dudit procez, sans toutefois approuver par ledit Gasquet ledit pretendu inventaire, comme nul & frauduleux, autrement, & à faute de ce faire, dans ledit temps, ordonner que ledit de Villeneufve y sera contraint, même par emprisonnement de sa personne, attendu dequoy s'agit, & à peine de tous les dépens, dommages & interests dudit Gasquet, & que les inductions que ledit Gasquet a tirées desdites pieces en ses productions, demeureront pour constantes, & sans préiudice aussi audit Gasquet des autres papiers tiltres & enseignements de la succession dudit Cezar de Villeneufve, & autres à luy appartenans. Autre Requeste presentée au Conseil par ledit Gasquet, le 16. Iuillet 1670. aux fins que pour les causes y contenuës, & suiuant la disposition du droit Romain, sous lequel la Provence est regie, ledit Alexandre de Villeneufve, cy-deuant faux tuteur de ladite Damoiselle Marie Margueritte de Villeneufve sa niepce, & cessionaire sur les biens d'icelle, soit declaré démis & décheu de toutes les actions, droicts & pretentions qu'il pouvoit auoir contre ladite de Villeneufve sa pupille & heritiere dudit Cezar son pere, pour quelque cause que ce soit, tant en son propre & privé nom, qu'en qualité de cessionnaire de Loüis & Margueritte de Villeneufve, ses frere & sœur & tous autres ; Tous lesquels droicts, pretentions & cessions, demeureront acquis purement & simplement au profit de ladite de Villeneufve pupille, sans toutefois approuver en aucune façon, lesdites pretentions & cessions. Et en outre, attendu la depredation, recellement & substraction faites par ledit Alexandre de Villeneufve faux tuteur des debtes actiues & autres effects de la succession dudit Cezar, dont il n'a point fait d'inuentaire fidelle & juridique à la maniere accoustumée, recevoir le serment *in litem* dudit Gasquet & sa femme, & qu'il seront creus, ioint la commune renommée, iusqu'à la somme de soixante mil livres en principal pour la valeur des debtes actiues mentionnés aux obligations, promesses, procez literatoires, cayers & memoires des posites des debtes deubs, tant audit Cezar, qu'à l'heritage de Iacques leur pere, & Reliqua du compte de tutelle de Damoiselle Suzanne de Villeneufve leur mere, contenus au projet du pretendu inventaire frauduleux des papiers du mois de May 1547. desquels ledit Alexandre s'est chargé le 21. Mars 1648. de laquelle somme de soixante mil liures, il sera tenu de se charger en recepte, dans son compte de tutelle, auec interests & interests des interests comme deniers pupilaires, depuis le 19. Iuillet 1646. que ledit Cezar est decedé, sans préjudice audit Gasquet des autres effets cogneuz de ladite succession: Et au surplus, faisant droit sur l'appel de la Sentence du 17. Mars 1651. & de tout ce qui s'en est ensuivy, & particulierement du procez verbal de Iacques Vilalis, Lieutenant particulier au Siege de Grasse, du 16. Novembre 1655. continué jusqu'au 7. Nouembre 1659. & du compte de tutelle dudit Alexandre du 6. Février 1660. Ensemble de la Sentence renduë en consequence le 21. Octobre 1661. mettre icelle appellation & lesdites Sentences, procez verbal, & compte de tutelle, & tout ce qui s'en est ensuivy, au neant, emandant & corrigeant, comdamner diffinitivement ledit Alexandre de Villeneufve, de rendre compte audit Gasquet, au nom qu'il procede par devant experts, dont les parties conviendront pardevant le Lieutenant du Senechal de Tollon, autrement seront par luy prins d'Office, de tous les biens meubles & immeubles de la succession dudit Cezar de Villeneufve, mentionnez en l'inventaire du 8. Avril 1647. & jours suivants; & aux liures de raison & des Censes dudit feu Cezar: Ensemble de ladite somme de soixante mil livres, & des autres sommes & deniers de sa succession, mentionnez audit compte du 6. Février 1660. sans préjudice des obmissions & autres debats dudit compte, auec fruits & interests & interests desdits interests, comme deniers pupillaires, depuis le decez dudit Cezar, aux offres que ledit Gasquet fait de luy passer en décharge les meubles, & dix-huit rups d'huille y mentionnez, & dont ladite Damoiselle Lucrece de Grasse, veufve dudit feu Cezar de Villeneufve, fut chargée par le procez verbal d'encheres du dix Avril 1647. Et cependant ordonner qu'exécutoire sera délivré audit Gasquet de la somme de neuf mil trois cens six livres dix sols, de laquelle ledit Alexandre a esté declaré débiteur par le calcul & closture de sondit Compte, du 6. Février 1660. conformement à nostre Ordonnance du mois d'Avril 1667. au Tiltre 29. article 7. & suivant le 2. Chef de la Requeste dudit Gasquet, du 1. Iuillet 1669. & au surplus adiuger audit Gasquet, les fins & conclusions par luy prises de l'Instáce auec dépes. Trois Requestes de productions nouvelles dudit Gasquet dés 16. Iuillet, 13. & 26. Aoust 1670. & pieces y énoncez. Trois Requestes de productions nouvelles dudit Alexandre de Villeneufve des 23. Iuin, 28. & 29. Aouſt 1670. Arreſt de noſtre Conſeil du 18. Iuillet 1669. par lequel noſtredit Conſeil, ſur ledit Apel dudit Alexandre de Villeneufve, de ladite Sentence arbitralle du 22. Iuin 1648. auroit ordonné que les parties écriroient & produiroient dans huictaine. Autre Arreſt de Reglement, & joint du 13. Aouſt audit an. Autre Arreſt de noſtre Conſeil du 19. dudit mois & an, qui declare les Arreſts de Reglements communs auec ledit Blaccas, ordonne qu'il y ſatisfera dans le temps y porté, ſans préiudice des qualitez, & joint la Requeſte dudit Gaſquet, enſemble celle dudit de Villeneufve; Et ordonne que ledit Villeneufve remettra la production, dont il ſe trouve chargé. Autre Arreſt de Reglement, & joint du 7. Novembre audit an 1669. Acte de l'employ fait par ledit de Villeneufve, ſans préjudice des fins de non recevoir, ſur leſquelles ſeroit prealablement fait droit. Autre Arreſt du 28. Novembre 1669. par lequel noſtre Conſeil à l'égard du premier Chef de la Requeſte, auroit reglé les parties à écrire & produire ce que bon leur ſembleroit dans le iour, & joint, & acte de l'employ fait par ledit de Villeneufve. Autre Arreſt de noſtre Conſeil, du 7. Ianvier 1670. par lequel ledit Louis de Villeneufve auroit eſté reçeu partie intervenante au procez, & ordonné qu'il ſatisferoit aux Reglements auparauant donnez entre les parties, écriroient & produiroient ſur ladite demande, ce que bon leur ſembleroit dans le iour, & joint, & acte de l'employ fait par ledit de Villeneufve. Autre Arreſt de noſtre Conſeil du 6. May 1670. par lequel auroit eſté ordonné que ledit Gaſquet ſeroit tenu de faire juger l'inſtance dans huictaine, autrement & à faute de ce faire, dans ledit temps, & iceluy paſſé ſeroit fait ſur la Requeſte dudit de Villeneufve, & ordonné que l'Arreſt de noſtre Conſeil ſeroit raporté, & les qualitez reformées, ainſi que les precedens Arreſts, ſans que les qualitez puiſſent nuire ny preiudicier, A declaré les Arreſts de Reglements, communs entre toutes les parties; & ſur les autres demandes dudit de Villeneufve, ordonné que les parties écriroient & produiroient ce que bon leur ſembleroit dans le iour, & joint, & acte de l'employ fait par ledit de Villeneufve. Autre Arreſt de noſtre Conſeil, du 19. Iuin 1670. qui joint la Requeſte dudit Gaſquet, du 16. dudit mois, au procez pendant au Conſeil, entre les parties, pour en jugeant y avoir tel égard que de raiſon. Autre Arreſt de noſtre Conſeil du 24. Iuillet 1670. qui joint la Requeſte dudit Gaſquet du 16. deſdits mois & an audit procez, pour en jugeant y avoir tel égard que de raiſon. Autre Arreſt de noſtre Conſeil du 17. Iuillet audit an, par lequel noſtre Conſeil auroit receu leſdits Pierre de Graſſe, Marthe de Graſſe, Annibal de Graſſe, & Claude de Graſſe, Iean de Sabran, Iean Henry de Grimaldi d'Antibe, Louys le Brun de Caſtellane, ſieur de Rogon, & Hono-

G

ré Gasquet parties intervenantes audit procez, ordonne qu'ils satisfairont aux Reglemens cy-deuant donnez dans le jour, & joint & acte de l'employ respectivement fait par les parties. Autre Arrest de nostre Conseil du 16. May 1670. par lequel nostre Conseil a donné acte de la declaration faite par ledit Gasquet, ce faisant à disjoint l'instance dudit de Blaccas, & ordonne qu'il sera passé outre au jugement du procez pendant en nostre Conseil, entre lesdits parties en l'estat qu'il est, & joint la Requeste dudit de Villeneufve, afin de main-levée du 16. Avril 1670. audit procez pour en jugeant y avoir tel égard que de raison, & ordonne que ledit Gasquet consigneroit pour le jugement dudit procez, jusques à la somme de mil livres dans huictaine, sauf à augmenter, dont luy sera deliuré executoire sur les biens saisis, & à faute d'y satisfaire dans ledit temps, sera fait droit sur les fins Requises par ledit de Villeneufve. Contredits & salvations respectives desdits Alexandre de Villeneufve, & Gasquet, signifiées suivant l'Ordonnance des 16. Ianvier, 18. & 30. Iuin, 11. & 28. Iuillet, 1. 6. & 30. Aoust 1670. & tout ce que par lesdites parties a esté mis, escrit & produit par devers nostredit Conseil. Conclusions de nostre Procureur general.

ICELVY NOSTREDIT GRAND CONSEIL, faisant droit sur les instances, ayant égard aux interventions desdits Pierre, Marthe, Annibal, & Claude de Grasse, & desdits de Sabran, de Grimaldi, le Brun de Castellane, & Honoré Gasquet; sans avoir égard à l'intervention dudit Louys de Villeneufve, & aux Requestes desdits Alexandre & Louys de Villeneufve des vingt-six Iuillet, trente-vn Aoust, & dix-huit Decembre 1669. *A debouté & deboute* lesdits Alexandre & Louys de Villeneufve de leurs appellations comme d'abus, & ledit Alexandre de Villeneufve de ses Lettres du troisiéme Aoust audit an, & les a condemné & condemne en cent cinquante livres d'amende envers nous, & soixante-quinze liures enuers ledit Antoine Gasquet audit nom. *Ce faisant* a maintenu & gardé, maintient & garde ladite Lucrece de Grasse en la qualité de veufve dudit deffunt Cezar de Villeneufve, & ladite Marie-Marguerite de Villeneufve, femme dudit Gasquet, en son estat fille legitime & heritiere d'iceluy, & en tous les biens de sa succession: *Et sans avoir esgard* aux Lettres & appellations respectiues desdits Alexandre de Villeneufve & Gasquet de ladite Sentence arbitralle du vingt-deux Iuin 1648. A ordonné & ordonne que ladite Sentence sera executée selon la forme & teneur, A condamné & condamne lesdits de Villeneufve & Gasquet chacun en douze livres d'amende envers nous; Et ayant aucunement esgard à la requeste dudit Alexandre de Villeneufve du neuf Février 1665. a ordonné & ordonne que ledit Gasquet tiendra compte, sur les sommes adjugées à ladite Lucrece de Grasse par ladite Sentence arbitralle, de la valeur des meubles & autres choses de la succession dudit Cezar de Villeneufve, dont elle a esté chargée par le procez verbal de dix Avril 1647. suivant l'estimation qui en sera faite par Experts & Gens à ce connoissants, dont les parties conviendront pardevant le Lieutenant general de Tollon, que nostre Conseil a commis & commet à cét effet, sinon en sera par luy pris & nommé d'Office; *Comme aussi* sans avoir esgard à l'appel dudit Gasquet de ladite Sentence du Seneschal de Grasse du dix-sept Mars 1651. & sans s'arrester à la demande dudit Gasquet mentionnée en sa requeste de seize Iuillet 1670. à ce que ledit de Villeneufve soit descheu de toutes ses actions, droicts & pretentions; A ordonné & ordonne que ladite Sentence sera executée selon sa forme & teneur. A condamné & condamne ledit Gasquet en douze livres d'amende enuers nous; *Et encores* sans avoir esgard à la procedure dudit Vitalis mentionnée en son procez verbal, commencé le seize Nouembre 1655. & continué jusques au sept Novembre 1659. Au compte dudit de Villeneufve du six Février 1660. & Ordonnance ensuitte d'iceluy, mesme à la Sentence du vingt-un Octobre 1661. Et sans s'arrester à la demande dudit Gasquet aussi mentionnée en ladite requeste du seize Iuillet 1670. à ce que iceluy Gasquet & sa femme soient receus à leur serment *in litem*, & creus jusques à la somme de soixante mil livres; auparavant faire droict sur la main-leuée requise par ledit de Villeneufve; demandes dudit Gasquet à ce qu'executoire luy soit délivré de la somme de neuf mil trois cens six liures dix sols, Et surplus des instances, & demandes desdits Villeneufve & Gasquet; NOSTREDIT CONSEIL a ordonné & ordonne que dans trois mois pour toutes prefixions & delais, pardevant ledit Commissaire, il sera procedé de nouveau à la taxe des frais adiugez audit Villeneufve au premier rang & degré de ladite Sentence du 17. Mars 1651. Ensemble à la liquidation des legitimes desdits Alexandre & Louys de Villeneufve sur les biens de Iacques de Villeneufve leur pere, lesquelles legitimes se payeront en biens mediocres dudit heritage dudit Iacques de Villeneufve, suivant la transaction du sept Iuillet 1636. s'il en reste suffisamment qui n'ayent pas esté exigez par ledit Cezar de Villeneufve, sinon ce qui s'en defaudra sera pris sur les acquests & biens libres dudit Cezar de Villeneufve; Et sur chacune d'icelles legitimes, & sur les meilleures debtes actives appartenants à icelles, suivant ladite transaction, desduction sera faite de la somme de douze cens écus legués à chacun desdits Alexandre & Louys de Villeneufve, par le Testament dudit Iacques leur pere, & à iceux payez par le Contract du vingt Février 1640. & du surplus desdites legitimes, seront les interests liquidez & calculez, pardevant ledit Commissaire, à compter du septiesme jour de Iuillet 1636. & sur le pied que les biens dudit heritage ont rendu; & à l'égard des interests de la somme de quatre cens quarente-huit livres huit sols, ils ne seront comptez que du vingt-deuxiéme jour d'Avril 1645. *Comme auſſi* ſera procedé pardevant ledit Commiſſaire, & pendant ledit temps, à nouvelle liquidation du fideicommis adjugé audit Alexandre de Villeneufve par ladite Sentence du dix-ſept Mars 1651. & à la taxe des dépens adjugez par ladite Sentence, à cauſe deſdites legitimes & fideicommis, & ſomme de quatre cens quarante-huit livres huit ſols. *Pardevant* lequel Commiſſaire, & pendant ledit temps, ledit Alexandre de Villeneufve ſera tenu de rendre ſon compte tutelaire audit Gaſquet, de tous les biens meubles & immeubles de la ſucceſſion dudit Cezar de Villeneufve, mentionnez en l'inventaire du huit Avril & jours ſuivans 1647. meſme de ceux mentionnés au projet d'inventaire du mois de May audit an, & qui ont eſté délivrés audit de Villeneufve, par le nommé Belliſſime Greffier de Saint Paul ſuivant le recepiſſe dudit de Villeneufve du vingt-vn Mars 1648. Enſemble des autres ſommes & biens de ladite ſucceſſion, & des fruits & intereſts, ſuivant que les Tuteurs ſont tenus; le tout ſuivant les formes preſcriptes par noſtre Ordonnance du mois d'Avril 1667. dans lequel compte ſera paſſé en deſcharge audit de Villeneufve les meubles & huiles, dont ladite Lucreſſe de Graſſe a eſté chargée par ledit procez verbal du dixieſme Avril 1647. *Et* ce que ſera ordonné par ledit Commiſſaire, pour le fait de ſadite Commiſſion, ſera executé nonobſtant oppoſitions ou appellations quelconques, & ſans preiudice d'icelles; Pour le tout fait & rapporté en noſtre Conſeil, eſtre ordonné ce que de raiſon. *A* condamné & condamne ledit Alexandre de Villeneufve envers ledit Antoine Gaſquet en vn tiers de dépens, vn tiers compenſé, & l'autre tiers reſervé; *Et* ledit Louys de Villeneufve aux dépens de ſon intervention envers ledit Antoine Gaſquet; *Et* encorés leſdits Alexandre & Louys de Villeneufve aux dépens deſdits Pierre, Marthe, Annibal & Claude de Graſſe, & deſdits Sabran, Grimaldi, le Brun de Caſtellane, & Honoré Gaſquet.

SI DONNONS EN MANDEMENT au premier de nos amez & feaux Conſeillers de Noſtredit grand Conſeil trouvé ſur les lieux, & en ſon abſence, refus, ou legitime empeſchement, Au Lieutenant general *de Toulon*, qu'à la requeſte dudit Maiſtre Antoine Gaſquet noſtre Conſeiller Commiſſaire Enqueſteur general dans le reſſort de noſtre Parlement de Provence, & Lieutenant au Siege Royal de la Ville de S. Maximin, le preſent Arreſt, il mette à deuë & entiere execution de poinct en poinct ſelon ſa forme & teneur, en contraignant à ce faire, ſouffrir & obeïr, tous ceux qu'il appartiendra, & que pour ce faire ſeront à conſtraindre, nonobſtant toutes oppoſitions ou appellations quelconques, pour leſquelles & ſans preiudice d'icelles, ne voulons eſtre differé; Et ce qui ſera par vous ordonné en Voſtredite Commiſſion, ſera executé; Pour le tout fait & rapporté en Noſtredit Conſeil eſtre ordonné ce que de raiſon, ſuivant & conformément au ſuſdit Arreſt.

MAN-

MANDONS en outre au premier des Huiſſiers de noſtredit grand Conſeil, en ce qui eſt executoire en noſtre Cour & ſuite, & hors icelle, au premier deſdits Huiſſiers, ou autre noſtre Huiſſier, ou Sergent ſur ce requis, faire pour l'execution des preſentes, tous exploits de ſignifications, ſommations, commandemens, contraintes & autres actes de Iuſtice requis & neceſſaires; de ce faire Te donnons pareillement pouvoir, ſans pour ce demander placet, viſa, ny pareatis. *Prions & requerons* noſtre S. Pere le Pape, ſon Vice-legat en Avignon, & autres Princes & Potentats, de ſouffrir l'execution des preſentes, dans les Terres, Païs, & Seigneuries de leurs obeïſſances, offrant en pareil cas faire le ſemblable. En témoin de quoy Nous avons fait mettre noſtre Seel à ceſdites preſentes. DONNE' en noſtredit grand Conſeil à Paris le troiſiême jour de Septembre, l'an de grace mil ſix cens ſoixante-dix, Et de noſtre Regne le vingt-huitiéme.

PAR LE ROY, COMTE DE PROVENCE, à la relation des gens de ſon grand Conſeil, *Signé*, SOVFFLOT. Et ſcellé du grand Seau, & contreſcellé.

L'An mil ſix cens ſoixante & onze, & le dix-ſept Iuin, A la requeſte dudit Maiſtre Antoine Gaſquet, au nom qu'il procede, le preſent Arreſt a eſté ſignifié, & d'iceluy baillé copie à maiſtre Pierre Ruette Procureur audit grand Conſeil & d'Alexandre & Louis de Villeneuſue parties adverſes, aux fins y contenuës, par moy Huiſſier du Roy audit grand Conſeil, ſous-ſigné, LEDEME'.

Ledit iour dix-ſept Iuin mil ſix cens ſoixante & onze, A la requeſte dudit ſieur Gaſquet ledit Arreſt a eſté ſignifié, & d'iceluy baillé copie à maiſtre Louis le Févre Procureur audit grand Conſeil & des ſieurs de Blaccas, és noms qu'ils procedent, par moy Huiſſier audit Conſeil, ſous-ſigné, LEDEME'.

L'An mil ſix cens ſoixante & onze & le dix-huitiéme Iuin, A la requeſte dudit ſieur Antoine Gaſquet, és noms qu'il procede, qui a éleu ſon domicile en la maiſon de maiſtre Hieroſme de Gamaſches, Procureur au grand Conſeil du Roy, demeurant dans l'enclos dudit grand Conſeil, par moy Charles le Febvre, Huiſſier audit grand Conſeil, demeurant ruë Pauée, Parroiſſe ſaint Sauueur; ce preſent Arreſt a eſté ſignifié & d'iceluy baillé copie au ſieur Alexandre de villeneuſue, y denommé, en ſon domicile à Paris, rue des Foſſez, Faux-bourg ſaint Germain des Prez, à l'enſeigne du Cerf, En parlant à ſa Perſonne, à ce qu'il n'en pretende cauſe d'ignorance, & ait à *satisfaire aux termes & contenu dudit Arrest, sinon que la partie se pourvoira ainsi qu'elle advisera bon estre. Signé,* LEFEBVRE.

Controollé à Paris le 18. Iuin 1671 sur le 23. Registre, fol. 34. verso.
Signé, AUBERTIN.

Collationné aux Originaux par moy Conseiller Secretaire du Roy, Maison & Couronne de France & de ses Finances.

Baudouin

www.ingramcontent.com/pod-product-compliance
Lightning Source LLC
Chambersburg PA
CBHW050331170426
43200CB00009BA/1550